国家総合職・国家一般職・法務省専門職員

公務員試験

新スーパー過去問ゼミ7

教育学・心理学

資格試験研究会編

実務教育出版

新スーパー過去問ゼミ7
刊行に当たって

公務員試験の過去問を使った定番問題集として，公務員受験生から圧倒的な信頼を寄せられている「スー過去」シリーズ。その「スー過去」が大改訂されて「**新スーパー過去問ゼミ７**」に生まれ変わりました。

「７」では，最新の出題傾向に沿うよう内容を見直すとともに，より使いやすくより効率的に学習を進められるよう，細部までブラッシュアップしています。

「新スーパー過去問ゼミ７」改訂のポイント

① 令和３年度～令和５年度の問題を増補
② 過去15年分の出題傾向を詳細に分析
③ １行解説・STEP解説，学習方法・掲載問題リストなど，学習効率向上のための手法を改良

もちろん，「スー過去」シリーズの特長は，そのまま受け継いでいます。

- **テーマ別編集で，主要試験ごとの出題頻度を明示**
- **「必修問題」「実戦問題」のすべてにわかりやすい解説**
- **「POINT」で頻出事項の知識・論点を整理**
- **本を開いたまま置いておける，柔軟で丈夫な製本方式**

本シリーズは，**「地方上級」「国家一般職［大卒］」試験の攻略にスポットを当てた過去問ベスト・セレクション**ですが，**「国家総合職」「国家専門職［大卒］」「市役所上級」試験など，大学卒業程度の公務員採用試験に幅広く対応**できる内容になっています。

公務員試験は難関といわれていますが，良問の演習を繰り返すことで，合格への道筋はおのずと開けてくるはずです。本書を開いた今この時から，目標突破へ向けての着実な準備を始めてください。

あなたがこれからの公務を担う一員となれるよう，私たちも応援し続けます。

資格試験研究会

本書の構成と過去問について

●本書の構成

❶学習方法・問題リスト：巻頭には，本書を使った効率的な科目の攻略のしかたをアドバイスする「**教育学・心理学の学習方法**」と，本書に収録した全過去問を一覧できる「**掲載問題リスト**」を掲載している。過去問を選別して自分なりの学習計画を練ったり，学習の進捗状況を確認する際などに活用してほしい。

❷試験別出題傾向と対策：各章冒頭にある出題箇所表では，平成21年度以降の国家総合職，国家一般職，国家専門職（法務省専門職員），裁判所（家庭裁判所調査官補）の出題状況が一目でわかるようになっている。具体的な出題傾向は，試験別に解説を付してある。

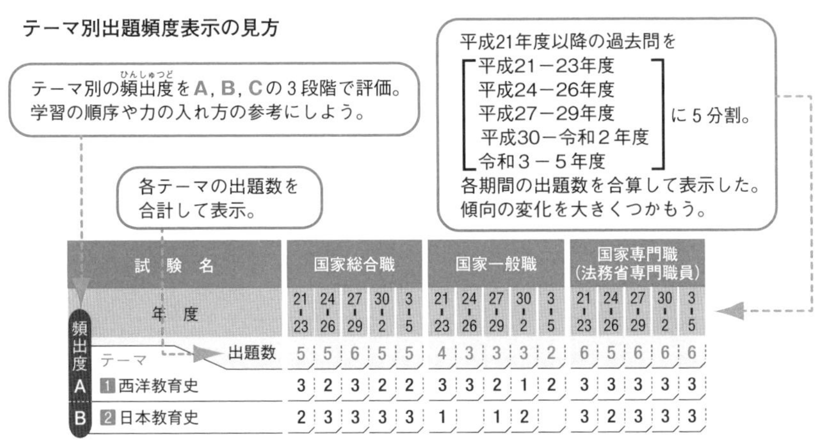

試験名	国家総合職					国家一般職					国家専門職（法務省専門職員）				
年度	21-23	24-26	27-29	30-2	3-5	21-23	24-26	27-29	30-2	3-5	21-23	24-26	27-29	30-2	3-5
頻出度 テーマ 出題数	5	5	6	5	5	4	3	3	3	2	6	5	6	6	6
A 1 西洋教育史	3	2	3	2	2	3	3	2	1	2	3	3	3	3	3
B 2 日本教育史	2	3	3	3	3	1		1	2		3	2	3	3	3

❸必修問題：各テーマのトップを飾るにふさわしい，合格のためには必ずマスターしたい良問をピックアップ。解説は，各選択肢の正誤ポイントをズバリと示す「**１行解説**」，解答のプロセスを示す「**STEP解説**」など，効率的に学習が進むように配慮した。また，正答を導くための指針となるよう，問題文中に以下のポイントを示している。

　　　　　（アンダーライン部分）：正誤判断の決め手となる記述

　　　　　（色が敷いてある部分）：覚えておきたいキーワード

「**FOCUS**」には，そのテーマで問われるポイントや注意点，補足説明などを掲載している。

必修問題のページ上部に掲載した「**頻出度**」は，各テーマをA，B，Cの３段階で評価し，さらに試験別の出題頻度を「★」の数で示している（★★★：最頻出，★★：頻出，★：過去15年間に出題実績あり，—：過去15年間に出題なし）。

❹POINT：これだけは覚えておきたい最重要知識を，図表などを駆使してコンパクトにまとめた。問題を解く前の知識整理に，試験直前の確認に活用してほしい。

❺実戦問題：各テーマの内容をスムーズに理解できるよう，バランスよく問題を選び，詳しく解説している。問題ナンバー上部の「＊」は，その問題の「**難易度**」を表しており（＊＊＊が最難），また，学習効果の高い重要な問題には💎マークを付している。

💎 ＊＊ No.2　必修問題と💎マークのついた問題を解いていけば，スピーディーに本書をひととおりこなせるようになっている。

なお，収録問題数が多いテーマについては，「**実戦問題1**」「**実戦問題2**」のように問題をレベル別またはジャンル別に分割し，解説を参照しやすくしている。

❻巻末付録（裁判所総合職〈家庭裁判所調査官補〉出題例・索引）

巻末に，裁判所の２次専門記述式出題例，POINT等の重要語句を集めた用語索引，本書掲載の全過去問を一覧できるリストを載せています。裁判所試験の出題傾向把握，用語の理解度チェック，学習する過去問の選別，学習の進捗状況の確認などにお使いください。

●本書の活用法

本書に取り組むに当たって，第１章のテーマ１から順番にページを見ていって１つ１つ問題を解いて勉強していく……という方法は，学習効率がよくありません。

まずは，「**教育学の学習方法**」「**心理学の学習法**」と各章の「**試験別出題傾向と対策**」を見ながら，自分が受験する試験で各テーマがどの程度出題されていて，どこを中心に学習を進めていけばよいか，戦略を練りましょう。

初めて学習に取り組む際は，**問題を解かずに各テーマの「必修問題」だけを読み進めてください。**科目のアウトラインをざっくりつかむと同時に，実際の試験ではどの程度の知識が求められるのか，どういう形で問われるのか見当をつけることができます。

ひととおり読み終えたら，次は復習を兼ねて「必修問題」を読み返しつつ**「実戦問題」**にチャレンジしていきましょう。ここでも最初からすべての問題に当たるのではなく，**巻末の「掲載問題リスト」を利用するなどして，難易度が低めの問題，自分が受験する試験の問題，💎の付いた問題などに絞って**，取り組みやすいところから学習を進めましょう。

なお，**第１章のテーマ１から順番に進めなくてもOK**です。頻出度が高いテーマ，自分が興味の持てるテーマからでもいいので，とにかく前に進めることが大事です。

そして，間違えた箇所・まだ理解できていない箇所を，解説や「POINT」を参考にしながら確認して復習しましょう。学習の要領がつかめてきて，基本的なところが理解できたら，難易度の高い問題にも挑戦してみてください。

本書を何度も繰り返し解き進めていけば，確実に力がついていくことでしょう。

教育学の学習方法

1．教育学の頻出事項

教育学は，学校をはじめとしたもろもろの場における教育実践に理論的基礎を与えようという学問である。その内容は多岐にわたるが，国家公務員試験で出題される領域はだいたい決まっている。①教育史，②教育社会学，③教育法規，④生涯学習論，そして⑤教育方法学である。

本書は，これらの5領域に対応した5章の構成になっている。それぞれの領域について，実際の試験でどういう事項が出題されているかを示そう。詳しい出題傾向分析は，各章の先頭の分析記事を見ていただくこととし，ここでは事項のキーワードのみを掲げる。

領　域	分　野	頻出事項
教育史	西洋教育史	ルソー・ペスタロッチ・デューイなどの近代教育思想／アメリカの教育史
	日本教育史	江戸期の教育家／明治期の教育政策・制度史／大正期の新教育運動／戦後初期の教育の民主改革
教育社会学	教育社会学理論	デュルケムやブルデューなどの学説／「隠れたカリキュラム」などの専門用語
	調査・統計	白書類に示されている子ども・若者の現状のデータ／社会調査の基礎的な方法論
教育法規	学校の法規	教育基本法／学校の基本規定／就学・義務教育，教育委員会／学校と地域の連携の法規定
	児童・教員の法規	児童・生徒の管理・懲戒／教職員の職務・服務／教員の人事管理／教員研修
生涯学習	生涯学習	ラングラン・ハッチンスなどの生涯学習思想／社会教育制度（職員，施設）／生涯スポーツ
教育方法学	教授・学習理論	歴史上の著名な教授方法・学習方法（ドルトン・プラン，プログラム学習，バズ学習など）
	学習指導要領・カリキュラム	教育課程の基準である学習指導要領の内容・歴史的変遷／スペアーズのカリキュラム類型
	教育評価	ブルームの教育評価類型／教育評価の方法（絶対・相対・個人内評価等）／評価の阻害要因

＊領域は本書の章，分野はテーマに対応している。

2．本書と併用したい参考書

上記の頻出事項は，各テーマの「ポイント整理」の箇所にまとめてあるが，紙幅の関係上，必要な知識を漏れなく提示するには至っていない。そこで，サブの参考書も用意してほしい。お勧めは，小社の**『教員採用試験 教職教養らくらくマスター』**である。教員採用試験向けのものであるが，国家公務員試験の教育学にも対応できるものになっている。出題頻度が高い西洋教育史については，本書の思想家一覧表を活用した学習が効果的である。ルソーなら『エミール』という主著，「消極教育」という思想のキーワードを押さえること。教育法規についても，広範な事項について要点がまとめられている。

それと最頻出の教育社会学理論は，かなり専門的な事項も問われるので，教育社会学の基本書を１冊は読む必要がある。勧めるのは，岩井・近藤編**『現代教育社会学』**（有斐閣）である。教育社会学の標準テキストとして定評がある。巻末に教育社会学の重要用語集も付いているので，試験対策の学習にも便利である。過去の問題を見ると，ズバリこの部分からの出題も数回ある。

なお，教育時事も押さえておく必要がある。文部科学省のホームページを見るのもいいが，重要なものはどれか判断がつかないだろう。そこで，小社の**『教員採用試験　速攻の教育時事』**を参照することを勧める。毎年改訂されていて，最新の重要政策を把握できる。各トピック（学習指導要領改訂，教員の働き方改革，教育の情報化…）について，見開きでまとめられていて見やすい。本書の過去問演習の補足として，小社の**『教員採用試験 教職教養よく出る過去問224』**もいい。左に問題，右に解説の見開き形式で学習しやすい。教育史と教育法規については，この本に盛られた問題もこなし，知識の幅を広げることが望ましい。

３．本書の活用法

本書を活用した，教育学の効果的な学習方法について指南しよう。

●本書に掲載されている問題

試験での出題頻度が高く，かつ広範な知識を吸収できる良問を選んだ。本書に盛られている88の精選過去問を繰り返し解くことで，国家公務員試験の教育学の問題に対応できる実戦力が身につくはずである。といっても，これまでにない新傾向の問題の出題も予想されるので，それだけでは足りない。上記のサブの参考書も併用して，知識の幅を広げる必要がある。

●学習の方法

まずは，各テーマの「ポイント整理」（見開き２ページ）の内容を頭に入れよう。問題を解くのはその後である。間違える箇所が出てくるはずであるが，その場合は，解説を丹念に読んで理解を深めること。正答できたにしても，この選択肢はどこが誤っているかなどもきちんと押さえること。本書のウリは，解説を詳しくしていることである。厳選された良問の解説をしっかり読み込むことで，国家公務員試験の教育学のエッセンスを確実に吸収できるはずである。

国家一般職の「教育学」は出題される領域がほぼ決まっているので，学習に要する労力は他の科目に比して少ないと思われる。また「教育」は誰もが実際には経験してきていることなので，現実感を持って楽しく学習できるであろう。国家一般職の科目の選択にあたっては，ぜひとも教育学の選択をお勧めしたい。

心理学の学習方法

1. 公務員試験における心理学

人の心の諸現象を扱う心理学は，臨床や教育といった社会的な要請や，経済学やマーケティングなど人を対象とする社会科学，そして，技術の進展とともに脳機能画像の導入など，そのすそ野は広く，テーマは多岐にわたる。公務員試験で出題される心理学の頻出分野は学習，認知，臨床，社会，発達といった分野であり，その他に動機づけや教育，知覚などが出題されている。頻出分野を押さえたうえで，広い知識が必要となる科目といえる。一方，公務員試験の頻出分野には，試験の種類ごとにその性質が反映されている。頻出分野の特徴を整理すると，国家一般職の場合，学習，認知，発達，社会といった分野がほぼ毎年出題される傾向にある。裁判所では，認知，発達，社会，人格・臨床，教育が頻出テーマである。また，国家総合職，法務省専門職員では，本書で扱っている全分野を網羅しているが，国家総合職に比べ，法務省専門職員のほうがより基本的な知見が問われる傾向にある。

また，問題形式は，択一式の場合，人名とキーワード（専門用語），そして，キーワードの意味内容の記述，といった3点の組合せで構成される選択肢の正誤を問う形式の出題が基本形と考えてほしい。誤りの選択肢を構成するためには，上に挙げた3つの組合せを操作すれば，作成可能であるため，出題者としてはまず作問時に考えるポイントである。一方，近年の傾向として，日常場面に即した事例や，著名な実験の解釈を求める問題など，単なる知識を求めるだけにとどまらない形式が増加する傾向にある。人名とキーワードといった単なる暗記型の勉強方法には限界があるため，関連書籍を読み，実験例や具体例をイメージするようにしてほしい。

2. 効率的な学習方法

心理学の分野は，本書で扱った，感覚・知覚，認知，学習，発達，社会，教育などに分類されることが，一般的である。一方，背景にある歴史は共通であり，分野ごとに独立に発展してきたわけではない。どちらかというと，周辺知識も含めてその分野を構成しているといったことが実情といえる。直接的な出題が少ないため，遠回りのように思われるかもしれないが，まずは，**本書第2章の学習心理学の成り立ちに挙げた心理学の全体動向をよく把握しておく必要がある**。また，今日の心理学全分野において，第1章感覚・知覚，第2章学習，第3章認知といった領域は，基本におかれる。科学的なアプローチを用いる近代心理学の幕開けは，感覚・知覚の研究に始まり，その後の研究動向は，学習心理学（行動主義）に移行し，1960年代以降認知心理学へと推移してきた。これらの歴史の上に，諸分野が成立している。本書がターゲットとする公務員試験全般においても，出題が続いているので，感覚・知覚，学習，認知というテーマを基本ととらえ，取り組んでほしい。

また，第4章発達，第5章社会，第6章人格・臨床，第7章教育といった分野は，人とのコミュニケーションを要請される職務にとっては，大切な分野と位置づけることができる。国家一般職では発達と社会，法務省専門職員・裁判所では発達，社会に加えて人格・臨床が必須の分野となることは，職務的な要請からも明らかであろう。発達は，時間とともに起こる人の心の変化が中心的なテーマとなるが，乳幼児期の子どもの特徴に特に注目してほしい。また，社会的環境下に見られる人の性質は社会心理学において，検討されてきた。社会心理学で紹介される知見は，日常的に観察できるものが多数を占めており，日常事例の出題が増加する傾向が見られているので，具体例を考案しながら知識を深めていってほしい。また，人格・臨床では，今日の社会現象ともとらえられる多くの精神疾患に関する知見が問われている。精神疾患の診断基準である「DSM-5」（2022年３月に改訂版であるDSM-５-TRが出版され，日本語版は2023年６月に出版された）の記述を理解する必要がある。カウンセリングの基本的な知見とともに，精神疾患に関する理解を深めていってほしい。第７章教育は，国家総合職，法務省専門職員において，最頻出の分野であり，特に動機づけは，全試験共通に出題されているので，知見の整理を行う必要がある。

第８章感情と第９章心理測定法については，おのおの出題の特徴がある。感情は，すべての試験において，３，４年に一度の割合で，あたかも忘れたころに出題される分野である。古典的な理論を中心に押さえてほしい。また，第９章心理測定法は，国家一般職ではこれまで出題がみられていないが，国家総合職，法務省専門職員では，毎年出題されている。数理的な理解も要求されるかなり高度な内容の出題がみられるため，国家総合職，法務省専門職員を受験する際には，注意をしてほしい。

本書は，公務員試験問題集であるが，心理学の代表的領域すべてを網羅することとなった。応用問題において，難度の高い問題なども紹介しているが，**基礎的な知見をしっかり理解することによって，正答を導ける問題がほとんどである。特に，国家一般職では出題領域が限定されているので，テーマ・トピックごとに堅固な基礎を築いてほしい。**受験の際には，不案内な用語が含まれた選択肢と出会ってもあわてることなく，基礎的な知見から確かに導ける解答に目を向けるように心がけていただきたい。

CONTENTS

公務員試験　新スーパー過去問ゼミ７

教育学・心理学

教育学

心 理 学

カバー・本文デザイン／小谷野まさを　　書名ロゴ／早瀬芳文

●本書で取り扱う試験の名称表記について

本書に掲載した問題の末尾には，試験名の略称および出題年度を記載しています。

①**国家総合職**：国家公務員採用総合職試験（人間科学），
国家公務員採用Ⅰ種試験（人間科学Ⅰ，Ⅱ）（平成23年度まで）
②**国家一般職**：国家公務員採用一般職試験［大卒程度試験］，
国家公務員採用Ⅱ種試験（平成23年度まで）
③**法務省専門職員**：法務省専門職員（人間科学）採用試験，
法務教官採用試験（平成23年度まで）
④**裁判所**：裁判所職員採用総合職試験（家庭裁判所調査官補）
※裁判所については，２次試験の記述式問題（令和元年度までは１次試験で出題されていた）

●本書に収録されている「過去問」について

①平成９年度以降の国家公務員試験の問題は，人事院により公表された問題を掲載しています。それ以外の問題は，受験生から得た情報をもとに実務教育出版が独自に編集し，復元したものです。
②問題の論点を保ちつつ問い方を変えた，年度の経過により変化した実状に適合させた，などの理由で，問題を一部改題している場合があります。また，人事院などにより公表された問題も，用字用語の統一を行っています。

注　記

【法律・条約名称の表記について】

法律・条約名称については，以下のような表記の簡略化を行っている場合がある。

憲法……日本国憲法
教科書無償措置法……義務教育諸学校の教科用図書の無償措置に関する法律
児童虐待防止法……児童虐待の防止等に関する法律
児童の権利条約……児童の権利に関する条約
就学奨励法……就学困難な児童及び生徒に係る就学奨励についての国の援助に関する法律
生涯学習振興法……生涯学習の振興のための施策の推進体制等の整備に関する法律
情報公開法……行政機関の保有する情報の公開に関する法律
地方教育行政法……地方教育行政の組織及び運営に関する法律

合格者に学ぶ「スー過去」活用術

公務員受験生の定番問題集となっている「スー過去」シリーズであるが，先輩たちは本シリーズをどのように使って，合格を勝ち得てきたのだろうか。弊社刊行の『公務員試験受験ジャーナル』に寄せられた「合格体験記」などから，傾向を探ってみた。

自分なりの「戦略」を持って学習に取り組もう！

テーマ１から順番に一つ一つじっくりと問題を解いて，わからないところを入念に調べ，納得してから次に進む……という一見まっとうな学習法は，すでに時代遅れになっている。

合格者は，初期段階でおおまかな学習計画を立てて，戦略を練っている。まずは各章冒頭にある「試験別出題傾向と対策」を見て，自分が受験する試験で各テーマがどの程度出題されているのかを把握し，「掲載問題リスト」を利用するなどして，**いつまでにどの程度まで学習を進めればよいか，学習全体の流れをイメージ**しておきたい。

完璧をめざさない！ザックリ進めながら復習を繰り返せ！

本番の試験では，６～７割の問題に正答できればボーダーラインを突破できる。裏を返せば**３～４割の問題は解けなくてもよい**わけで，完璧をめざす必要はまったくない。

受験生の間では，**「問題集を何周したか」**がしばしば話題に上る。問題集は，１回で理解しようとジックリ取り組むよりも，初めはザックリ理解できた程度で先に進んでいき，何回も繰り返し取り組むことで徐々に理解を深めていくやり方のほうが，学習効率は高いとされている。**合格者は「スー過去」を繰り返しやって，得点力を高めている。**

すぐに解説を読んでも OK ！考え込むのは時間のムダ！

合格者の声を聞くと**「スー過去を参考書代わりに読み込んだ」**というものが多く見受けられる。科目の攻略スピードを上げようと思ったら「ウンウンと考え込む時間」は一番のムダだ。過去問演習は，解けた解けなかったと一喜一憂するのではなく，**問題文と解説を読みながら正誤のポイントとなる知識を把握して記憶することの繰り返し**なのである。

分量が多すぎる！という人は，自分なりに過去問をチョイス！

広い出題範囲の中から頻出のテーマ・過去問を選んで掲載している「スー過去」ではあるが，この分量をこなすのは無理だ！と敬遠している受験生もいる。しかし，**合格者もすべての問題に取り組んでいるわけではない。**必要な部分を自ら取捨選択することが，最短合格のカギといえる（次ページに問題の選択例を示したので参考にしてほしい）。

書き込んでバラして……「スー過去」を使い倒せ！

補足知識や注意点などは本書に直接書き込んでいこう。**書き込みを続けて情報を集約していくと本書が自分オリジナルの参考書になっていく**ので，インプットの効率が格段に上がる。それを繰り返し「何周も回して」いくうちに，反射的に解答できるようになるはずだ。

また，分厚い「スー過去」をカッターで切って，章ごとにバラして使っている合格者も多い。**自分が使いやすいようにカスタマイズ**して，「スー過去」をしゃぶり尽くそう！

学習する過去問の選び方

●具体的な「カスタマイズ」のやり方例

本書は全191問の過去問を収録している。分量が多すぎる！と思うかもしれないが，合格者の多くは，過去問を上手に取捨選択して，自分に合った分量と範囲を決めて学習を進めている。

以下，お勧めの例をご紹介しよう。

❶必修問題と💎のついた問題に優先的に取り組む！

当面取り組む過去問を，各テーマの「**必修問題**」と💎マークのついている「**実戦問題**」に絞ると，およそ全体の４割の分量となる。これにプラスして各テーマの「**POINT**」をチェックしていけば，この科目の典型問題と正誤判断の決め手となる知識の主だったところは押さえられる。

本試験まで時間がある人もそうでない人も，ここから取り組むのが定石である。まずはこれで１周（問題集をひととおり最後までやり切ること）してみてほしい。

❶を何周かしたら次のステップへ移ろう。

❷取り組む過去問の量を増やしていく

❶で基本は押さえられても，❶だけでは演習量が心もとないので，取り組む過去問の数を増やしていく必要がある。増やし方としてはいくつかあるが，このあたりが一般的であろう。

◎基本レベルの過去問を追加（難易度「＊」の問題を追加）
◎受験する試験種の過去問を追加
◎頻出度Ａのテーマの過去問を追加

これをひととおり終えたら，前回やったところを復習しつつ，まだ手をつけていない過去問をさらに追加していくことでレベルアップを図っていく。

もちろん，あまり手を広げずに，ある程度のところで折り合いをつけて，その分復習に時間を割く戦略もある。

●掲載問題リストを活用しよう！

「**掲載問題リスト**」では，本書に掲載された過去問を一覧表示している。

受験する試験や難易度・出題年度等を基準に，学習する過去問を選別する際の目安としたり，チェックボックスを使って学習の進捗状況を確認したりできるようになっている。

効率よくスピーディーに学習を進めるためにも，積極的に利用してほしい。

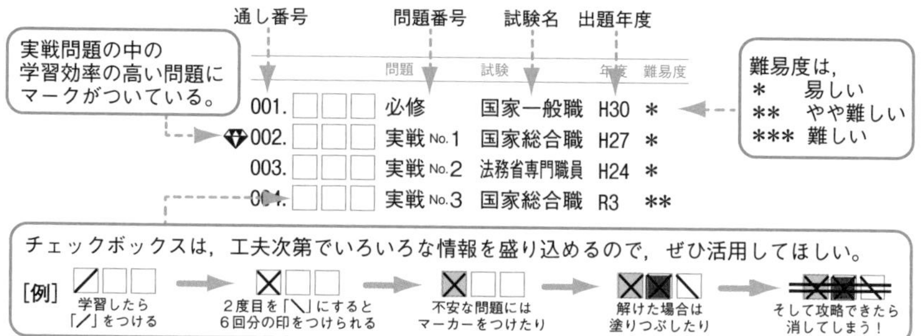

掲載問題リスト

本書に掲載した全191問を一覧表にした。□に正答できたかどうかをチェックするなどして，本書を上手に活用してほしい。

教育学

第1章 教育史

テーマ1 西洋教育史

			問題	試験	年度	難易度
	001.	□□□	必修	国家一般職	H30	*
◆	002.	□□□	実戦 No.1	国家総合職	H27	*
	003.	□□□	実戦 No.2	法務省専門職員	H24	*
	004.	□□□	実戦 No.3	国家総合職	R3	**
◆	005.	□□□	実戦 No.4	国家総合職	R元	*
◆	006.	□□□	実戦 No.5	国家総合職	H23	**
	007.	□□□	実戦 No.6	国家一般職	H24	**
◆	008.	□□□	実戦 No.7	国家一般職	H25	**
	009.	□□□	実戦 No.8	国家一般職	R4	**
	010.	□□□	実戦 No.9	国家総合職	H20	***

テーマ2 日本教育史

			問題	試験	年度	難易度
	011.	□□□	必修	国家一般職	H29	**
◆	012.	□□□	実戦 No.1	法務省専門職員	H21	*
	013.	□□□	実戦 No.2	法務省専門職員	R3	*
	014.	□□□	実戦 No.3	国家総合職	H26	**
	015.	□□□	実戦 No.4	法務省専門職員	H30	***
◆	016.	□□□	実戦 No.5	国家総合職	H25	**
	017.	□□□	実戦 No.6	国家総合職	R4	***

第2章 教育社会学

テーマ3 教育社会学理論

			問題	試験	年度	難易度
	018.	□□□	必修	国家一般職	H28	*
◆	019.	□□□	実戦 No.1	国家総合職	H24	**
	020.	□□□	実戦 No.2	国家総合職	R2	**
◆	021.	□□□	実戦 No.3	国家一般職	H24	*
	022.	□□□	実戦 No.4	法務省専門職員	H22	**
	023.	□□□	実戦 No.5	法務省専門職員	H24	**
◆	024.	□□□	実戦 No.6	国家一般職	H29	**
	025.	□□□	実戦 No.7	国家総合職	H24	***
	026.	□□□	実戦 No.8	国家総合職	R3	***
	027.	□□□	実戦 No.9	国家総合職	H24	***

テーマ4 調査・統計

			問題	試験	年度	難易度
	028.	□□□	必修	国家総合職	R4	***
	029.	□□□	実戦 No.1	国家一般職	R3	*
	030.	□□□	実戦 No.2	法務省専門職員	R3	**
◆	031.	□□□	実戦 No.3	国家総合職	H23	**
	032.	□□□	実戦 No.4	法務省専門職員	H21	*
	033.	□□□	実戦 No.5	国家総合職	R2	***
◆	034.	□□□	実戦 No.6	法務省専門職員	H23	***
	035.	□□□	実戦 No.7	法務省専門職員	R2	**

第3章 教育法規

テーマ5 学校の法規

			問題	試験	年度	難易度
	036.	□□□	必修	法務省専門職員	H28	*
	037.	□□□	実戦 No.1	国家総合職	R3	**
◆	038.	□□□	実戦 No.2	国家総合職	R2	**
	039.	□□□	実戦 No.3	国家一般職	H28	*
	040.	□□□	実戦 No.4	国家総合職	H28	*
◆	041.	□□□	実戦 No.5	国家総合職	H30	**
	042.	□□□	実戦 No.6	国家総合職	R3	***
◆	043.	□□□	実戦 No.7	国家一般職	H30	**
	044.	□□□	実戦 No.8	法務省専門職員	R2	**

テーマ6 児童・教員の法規

			問題	試験	年度	難易度
	045.	□□□	必修	国家総合職	H27	*
	046.	□□□	実戦 No.1	法務省専門職員	H26	*
	047.	□□□	実戦 No.2	国家総合職	H27	*
	048.	□□□	実戦 No.3	国家総合職	R3	**
◆	049.	□□□	実戦 No.4	国家一般職	R元	*
◆	050.	□□□	実戦 No.5	法務省専門職員	R元	*
◆	051.	□□□	実戦 No.6	国家総合職	R5	**
	052.	□□□	実戦 No.7	国家総合職	R2	**
◆	053.	□□□	実戦 No.8	国家総合職	H24	**
	054.	□□□	実戦 No.9	法務省専門職員	H20	***

第4章 生涯学習

テーマ7 生涯学習

		問題	試験	年度	難易度
055.	□□□	必修	国家総合職	H26	**
◆056.	□□□	実戦No.1	国家一般職	H21	*
057.	□□□	実戦No.2	国家総合職	H20	***
◆058.	□□□	実戦No.3	国家総合職	H28	*
059.	□□□	実戦No.4	国家一般職	H29	***
060.	□□□	実戦No.5	国家一般職	H30	**
061.	□□□	実戦No.6	国家総合職	R4	***
062.	□□□	実戦No.7	国家一般職	H20	***

第5章 教育方法学

テーマ8 教授・学習理論

		問題	試験	年度	難易度
063.	□□□	必修	国家総合職	H30	*
064.	□□□	実戦No.1	法務省専門職員	H25	**
◆065.	□□□	実戦No.2	国家総合職	H22	*
066.	□□□	実戦No.3	国家総合職	H26	*
067.	□□□	実戦No.4	国家一般職	H29	*
◆068.	□□□	実戦No.5	法務省専門職員	R元	*
◆069.	□□□	実戦No.6	法務省専門職員	H30	*
◆070.	□□□	実戦No.7	国家一般職	H24	***
071.	□□□	実戦No.8	国家総合職	H23	**
072.	□□□	実戦No.9	国家総合職	H25	**

テーマ9 学習指導要領・カリキュラム

		問題	試験	年度	難易度
073.	□□□	必修	国家総合職	R元	**
074.	□□□	実戦No.1	国家総合職	H19	**
◆075.	□□□	実戦No.2	国家一般職	R元	**
◆076.	□□□	実戦No.3	法務省専門職員	H27	*
◆077.	□□□	実戦No.4	国家総合職	R元	***
078.	□□□	実戦No.5	法務省専門職員	R2	**
079.	□□□	実戦No.6	国家一般職	H28	**
080.	□□□	実戦No.7	法務省専門職員	R4	**
081.	□□□	実戦No.8	国家総合職	R2	***

テーマ10 教育評価

		問題	試験	年度	難易度
082.	□□□	必修	法務省専門職員	R3	*
◆083.	□□□	実戦No.1	国家総合職	H21	**
084.	□□□	実戦No.2	国家一般職	H20	*
085.	□□□	実戦No.3	法務省専門職員	H28	*
◆086.	□□□	実戦No.4	国家総合職	H21	**
◆087.	□□□	実戦No.5	国家総合職	R2	***
088.	□□□	実戦No.6	国家総合職	H29	***

心理学

第1章 感覚・知覚

テーマ1 基本的性質

		問題	試験	年度	難易度
089.	□□□	必修	国家一般職	H28	*
090.	□□□	実戦No.1	国家一般職	R3	**
091.	□□□	実戦No.2	法務省専門職員	R3	**
092.	□□□	実戦No.3	国家一般職	H30	**
093.	□□□	実戦No.4	法務省専門職員	H29	**

テーマ2 視覚

		問題	試験	年度	難易度
094.	□□□	必修	法務省専門職員	H25	*
◆095.	□□□	実戦No.1	法務省専門職員	H24	*
096.	□□□	実戦No.2	国家総合職	H24	**
097.	□□□	実戦No.3	国家総合職	H25	***

第2章 学習

テーマ3 学習心理学の成り立ち

		問題	試験	年度	難易度
098.	□□□	必修	国家一般職	R3	*
◆099.	□□□	実戦No.1	国家一般職	H24	*
100.	□□□	実戦No.2	国家総合職	R元	**

テーマ4 古典的条件づけ

		問題	試験	年度	難易度
101.	□□□	必修	国家一般職	R4	*
102.	□□□	実戦No.1	法務省専門職員	H25	**
103.	□□□	実戦No.2	国家総合職	H24	***

テーマ5 オペラント条件づけ

	問題	試験	年度	難易度
104.	必修	法務省専門職員	H26	*
105.	実戦 No.1	法務省専門職員	R3	**
106.	実戦 No.2	国家総合職	R2	*
107.	実戦 No.3	国家総合職	H25	*
108.	実戦 No.4	国家一般職	H30	*
109.	実戦 No.5	国家一般職	R元	**
110.	実戦 No.6	国家一般職	H25	***

第3章 認知

テーマ6 記憶

	問題	試験	年度	難易度
111.	必修	国家一般職	H24	*
112.	実戦 No.1	国家一般職	H29	*
113.	実戦 No.2	国家総合職	H25	*
114.	実戦 No.3	法務省専門職員	H25	*
115.	実戦 No.4	法務省専門職員	R4	**
116.	実戦 No.5	国家総合職	H25	***
117.	実戦 No.6	国家総合職	H24	***

テーマ7 情報処理の諸特徴

	問題	試験	年度	難易度
118.	必修	国家一般職	R5	*
119.	実戦 No.1	国家総合職	H23	*
120.	実戦 No.2	国家総合職	H24	**
121.	実戦 No.3	国家一般職	H29	**
122.	実戦 No.4	国家総合職	H23	***

テーマ8 意思決定とヒューリスティクス・問題解決

	問題	試験	年度	難易度
123.	必修	法務省専門職員	H23	*
124.	実戦 No.1	法務省専門職員	H25	*
125.	実戦 No.2	国家一般職	H28	**
126.	実戦 No.3	法務省専門職員	H30	**

第4章 発達

テーマ9 発達の諸理論

	問題	試験	年度	難易度
127.	必修	国家一般職	H23	*
128.	実戦 No.1	国家一般職	H25	*
129.	実戦 No.2	法務省専門職員	H25	*
130.	実戦 No.3	法務省専門職員	H24	*
131.	実戦 No.4	法務省専門職員	H24	**
132.	実戦 No.5	国家総合職	H23	***

テーマ10 乳幼児期・愛着・遊び

	問題	試験	年度	難易度
133.	必修	法務省専門職員	H25	*
134.	実戦 No.1	法務省専門職員	R3	**
135.	実戦 No.2	国家一般職	R元	*
136.	実戦 No.3	国家総合職	H25	**
137.	実戦 No.4	法務省専門職員	H26	**

テーマ11 青年期以降・道徳・生涯発達

	問題	試験	年度	難易度
138.	必修	国家一般職	H28	*
139.	実戦 No.1	国家総合職	R5	**
140.	実戦 No.2	国家総合職	H25	**
141.	実戦 No.3	法務省専門職員	H27	***

第5章 社会

テーマ12 集団

	問題	試験	年度	難易度
142.	必修	法務省専門職員	H28	*
143.	実戦 No.1	法務省専門職員	H29	**
144.	実戦 No.2	国家一般職	H25	**
145.	実戦 No.3	国家総合職	H27	**

テーマ13 社会的認知

		問題	試験	年度	難易度
146.	□□□	必修	国家総合職	H28	*
147.	□□□	実戦 No.1	国家一般職	R3	**
148.	□□□	実戦 No.2	法務省専門職員	H25	**
149.	□□□	実戦 No.3	国家一般職	H24	**
150.	□□□	実戦 No.4	国家総合職	H25	**
151.	□□□	実戦 No.5	国家一般職	H28	**
152.	□□□	実戦 No.6	国家総合職	H24	***

第6章 人格・臨床

テーマ14 人格・臨床の検査

		問題	試験	年度	難易度
◆153.	□□□	必修	国家一般職	R2	*
154.	□□□	実戦 No.1	国家一般職	H30	*
155.	□□□	実戦 No.2	法務省専門職員	R4	*
156.	□□□	実戦 No.3	法務省専門職員	H25	*
◆157.	□□□	実戦 No.4	法務省専門職員	H24	*
158.	□□□	実戦 No.5	法務省専門職員	H28	**
159.	□□□	実戦 No.6	法務省専門職員	H25	**
160.	□□□	実戦 No.7	国家総合職	H25	**
161.	□□□	実戦 No.8	国家総合職	H24	**

テーマ15 心理療法

		問題	試験	年度	難易度
162.	□□□	必修	国家総合職	H28	*
163.	□□□	実戦 No.1	国家一般職	H27	*
164.	□□□	実戦 No.2	国家一般職	H27	**
165.	□□□	実戦 No.3	国家一般職	H26	**
166.	□□□	実戦 No.4	法務省専門職員	H25	**
167.	□□□	実戦 No.5	国家総合職	H25	**
168.	□□□	実戦 No.6	法務省専門職員	H24	**

テーマ16 症例

		問題	試験	年度	難易度
169.	□□□	必修	法務省専門職員	H27	*
170.	□□□	実戦 No.1	法務省専門職員	H27	**
171.	□□□	実戦 No.2	国家一般職	H30	**
172.	□□□	実戦 No.3	法務省専門職員	H28	**
◆173.	□□□	実戦 No.4	法務省専門職員	H29	**
◆174.	□□□	実戦 No.5	国家総合職	H27	**

第7章 教育

テーマ17 動機づけ

		問題	試験	年度	難易度
175.	□□□	必修	国家一般職	R3	*
176.	□□□	実戦 No.1	法務省専門職員	H25	*
◆177.	□□□	実戦 No.2	法務省専門職員	H24	*
◆178.	□□□	実戦 No.3	法務省専門職員	R3	**
179.	□□□	実戦 No.4	国家一般職	H26	**
180.	□□□	実戦 No.5	国家総合職	H23	**
181.	□□□	実戦 No.6	法務省専門職員	H24	**

第8章 感情

テーマ18 感情諸説

		問題	試験	年度	難易度
182.	□□□	必修	国家一般職	H25	*
183.	□□□	実戦 No.1	国家一般職	H26	**
◆184.	□□□	実戦 No.2	国家一般職	R元	*
185.	□□□	実戦 No.3	国家総合職	R5	**
186.	□□□	実戦 No.4	国家総合職	H24	**

第9章 心理測定法

テーマ19 代表値・尺度

		問題	試験	年度	難易度
187.	□□□	必修	法務省専門職員	H25	*
188.	□□□	実戦 No.1	法務省専門職員	R4	**
◆189.	□□□	実戦 No.2	法務省専門職員	H24	*
190.	□□□	実戦 No.3	法務省専門職員	H24	**
191.	□□□	実戦 No.4	国家総合職	H25	**

教育学

試験別出題傾向と対策

頻出度	試験名	国家総合職					国家一般職					国家専門職（法務省専門職員）				
	年度	21-23	24-26	27-29	30-2	3-5	21-23	24-26	27-29	30-2	3-5	21-23	24-26	27-29	30-2	3-5
	テーマ ＼ 出題数	5	5	6	5	5	4	3	3	3	2	6	5	6	6	6
A	1 西洋教育史	3	2	3	2	2	3	3	2	1	2	3	3	3	3	3
B	2 日本教育史	2	3	3	3	3	1		1	2		3	2	3	3	3

西洋教育史はどの試験でもほぼ必出であるが，近代以降の著名な教育思想というように，出題内容はだいたい決まっている。ルソーやペスタロッチなどを中心に，著作や思想上のキーワードを押さえておこう。アメリカの教育史も要注意である。

日本教育史のほうは，政策や制度の歴史についてよく問われる。学制，諸学校令，教育勅語，大学令，戦後初期の教育基本法など，知っておくべき事項は多い。出題頻度が高いのは明治期の教育史であるが，その前の江戸期の教育家や，後の大正期における新教育運動などに関する知識もいる。昭和初期の生活綴方など，著名な実践も押さえておくこと。本書のPOINTに加えて，小社刊『教員採用試験教職教養らくらくマスター』の教育史のテーマも学習しておきたい。

● 国家総合職（人間科学）

西洋教育史はほぼ必出である。著名な教育思想家に関する記述の正誤判定問題が多い。国家一般職と比べて，ドクロリーやアリエスなど，マイナーな思想家がよく出題される。近代から現代までの思想家を重点的にみておこう。

日本教育史も出題頻度が高い。最近では，明治期の教育史についてよく問われている。学制，諸学校令，大学令など，わが国の近代学校体系を築き上げた政策を押さえておきたい。戦後の民主教育改革も要注意だ（複線型から単線型への移行，男女平等教育の実現など)。西洋教育史では人物の思想，日本教育史では制度史の比重が高い。

● 国家一般職

西洋教育史の出題頻度は高いが，最近は減っている。形式は，著名な思想家の文章の正誤判定だ。これまで出題された人物は，ルソー，ペスタロッチ，デューイ，フレーベルなどである。いずれも近代以降の人物であるが，そろそろ古代の人物（プラトンなど）が出るかもしれない。複数の文章の中から，当該人物のものを選ばせる形式である。ルソーなら「消極教育」など，各人の思想のキーワードを押さえておくこと。

日本教育史は，最近よく出るようになっている。江戸期の教育機関，明治期の重

裁判所（家庭裁判所調査官補）					
21-23	24-26	27-29	30-2	3-5	
5	5	0	0	0	
3	3				テーマ1
2	2				テーマ2

要法令（学制，教育勅語）と，戦後の教育の民主改革などである。いずれも，歴史上の大きな教育改革だ。国家総合職と同様，日本教育史では政策・制度史のウエートが高い。

● 国家専門職（法務省専門職員）

西洋教育史は毎年欠かさず出ている。国家総合職や国家一般職と同様，著名な思想家について問う問題が多い。頻出人物は，ヘルバルト，ペスタロッチ，デューイである。特にデューイは出題頻度が高い。著書の原文（英文）まで出題されたことがある。重点的に見ておきたい人物である。アメリカの教育史も数回出題されている。

日本教育史の出題頻度も増えている。これまでの出題内容を見ると，明治期の教育制度史の問題が多い。学制，小学校令改正（無償義務教育成立）などの重要政策を，時代順に配列させる問題も見受けられる。女子教育や中等教育というように，特定事項の歴史を問う問題も少なくない。５年度では，江戸時代の教育家（林羅山など）が出題されている。

● 裁判所（家庭裁判所調査官補）

西洋教育史は，選択問題よりも必修問題での出題が多い。特定人物の思想を200～400字程度で説明させる問題が主である。22年度ではプラトン，24年度ではルソー，25年度ではペスタロッチについて問われた。総合制中等学校の歴史や公教育の成立過程など，制度史の問題も見られる。26年度は，複線型学校体系の説明が求められている。

日本教育史のほうは，選択問題での出題が多い。学制（政策），不敬事件（出来事），生活綴方（実践）といった特定事項について，簡潔に説明させる問題がメインである。対策としては，教育史の重要事項をまとめた用語集での学習が効率的であろう。重要度がランクづけされた，小社の『教員採用試験　教職基本キーワード1200』を勧める。

西洋教育史

必修問題

西洋の教育思想に関する次の記述のうち，妥当なのはどれか。

【国家一般職・平成30年度】

1 J.A.コメニウスは，『大教授学』において，人間の自然的本性を善とし，それが既成の社会制度によって悪へと変質させられることを防ぐための教育を行うことを提唱した。彼は，その教育の原理を「**消極的教育**」と呼んだ。

2 J.H.ペスタロッチは，貧児や孤児の教育を行い，その成果をまとめた『ゲルトルートはいかにその子を教えるか』で，「数・形・語」を基礎とする教授法（「**メトーデ**」）を提唱した。また，彼は，『白鳥の歌』において「生活が陶冶する」という教育の原則を示した。

3 R.オーエンは，紡績工場の支配人となり，労働者の子供のための教育施設である「**子供の家**」を設立した。彼は，「子供の家」の教育において，独自の教具による感覚の訓練，子供の自発的活動，日常生活の訓練を重視した。

4 O.ドクロリーは，障害児教育の経験に基づいて教育方法を考案した。その特徴は，子供の興味の中心となる題材を選択し，それを中心に統合的なカリキュラムを組むことにあった。彼は，シカゴ大学附属の実験学校を開設し，そこでの教育実践の報告を『**学校と社会**』にまとめた。

5 E.ケイは，『**児童の世紀**』において，「21世紀は児童の世紀である」と宣言し，児童中心主義の教育を提唱した。彼女は，独自の「人智学」に基づいて，「フォルメン」や「オイリュトミー」などの教育方法を実践した。

難易度 ＊

必修問題の解説

著名な教育思想家の文章の正誤を判定させる，西洋教育史の典型問題である。各人物の主著や学説のキーワードを知っていれば，難なく正答できる。1は「消極教育＝ルソー」，3は「子供の家＝モンテッソーリ」という知識があれば，瞬時に正誤を判定できる。

1 × J.J.ルソーの『エミール』に関する記述である。
文中で言われている「**消極教育**」は，ルソーの教育小説『エミール』において主張されている。コメニウスの著書『**大教授学**』は，近代教授学の金字塔として名高い。

2 ◎ ペスタロッチは貧民教育を行い，直観教授の方法（メトーデ）を提唱した。
ペスタロッチは，感覚的直観を重視した**直観教授**で知られ，直観から認識へと至る筋道を体系的に説いた人物である。「数・形・語」は直観に訴える3要素で，**直観のＡＢＣ**と呼ばれる。

3 × 「子供の家」を設立したのは，M.モンテッソーリである。
オーエンは自身が経営する工場内に「**性格形成学院**」を設立し，労働者の子弟の教育を行った。オーエンは，社会主義運動の先駆者としても知られる。「**子供の家**」は，モンテッソーリがローマの貧民街に設立した施設で，文中で言われているような実践を行った。その方法は「モンテッソーリ・メソッド」と呼ばれ，世界中に普及した。

4 × 『学校と社会』を刊行したのは，J.デューイである。
ドクロリーは，障害児の実験教育のための学校（特殊教育学院）を創設し，生活主義的，活動主義的な教育方法を編み出した。文中で言われている統合的なカリキュラムは「**コア・カリキュラム**」と呼ばれ，20世紀初頭のアメリカで実践されたもので，ドクロリーが考案したものではない。シカゴの実験学校で児童中心主義の実践を行い，それを『学校と社会』にまとめたのは，**J.デューイ**である。

5 × 「フォルメン」や「オイリュトミー」を実践したのはシュタイナーである。
前半は正しい。ケイの思想は，各国の児童中心主義の思想に影響を与えた。「フォルメン」や「オイリュトミー」は，**シュタイナー学校**で必修とされていた科目である。

正答 2

FOCUS

上記の問題のように，著名な思想家に関する文章を提示して，正誤を判定させる形式がほとんどである。著作名や思想上のキーワードを手掛かりに判別するので，それらを押さえておきたい。次ページの著名思想家一覧表に加えて，小社『教職教養らくらくマスター』の西洋教育史のテーマを学習しておけば完璧である。ある思想家の名前が提示されたら，即座に著作名やキーワードが浮かぶようになるまで繰り返し学習してほしい。

POINT

西洋教育史では，著名な思想家に関する文章の正誤判定問題が多い。判別のポイントとなる著作名やキーワードを知っておこう。★は頻出度が高い人物である。

重要ポイント 1 古代から中世の思想家

必ず押さえておくべき思想家は5人。特にコメニウスは重要。

思想家名	著　作	記事・キーワード
ソクラテス（前469～前399）		対話で「無知の知」を気づかせる。**問答法**。
プラトン（前427～前347）	①『クリトン』 ②『国家』	**アカデメイア**を開設し，青年を教育。イデア論。
アリストテレス（前384～前322）	①『ニコマコス倫理学』 ②『形而上学』	プラトンの弟子。**リュケイオン**という学校を創設。
コメニウス★（1592～1670）	①『**大教授学**』 ②『世界図絵』	近代教授学の祖。①は近代教授学の金字塔。②は，史上初の絵入り教科書。
ロック★（1632～1704）	①『人間悟性論』 ②『教育論』	人間の精神は「**白紙（タブラ・ラサ）**」である。②は厳格な紳士教育論。

重要ポイント 2 近代の思想家

ルソーとペスタロッチは，西洋教育史で最頻出である。

思想家名	著　作	記事・キーワード
ルソー★（1712～1778）	①『**エミール**』 ②『人間不平等起源論』 ③『社会契約論』	①は著名な教育小説。**消極教育論**，子どもの発見，青年期は第二の誕生。
カント（1724～1804）	①『教育学講義』	人間は教育されなくてはならない唯一の**被造物**。
バゼドウ（1724～1790）		1774年に**汎愛学院**を開設。現世内的人間を尊重する教育。
コンドルセ（1743～1794）	①『公教育の全般的組織に関する法案』	近代**公教育**の原理（無償性，男女共学，中立性…）。
ペスタロッチ★（1746～1827）	①『**隠者の夕暮れ**』 ②『ゲルトルート児童教育法』	孤児院を経営，貧民の子弟の教育。**直観教授法**（直観のABC）。
オーエン（1771～1858）		空想的社会主義者。性格形成学院，工場法。
イタール（1774～1838）	①『アヴェロンの野生児』	アヴェロンの森で発見された野生児を教育。
ヘルバルト★（1776～1841）	①『一般教育学』	「明瞭，連合，系統，方法」の**4段階教授法**。

フレーベル (1782～1852)	①『人間の教育』	**幼稚園**の創設者（一般ドイツ幼稚園, 1837年）。教育玩具の**恩物**を考案。
セガン (1812～1880)	①『知的障害児教育の理論』	知的障害児教育の先駆者。セガン法を実践。
ライン (1847～1929)		**5段階教授法**（予備, 提示, 比較, 総括, 応用）を提唱。

重要ポイント3 現代の思想家

頻出度が高いのはデューイ。20世紀初頭の新教育の指導者である。

思想家名	著 作	記事・キーワード
スペンサー (1820～1903)	①『教育論』 ②『社会学原理』	伝統的な古典教育を批判, 実用的な教育を重視。
ケイ (1849～1926)	①『児童の世紀』	20世紀を「**児童の世紀**」と呼んだ。
デュルケム (1858～1917)	①『教育と社会学』 ②『道徳教育論』	教育社会学の祖。教育とは, 後続世代の組織的・体系的な**社会化**である。
デューイ★ (1859～1952)	①『学校と社会』 ②『思考の方法』 ③『民主主義と教育』	進歩主義教育の指導者。「なすことによって学ぶ」**経験主義**。
クループスカヤ (1869～1939)	①『国民教育と民主主義』	教育と労働の結合による子どもの全面発達。総合技術教育（**ポリテフニズム**）を提唱。
モンテッソーリ★ (1870～1952)	①『モンテッソーリ・メソッド』	ローマの貧民街に「**子どもの家**」を開設。貧しい幼児の教育を行う。
キルパトリック (1871～1965)	①『プロジェクト・メソッド』	単元学習の方法「**プロジェクト・メソッド**」を考案。
ニイル (1883～1973)	①『問題の子ども』 ②『問題の親』	世界で一番自由な学校, サマーヒル学園を創設。
パーカースト (1887～1973)	①『ドルトン・プランの教育』	学習を契約・仕事とみなす**ドルトン・プラン**。
マカレンコ (1888～1939)	①『塔の上の旗』 ②『教育詩』	非行少年の矯正教育。集団教育による訓育。
ラングラン (1910～2003)	①『生涯教育について』	1965年に「**生涯教育**」の概念を提唱。
ブルーナー (1915～2016)	①『教育の過程』	**発見学習**, 同じ内容を繰り返し学習させる「**螺旋型カリキュラム**」を提唱。
イリイチ (1926～2002)	①『脱学校の社会』	学校を解体すべきという**脱学校論**を唱える。

実戦問題❶　基本レベル

♦ **No.1*** **教育に関連する人物についての記述として最も妥当なのはどれか。**

【国家総合職・平成27年度】

1　ソクラテスは著作を残していないが，その思想は，弟子のプラトンによる著作などに残されている。彼は，ポリスの市民と対話を行い，相手と共同で問いと答えを繰り返しながら，相手に無知を自覚させて，それを出発点に真の知恵を発見させようとした。こうした問答法は，助産術（産婆術）と呼ばれる。

2　アリストテレスは，学園リュケイオンで学んだ後，自らは学園アカデメイアを創設し，『国家』を著した。『国家』において彼は，唯一最高のイデアを善のイデアと呼び，善のイデアを実現する理想国家の教育を唱えるとともに，国家の支配者を養育し，教育する方法を提示した。こうした理想から，彼は「万学の祖」と呼ばれる。

3　I.カントは，世界で最初の絵入りの教科書である『世界図絵』を著した。『世界図絵』において彼は，全ての認識の基礎は直観であるとし，直観を，「数」・「形」・「語」と捉え，これらを「直観のABC」と名付けた。こうした感覚的直観を重視した教授法は，直観教授（実物教授）と呼ばれる。

4　J.ロックは，政治の分野では『政府二論』を著したほか，教育の分野では『教育論』を著した。『教育論』において彼は，子どもを小さな大人としてではなく，子ども本来の姿として捉えることを主張し，子どもの発達法則に即した消極教育を提唱した。これはJ.J.ルソーの提唱した白紙説（タブララサ）による積極教育と対置される。

5　J.デューイは，田園教育舎における実践報告『学校と社会』の中で，「なすことによって学ぶ」という労作教育を提唱し，労作を通じて職業的訓練や職業的陶冶を行うことを学校の課題とすべきであるとした。田園教育舎における実践に基づく思想から，彼は進歩主義教育運動の先駆者であるとされる。

No.2 * **教育思想家についての記述Ａ～Ｄとその人名の組合せとして最も妥当なのはどれか。** 【法務省専門職員・平成24年度】

Ａ：副題では「あらゆる人に，あらゆる事項を教授する普遍的な技法を提示する」と掲げられ，教育史上最初の体系的な著作とされる『大教授学』や世界最初の絵入り教科書『世界図絵』を著し，「近代教授学の祖」と呼ばれた。

Ｂ：ローマの貧民街に開設された「子どもの家（Casa dei Bambini）」において，かつての知的障害児教育のために考案した教材を利用し，系統的な言語練習，感覚訓練，生活訓練等を実践する中で，独自の科学的教育方法を築いた。

Ｃ：著書『児童の世紀』では，「20世紀を児童の世紀に」と訴え，教育において徹底した児童中心主義を主張した。また，学校は窮屈な知識のつめ込み場であってはならず，子どもの興味から生まれる自発的学習，自己活動などの教育を行う家庭の延長的な場であるべきとした。

Ｄ：教育の目的は倫理学が，教育の方法は心理学が規定するとした。また，著書『一般教育学』において，教育の究極目的は「道徳的品性の陶冶」であるとし，そのための教授の段階を，明瞭，連合，系統，方法という４つの段階に分けて考えた。

	A	B	C	D
1	クリープスカヤ (Krupskaya, N.K.)	モンテッソーリ (Montessori, M.)	キルパトリック (Kilpatrick,W.H.)	ヘルバルト (Herbart, J.F.)
2	クリープスカヤ (Krupskaya, N.K.)	モンテッソーリ (Montessori, M.)	エレン・ケイ (Key, E.)	ロック (Locke, J.)
3	クリープスカヤ (Krupskaya, N.K.)	ルソー (Rousseau, J.J.)	キルパトリック (Kilpatrick,W.H.)	ヘルバルト (Herbart, J.F.)
4	コメニウス (Comenius, J.A.)	モンテッソーリ (Montessori, M.)	エレン・ケイ (Key, E.)	ヘルバルト (Herbart, J.F.)
5	コメニウス (Comenius, J.A.)	ルソー (Rousseau, J.J.)	エレン・ケイ (Key, E.)	ロック (Locke, J.)

＊＊
No.3 西洋の教育思想家に関する記述として最も妥当なのはどれか。

【国家総合職・令和３年度】

1 W.v.フンボルトは，事物の認識能力，すなわち直観をこどものうちに発展させることを教育の課題とした。そのために，彼は，認識を要素に分解し，最も単純な構成要素としての数，形，語から事物の表象を再構成する方法的道筋を提唱し，それをメトーデと呼んだ。また，彼は，近代大学の典型とされるベルン大学を創設した。

2 J.F.ヘルバルトは，教育の目的を倫理学から，教育の方法を心理学から導き出し，こどもに間接的に働き掛ける教授の進行を，「予備」，「提示」，「比較」，「総括」，「応用」の5段階に区分した。わが国では，明治時代半ばにヘルバルト主義教育学が導入されたが，わが国の教育界に広く普及したのは，ヘルバルトの後継者らによって考案された4段階教授法であった。

3 I.カントは，「啓蒙とは何か」という論文の中で，啓蒙とは自らが招いた未成年状態から抜け出ることであると述べた。また，彼の大学での講義をもとに出版された『教育学』において，彼は，「人間は教育されなければならない唯一の被造物である」と述べ，人間は教育によって初めて人間になることができると考えた。

4 J.デューイは，シカゴ大学附属小学校において，「オキュペーション」と呼ばれる活動的な学びを導入した。具体的には，こどもの健全な発達を促すための教具として考案した，感覚教具，数教具，言語教具，日常生活教具を用いて，五感を訓練する教育を行った。彼は，この教育実践を『児童の世紀』にまとめた。

5 J.J.ルソーの『教育の過程』は，架空の人物を主人公とし，その出生から一人前の人間になるまでを描いた物語である。彼は，その中で，人智学に基づき，人間は，肉体，エーテル体，アストラール体，自我の4つから構成されていると考え，大人になる前にこどもがどういうものであるかについて論じた。そのため，『教育の過程』は，こどもの発見の書とされてきた。

実戦問題1の解説

No.1 の解説　教育に関連する人物
→問題はP.24　正答1

1 ◎ ソクラテスは問答法により，「無知の知」を自覚させようとした。
ソクラテスは，アテナイの哲学者。アテナイの広場で青年や知識人との対話を行い，相手の考えに疑問を投げかける問答法により，自分は何も知らないという「**無知の知**」を自覚させようとした。

2 × 著作『国家』において，「善のイデア」論を唱えたのはプラトンである。
アリストテレスは，師匠のプラトンの学園アカデメイアで学んだ後，自身の学園**リュケイオン**を創設し，後継の育成に努めた。あらゆる分野の学問に取り組み，万学の祖ともいわれる。人間はあくまで社会的な存在であることを強調する，「人間はポリス的動物である」という言葉は有名。

3 × 『世界図絵』の著者はコメニウス，「直観のABC」の提唱者はペスタロッチ。
カントはドイツの哲学者で，『純粋理性批判』，『実践理性批判』，『判断力批判』を著し，独自の批判哲学を展開した。教育学関連の著作としては『**教育学講義**』がある。

4 × 消極教育を提唱したのは，ルソーである。
ロックはイギリスの哲学者。著書『教育論』において，厳しいしつけや鍛錬を重視した**紳士教育論**を唱えた。また人間とは，生得観念を一切もたない「**白紙（タブララサ）**」であって，その上に望ましい観念を書き込むことが教育の役割と考えた。人間形成には環境が大きく影響し，あらゆる思考や知識は経験によって得られるという経験主義に通じる。

5 × 労作教育を提唱したのは，ケルシェンシュタイナーである。
ケルシェンシュタイナーはドイツの教育学者で，書物学校としての性格が強かった国民学校を**労作学校**に転換することを図った。『**学校と社会**』はデューイの著作である。デューイは，20世紀初頭のアメリカ進歩主義教育運動の先駆者といわれる。

No.2 の解説　教育思想家
→問題はP.25　正答4

A：**コメニウス**に関する記述である。『大教授学』，『世界図絵』という著作がポイント。上記の2つの著作から容易に判別がつく。前者は近代教授学の金字塔といわれる著作であり，後者は史上初の絵入り教科書として知られる。「近代教授学の祖」という文言にも注目。クリープスカヤは，総合技術教育に取り組んだ人物である。

B：**モンテッソーリ**に関する記述である。「**子どもの家**」がキーワード。ローマの貧民街に開設した「子どもの家」では，子どもの活動欲求に見合った環境と多様な教具を用意し，それらを使って，子どもの感覚運動能力を高めた後，その上に知識や規律を教える，という方法がとられた。これがいわゆる「**モンテッソーリ・メソッド**」である。ルソーは消極教育や子どもの発見者として名高い。

C：**エレン・ケイ**に関する記述である。**『児童の世紀』**という著作に注目。スウェーデンの女性思想家。1900年に『児童の世紀』を発表し，20世紀は児童の世紀であり，子どもが幸せに育つことのできる平和な社会を建設すべきであると訴えた人物である。キルパトリックは，単元学習の方法として，プロジェクト・メソッドを提唱した人物。

D：**ヘルバルト**に関する記述である。**『一般教育学』**という著作がポイント。明瞭，連合，系統，方法の４段階からなる教授段階説で知られる。弟子のツィラーやラインは，これを修正した５段階の教授段階説を打ち立てた。これらの後継者は，ヘルバルト学派といわれる。ロックは紳士教育論で知られる。

よって，正答は**4**である。

No.3 の解説　西洋の教育思想家

→問題はP.26　正答３

1 ×　表象を再構成するメトーデを提唱したのは，ペスタロッチである。

ペスタロッチは，直観教授を重視する立場からメトーデを提唱した。数・形・語は，**直感のABC**といわれる。最後の記述であるが，フンボルトが創設したのはベルリン大学である。

2 ×　文中の５段階の教授法を提唱したのは，ラインである。

ヘルバルトは「明瞭，連合，系統，方法」の４段階，後継者のツィラーやラインは５段階の教授法を提唱した。ツィラーは「分析，総合，連合，系統，方法」，ラインは「予備，提示，比較，総括，応用」の教授法を考案した。ヘルバルト学派の５段階教授法は，明治時代のわが国の教育実践にも影響を与えた。

3 ◎　カントは，人間の自然的素質を高めることを重視した。

カントは哲学者で，『純粋理性批判』，『実践理性批判』，『判断力批判』といった著作で知られるが，ケーニヒスベルク大学で教育学も講じていた。文中の言葉は有名で，人間の自然的素質を尊重し，それを高めていこうとする思想は，ルソーやバゼドウと共通している。

4 ×　五感を訓練する教育を行ったのは，モンテッソーリである。

モンテッソーリは，多様な教具を使って，子どもの感覚運動能力の高めた後，知識や規律を教える方法をとった（**モンテッソーリ・メソッド**）。『児童の世紀』は，エレン・ケイの著作である。

5 ×　『教育の過程』ではなく，『エミール』である。

『教育の過程』は教育内容の現代化の指南書で，**ブルーナー**が著したものである。人間は，肉体，エーテル体，アストラール体，自我の４つから構成される，という説はシュタイナーによるものである。

実戦問題2　応用レベル

No.4 * **大人と子供との関係に関する記述ア～エのうち，妥当なもののみを挙げているのはどれか。**　【国家総合職・令和元年度】

ア：P.アリエスは，中世ヨーロッパでは，子供は7歳くらいになると大人と仕事や遊びをともにする「小さな大人」であり，「子供期」という観念は存在していなかったが，17世紀以降，子供中心主義を特徴とする近代家族の出現と，生徒を規律化する近代公教育制度の整備によって，子供と大人との間に境界線が引かれるようになり，子供を大人によって教育される対象として捉える子供観が生じたと主張した。

イ：M.J.ランゲフェルトは，人間の出生の状態は，他の動物でいえば未成熟で，約1か年の生理的早産であるとして，子供は「教育され得る動物」であるだけでなく，「教育されなければならない動物」であると述べた。また，彼は，経験主義的認識論の立場から生得観念を否定し，10人の子供がいれば，そのうち9人までは，教育によってどのようにでも形成することができると主張した。

ウ：O.F.ボルノーは，教育を大人の視点から捉え，大人が周到に準備した「教育的雰囲気」が，教育を成功させるための背景と基盤であると考えた。また，彼は，子供の成熟には，信頼できる大人の存在が必要であり，そうした大人が完全な存在であることを子供が経験することを通して，子供が持っていた信頼を一般的な世界に対する信頼へと導いていくことが重要であるとした。

エ：N.ポストマンは，テレビの普及に注目し，映像中心のメディアは，それらを理解するのに特別な能力が必要ないため，大人と同じ情報を子供も得ることができるようになり，子供と大人との区別は消滅しつつあると指摘した。また，彼は，テレビから流れるのは，「大人化」された子供と「子供化」された大人であり，子供の価値観と暮らし方が，大人のそれと一体化してきていると述べた。

1．ア，イ
2．ア，エ
3．イ，ウ
4．イ，エ
5．ウ，エ

No.5 西洋教育思想に関する記述として最も妥当なのはどれか。

＊＊

【国家総合職・平成23年度】

1 ロック（Locke, J.）は，教育の分野においては生得説の立場をとり，産業革命下の機械制工場での労働者の育成に力を入れた。彼は，インドの男子孤児院での実践を通じて，子どもを能力別にグループに分け，各グループに年長児の助教を配する助教法を考案した。

2 カント（Kant, I.）は，啓蒙は人間が自己の未成年状態から脱却して自律的に自分の理性を行使できる状態であると考え，その達成を助ける営みを教育ととらえた。彼は，教育学の目的を実践哲学に，方法を心理学に求め，実践的な科学的教育学の樹立をめざした。

3 マカレンコ（Makarenko, A.S.）は，すべての人間には肯定的，積極的側面があるとの出発点に立ち，集団を教育することによって個人はおのずから教育されるとした。彼は，非行少年の寄宿制再教育施設において集団主義教育の実践を積み，『教育詩』および『塔の上の旗』に著した。

4 デュルケーム（Durkheim, É.）は，あらゆる人にあらゆる事柄を教授することを目的とし，『大教授学』において世界で最初の系統的な教育学を提示した。彼は，科学的な認識をめざす教育科学よりも実践に寄与する教育学を重視し，その発展の必要性を主張した。

5 ピアジェ（Piaget, J.）は，発達の視点から道徳性について研究し，道徳性の発達は自律の道徳から他律の道徳へ進むと考えた。彼は，人間は生理的欲求，安全欲求，帰属と愛への欲求，承認欲求，自己実現の欲求と，より高次な欲求を求める傾向があるとした。

＊＊
No.6 **ジョン・デューイ（Dewey, J.）に関する記述A～Dのうち，妥当なもののみを挙げているのはどれか。** 【国家一般職・平成24年度】

A：デューイは著書『エミール』の冒頭で，「万物をつくる者の手をはなれるときはすべてはよいものであるが，人間の手にうつるとすべてが悪くなる。」と述べ，人間の自然的本性を善とみなし，既成の社会制度によってそれが悪へと変質させられることを防ぐ教育を主張した。こうした彼の消極教育の思想はその理想を実現する実践を欠いていたが，その後ヨーロッパの政治，文学，教育などさまざまな領域に影響を与えた。特に，ペスタロッチ（Pestalozzi, J.H.）の思想と教育実践に影響を与えた。

B：デューイの教育思想は一般に経験主義と呼ばれ，「なすことによって学ぶ（Learning by doing）」という経験による学習が重視された。彼は，子どもを教育の客体ではなく学習の主体として捉え，主体と環境との相互作用を経験と呼び，この経験の改造を教育の本質とした。また，著書『学校と社会』の中で「このたびは子どもが太陽となり，その周囲を教育の諸々のいとなみが回転する。」と述べ，自らの立場をコペルニクス的転回になぞらえた。

C：デューイは，シカゴ大学付属小学校（「デューイ・スクール」）をつくり，自らの思想に基づく教育実践を行った。彼はこの学校のカリキュラムの中心に「仕事（occupation）」を置き，子どもに，工作，料理，織物等のさまざまな作業を通して，積極的で活動的な学習に取り組むことを可能にさせた。また，「仕事」は，子どもが科学的洞察や人間の歴史的発達と社会的関係についての認識を得るための出発点であるとし，従来の教師中心および教科書中心の注入主義教育から子どもの自発的活動や問題解決型学習への転換を図った。

D：デューイの教育思想を体系化し著した『民主主義と教育』は，大正期に沢柳政太郎によって訳された。知識よりも経験を，思弁よりも行為を，記録よりも理解を，結果よりも過程を重視する彼の教育理論は，一般に道具主義または実験主義と呼ばれ，ドイツ観念論の理想主義的教育学説の影響下にあったわが国の教育界に新たな影響を与えた。さらに，デューイ自身の来日により著書『学校と社会』が紹介され，その教育思想は大正期のわが国の小学校で，「社会科」として実践された。

1 A，B
2 A，C
3 A，D
4 B，C
5 B，D

実戦問題2の解説

No.4 の解説　大人と子供の関係

→問題はP.29　正答2

ア○　アリエスによると，子ども期は近代社会の所産とされる。
アリエスは，各時代の絵画で子どもがどう描かれているかを観察した。中世では，子どもは大人と同じような服を着て働いており，まさに「**小さな大人**」であった。17世紀以降，子どもは可愛らしい服（子ども服）を着て，大人社会と隔離された学校に通うようになった。アリエスの著書『〈子供〉の誕生－アンシャンレジーム期の子供と家族生活』に詳しい。

イ×　生理的早産の説を唱えたのは，A.ポルトマンである。
ポルトマンによると，生誕時の人間は歩くなどの基本的な動作ができず，それができるようになるまで1年ほどかかる。**生理的早産**とは，人間は未熟な状態のまま早く生まれすぎる，という意味である。経験主義の立場から生得観念を否定したのは，**J.ロック**である。子どもは「教育されなければならない動物」と，ランゲフェルトが述べたという箇所は正しい。

ウ×　教育的雰囲気とは，大人が前もって周到に準備するものではない。
教育的雰囲気とは，大人と子どもの間における，被包感を伴う雰囲気をいう。大人と子どもが，まずは互いが不完全な存在であることを認め合い，対話によって信頼関係を構築していくことで生まれる。よって，「大人が完全な存在であることを子どもが経験することを通して」という箇所も誤り。

エ○　ポストマンは『子どもはもういない』という本を出している。
近年はインターネットやスマホの普及もあり，幼い子どもも簡単に大人と同じ情報を得られるようになっている。子どもと大人の世界のボーダレス化が進行している。

以上より，妥当なものは**ア**と**エ**であるから，正答は**2**である。

No.5 の解説　西洋教育思想

→問題はP.30　正答3

1×　助教法を考案したのは，ベルとランカスターである。
生得説の立場という箇所も誤り。ロックは，人間とは，生得観念を一切持たない「**白紙**（タブラ・ラサ）」と考えた。工場で労働者の教育を行ったという事実もない。ロックの学説は紳士教育論として知られる。インドの孤児院で実践を行ったという記述も誤り。

2×　実践哲学と心理学をもとに科学的教育学を樹立したのはデューイである。
前半の記述は正しい。「啓蒙」が重要なキーワードである。カントはドイツの哲学者であり，「人間は教育されなくてはならない唯一の被造物である」，「人間は教育によってのみ人間となることができる」という言葉で知られる。

3◎　マカレンコは，規律ある集団教育を重視した。
妥当である。**マカレンコ**は，ソビエトの教育家。2つの少年院で，未成年の法律違反者の再教育にあたった。『教育詩』と『塔の上の旗』は，その実践記録である。

4 × 『大教授学』はコメニウスの著作である。

選択肢の前半の記述は，近代教授学の祖と仰がれる**コメニウス**に関する記述である。後半も誤り。**デュルケム**は，科学的な認識をめざす教育科学（Science de l'education）の必要性を説いた。これが教育社会学であり，デュルケムはこの学問の開祖といわれる。

5 × 欲求の階層説を提示したのは，マズローである。

前半も誤り。発達の視点から道徳性を研究し，自律から他律へという道徳の発達段階説を提示したのは，**コールバーグ**である。ピアジェは，認知の発達段階説（感覚運動期，前操作期，具体的操作期，形式的操作期）で知られている。

No.6 の解説 デューイの思想と実践 →問題はP.31 正答4

A × 『エミール』はルソーの著書である。

ルソーは『ボーモンへの手紙』において，「知識を与える前にその道具である諸器官を完成しようとし，感官の訓練によって理性を準備しようとする教育を，消極教育と呼ぶ」と述べている。

B ○ 経験主義は，知識とは経験を通じて獲得されると考える。

デューイの思想は，一辺倒な知識注入ではなく，子どもの自主性や主体性を重視する児童中心主義の立場にも通じる。

C ○ シカゴ大学付属小学校は，デューイの実践道場であった。

デューイはこの学校において，経験主義に基づく**問題解決学習**を実践した。本校における「仕事（occupation）」中心カリキュラムは，伝統社会の中で（自ずと）果たされていた教育機能を，現代的な学校の中に取り入れることを意図して導入された。

D × 『民主主義と教育』を大正時代に翻訳したのは，帆足理一郎である。

またデューイが来日したのは1919（大正８）年であるが，『学校と社会』（原書刊行1899年）は，わが国では**1901**（明治34）年に翻訳・紹介されている。あと一点，大正期の小学校で社会科が実践されたという箇所も誤り。わが国の小学校で社会科という教科ができたのは，第二次世界大戦後の1947（昭和22）年である。

以上より，妥当なものは**B**と**C**であるから，正答は**4**である。

実戦問題❸　難問レベル

** No.7　**F.W.A.フレーベルの教育思想と著作およびその影響に関する記述として最も妥当なのはどれか。**　【国家一般職・平成25年度】

1　J.W.ゲーテの影響を受け，独自の精神科学ならびに人智学を確立し，『精神科学の立場からみた子どもの教育』を著した。また，自由な自律的人間の育成をめざした「ヴァルドルフ学校」を創設し，その学校はヨーロッパを中心に世界的な拡がりをみせた。わが国においても，昭和期に，この教育理念が幼稚園の教育実践にとり入れられた。

2　J.J.ルソーの影響を受け，生涯を貧民，孤児の救済，民衆教育に尽くし，『ゲルトルート児童教育法』を著した。また，労作教育や直感教授を実践するため「ブルクドルフ学園」を創設し，人間の知・徳・体の諸能力の調和的発展の基本は，小学校での基礎陶冶にあると主張した。わが国においては，その教授法である「メトーデ」が大正期に紹介された。

3　J.J.ルソーの影響を受け，「教育の最大の秘訣は，教育しないことにある」と徹底した児童中心主義を唱えた。また，著書『児童の世紀』において，婦人と子どもの解放のための社会改革を訴え，児童の自然な発展のために，階級と性別を超えたすべての人に共通の公共小学校の実現を主張した。わが国では，その著書は，大正期新教育の基礎文献として読まれた。

4　J.H.ペスタロッチの影響を受け，幼児のための教育遊具の「恩物」を考案し，「一般ドイツ幼稚園」を創設した。また，著書『人間の教育』においては子どもの能力の潜在性等を主張し，遊戯や作業を通じて子どもの内面的な本質を満足させることや自らを創造的な人間へと成長させることを教育の目的として考えた。わが国では明治期に，その考え方に基づき最初の幼稚園が創設された。

5　S.フロイトの影響を受け，著書『問題の子ども』において，一切の権威や強制を否定して，子どもの心理的欲求の解放を主張し，生きた活動を促す教育実践の場として「サマーヒル学園」を創設した。わが国では，この思想と方法に基づいた教育を実践する施設として「きのくに子どもの村学園」が設立された。

＊＊
No.8 西洋の教育思想に関する次の記述のうち，妥当なのはどれか。

【国家一般職・令和４年度】

1 アテナイでは，自由と正義を重視したスパルタと異なり，教育は兵役準備の性格を持つものとして捉えられ，国民の生活と教育を国家管理の下に置くものとされた。また，子どもは国家の所有物とされ，軍事訓練，スポーツなどを重視する国家主導型の教育が行われた。

2 ソクラテスは，当時のアテナイの市民が「自分は何も知らない」という「無知の知」を重視したことを批判し，教育者から学習者に直接的に真の知恵を教える問答法（産婆術）と呼ばれる独自の教育法を行った。

3 プラトンは，イデア論を批判して経験を重んじる実証主義の学風を掲げ，リュケイオンに学園を設立し教育活動を行った。『ニコマコス倫理学』のほか，真理を知るために，すべてのものの存在を疑うことを提唱して『方法序説』を著した。

4 古代から中世において，実利や専門志向の知識に価値を置く専門科学の体系が形成され，文法学，修辞学，論理学（弁証法），算術の四学と，体育，幾何学，天文学，音楽の四科から構成されるリベラル・アーツとして確立された。

5 J.A.コメニウスは，全ての人に全ての事柄を教授することをめざして，あらゆる事柄に関する知識を網羅する汎知学（パンソフィア）の体系化に力を注ぎ，『大教授学』のほか，世界初の絵入り教科書『世界図絵』を著した。

＊＊＊

No.9 **近代以降の学校体系の発展に関する記述として最も妥当なのはどれか。**

【国家総合職・平成20年度】

1 産業の高度化，市場経済の発達により，日常生活で要求される技術水準が上昇してきたことを背景として，初等教育機関で提供されていた普通教育を延長する形で形成された教育機関が，中等教育機関の起源の一つとされる。

2 科学の進歩に伴う教育内容の高度化や学問分野の細分化が進行し，専門的職業的訓練から古典教養へと大学教育の重心が移動したことを背景として，大学教育の準備段階として創設された総合制中等教育学校（コンプリヘンシブ・スクール）が，中等教育の起源の一つとされる。

3 西欧に先立って大学が制度化された19世紀のアメリカや諸学校令下の戦前日本において見られた単線型学校体系では，中等教育段階への進学時に学力による選抜が実施され，中等教育段階のすべての教育機関が大学への進学準備段階として機能していた。

4 市民革命と産業革命をいち早く経験し，近代化を推し進めていったイギリスにおいて見られた複線型学校体系では，普通教育の延長としてのパブリックスクールと，大学の準備段階としてのモダンスクールとが並列して存在していた。

5 現代のドイツとフランスにおいて，普通教育の延長となる中等教育機関としてはギムナジウムとリセが，大学の準備段階となる中等教育機関としてはハウプトシューレとコレージュが，それぞれ位置づけられている。

実戦問題3の解説

No.7の解説　フレーベルの教育思想　→問題はP.34　正答4

1×　ヴァルドルフ学校を創設したのはシュタイナーである。
ヴァルドルフ学校とは，1919年にシュタイナーが設立した学校である。フォルメン（リズム，運動経験）やオイリュトミー（言語，身体芸術）といった科目が設けられ，競争や能力主義を排した自由教育が行われた。この学校は，後に世界中に広まることとなった。

2×　『ゲルトルート児童教育法』を著したのはペスタロッチである。
メトーデとは，この人物が提唱した**直観教授法**のことである。感覚的直観を媒介にして，生徒に知識を伝達する過程をいう。『ゲルトルート児童教育法』では，直観から認識へと至る筋道をより体系的に明らかにした。

3×　『児童の世紀』はエレン・ケイの著作である。
ケイは『児童の世紀』を発表し，20世紀は児童の世紀であり，子どもが幸せに育つことのできる平和な社会を建設すべきであると訴えた人物である。この著作は世界的な注目を集め，各国の児童中心主義教育運動に影響を与えた。

4◎　「一般ドイツ幼稚園」は，フレーベルが創設した世界初の幼稚園である。
フレーベルが1837年に創設した「一般ドイツ幼稚園」は世界で最初の幼稚園となり，後世にて，彼は幼稚園の創始者と呼ばれることとなる。教育遊具の「**恩物**」とは，神からの子どもたちへの贈り物という意味である。

5×　「サマーヒル学園」を創設したのはニイルである。
ニイルが1925年に創設したサマーヒル学園は，「世界でいちばん自由な学校」といわれ，自由教育が徹底された。『問題の子ども』という著書があり，問題児の治療においても，ユニークな業績を挙げた人物である。

No.8の解説　西洋の教育思想　→問題はP.35　正答5

1×　軍事訓練など，国家主導型の教育を行ったのはスパルタである。
今でも，厳しい管理教育を言い表す言葉として「スパルタ教育」といわれたりする。対してアテナイでは，自由と正義が重んじられた。両者は，古代ギリシアの二大ポリス（都市国家）であった。

2×　問答法は，問いを通して学習者を教育目標に到達させる方法である。
問答法は，教育者が学習者に（上から）知識を教えることではない。最初の箇所も誤り。ソクラテスは，市民に「無知の知」を持たせるため，アテナイの広場で問答法による対話を行った。

3×　リュケイオンに学園を設立したのは，アリストテレスである。
アリストテレスは，師匠のプラトンのイデア論を観念的と批判し，実証主義を掲げ，リュケイオンの学園で青年らの教育を行った。なお懐疑主義の立場から『方法序説』を著したのは**デカルト**である。

4 × **リベラル・アーツは，三学と四科から構成される。**
三学は文法学，修辞学，論理学（弁証法）で，四科は算数，幾何，天文，音楽である。これらを擁することから，リベラル・アーツは「**自由七科**」とも言われる。リベラル・アーツは，実利とは距離を置いた伝統的な教養内容である。

5 ◎ **コメニウスは，近代教授学の祖と仰がれる人物である。**
コメニウスはポーランドに亡命する最中，多くの知識人と交流し，天文学，自然学，技術学，人間学，宗教学などの知識を，**汎知学（パンソフィア）**として体系化した。著作の『大教授学』は近代教授学の金字塔で，『世界図絵』は史上初の絵入り教科書で，実物教授の教材として使われた。

No.9 の解説　近代以降の学校体系　→問題はP.36　正答 1

1 ◎ **初等教育の上にくるのは中等教育である。**
中等教育機関は，高等教育機関での学習に必要な学力を育成する予備教育機関としても発生する。戦前期日本の旧制高等学校は，帝国大学での教育を受けるに足る学力（外国語）を教授する予備教育機関であった。中等教育機関は，「下から」と同時に「**上から**」の要請によっても発生する。

2 × **総合制中等教育学校は，1960年代のイギリスで生まれた中等教育機関。**
イギリスの中等教育学校は，グラマースクール，モダンスクール，テクニカルスクールというように分化していたが，それらを統合して総合制中等教育学校に一本化された。中等教育の起源は，中世ヨーロッパのラテン語学校にまで遡る。なお大学教育の重心は，古典教養から職業訓練へと移ってきている。

3 × **最初に大学が制度化されたのは，中世のヨーロッパである。**
戦前の日本では**複線型学校体系**がとられており，中等教育段階の学校は，①旧制中学校（高等学校），②高等女学校，③実業学校といった性格の異なる学校に分化していた。これらのうち，大学への進学準備機関として機能していたのは①だけである。なお単線型学校体系では，このような差別的な分岐はない。戦後になり，日本の学校体系は複線型から単線型に変化した。右ページの図は，戦前と戦後の学校体系の図解である（文部省『学制百年史』より転載）。教育の機会均等志向の高まりにより，どの社会でも，時代の経過と共に，複線型から単線型に近いシステムに移行する。

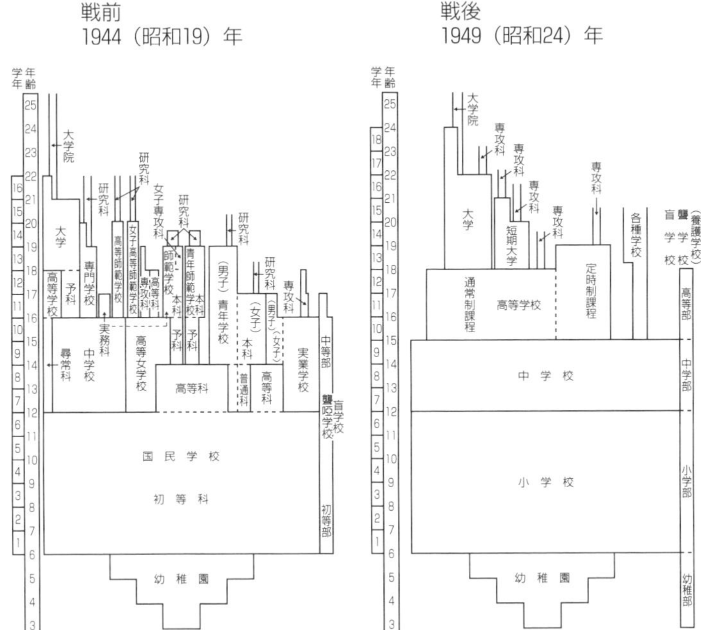

4 × **パブリックスクールは，上流階層が通う私立の中等教育機関である。**

パブリックスクールは，富裕層の子弟を対象に，大学進学準備教育や紳士教育を行う中等教育機関である。イギリスの複線型中等教育において大学進学準備教育を担っていたのは，**グラマースクール**である。モダンスクールは一般教養や実務を教える学校であった。

5 × **大学準備教育機関は，ドイツはギムナジウム，フランスはリセである。**

ハウプトシューレとコレージュは，普通教育の延長としての性格が強い中等教育機関である。後者は，日本でいう中学校にほぼ相当する。

日本教育史

必修問題

わが国の教育の歴史に関する次の記述のうち，妥当なのはどれか。

【国家一般職・平成29年度】

1　明治5（1872）年に公布された「教育令」では，全国を53,760の小学区に分けて，一つの小学区に一つの小学校を置くことが定められた。その序文では，すべての人々が身分に応じて異なる教育を受けなければならないという考えが示された。

2　明治19（1886）年に公布された小学校令（第一次小学校令）では，学齢期の児童には普通教育を受ける義務があると規定され，学齢期の児童の就学率は，明治23（1890）年までに，男女共に9割を超えた。

3　明治33（1900）年に改正された小学校令（第三次小学校令）では，原則として授業料が廃止され，義務教育の無償制が確立された。また，教科書採択をめぐる不正事件を受けて，明治36（1903）年に，小学校では国定教科書を用いることが定められた。

4　昭和16（1941）年には**教育勅語**が発布され，尋常小学校が国民学校へと改称されるとともに，「皇国の道」にのっとって，初等普通教育を施し，国民の「基礎的錬成」を行うことが国民学校の目的として規定された。その際，義務教育の修業年限が6年から3年に短縮された。

5　昭和22（1947）年に**教育基本法**が制定され，同法1条では，個々人の基礎学力の形成という教育の目的が示された。また，同法3条では，国はすべての国民に対して，能力の有無にかかわらず，同じ教育を受ける機会を与えなければならないと規定された。

難易度　＊＊

必修問題の解説

近代以降の日本教育史の重要事項ばかりである。年表を覚えておけば正答できる問題ではなく，それぞれの政策の中身についても問われている。学制（1872年）や諸学校令（1886年）などは，用語集に当たって内容も押さえておきたい。小社の『教職基本キーワード1200』での学習を勧める。

1 × 教育令ではなく，学制である。

1872年の**学制**によって，日本に初めて近代学校制度が生まれることになった。その序文（被仰出書）では「必ず邑（むら）に不学の戸なく家に不学の人なからしめん事を期す」と述べ，国民皆就学を要請しているが，「身分に応じて異なる教育を受けなければならない」という考えは示されていない。近代以降，身分制の考えは否定されている。

2 × 1890年の学齢児童の就学率は，男子で65.1%，女子で31.1%であった。

学齢児童の就学率が男女共９割を超えたのは**1904年**のことである。1900年に，尋常小学校での**４年間の義務教育が無償**になったことが大きい。小学校令で就学義務を課されたのは，児童の父母・後見人であり，児童本人ではない。

3 ◎ 1900年に，尋常小学校での4年間の義務教育が無償になった。

1900年の無償義務教育実施により，学齢児童の就学率が伸びることになった。教科書採択の不正事件とは，教科書会社と採用担当者の間の贈収賄事件（1902年）のことで，教科書疑獄事件と呼ばれる。以降，文部省著作の国定教科書が使われることになった。

4 × 教育勅語ではなく，国民学校令である。

国民学校令により，尋常小学校と高等小学校が統合されて**国民学校**となった。国民学校は，初等科６年，高等科２年の計８年が修業年限とされた。よって義務教育の年限は**６年から８年に延長**されたことになる。

5 × 人格の完成を目指すという教育の目的が示された。

教育の目的は**人格の完成**を目指すことで（１条），「すべて国民は，ひとしく，**その能力に応ずる**教育を受ける機会を与えられなければならない」（３条）とされた。

正答 3

FOCUS

西洋教育史と同様，著名人物に関する記述の正誤判定が主である。江戸期に私塾を開設した人物や，近代学校制度の樹立に寄与した人物を中心に押さえておきたい。なお，日本教育史では政策史や出来事の並べ替えの問題も出る。人物一覧表に加えて，最重要事項をまとめた年表も見ておく必要がある。

POINT

重要ポイント1 重要人物（中世～近世）

江戸期に私塾を開設した人物がよく出る。名前と塾名をセットで覚えよう。★は頻出人物である。

思想家名	著　作	事項・キーワード
最澄 (767～822)	①『山家学生式』 ②『顕戒論』	厳格な僧侶教育。天台宗の開祖。
空海 (774～835)	①『十住心論』	庶民教育機関の**綜芸種智院**。真言宗の開祖。
林羅山★ (1583～1657)	①『三徳抄』	儒学者。家塾が**昌平坂学問所**になる。上下定分の理。
中江藤樹 (1608～1648)	①『翁問答』 ②『考経啓蒙』	陽明学の開祖。**藤樹書院**を開設。近江聖人。
熊沢蕃山 (1619～1691)	①『集義和書』 ②『集義外書』	岡山藩にて藩校の**花畠教場**を開設。能力主義に基づく人材登用を主張。
伊藤仁斎 (1627～1705)	①『論語古義』 ②『孟子古義』	儒教の古典から学ぶ古義学。私塾の**古義堂**を開く。
貝原益軒 (1630～1714)	①『慎思録』 ②**『和俗童子訓』**	儒学者。②は，わが国初の体系的な教育書。
荻生徂徠 (1666～1728)	①『弁道』 ②『政談』	古文辞学を提唱。私塾の**蘐園塾**（けんえんじゅく）を開く。
石田梅岩★ (1685～1744)	①『都鄙問答』（とひもんどう）	社会教育家。人生哲学の**石門心学**を創始。
広瀬淡窓 (1782～1856)	①『遠思楼詩鈔』	私塾の**咸宜園**（かんぎえん）を開く。「三奪」による実力主義の教育法。
緒方洪庵 (1810～1863)		**適塾**にて蘭学を教授。福沢諭吉などの逸材を輩出。
吉田松陰 (1830～1859)		私塾の**松下村塾**を開く。安政の大獄で刑死。

重要ポイント2 重要人物（近代以降）

近代学校制度の樹立や新自由主義教育の発展に寄与した人物である。

思想家名	著　作	事項・キーワード
福沢諭吉★ (1834～1901)	①『西洋事情』 ②『学問のすゝめ』	慶応義塾の創始者，封建制を批判。実学を重視。
新島襄 (1843～1890)		同志社英学校の創始者。キリスト教主義教育。
森有礼★ (1847～1899)	①『信仰自由論』 ②『日本の教育』	初代文部大臣。1886年の**諸学校令**により，体系的な近代学校制度を樹立。

沢柳政太郎★ (1865～1927)	①『実際的教育学』	**成城小学校**を創設。児童中心主義の教育。
谷本富 (1867～1946)	①『新教育講義』	日本初の教育学博士。「活人物」の育成。
野口援太郎 (1868～1941)	①『新教育の原理としての自然と理性』	1924年に池袋児童の村小学校を創設。
木下竹次 (1872～1946)	①『学習原論』 ②『学習各論』	奈良女子高等師範付属小にて**合科学習**を実践。
及川平治 (1875～1939)	①『分団式動的教育法』	**分団式動的教育**による，学習の個別化。
倉橋惣三 (1882～1955)	①『幼稚園保育法真諦』	自由主義保育。わが国の幼児教育の父。
小原国芳 (1887～1977)	①『修身教授革新論』 ②『自由教育論』	全人教育論。玉川学園を創設し，労作教育を重視。
小砂丘忠義 (1897～1937)	①『私の綴方生活』	雑誌『綴方生活』を創刊。**生活綴方**について発信。

重要ポイント3 年表

日本教育史では，出来事の並べ替えの問題も出る。以下の事項は覚えておこう。◎は最重要事項である。

西暦	和暦	事　項
1872	明治5	◎**学制**を布告。近代的な学校教育制度の誕生。
1886	明治19	◎森有礼による**諸学校令**。近代的な学校体系の樹立。
1890	明治23	**教育勅語**を発布。日本の教育の基本理念を提示。
1900	明治33	◎尋常小学校での4年間が**無償**義務教育となる。
1907	明治40	無償義務教育の年限が**6年間**に延長される。
1918	大正7	**大学令**を公布。帝国大学以外の官公私立大学の設置が始まる。
1921	大正10	**八大教育主張講演会**。
1924	大正13	下中弥三郎らが，**児童の村小学校**を設立。
1935	昭和10	**青年学校**令を公布。勤労男子青年の教育機関。
1941	昭和16	◎**国民学校**令を公布。国民学校が義務教育機関となる。
1947	昭和22	◎教育基本法，学校教育法を公布。教育の民主改革。
1956	昭和31	地方教育行政法が成立。**任命制**の教育委員会制度。
1958	昭和33	学習指導要領が法的拘束力を持つ**国家基準**となる。
1974	昭和49	教員人材確保法が成立。
1975	昭和50	専修学校の制度ができる。
1987	昭和62	**臨時教育審議会答申**。生涯学習体系への移行を明言。
1990	平成2	生涯学習振興法が成立。
2006	平成18	◎**教育基本法改正**。特別支援学校の制度を創設。
2012	平成24	文部科学省報告「共生社会の形成に向けたインクルーシブ教育システム構築のための特別支援教育の推進」が公表。

実戦問題❶　基本レベル

No.1 ＊ **わが国における教育制度の変遷に関する記述Ａ～Ｅを古いものから年代順に並べたものとして最も妥当なのはどれか。**　【法務省専門職員・平成21年度】

Ａ：青年学校の義務化，中学校・高等女学校・実業学校の中等学校への一本化，尋常小学校から国民学校への改編がなされた。

Ｂ：小学校，中学校，帝国大学の３段階の学校制度と教員養成を行う師範学校制度が整備された。

Ｃ：文部省が教育行政の統括を行い，学校系統を大学・中学・小学の３段階制とし，国民すべてに満６歳で小学校への入学を強制することとされた。

Ｄ：高等専門学校が創設された。

Ｅ：学校制度について，小学校６年・中学校３年・高等学校３年・大学４年の単線型，９年の無償義務教育が採用された。

1　Ａ→Ｄ→Ｃ→Ｅ→Ｂ
2　Ｃ→Ａ→Ｂ→Ｅ→Ｄ
3　Ｃ→Ｂ→Ａ→Ｅ→Ｄ
4　Ｅ→Ａ→Ｄ→Ｃ→Ｂ
5　Ｅ→Ｄ→Ｂ→Ａ→Ｃ

No.2 ＊ **わが国の教育史における人物に関する記述として最も妥当なのはどれか。**
【法務省専門職員・令和３年度】

1　吉田松陰は，自由民権運動に参加して，政治活動を盛んに行った。また，私塾の自由学園において，生徒どうしの親愛を重視した教育を行った。

2　森有礼は，第一次伊藤博文内閣において，初代文部大臣に就任した。そして，帝国大学令，師範学校令，中学校令，小学校令を制定し，近代教育制度の基礎を確立した。

3　福沢諭吉は，金沢文庫を開き，朱子学を中心とした教育を行った。また，『蟹工船』を著して，欧米先進諸国と肩を並べられる国づくりの必要性を訴えた。

4　新島襄は，『こゝろ』において，新しい西洋の知識とそれに応じたキリスト教主義による徳育の必要性を主張した。また，自身の教育理念を実現するため，東京専門学校（後の早稲田大学）を設立した。

5　津田梅子は，明治時代初めに米国に留学し，文学や美術を学んだ。帰国後は，女流歌人として『みだれ髪』を発表する一方，良妻賢母主義に基づく女子教育に取り組んだ。

＊＊
No.3 第二次世界大戦後のわが国の教育制度改革に関する記述として最も妥当なのはどれか。 【国家総合職・平成26年度】

1 1945（昭和20）年に，連合国軍最高司令官総司令部（GHQ）は，四大教育指令を発した。これは，教科書の不適当な記述の削除と軍国主義的な教員の追放，修身・日本歴史・地理の授業の一時禁止等を指示するものであった。

2 1946（昭和21）年に，文部省の要請により来日した米国教育使節団は，日本の教育に関する実態調査を実施し，その報告書を文部省に提出した。この報告書に基づき，文部省は複線型学校体系や系統学習の方法の導入を決定した。

3 1946（昭和21）年に，戦後教育改革に関する重要事項を審議策定する内閣総理大臣の諮問機関として臨時教育会議が設けられた。これは，主に日本の科学的知識・技術の立ちおくれへの対策，教育制度上の諸問題の解決等を狙いとするものであった。

4 1947（昭和22）年に，すべての国民が男女とも学ぶ国民皆学を理念とし，教育を国民の義務とする教育基本法が公布された。この法律では，前年に公布された日本国憲法第26条「教育を受ける権利」に基づき，義務教育諸学校の授業料および教科用図書を無償とすることが明記された。

5 1949（昭和24）年に，全国画一に教育の機会均等を保障するため，文部省の任務が従来の指導・助言行政から監督行政に転換され，教育行政の中央集権化が進められた。これに伴い，教育行政を地方の一般行政と切り離し，文部省の地方支分部局として教育委員会が設置された。

実戦問題1の解説

No.1 の解説　日本の教育制度の変遷史　→問題はP.44　正答3

A：**1935（昭和10）年～1941（昭和16）年の事項である。**
青年学校の義務化は1935（昭和10）年，中学校・高等女学校・実業学校の中等学校への一本化は1943（昭和18）年，尋常小学校から国民学校への改編は1941（昭和16）年の事項である。青年学校とは，勤労男子青年が19歳まで在籍した学校である。

B：**1886（明治19）年の事項である。**
森有礼・初代文部大臣が公布した**諸学校令**（小学校令，中学校令，帝国大学令，師範学校令）により，近代的な学校体系が打ち立てられた。この政策は，近代教育史上の最重要事項と位置づけられる。

C：**1872（明治5）年の事項である。**
同年に公布された**学制**による。その序文（被仰出書）は，「学問は身を立るの財本ともいふべきもの」と指摘し，学ぶことが個人の実益につながることを強調している。また，「必ず邑（むら）に不学の戸なく家に不学の人なからしめん事を期す」と述べ，国民皆就学を要請した。

D：**1961（昭和36）年の事項である。**
高等専門学校（通称，高専）は，実践的な職業教育を行う5年制の高等教育機関である。高度経済成長期の最中にあった当時，工業化を支える中級技術者の養成を期待されて設立された。

E：**1947（昭和22）年の事項である。**
同年に公布された学校教育法による。差別的な性格を色濃く持っていた，戦前期の複線型学校体系が廃止され，「6・3・3・4」の**単線型**学校体系が打ち立てられた。このことにより，上級学校（大学）進学を阻む制度的な障壁は一切なくなった。

よって，正答は**3**である。

No.2 の解説　日本教育史の人物　→問題はP.44　正答2

1× **自由学園は，羽仁もと子が創設した私立学校である。**
吉田松陰は幕末の教育家で，叔父が経営していた私塾「**松下村塾**」を継ぎ，後の明治政府の要人となる伊藤博文や山県有朋などを育てた。1859年の安政の大獄で処刑されており，自由民権運動に参加してはいない。

2◎ **森有礼の諸学校令により，体系的な近代学校制度が打ち立てられた。**
諸学校令では，小学校は4年ずつの尋常と高等に分けられ，前者が義務教育とされた。その上の尋常中学校への入学資格は高等小学校第2学年修了，尋常師範学校の入学資格は高等小学校卒業とされた。尋常中学校の上には高等中学校，帝国大学が置かれ，国家の指導者養成に重点が置かれた。

3 × **金沢文庫は，鎌倉時代に北条実時が造った武家文庫である。**
金沢文庫は，わが国初の私設図書館といわれる。福沢諭吉は明治時代初期，『西洋事情』や『文明論之概略』という著作において，西洋文化を取り入れることの重要性を主張した。『蟹工船』は，**小林多喜二**の著作である。

4 × **『こゝろ』は，夏目漱石の長編小説である。**
新島襄は1875年に同志社英学校を創設し，「良心を手腕に運用する人物」の育成という理念のもと，キリスト教主義に依拠した教育を行った。東京専門学校（後の早稲田大学）を創設したのは**大隈重信**である。

5 × **『みだれ髪』を発表した女流歌人は，与謝野晶子である。**
津田梅子は，1900年に女子英学塾（後の津田塾大学）を創設し，英学を通した女子の職能教育を実践した。良妻賢母主義の女子教育を行っていたのではない。

No.3 の解説　第二次世界大戦後の教育改革

→問題はP.45　**正答 1**

1 ◎ **四大教育指令により，教育の民主化が実施された。**
４つの指令は，「**軍国主義的**，極端な国家主義的な思想と教育に直接，間接にかかわりのある教育者，科目，教科書，教材その他刊行物，施設，設備，行事等のいっさいを学校教育の場から排除したもの」であった（文部省『学制百年史』）。

2 × **複線型学校体系ではなく，単線型学校体系である。**
中等段階以降，差別的なコースに分かれる戦前の複線型に代わって，「６・３・３・４」の単線型学校体系が打ち立てられた。これは，教育の機会均等の実現に寄与した。

3 × **臨時教育会議ではなく，教育刷新委員会である。**
1946年に出された米国教育使節団報告書を参考にしながら，詳細な教育改革案を建議し，それをもとに翌年に教育基本法や学校教育法が制定された。臨時教育会議は，戦前の1917（大正６）年に設置された，教育政策に関する内閣直属の諮問機関である。

4 × **義務教育諸学校の教科用図書の無償は，1963年に法定された。**
義務教育諸学校の教科用図書の無償措置に関する法律による。義務教育諸学校の授業料無償は，**国公立学校のみ**とされた（旧教育基本法４条２項）。現在でも同じである。

5 × **戦後初期の文部省は，監督行政ではなく指導・助言行政を担った。**
戦前の監督行政が教育の軍国主義化をもたらしたことへの反省からである。また教育委員会は，文部省の地方支分部局として設置されたのではない。地方教育行政を担う**自治的な**機関として，1948年に各自治体に設置された。

実戦問題❷ 応用レベル

＊＊＊
No.4 江戸時代の教育に関する記述として最も妥当なのはどれか。

【法務省専門職員・平成30年度】

1 寺子屋は，読み・書き・算などの初歩学習を行った民間の教育機関である。寺子屋の生徒である寺子は，庶民の子弟などであり，寺子屋の経営者や師匠は，武士・僧侶・庶民などであった。また，寺子屋では，往来物などが教材として使用された。

2 昌平坂学問所は，当初，家塾として設立されたが，後に代表的な藩校の一つとなった。教育内容は，蘭学・医学・天文学などの科目を導入し，海外の新しい学問を積極的に取り入れた。また，他の藩校にも影響を与えた。

3 私塾は，民間の学者や芸能者が，自宅などを教場にして開設した民間の教育機関である。塾生の対象を武士子弟に限定し，そのうち幕府の役職に就くことを希望する者を集め，武士の礼儀や作法を習得させた。代表的な私塾としては，緒方洪庵の鳴滝塾がある。

4 郷学は，上級の藩士子弟を対象に，藩校よりも高度な教育機関として設立されたものである。教育内容は，算術・医学・天文学・兵学などの実用的な学科目が中心であった。代表的な郷学としては，水戸藩の弘道館がある。

5 藩校は，藩士の子弟を対象に，徳の涵養を目的として設立されたものである。江戸時代初期の教育内容は，陽明学が中心であったが，中期以後は漢学を中心とする藩校が増加した。代表的な藩校としては，会津藩の時習館がある。

＊＊
No.5 江戸時代から大正時代にかけてのわが国の教育に関する記述として最も妥当なのはどれか。

【国家総合職・平成25年度】

1 貝原益軒は，江戸時代前期に，儒学の学習書，漢方医学に必須の薬草などに関する本草書や啓蒙的教訓書を多数出版した。人それぞれの身分や職業に応じた道を実践するよう教育すべきとした『都鄙問答（とひもんどう）』もその一つである。

2 石門心学は，江戸時代中期に人々に広く共有されていた神・仏・儒・老荘思想に基づく生活意識を体系化したものである。その創始者である新井白石の教えは，著書『弁道』により全国の心学講舎や寺子屋を通して，子どもから大人まで広がった。

3 江戸時代中期以降は，洋書の輸入や頒布が解禁となり，オランダ医学を中心としたいわゆる蘭学が登場した。緒方洪庵は『解体新書』を訳述し，彼がオランダ医学の普及に努めるために開いた「適塾」では，身分の上下の区別がない能力主義のもとで医学教育を行った。

4 「明六社」は，吉田松陰が著書『講孟余話』で主張した平等思想をもとに，新島襄らにより明治期に結成された。このうち大隈重信や新渡戸稲造らは，この思想に基づいた学校を創設し，そこで政治・経済・教育・自然科学や風俗などについての知識や学問を紹介した。

5 沢柳政太郎は，新教育運動の理論的・実践的指導者と言われ，大正期に成城小学校を創設し「個性尊重」を目標に自らの教育理想を実現した。彼の著書『実際的教育学』においては，教育の科学的研究の必要性や方法が示された。

＊＊＊
No.6 **明治期から昭和期までのわが国の教育に関する記述として最も妥当なのはどれか。** 【国家総合職・令和４年度】

1 小原国芳は，大正10（1921）年の八大教育主張講演会において，「動的教育の要点」と題する講演を行い，その理念に基づき玉川学園を創設した。彼は，わが国初めての教育学教科書である『教授真法』を著し，玉川学園では，特に宗教教育，労作教育，芸術教育を重視し，体操，演劇，音楽活動では独自の実践を展開した。

2 成瀬仁蔵は，キリスト教主義の女学校で実践の後，明治34（1901）年にわが国で最初の本格的な女子高等教育機関である日本女子大学校を創設し，平塚らいてうをはじめとした多様な分野で社会を改良する活動的女性リーダーを育てた。『女子教育』では，「人として婦人として国民として」という女子教育の方針を示し，女子にとっての知育・徳育・体育・実業教育の必要性を説いた。

3 沢柳政太郎は，明星学園を創設し，こどもの自発性を重視した教育の研究と実践を展開して同校を大正新教育運動の拠点の一つとした。また，彼は，障害児の教育問題の研究に取り組んだ最初の民間教育研究団体である「教育科学研究会」を結成し，教育の「生活主義」と「科学主義」をめざして教育運動を展開した。

4 谷本富は，多数の著述と活発な講演活動によってペスタロッチ主義の教育学をわが国に紹介し，五段階教授法を普及させた。『新教育講義』では，訓育方針を掲げ，明治期の個別学習を奨励する公教育を批判し，画一主義・注入主義といった新しい教育理論を紹介した。

5 木下竹次は，教育とは自律的な学習主体に育成することではなく，固定的な教科内容を教授したり，こどもを管理の対象とすることであると強調し，「生活即学習」という原理に基づく「範例学習」という形態を構想し，実践した。範例学習の考え方はその後，国民学校の教育課程のあり方に影響を与えた。

実戦問題2の解説

No.4 の解説　江戸時代の教育　→問題はP.48　正答1

1◎ 寺子屋は，江戸時代の庶民の子弟を対象とした教育施設である。
寺子屋は，5～6歳あたりから10代半ば頃までの就学が普通であった。**往来物**とは，初歩学習用の教科書のことで，模範文例などを主に往復書簡の手紙形式で編集した手本集である。

2× 昌平坂学問所は，家臣の子弟に朱子学を教授する学校であった。
林羅山が開設した家塾を前身とする。鎖国の江戸期では，海外の学問は，長崎の出島駐在のオランダ人医学者から蘭医学が細々と学ばれていただけであった。**昌平坂学問所**は江戸幕府直営の学校で，**藩校ではない**。

3× 緒方洪庵の私塾は，適塾である。
私塾の対象は，武士指定に限定されてはいなかった。適塾では，門弟たちは身分にかかわりなく机を並べて学習し，実力本位の進級体制が敷かれた。鳴滝塾は，**シーボルト**が長崎の郊外に開いた私塾である。

4× 郷学は，藩校の分校・支校的なものであった。
郷学は，藩士の子弟を対象とした藩校と，庶民の子弟を対象とした寺子屋の中間的なものといえる。水戸藩の弘道館は，長州藩の明倫館，岡山藩の閑谷黌と並ぶ代表的な**藩校**である。郷学ではない。

5× 時習館は，熊本藩の藩校である。
藩校は，藩士の子弟を強制的に入学させ，**儒学**を中心とした学問や武芸などを教授した。陽明学や漢学が教育内容の中心だったのではない。

No.5 の解説　江戸期から大正期の教育史　→問題はP.48　正答5

1× 『都鄙問答』は，石田梅岩の筆になる石門心学の教書である。
石田梅岩は，江戸時代中期の社会教育家。身分や職業に応じた道の実践を肯定していたが，利益を追求する商人が蔑視されている風潮に反対し，商人の社会的地位の向上を説いた。また士農工商の区分は，人間の価値的上下を示すものではないと考えていた。貝原益軒は，わが国初の体系的な教育論書**『和俗童子訓』**を著したことで知られる。

2× 石門心学の創始者は石田梅岩である。
石門心学は，京都の町人層を基盤にして成立し，当時蔑視されていた商業を擁護するものであった。勤勉・倹約などの徳目を庶民に外側から押しつけるのではなく，それを内面から生じせしめる人間哲学を彼らに会得させることをめざした。その教説の基本原理は，梅岩の筆になる『都鄙問答』にて詳説されている。なお，『弁道』は**荻生徂徠**の著作である。

3× 「解体新書」を訳したのは杉田玄白である。
緒方洪庵は江戸時代末期の蘭学者であり，私塾の**適塾**にて蘭学の教育を行った。そこでは，門弟たちは身分にかかわりなく机を並べて学習し，実力本位の進級体制がとられた。この私塾は全国から多くの塾生を集め，福沢諭吉や村田蔵六，橋本左内など，わが国の近代化に貢献した人物も多数輩出した。

4 × 明六社は，1873（明治6）年に森有礼らによって設立された啓蒙団体。
明六社は，明治初期の文明開化の啓蒙に主導的な役割を果たした。**新島襄**は明治時代前期のキリスト教主義教育者であり，1875（明治8）年に同志社英学校（現・同志社大学）を創設したことで知られる。**大隈重信**は，1882（明治15）年に東京専門学校（現・早稲田大学）を創設した人物である。

5 ◎ 沢柳政太郎は，1917（大正6）年に成城小学校を創設した。
そこにて児童中心主義の教育を実践し，大正自由教育運動のパイオニア的存在になる。主著の『実際的教育学』は，実証的科学的教育学の嚆矢として高く評価されている。

No.6 の解説　明治期から昭和初期の教育

→問題はP.49　正答2

1 × 「動的教育の要点」と題する講演を行ったのは，及川平治である。
小原国芳は，1921年の八大教育主張講演会において，「真・善・美・聖」という4つの価値を調和的に発達させる**全人教育論**を講じた。この人物が1929年に創設した玉川学園は，新教育の学校として知られるようになる。『教授真法』は，**伊沢修二**の著作である。

2 ◎ 成瀬仁蔵は，わが国の女子教育の振興に寄与した人物として名高い。
成瀬は郡山や新潟の教会で牧師を務めた後，キリスト教の研究のため渡米し，クラーク大学などで学んだ。帰国後の1901年に，わが国初の女子高等教育機関の日本女子大学校を創設した。

3 × 沢柳政太郎は，成城小学校の創設者である。
成城小学校は，大正自由教育運動の拠点ともなった。明星学園は，1924年に赤井米吉や照井猪一郎らによって創設された。教育科学研究会が結成されたのは1937年であり，沢柳は関わっていない。

4 × ヘルバルト学派の5段階教授法を普及させたのは，ハウスクネヒトである。
谷本富はわが国初の教育学博士で，『新教育講義』や『系統的新教育学綱要』という著作にて，欧米の新教育運動の動向を紹介しつつ，「**活人物**」を育成することの必要性を説いた。画一主義，注入主義を紹介したのではない。

5 × 木下竹次は，教科の枠を超えた合科学習を実践した。
子どもを自律的な学習主体に育てるためには，教科の枠にとらわれてはならない，という考え方に基づいている。底流には，「生活即学習，学習即生活」という原理がある。範例学習とは，基礎的・本質的な事項（範例）を精選して学習させることである。

第2章 教育社会学

試験別出題傾向と対策

頻出度	試験名	国家総合職					国家一般職					国家専門職（法務省専門職員）				
	年度	21-23	24-26	27-29	30-2	3-5	21-23	24-26	27-29	30-2	3-5	21-23	24-26	27-29	30-2	3-5
	テーマ　出題数	5	5	5	6	5	3	3	3	3	3	6	5	6	4	4
A	3 教育社会学理論	3	3	2	3	2	3	3	3	2	1	3	3	3	3	3
B	4 調査・統計	2	2	3	3	3				1	2	3	2	3	1	1

教育社会学は，国家公務員試験の教育学では大変重視されており，どの試験でも必出である。デュルケムやブルデューといった著名学者の学説，「隠れたカリキュラム」などの重要概念の理解を試す問題が多い。内容はかなり高度であり，教育社会学の標準テキストを１冊は読んでおく必要がある。お勧めは，岩井・近藤編『現代教育社会学』（有斐閣）である。巻末に重要用語集もついており，試験対策の学習にも便利である。

調査・統計は，青少年に関する最新の調査データが頻出。最新の『子供・若者白書』などを見ておこう。法務省専門職員では，社会調査の方法論の出題も見られる。以前は，高度な統計学の問題が多かったが，最近は基本知識を試す問題が主流である。確実に正答したい。

● 国家総合職（人間科学）

教育社会学理論は必出。毎年，１問は出題されている。以前は空欄補充問題が多かったが，近年は著名な学説の正誤判定問題が主流である。「バーンスティン＝言語コード論」というように，学者の名前とキーワードをセットにして覚えること。

調査・統計も出題頻度が高い。最近は，国が実施する公的調査の結果の正誤判定問題が主流である。文科省『全国学力調査』の結果レポートや，最新の『子供・若者白書』を見ておくこと。そこに盛られている，青少年の現状のデータについて問われることが多い。特に問題行動のデータに注意すること。最新の令和５年度でも，この手の問題が出ている。

● 国家一般職

毎年，５問中１問は教育社会学理論の問題である。最近の出題内容は，再生産論，カリキュラム理論，脱学校論，学歴社会論などである。近年では，空欄補充の形式の問題も出る。難易度は高くないが出題内容の幅が広いので，教育社会学の標準テキストを１冊は読破しておく必要がある。お勧めは，上記の『現代教育社会学』である。令和元年度では，調査・統計の問題が初めて出題された。白書類に示された，子ども・若者の現状のデータである。

裁判所（家庭裁判所調査官補）					
21–23	24–26	27–29	30–2	3–5	
3	4	4	3	3	
3	3	3	3	2	テーマ3
	1	1		1	テーマ4

● 国家専門職（法務省専門職員）

毎年１～２問は教育社会学理論の問題が出題されている。最近では，教育社会学の基本的な学説をバランスよく問う良問が多い。頻出なのは，デュルケム，ブルデュー，バーンスティン，イリイチなどの学説である。法務省専門職員の試験らしく，犯罪・非行の社会学理論の出題も多い。ハーシのボンド理論などを中心に，主な学説を押さえておこう。

調査・統計の問題もよく出る。社会調査や統計学の専門事項の問題も見られる。社会調査の種類（郵送法等）や標本抽出法の出題頻度が高い。これらは法務省専門職員の職務に直結する知識である。本腰を入れて学習しよう。国家総合職と同様，青少年に関する公的調査のデータの出題も見受けられる。令和３年度では，非行少年の統計データが出ている。最新の犯罪白書などに目を通しておくこと。

● 裁判所（家庭裁判所調査官補）

教育社会学理論は必出。トロウの高等教育発展段階説やブルデューの文化的再生産論など，著名な学説について論述させる問題が主である。最近では，学力格差やいじめといった現象を教育社会学の視点からどう捉えるか，それをどう解決するかを論じさせる問題も多い。実践志向の強まりである。「効果のある学校」論や社会構築主義など，最新の研究成果や学説を援用した回答が求められる。上記で紹介した最新の標準テキストに目を通しておきたい。30年度はラベリング，元年度はジェンダー，令和２年度はトラッキング，５年度はメリトクラシーという用語の説明が求められている。

調査統計は，令和５年度で久々に出題された。内容は，統計的仮説検定に関するやや高度なものである。法務省専門職員と同様，社会調査の基礎的な方法論の出題が今後予想される。

教育社会学理論

必修問題

英国の教育社会学者B.バーンスティンに関する次の記述のうち，妥当なのはどれか。
【国家一般職・平成28年度】

1 教育では，職業に役立つ知識や技術を教えているのではなく，経済的地位に応じたパーソナリティ特性を教え，それに基づく選抜を行っているとした。学校は，裕福な家庭の子供には精神的な価値を伝え，貧困家庭の子供には物質的な価値を伝えるとした。

2 個人に対してなされた教育・訓練などの投資を個人に蓄積された資本とみなす，人的資本概念を提唱した。大学進学は個人の経済合理的な行動である一方，教育に投資することで，経済成長だけでなく，低所得層への教育投資により経済格差の是正が図られるとし，この是正の仕組みを「**メリット・システム**」と呼んだ。

3 機会の不平等概念について，進学行動には階層による違いが存在することと，平等化を促すはずの教育を受けても社会的な平等が促進されないことの二つに分けた。この不平等が生じるメカニズムは，英国のハマータウンの子供のドキュメント分析から導き出したものである。

4 対話様式の民衆教育の実践を提起した。具体的には，この実践は単に文字を学習するのではなく，抑圧され搾取された人々が，自らの抑圧された状況を識字教育を通して理解し，自覚的，主体的にその状況を変革していく過程をつくり出すことであった。そして，その過程を「**ゼロ・トレランス**」と呼んだ。

5 話し言葉により，学校における知識の伝達・獲得をいかに社会階級が規定するか，学校における知識の伝達・獲得が社会階級の再生産をいかに規定するかなどについて，独自の**コード理論**を展開した。そして，コミュニケーションにおける意味生成・解読原理であるコードの習得が，教育の成否を決めるとした。

難易度 ＊

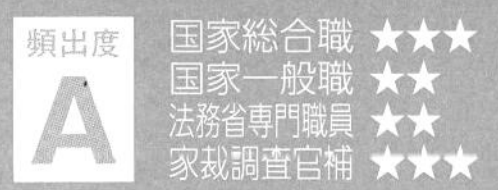

必修問題の解説

バーンスティンといえば，言語コード論。こういう知識をもっておけば，瞬時に正答できる問題である。次ページの人物一覧表にて，出題頻度が高い人物の主著と学説のキーワードを押さえること。

1 × ボウルズの対応原理に関する記述である。

学校では社会階層に応じて異なる教育内容が伝えられ，それに依拠して，生徒らは社会生産関係内部の異なる地位に割り振られる。規律順守を教えられた生徒は底辺労働者，一定の自律性を教えられた生徒は中間労働者，企業価値の内面化を教えられた生徒はエリート労働者となる。

2 × ベッカーの人的資本論に関する記述である。

この理論では，高い教育を受けた者ほど生産性が高いとみなされ，学歴による給与の違いも正当化される。文末の「メリット・システム」とは**ヤング**の造語で，生まれではなく個人の能力（merit）によって社会経済地位は決まるべきという考え方である。

3 × ウィリスの著作『ハマータウンの野郎ども』に関する記述である。

進学行動の階層格差はよく知られているが，平等化を促す教育を受けても平等化が促進されないことがあることを明らかにした。イギリスの労働者階層の学校では，生徒は上級学校進学に重きを置かず，肉体労働に就くことに誇りを見出している。**階層文化**による平等化の阻害である。

4 × フレイレによる，被抑圧者の識字教育に関する記述である。

フレイレはブラジルの教育学者で，貧しい農村やスラムにおいて識字教育を実践した。この人物の学説は，「**被抑圧者の教育学**」として知られる。文末の「ゼロ・トレランス」とは，規則違反には容赦ない制裁を下す「寛容なき生徒指導」という意味の言葉である。

5 ◎ バーンスティンの言語コード論に関する記述である。

労働者階級は**限定コード**，中産階級は**精密コード**の言語を使うが，学校では後者のコードが支配的であるため，中産階級の子弟が高いアチーブメントを収めやすい。それを通して，社会的地位が親から子へと再生産される。

正答 5

FOCUS

教育社会学の著名な学者に関する文章の正誤判定が主である。教育史と同様，各人物の主著や学説のキーワードを押さえておきたい。次ページのPOINTで★をつけた人物は頻出度が高い。なお教育社会学では難解な専門用語が多いが，用語の理解を試す問題も頻出である。岩井・近藤編『現代教育社会学』有斐閣（2010年）の巻末にある「教育社会学キーワード」での学習を勧める。過去の試験を見ても，この部分からの出題が数回ある。

POINT

重要ポイント 1 教育社会学の重要人物

厳選した重要人物を50音順に並べる。★は出題頻度が高い人物である。

人物名	著　作	記事・キーワード
イリイチ	『脱学校の社会』	学校を解体すべきであるという**脱学校論**。
ウィリス	**『ハマータウンの野郎ども』**	イギリスの労働者階級の学校を参与観察。
ウェーバー	『支配の社会学』	カリスマ，伝統，合法という支配の３類型。
ヴェブレン★	**『有閑階級の理論』** 『アメリカの高等教育』	有閑階級による，見栄・誇示としての教育消費。
ウォーナー	『誰が教育を支配するか』	社会階層と教育の関連分析の嚆矢。
エリクソン	『幼児期と社会』 『自我同一性』	人生の発達課題説。青年と**自我同一性**。
オルセン	『学校と地域社会』	地域社会学校論。戦後初期の日本にも影響。
クーリー	『社会と我ー人間性と秩序』 『社会組織論』	「鏡に映った自己」，「第一次集団」の理論。
ゴッフマン	『行為と演技』 『スティグマの社会学』	演技としての相互行為，烙印（**スティグマ**）の概念。
コリンズ★	**『資格社会』**	学歴とは，各身分集団への参入資格である。
ジェンクス	『大学革命』 『不平等』	「出発点」の平等よりも「結果」の平等を重視。
スラッシャー	『ザ・ギャング』	シカゴのギャング集団の社会学的研究。
ダンカン		パス解析を使った，社会的地位形成過程の分析。
デュルケム★	『自殺論』 『教育と社会学』	教育社会学の開祖。教育とは，後続世代の組織的・体系的**社会化**。
ドーア★	**『学歴社会ー新しい文明病ー』**	日本の学歴病を分析。後発効果。
トロウ★	『高学歴社会の大学』	エリート，マス，ユニバーサルの**高等教育段階説**。
ハヴィガースト	『人間の発達課題と教育』	人生各時期の発達課題のリストを提示。
パーソンズ★	『社会体系論』『社会構造とパーソナリティー』	**AGIL図式**，核家族における子どもの社会化論。
ハルゼー	『経済発展と教育』 『教育と社会変動』	教育社会学の重要リーディングスの編者。

バーンスティン★	『言語社会化論』 『教育伝達の社会学』	精密コードと制限コードの**言語コード論**。
ブードン	『社会学の方法』 『機会の不平等』	社会移動，階層構造，教育機会に関する数理的研究。
ブルデュー★	**『再生産』** 『遺産相続者たち』	文化資本を媒介にした，社会的地位の再生産現象（**文化的再生産**）。
ベッカー★	『アウトサイダーズ』	レッテル貼りによる逸脱者の創出。**ラベリング論**。
ボウルズ	『アメリカ資本主義と学校教育』	**対応原理**。学校を通じた，労働地位の再生産。
マートン	『社会理論と社会構造』	中範囲の理論，適応の類型論，アノミー的逸脱。
ミード	『精神・自我・社会』	一般化された他者，象徴的相互行為論。
ヤング★	『メリトクラシー』	**メリトクラシー**（能力主義）の趨勢を分析。

重要ポイント 2 教育社会学の重要用語

最近の試験では，以下のような用語が出題されている。

用　語	説　明
隠れたカリキュラム	集団での振舞い方など，学校生活を営む中でおのずと身につく価値観や態度。各教科のような顕在的カリキュラムと対峙する。
感情労働	「にこやかな微笑み」など，感情の表出が対価を得るための労働となること。**ホックシールド**が提唱。教師の職務も感情労働といわれる。
サバイバル・ストラテジー	前例の踏襲や横並びの指導などによる「生き残り」戦略。教育の変動期に起きやすい。**ウッズ**の用語。
ジェンダー	社会的・文化的に作られる性。男らしさ，女らしさに関する通念で，生物学的な性（セックス）とは区別される。
ゼロ・トレランス	寛容なき生徒指導。規則違反には容赦なく厳しい制裁を課すもの。最近のわが国も，この方向に傾斜しつつある。
文化的再生産	文化資本を媒介にして，親から子へと社会的地位が再生産される現象。**ブルデュー**が提起した概念。
メリトクラシー	個人の能力（merit）によって，地位が配分される原理。前近代の属性主義と対峙する。**ヤング**の造語。
ワーキング・コンセンサス	生活場面において，互いの役割演技や会話がスムースに進むための「見えざる」合意事項。教室にも常に存在する。

実戦問題❶　基本レベル

＊＊
No.1　学歴と選抜に関する記述として最も妥当なのはどれか。

【国家総合職・平成24年度】

1　アップル（Apple, M.W.）は，近代社会においては血統や家柄ではなく試験や学歴が重視され，能力のある人々による統治・支配が確立するとしてメリトクラシー（meritocracy）の概念を提唱した。そして，自著の中で，能力のある者とない者とが次第に対立するようになるディスユートピアを描いた。

2　ブードン（Boudon, R.C.）は，雇用組織が，職務に必要な知識・技能を習得していることの指標ではなく，社会で支配的な身分集団の成員であることまたはその秩序を尊重するように社会化されていることの指標として学歴を用いると主張した。そして，そうした資格社会（credential society）では，公的信用組織が，その雇用において学歴を文化貨幣として重視するとした。

3　ジェンクス（Jencks, C.S.）は，今日の学校教育は高度に制度化されており，役に立つ知識・技能を付与しているかどうかといった実質的な機能の側面においてではなく，それが制度として形を整えているという形式的な側面において人々に信用され，学歴のある者が高い地位に就くことが正当化されていると指摘し，学校教育を神話や宗教装置として解すべきであるとした。

4　サロー（Thurow, L.C.）は，職務に必要な知識・技能は学校で身につけるものではなく，主に雇用された後に職場訓練（OJT）で習得されるとした。また，雇用者は，「仕事を求める待ち行列」の相対的位置をめぐって競争している労働者の中から訓練可能性（trainability）の高い者を採用しようとし，学歴は，その判別のための１つの指標となりうるとした。

5　ブラウ（Blau, P.M.）とダンカン（Duncan, O.D.）は，パス解析を用いて，産業化が進んだ1970年代の米国社会における階層移動について研究し，学歴よりも出身階層のほうが到達階層に与える影響が大きいことを明らかにした。彼らは，下級階層の出身でも知的能力のある者は高い地位に就くことが理論的には可能だが，実際には階層移動は起きにくいことを指摘した。

No.2 ＊＊ **教育社会学の理論に関する記述として最も妥当なのはどれか。**

【国家総合職・令和２年度】

1 J.W.マイヤーは，学校組織について，①規則やルーティンによって諸活動が標準化される，②職務上の意思決定が文書化された規則に従って行われる，③職務が専門分化している，④職務上の権限が階層化されている，といった特徴を挙げ，「官僚制」と呼んだ。そして，彼は，この官僚制的特性によって，学校は合理的に目標を達成していると分析した。

2 P.W.ジャクソンは，教育は，若い世代に対して行われる一種の組織的ないし方法的社会化であると考えた。そして，彼は，家庭における社会化の過程で，男子は父親との同一化を通して表出的役割を，女子は母親との同一化を通して道具的役割を内面化していくが，この性別役割の内面化は，学校における「隠れたカリキュラム」によって強化されると指摘した。

3 P.ウィリスは，イギリスの労働者階級出身の少年たちは，もともと肉体労働に否定的であり，学校での教育的成功を通して中産階級の地位を獲得することを望んでいるが，学校の授業に付いていけなくなるにつれて自らの野心を「冷却(cooling-out)」し，最終的には消極的に父親と同じ肉体労働を選んでしまうという世代的再生産のメカニズムを描き出した。

4 S.ボウルズとH.ギンタスは，学校は，支配階級出身者には自律的であることをよしとする価値，労働者階級出身者には従順といった価値を伝えており，それぞれの生徒の出身階級に見合ったパーソナリティ特性を教えていると考えた。そして，彼らは，こうした出身階級別の社会化が，産業界内部の階層構造に対応した形で行われるとする「対応理論」を提唱した。

5 森田洋司は，学校におけるこどもたちのいじめが，「被害者」，「加害者」，「観衆」，「傍観者」，「教師」の５層の人々が絡まり合った構造の中で起こっていることを明らかにした。また，彼は，わが国の特徴として，教師の事なかれ主義がいじめへの対応を遅らせ，それによって被害者と加害者との関係性が固定化し，いじめが助長されていると指摘した。

No.3 * 次のア～エの各文は，教室内での教師と生徒間の人間関係（相互行為）についての記述である。A～Dに当てはまるものの組合せとして，最も妥当なのはどれか。

【国家一般職・平成24年度】

ア：正当な教授法によって授業自体が成立することが難しい場合，授業目的の達成よりも授業秩序を作り出す教授戦略がとられる。たとえば，授業中に冗談を言ったり，人気テレビ番組についての話をして，教師と生徒間の葛藤を避ける方法がとられる。これを［　A　］と呼ぶ。

イ：［　B　］とは，1990年代からアメリカの生徒指導に導入された指導法で，禁止された行為を行う生徒や校則等で持ち込み禁止になっている物品を学校や教室内に持ち込んだ生徒に対して，理由によらず厳しい処罰を行う方法である。

ウ：教師は，教室での経験から生徒への指導での思いやりの伝わり方や伝え方を学び，他者に対しての善意の営みとして「教える気持ち」を表現しなければならない。このケア（お世話）の姿勢が相互作用のなかでうまく演じられた場合に，教育指導が成立し，「思いやり疲労」と「ケアが成功した喜び」の交錯が教師にもたらされる。このように教師の指導は［　C　］としての役割を増大させている。

エ：教室という空間には暗黙の規範があり，役割に応じた語り方や振る舞い方が求められている。教師は，その型を伝えるために，生徒に働きかけ干渉して相互関係を成立させることが求められている。また，教師が教師らしく振る舞えるためには，生徒がそのパートナーとしてふさわしい態度をとることが求められるのである。このような相互関係を［　D　］と言う。

	A	B	C	D
1	ワーキング・コンセンサス	ゼロ・トレランス	感情労働	サバイバル・ストラテジー
2	ワーキング・コンセンサス	サバイバル・ストラテジー	I-R-E構造	ゼロ・トレランス
3	ワーキング・コンセンサス	サバイバル・ストラテジー	感情労働	ゼロ・トレランス
4	サバイバル・ストラテジー	ゼロ・トレランス	I-R-E構造	ワーキング・コンセンサス
5	サバイバル・ストラテジー	ゼロ・トレランス	感情労働	ワーキング・コンセンサス

実戦問題1の解説

No.1 の解説　学歴と選抜　→問題はP.58　正答4

1 × **メリトクラシーの概念を唱えたのはヤングである。**
文中の自著とは，1958年のSF小説『メリトクラシー』である。**アップル**は，社会の経済システムが学校のカリキュラムに反映されることで，階級の再生産がもたらされると説いた。

2 × **資格社会に関するコリンズの学説である。**
それぞれの職業集団は，自分たちの集団への参入資格として学歴を利用する面もある。コリンズの著書『資格社会』（1979年）は有名である。**ブードン**はフランスの社会学者であり，社会移動や教育機会の数理社会学的な研究を行った人物である。

3 × **教育を「神話」として捉えたのはマイヤーである。**
ジェンクスはアメリカの教育社会学者であり，膨大な調査データの分析をもとに『不平等』（1972年）という大著を公表したことで知られる。

4 ◎ **サローの「職待ち行列理論」に関する記述である。**
雇用者は，コストや手間をかけずに求職者の訓練可能性を判別するツールとして学歴を用いる面もある。学歴で足切りをする「学歴フィルター」などは，その典型である。

5 × **1970年代ではなく，1960年代の階層移動の研究成果である。**
文中でいわれている研究成果は，**1967年**の『アメリカの職業構造』という著作で報告されているものである。よって，70年代の階層移動を研究対象としたという箇所は誤り。

No.2 の解説　教育社会学の理論　→問題はP.59　正答4

1 × **学校組織を官僚制と性格づけたのは，カッツである。**
文中の①～④（ルーティン，文書化，専門分化，階層化）は現代学校の性格をよく表している。多くの役割を負わされている日本の学校は，こうした合理的な戦略によって目標を達成している。マイヤーは，教育を**神話**や宗教装置として捉えた。高い教育を受けた者が高い地位に就くことには，必ずしも合理的な根拠がないにも関わらず，人々はそれが当然（正当）と信じ込まされている，という主張である。

2 × **教育を，後続世代の組織的・方法的社会化と考えたのはデュルケムである。**
家庭において子どもは性役割を内面化する，と説いたのは**パーソンズ**である。学校での「**隠れたカリキュラム**」も，それを強化している面がある（男子は級長，女子は副級長というような役割決めなど）。隠れたカリキュラムという概念は，ジャクソンによって提唱された。

3 × **労働者階級出身の少年は，もともと肉体労働に肯定的である。**
ウィルスは参与観察の手法により，イギリスの労働者階級の学校において**反**

教育学
第2章 教育社会学

学校文化（カウンターカルチャー）がまん延していることを明らかにした。学校での成功は，仲間への裏切りという価値観すらある。

4◎ **対応理論は，学校を通じた社会階層の再生産を上手く説明する。**
社会階層によって通う学校が異なる国では，こういう傾向がとくに強い。

5× **被害者，加害者，観衆，傍観者の４層からなると考える。**
森田洋司は，いじめが起きている学級の構造を「被害者，加害者，観衆，傍観者」の４つの層から把握した。**教師は含まれない**。いじめを加害者の人格問題としてではなく，周囲でもてはやす観衆，見て見ぬふりをする傍観者をも射程に入れた，集団の病理として捉えている。教師の事なかれ主義を糾弾してはいない。

No.3 の解説　教室内での教師・生徒関係　→問題はP.60　正答５

A：**サバイバル・ストラテジーが入る。生存戦略という意味である。**
和訳すると，生存戦略である。教師が生徒との葛藤を避け，生き残りを図ろうとする戦略であることから，このように呼ばれる。**ウッズ**は，非進学校の教師がこの種の戦略を行使していることを明らかにした。

B：**ゼロ・トレランスが入る。寛容なき生徒指導という意味である。**
近年，わが国でも，問題行動を起こす生徒に対しては，毅然とした対応をとることが推奨されるようになっている。たとえば，2007年２月の文部科学省通知「問題行動を起こす児童・生徒に対する指導について」は，「いじめや暴力行為など問題行動を繰り返す児童生徒に対し，正常な教育環境を回復するため必要と認める場合には，市町村教育委員会は，**出席停止制度**の措置を採ることをためらわずに検討する」ことを要請している。こうした動きを「ゼロ・トレランス方式の導入」と呼ぶ声もある。

C：**感情労働が入る。ホックシールドが提唱した概念である。**
対人サービスに従事する者が，顧客に特定の精神状態をもたらすため，自らの感情の表出を操作する感情管理のことをいう。教師の職務は，こうした感情労働としての側面を多分に有している。**I-R-E構造**とは，メハンが提唱した，教室の授業における相互作用の形式である。Ｉとは開始（Initiation），Ｒとは応答（Reply），Ｅとは評価（Evaluation）を意味する。

D：**ワーキング・コンセンサスが入る。教室内の「見えざる」合意事項である。**
人間には，地位に応じた役割（role）が割り振られている。教室空間は，教師は知識の伝達者としての役割を演じ，生徒はそれを享受する者としての役割を演じるという，コンセンサス（合意）が存在することを前提として成り立っている。

よって，正答は**5**である。

実戦問題2 応用レベル

**** No.4 次はトロウ（Trow, M.）による高等教育に関する記述であるが，その発展段階の名称A，B，Cとそれぞれの段階における原理・目標a，b，cの組合せのうち妥当なもののみを挙げているのはどれか。**【法務省専門職員・平成22年度】

就学率15％のところで高等教育は［ A ］から［ B ］へ移行し，さらに50％を超えると［ C ］に移行する。それぞれの段階において典型的な高等教育機関が生まれ，質的にも量的にもその段階の高等教育をリードする。

［ A ］と［ B ］では高等教育の目的も異なるし，対象となる学生層も教育方法も変わる。また，入学者選抜もその方法，原理が変化する。［ A ］では「［ a ］」が入学者選抜の原理であるが，［ B ］ではそれに「［ b ］」の原理が加わり，さらに［ C ］では「［ c ］」が重要な目標に加えられる。

	発展段階の名称	原理・目標
1	A―エリート段階	a―結果の平等
2	A―マス段階	a―結果の平等
3	B―マス段階	b―機会均等
4	B―ユニバーサル段階	b―機会均等
5	C―ユニバーサル段階	c―能力主義

**** No.5 犯罪・非行理論に関する記述A，B，Cとそれに該当する人名の組合せとして最も妥当なのはどれか。**【法務省専門職員・平成24年度】

A：青年期の人格の心理社会的発達を特徴づける心性として，自我同一性の確立が重要な課題であるとした。しかしながら，その達成は容易ではなく，自我同一性の「拡散」または「混乱」状態になり，「否定的同一性」が生じる場合もあるとした。

B：社会集団は，これを犯せば逸脱となるような規則を設け，それを特定の人々に適用し，彼らにアウトサイダーのレッテルを貼ることにより逸脱を生み出すとした。また，逸脱者とはこのレッテルを貼られた人間のことであり，逸脱行動とは人々によってこのレッテルを貼られた行動のことであるとした。

C：第一次的逸脱に対する他者の反作用により，逸脱をした行為者自身が逸脱者としての自己イメージを持ち，そのイメージに合った逸脱行動を取るようになるとした。これを第二次的逸脱と定義し，第一次的逸脱と自ら逸脱者の役割を受け入れることにより生じる第二次的逸脱とを区別した。

	A	B	C
1	エリクソン (Erikson, E.H.)	ベッカー (Becker, H.S.)	サザランド (Sutherland, E.H.)
2	エリクソン	マッツア	レマート

	(Erikson, E.H.)	(Matza, D.)	(Lemert, E.M.)
3	エリクソン	ベッカー	レマート
	(Erikson, E.H.)	(Becker, H.S.)	(Lemert, E.M.)
4	コーエン	マッツア	サザランド
	(Cohen, A.K.)	(Matza, D.)	(Sutherland, E.H.)
5	コーエン	ベッカー	サザランド
	(Cohen, A.K.)	(Becker, H.S.)	(Sutherland, E.H.)

No.6 ＊＊ **再生産論に関する次の記述のうち，妥当なのはどれか。**

【国家一般職・平成29年度】

1 P.ウィリスは『ハマータウンの野郎ども』において，労働者階級出身の子供たちが反学校的な文化をもち，肉体労働者である父親たちの「男らしさ」を肯定的に評価することで，自ら進んで肉体労働を選択していく過程を描いた。

2 B.バーンスティンは，一般的に男性が女性に比べて学校での成功に有利であるとして，その理由を，日常生活で身に付ける言語コードの違いから説明した。男性は「精密コード」と「限定コード」を使い分け，女性は「限定コード」のみを用いるため，「精密コード」を用いる学校教育では男性が有利になるとした。

3 S.ボウルズとH.ギンタスは『アメリカ資本主義と学校教育』において，学校で形成される社会的関係と，職場で形成される社会的関係の構造的対応に着目し，この構造的対応によって，学校教育が労働者の再生産に寄与していることを正統的周辺参加論として示した。

4 I.イリイチは『ジェンダー』において，学校におけるジェンダー再生産を教育投資の観点から論じた。女性は高度に専門的な技術職に就ける見通しを持ちにくいため，人文科学系の学問に関する教育を受けるための進学が，女性にとって最適な教育投資となっていることを示した。

5 P.ブルデューは，学校教育における能力主義が，格差や不平等の是正に寄与していることを指摘した。知覚，評価，行動などへの態度性向を「役割」として概念化し，被支配的階級出身の子供も学校で価値を置かれている「役割」を身に付けることによって，学業で成功していることを明らかにした。

実戦問題2の解説

No.4 の解説　トロウの高等教育発展段階説

→問題はP.63 正答3

A：**エリート段階**が入る。高等教育機関に就学している者の割合が，同世代の15%（7人に1人）までの段階である。まさに，小数の選ばれた「エリート」のみが大学に通う段階である。日本でも1960年代の初頭まではそうであった。

B：**マス段階**が入る。高等教育機関に就学している者の割合が，**15～50%**までの段階である。少数のエリートだけでなく，大衆（マス）も通うようになった段階である。わが国でいうと，1960年代の半ばから今世紀初頭辺りまでの時期に相当する。

C：**ユニバーサル段階**が入る。高等教育機関に就学している者の割合が，**50%**を超えた段階である。この段階はもう普遍化（ユニバーサル）段階であり，高等教育機関は万人のものという性格を持つ。大学進学率が50%を超える今日，わが国もこの段階に突入している。

a：**能力主義**が入る。エリート養成機関としての性格が濃いので，それに見合う能力を持つ者の選抜を重視する「能力主義」の考え方がとられる。

b：**機会均等**が入る。高等教育機関が大衆教育の機関になると，家庭環境や居住地域などにかかわりなく，能力と意向のある者には，入学のチャンスを均等に保障しましょう，ということになる。奨学金などの政策は，この「機会均等」を具現する策である。

c：**結果の平等**が入る。字のごとく，最終段階の「結果」までが等しくなることが志向される。出身階層にかかわりなく万人に入学のチャンスを保証する「機会の均等」を通り越して，入試の「結果」までが階層間で等しくなることが志向される。しかし，この理念が具現された社会というのは，存在しないとみられる。

よって，正答は**3**である。

No.5 の解説　犯罪・非行の理論

→問題はP.63 正答3

A：**エリクソン**に関する記述である。エリクソンの発達課題説のうち，**青年期**の発達課題について述べた文章である。**自我同一性**が確立した状態とは，自分が何者であるかを知り，社会の中でどのように機能すべきかを知りえている状態をいう。青年期は，さまざまな試行錯誤を経てこの自我同一性を確立することが期待されるのであるが，近年，それができず，自我同一性の「拡散」状態に陥る青年も多い。コーエンは，非行下位文化論で知られる。

B：**ベッカー**に関する記述である。逸脱の原因を行為者ではなく，統制者の側に求めている点で，ユニークな理論である。統制を強めることで逸脱が起きるとする「プラス統制説」に属する。なお，文中の「レッテル」は「ラベル」ともいわれ，ベッカーの説は**ラベリング理論**と呼ばれることもある。マッツアは，非行少年の漂流理論を唱えた人物である。

C：**レマート**に関する記述である。最初の第一次逸脱で「逸脱者」というレベルを貼られると，周囲からそのような眼差しで見られ，当人も「自分は逸脱者」であるという自我を内面化する。それによって，第二次逸脱，第三次逸脱…というように事態が悪化していくケースはよくある。サザランドは，逸脱文化との触触頻度を重視する分化的接触論を唱えた。

よって，正答は**3**である。

No.6 の解説 再生産論

→問題はP.64 **正答 1**

1 ◎ 『ハマータウンの野郎ども』は，エスノグラフィーの古典として名高い。

ウィリスはイギリスの労働者階級の学校で参与観察を行い，校内で反学校文化が蔓延していることを見いだした。教師に敵対し，進学校に在籍する生徒を女々しいとみなし，自分たちの階層文化を肯定する。**学校文化**も，生徒の進路選択を水路づける大きな要因である。**エスノグラフィー**とは，調査対象の文化や生活様式を詳細に記録することをいう。

2 × 言語コードは，男女ではなく社会階層で異なるとされる。

バーンスティンによると，中産階級の家庭は「**精密コード**」，労働者階級の家庭は「**限定コード**」を使う傾向が強い。学校で用いられるのは前者であるため，学校で高いアチーブメントを収めやすいのは中産階級の子弟とされる。

3 × 正統的周辺参加論ではなく，対応理論である。

職場には，①規則を遵守する底辺労働者，②ある程度の自律性をもつ中間労働者，③指導的な立場につくエリート労働者がいるが，この3つの労働者は，異なる水準の学校教育を通じて作り出される。学校の教育内容（水準）と職場の地位が対応している意味で，**対応理論**と呼ばれる。**正統的周辺参加論**は，J.レイヴとE.ウェンガーが唱えたもので，共同体への周辺的参加から徐々に学習が深まっていくとするものである。

4 × イリイチは『脱学校の社会』において，脱学校論を提唱した。

イリイチは，保護管理・教化・社会的役割選抜という悪しき機能を果たしている学校に代わって，人々の自発的な学習を促す，学習ネットワークを構築すべきであると主張した。

5 × ブルデューは，家庭の文化資本を介した「文化的再生産論」を唱えた。

学校で有利なのは，親の学歴や蔵書といった**文化資本**に恵まれた家庭の子弟であり，そういう子は高い地位につきやすい。経済資本だけではなく文化資本も，親から子への地位の再生産に寄与する。学校の能力主義が，格差や不平等を是正しているという指摘はない。

実戦問題3 難問レベル

＊＊＊
No.7 社会化に関する記述として最も妥当なのはどれか。

【国家総合職・平成24年度】

1 バージェス（Burgess, E.）は，人間の自我には，自己の内面で想定された他者の態度である「客我（me）」と，この「客我（me）」に対する自己の解釈と対応を意味する「主我（I）」の2つの側面があるとした。そして，それらの相互関係については，個人が他者の観点から自分自身を対象化し，認識する過程から生じるものであると論じた。

2 パーソンズ（Parsons, T.）は，機能主義の立場から，個人が役割の学習を通じて社会的な価値や規範を内面化するメカニズムを理論化した。また，現代社会に特徴的な核家族が担う基本的な機能は，人間が真に生まれついた社会の構成員になりうるための基礎的な社会化と，成人のパーソナリティの安定化の2点に集約されるとした。

3 クーリー（Cooley, C.H.）は，親の養育態度を，「保護—拒否」，「支配—服従」という2つの軸によって4つの類型に分類し，それぞれの下では異なった性格の子どもが形成されると主張した。たとえば，「支配—保護」次元にある親の養育態度は「ほったらかしすぎ型」に分類され，その子の性格は，幼児的で依存心が強く，神経質な傾向にあるとされる。

4 ボウルズ（Bowles, S.）は，家庭の生育環境の中で自然に身につき，教育達成に有利に働く知識や技能を総称する「文化資本」という概念を初めて提唱した。また，上層階級では，「正統」としての文化能力が相続されることにより文化資本は学歴資本に変換され，学歴資本は社会的地位に変換されることにより経済的利益を生み出すことを示す「社会的交換理論」を展開した。

5 ヤング（Young, M.F.D.）は，企業組織が特に学卒者を雇用する場合に求める能力要件が，「官僚制的パーソナリティ」から，学歴以上に親の財産や家庭環境に左右される可能性がある「カリスマ的パーソナリティ」に移行したことを論じ，選抜が，個人の能力と努力よりも，親の財産と願望に基づくようになりつつあると指摘した。

＊＊＊
No.8 **教育社会学の理論に関する記述として最も妥当なのはどれか。**

【国家総合職・令和３年度】

1 G.S.ベッカーのシグナリング理論では，個人の進学か否かの選択が投資決定の判断になぞらえて説明される。人は，より長く教育を受けることで労働生産性が高まるから，進学の結果，将来に期待される便益（主に学歴間の生涯賃金格差）が，進学に要する費用（進学せずに働いていたら得られたはずの所得も含む。）を上回れば，その個人にとって進学は合理的とされる。進学者個人の教育投資の費用に対する「利回り」を計算したものが，社会的収益率である。

2 R.コリンズの葛藤理論では，稀少な財（たとえば，威信の高い職業）をめぐるさまざまな身分集団間の葛藤・闘争によって，社会の高学歴化が説明される。さまざまな職業で学歴要件が高まる理由は，同一の職業に求められる技能水準が向上するためではなく，学校は支配的身分集団の文化を教える場所であり，企業などで指導的地位にある者が，自分たちの文化に親和的な者を選抜する際に，その卒業資格として学歴を重視するためであるとされる。

3 J.S.コールマンの文化資本論では，家庭で相続・継承される「文化資本」の量が多いほど，学校で高い学業成績を収めやすく，学歴取得にもつながると説明される。文化資本とは，言葉遣いや立ち居振る舞いなどの身体化された能力と同義であり，幼少期からの家庭教育によって形成される。学校で正統とされる知識や態度は，中産階級以上の家庭の文化と親和的であるために，文化資本の多寡が学校での成功を左右するとされる。

4 C.ジェンクスの教育機会の不平等モデルでは，教育達成の格差が，出身階層間の学業成績の差から生じる部分（一次効果）と，どの程度の成績が進学に値すると考えるかの基準が出身階層間で異なるために生じる部分（二次効果）とに分けて説明される。上位階層出身者ほど学業成績はよく，成績がよいほど進学するために，成績が同程度の者どうしを比べても，上位階層出身者ほど高学歴者となりやすくなる。彼の研究は，T.ハーシらの統制理論の系譜に位置付けられる。

5 R.K.マートンの緊張理論では，人々の欲求の過充足が逸脱行動を引き起こすと説明される。社会において共有された文化的な目標（たとえば，金銭的な成功）を，制度化された手段（たとえば，学歴の有無）で達成することが，さまざまな社会階層間に広く普及している場合，逸脱行動の動機が生まれる。つまり，社会構造によって生み出される目標と手段の過剰な統合状態である「アノミー」が圧力となり，突発的な逸脱行動が生じるとされる。

***
No.9 学校における教師の役割等に関する記述として最も妥当なのはどれか。

【国家総合職・平成24年度】

1 ハーグリーヴス（Hargreaves, D.H.）は，客室乗務員の接客技術を分析することにより，感情表出それ自体がサービス商品になっていることを明らかにし，感情労働（emotional labor）の概念を提唱した。その上で，教師の教育技術を分析することにより，その役割が，生徒に対して「心地良い感情」や「教師の権威」を伝えることではなく，知識・技能を確実に伝達することであることを明らかにし，教師は感情労働者には当たらないと結論づけた。

2 リスト（Rist, R.C.）は，小学生の児童にテストを行った後，ランダムに選んだ20パーセントの児童の名簿を教師に渡し，この児童たちの知的潜在能力が高いという偽りの報告を行った。数か月後に同じテストを実施してみると，この児童たちの成績が他の児童たちに比して大きく伸びていたことから，リストは，教師の期待が日々の教室のコミュニケーションに影響を及ぼし，この児童たちの好成績をもたらしたとして，ラベリング理論を唱えた。

3 メハン（Mehan, H.）は，教室における教師と生徒の会話を分析し，「教師の主導―生徒の応答―教師の評価」という「IRE構造」が，教室における教師と生徒の典型的な会話構造であることを明らかにした。そして，教師や生徒が授業に臨む場合には，教育内容とは無関係に教室のコミュニケーションを背後で統制しているこの会話構造の体得が前提となっており，この構造が，教師と生徒の権力関係を構成しているとした。

4 コールマン（Coleman, J.S.）は，参与観察によって学校における教師の方略を分析した。彼の観察した学校では，授業が成立すること自体が難しく，教師はまず，授業中に冗談を言ったり人気のあるテレビ番組について話すなどし，生徒との深刻な葛藤を避けて授業秩序を作り出すよう努めていたことから，こうした方略を，教室の中で教師が生き残るための「サバイバル・ストラテジー」と呼んだ。

5 テーラー（Taylor, F.W.）は，リーダーの目標達成機能（Performance機能＝P機能）と集団維持機能（Maintenance機能＝M機能）の強弱に着目し，リーダーが各機能をどの程度果たしているかによって，リーダーシップをPM型・Pm型・pM型・pm型の４つの類型に分類するPM理論を提唱した。そして，学校においては，教師のイニシアティブが重視されるため，Pm型の教師が最も優れたリーダーシップ効果を示すと主張した。

実戦問題3の解説

No.7 の解説　社会化

→問題はP.67　正答2

1 ×　**ミードの自我論に関する記述である。**

ミードはアメリカの社会学者で，文中の説は，1934年の著作『精神・自我・社会』の中で述べられている。バージェスはアメリカの社会学者であり，シカゴ学派を牽引した人物である。人間生態学の立場から，巨大都市シカゴの「**同心円構造**」を明らかにしたことは著名である。

2 ◎　**パーソンズの核家族論に関する記述である。**

パーソンズは，核家族の成員の役割を「**道具的**」と「**表出的**」に分け，道具的下位の位置にある息子は道具的上位の父親，表出的下位の娘は表出的上位の母親の役割を内面化すると説いた。

3 ×　**サイモンズによる養育態度の類型論に関する記述である。**

サイモンズによる，親の養育態度の4類型は有名である。なお，「ほったらかしすぎ型（放任型）」に分類されるのは，「支配－保護」ではなく，「**服従－拒否**」の次元にある親の態度である。放任型の親のもとで育った子どもは，攻撃的なパーソナリティーになりやすいといわれる。**クーリー**はアメリカの社会学者で，「鏡に映った自己」の概念の提起者として知られる。

4 ×　**ブルデューの文化的再生産論に関する記述である。**

ブルデューはフランスの社会学者であり，『再生産』（1970年）において，文化資本を媒介にした，親から子への地位の「**文化的再生産**」の過程が存在することを指摘した。ボウルズらの学説のキーワードは「対応原理」である。学校での教育内容（規律順守，一定の自律性，企業価値の内面化）が，それぞれ底辺労働者，中間労働者，エリート労働者に対応している，という構造である。

5 ×　**ヤングは，「メリトクラシー」のすう勢を分析した人物である。**

メリトクラシーとは能力主義を意味する。ヤングは著書『メリトクラシー』において，能力主義の台頭と破たんを予言した。

No.8 の解説　教育社会学の理論

→問題はP.68　正答2

1 ×　**シグナリング理論ではなく，人的資本論である。**

シグナリング理論は，教育歴（学歴）が個人の能力を測る端的なシグナルとして機能する，という考え方である。末尾の社会的収益率は，正しくは**私的収益率**である。社会的収益率は，社会にとっての利益を測る概念である。

2 ◎　**社会の高学歴化の進展は，求められる技能水準の高まりによるのではない。**

多くの企業が大卒学歴（有名大卒）を求めるのは，高度な職務に当たらせる，という理由からではない。自分たちの文化に親和的な（間違いのない）人を採りたい，という経営層の思惑による。

3 ×　**コールマンではなく，ブルデューである。**

文化面の資本は，教育費の負担能力のような経済資本に劣らず，子どもの教育達成に影響する。コールマンは，アメリカの学校教育が不平等の克服に寄与していないことを暴いた「コールマン・レポート」で知られる。

4 × **ジェンクスではなく，ブードンである。**
ブードンの視点は，学力を統制しても教育選択の階層差が出ることを説明する。ハーシの統制理論は，社会的ないしは心理的な統制が弱まると逸脱行動が起きやすくなる，というもので，ブードンの説とは関連がない。

5 × **逸脱行動は，目標と手段の不適合（ズレ）から生じる。**
共有された文化的目標を達成する手段（上級学校への進学チャンス）は，社会階層間で不平等に分配されている。その手段に乏しい下層の人は，欲求の不充足による不満から逸脱行動に向きやすくなる。

No.9 の解説 学校における教師の役割

→問題はP.69 **正答3**

1 × **ハーグリーヴスではなく，ホックシールドである。**
対人サービス労働では，にこやかな感情の表出そのものがサービス商品になっている。ホックシールドの分析では，客室乗務員，看護師，**教師**などが感情労働者に相当するとされている。ハーグリーヴスは，資源の観点から，集団構造を捉える枠組を提示した。

2 × **リストではなく，ローゼンタールである。**
ローゼンタールの実験では，教師が期待をかけ，肯定的な態度で接した生徒の成績がよくなる現象が見られた。これはラベリング論ではなく，**ピグマリオン効果**と命名された。

3 ◎ **メハンの「IRE構造」論に関する記述である。**
Ｉとは教師のイニシアチブ（initiative），Ｒは生徒の反応（response），Ｅは教師の評価（evaluation）を意味する。この「**I-R-E**」の会話構造が，教室内の教師・生徒の権力関係を構成しているという。

4 × **コールマンではなく，ウッズである。**
日本でも，偏差値の低い高校などでは，教師がこうした「**サバイバル・ストラテジー**」を行使しているケースが多い。まさに，「生き残り戦略」である。コールマンは1966年のレポートで，アメリカの学校教育が不平等の克服に寄与していないことを明らかにした人物である。

5 × **テーラーではなく，三隅二不二（みすみしゅうじ）である。**
多くの組織のデータによる検証から一貫して得られている結果は，**PM型**のリーダーシップのもとにおいて，集団の生産性や成員の作業への動機づけが最も高くなる，というものである。学校に即していうと，**PM型**の教師のもとでは，生徒の積極的な意欲や態度が多く見られる，ということになる。Pm型の教師ではない。テーラーは，工場作業の科学的管理法を打ち立てた人物である。

調査・統計

必修問題

わが国における教員の現状に関する記述として最も妥当なのはどれか。

【国家総合職・令和4年度】

1 教員の**懲戒処分**は，地方公務員法によると，免職，休職，降任，降給とされている。また，文部科学省の「令和元年度公立学校教職員の人事行政状況調査」（令和2年12月）によると，令和元年度に懲戒処分又は訓告等を受けた教育職員は，教育職員数全体の約2割であり，「個人情報の不適切な取扱い」で懲戒処分または訓告等を受けた者が最多であった。

2 教員の休職について，心身の故障のため，長期の休養を要する場合などには，本人の意に反して，休職することができる。文部科学省の「令和元年度公立学校教職員の人事行政状況調査」（令和2年12月）によると，教育職員の精神疾患による病気休職者数は，平成21年度以降，過去最多であった。文部科学省は，この調査結果を踏まえた今後の対応として，ハラスメントの防止措置の徹底や，精神疾患等の健康障害についての相談窓口の整備の促進などの方向性を示した。

3 教員による体罰について，文部科学省の通知「体罰の禁止及び児童生徒理解に基づく指導の徹底について」（平成25年3月）では，「練習に遅刻した生徒を試合に出さずに見学させる」行為は，体罰として例示されている。また，文部科学省の「令和元年度公立学校教職員の人事行政状況調査」（令和2年12月）によると，体罰により懲戒処分等を受けた教育職員は平成25年度以降一貫して増加している。

4 教員の勤務時間について，「OECD国際教員指導環境調査（TALIS）2018報告書」によると，わが国の小中学校教員の1週間当たりの仕事時間は，調査参加国平均と同等であった。また，文部科学省は，学校における働き方改革の更なる推進のために，「公立学校の教師の勤務時間の上限に関するガイドライン」（平成31年1月）を策定し，勤務時間の上限を定め，上限を超えた場合には教育委員会に対して処分を行うこととした。

5 教員の職能開発について，「OECD国際教員指導環境調査（TALIS）2018報告書」によると，わが国の小中学校教員が「職能開発活動」に使用した時間は，調査参加国の中で最長であった。また，わが国の小中学校教員の職能開発のニーズとして，「指導用のICT（情報通信技術）技能」が最も高く，次いで「担当教科等の分野の指導法に関する能力」が高かった。

難易度 ＊＊＊

必修問題の解説

教員に関する国内外の調査結果について問われている。文部科学省の「人事行政調査」や，OECDの「TALIS」については，最新の調査結果の概要は把握しておきたい。教員の過重労働はすっかり知れ渡り，働き方改革が急務となっている。

1 × 懲戒処分は，免職，停職，減給，戒告とされている。
休職，降任，降給は，義務違反への制裁の懲戒処分ではなく，職務を全うできない場合の**分限処分**に含まれる。令和元年度に懲戒処分または訓告等を受けた者は，教育職員全体の**0.51%**で，「**交通違反・交通事故**」によるものが最も多かった。

2 ◎ 令和元年度の精神疾患による病気休職者数は5,478人であった。
この数は平成21年度以降最多で，教員の過重労働の影響とみられる。近年，教員の働き方改革に取り組まれていて，残業時間に上限が付されたり，中学校の部活動を地域に移管したりする動きも出ている。

3 × 遅刻した生徒を試合に出さず見学させる行為は，体罰に該当しない。
体罰とは「身体に対する侵害を内容とするもの（殴る，蹴る等），児童生徒に肉体的苦痛を与えるようなもの」である。令和元年度に体罰で懲戒処分等を受けた教育職員数は，平成30年度と比べて減少している。

4 × 日本の小中学校教員の１週間当たりの仕事時間は，参加国平均よりも長い。
教員の週当たりの仕事時間は，日本の小学校は54.4時間，中学校は56.0時間で，国際平均よりだいぶ長い。文中のガイドラインでは，超過勤務時間は１か月45時間，１年間360時間以内と定められているが，違反した場合，教育委員会に対して処分を行うという規定はない。

5 × 「職能開発活動」に使った時間は，日本が参加国の中で最短だった。
日本の小中学校教員の職能開発のニーズとして最も高かったのは「担当教科等の分野の指導法に関する能力」で，その次は「担当教科等の分野に関する知識と理解」であった。

正答 2

FOCUS

公的調査の概要や結果についてよく問われる。出題頻度が高いのは，国内外の学力調査である。『全国学力・学習状況調査』と，国際学力調査PISA・TIMSSについて詳しく知っておこう。子どもや青少年の調査データも頻出。健康状態や問題行動に関する文章の正誤判定が多い。最新の『子ども・若者白書』の概要に目を通しておきたい。あと一つは，社会調査の基礎的な方法論である。以前は高度な統計的事項を問う問題が多かったが，最近は基礎知識を試す方向にシフトしている。確実に正答したい。

POINT

重要ポイント 1 全国学力・学習状況調査

毎年4月に実施されている,「全国学力テスト」である。本調査の概要事項を押さえよう。文部科学省のホームページを参照。

目的	○義務教育の**機会均等**とその水準の維持向上の観点から,全国的な児童生徒の学力や学習状況を把握・分析し,教育施策の成果と課題を検証し,その改善を図る。 ○教育に関する継続的な**検証改善サイクル**を確立する。 ○児童生徒への教育指導の充実や学習状況の**改善**等に役立てる。
対象	○小学校第6学年・義務教育学校前期課程第6学年・特別支援学校小学部第6学年 ○中学校第3学年・義務教育学校後期課程第3学年・中等教育学校第3学年・特別支援学校中学部第3学年
内容	○教科に関する調査(国語・算数・数学) ・3年に1回程度,理科や英語も実施。 ・「知識」と「活用」を一体的に問う問題形式で実施。 ○生活習慣や学校環境に関する質問紙調査 ・児童生徒に対する調査,学校に対する調査。

重要ポイント 2 国際学力調査

PISAとTIMSSの調査概要と最新の結果を見てみよう。国立教育政策研究所ホームページのポイント記事を参照。

●PISA調査

・PISAとは,**OECD**による「生徒の学習到達度調査」のことである。2000年以降,3年間隔で実施されている。対象は**15歳**の生徒。

・①読解力,②数学的リテラシー,③科学的リテラシーを調査。

・最新の2018年調査の日本の平均点は,①が504点(**15**位),②が527点(**6**位),③が529点(**5**位)である。

・数学的リテラシー及び科学的リテラシーは,引き続き世界トップレベル。調査開始以降の長期トレンドとしても,安定的に世界トップレベルを維持。

・**読解力**は,OECD平均より高得点のグループに位置するが,前回より平均得点・順位が統計的に有意に低下[①]。

●TIMSS調査

・TIMSSとは,**IEA**による「国際数学・理科教育動向調査」のことである。1995年以降,4年間隔で実施。

・日本の調査対象は,小学校4年生と中学校2年生。算数・数学と理科の到達度を評価。

・2019年調査の結果によると,小学校・中学校ともに,全ての教科において引き続き**上位**を維持。しかし小学校の理科は,前回調査に比べ平均得点が有意に低下。

①日本の生徒は,コンピューターを使ったテストの形式(CBT形式)に慣れていないためといわれる。

重要ポイント3 青少年の現状

最新の『子供・若者白書』（2022年版）で，青少年の現状を押さえよう。

◆校内暴力事件の検挙・補導人員は，2020年まで７年連続で減少していたが，2021年は前年より増加した。

◆公立高校におけるインターンシップの実施率は，約８割に上る。また，体験者数の割合については，職業関係学科が約７割であるのに対し，**普通科では約３割**にとどまっている。

◆大学卒業者全体の７割以上が就職している一方で，進学も就職もしない者は１割弱いる。

◆15～39歳の**若年無業者**数は，2021年で75万人であり，15～39歳人口に占める割合は2.3%であった。

◆小学生・中学生の不登校は，2013年度から2020年度にかけて**８年続けて前年より増加**した。

◆刑法犯少年，特別法犯少年の検挙人員は，いずれも**減少傾向**。

◆刑法犯少年の検挙人員について，人口比も減少しているが，成人の人口比と比べると依然として高い。

◆15歳以上の若者の**死因の約半数は自殺**である。

重要ポイント4 社会調査

●種類

郵送調査	調査票を対象者に郵送。簡便であるが，回収率は**低く**なる。
留置調査	調査票を対象者に配布し，後日回収する。
電話調査	対象者に電話する。複雑な質問ができない，電話所持者に対象は限定。
面接調査	調査者が対象者に面接。本人確認が可能。世論調査で用いられる。

●標本抽出法

無作為抽出：母集団から標本をランダム（くじ引き式）に抽出する。簡便であるが，標本に偏りが生じやすくなる。

層化抽出：母集団をいくつかの層に分け，各層から標本を抽出する。母集団と標本の構成のズレが少なくなる。

●用語

メディアン：データを値の順に並べた時，中央に来る値。中央値という。

モード：代表値の１つ。データの中で，最も頻出する値。最頻値という。

相関係数：２変数の相関関係の強さを表す尺度。１から－１までの値をとり，１に近いほど正の相関関係が強く，－１に近いほど負の相関関係が強い。

有意水準：帰無仮説（仮説が正しくないという説）が誤って棄却される確率。通常，５％ないしは１％が用いられる。

標本誤差：母集団の一部のみを拾う標本調査に特有の誤差。標本のサイズが大きくなるほど，標本誤差は小さくなる。

実戦問題1　基本レベル

＊
No.1　次は，いじめに関する記述であるが，A，B，Cに当てはまるものの組合せとして妥当なのはどれか。　【国家一般職・令和３年度】

平成25年に施行されたいじめ防止対策推進法において，「いじめ」とは，「児童等に対して，当該児童等が在籍する学校に在籍している等当該児童等と一定の人的関係にある他の児童等が行う心理的又は物理的な影響を与える行為（インターネットを通じて行われるものを［　A　］。）であって，当該行為の対象となった児童等が心身の苦痛を感じているもの」と定義されている。

文部科学省の「令和元年度児童生徒の問題行動・不登校等生徒指導上の諸課題に関する調査」によると，令和元年度における小・中・高等学校および特別支援学校におけるいじめの認知件数は612,496件，児童生徒1,000人当たりの認知件数は46.5件となっており，ともに，前年度比で平成26年度以降，令和元年度まで［　B　］し続けている。

いじめの研究には，加害者の攻撃性などのパーソナリティ要因に関連付けて捉えようとする心理学的研究がある。これに対して，教育社会学者の森田洋司らは，いじめの発生を学級集団という小社会の構造に結び付けて捉え，いじめの場面では，学級集団は，「加害者」，「被害者」，「観衆」，「［　C　］」から成っているという「いじめの四層構造論」を提唱した。

	A	B	C
1	含む	減少	教師
2	含む	減少	仲裁者
3	含む	増加	傍観者
4	除く	減少	仲裁者
5	除く	増加	傍観者

＊＊
No.2　わが国の少年非行の動向に関する記述として最も妥当なのはどれか。なお，データは『令和元年版犯罪白書』による。　【法務省専門職員・令和３年度】

1　少年による刑法犯，危険運転致死傷および過失運転致死傷等の検挙人員の推移をみると，昭和26（1951）年の約17万人をピークとする第１の波，昭和39（1964）年の約24万人をピークとする第２の波，昭和58（1983）年の約32万人をピークとする第３の波があり，平成14年まで減少し続けていたが，平成15年から平成30年まで増加傾向にある。

2　少年の暴走族の構成員数は，平成期を通じて増加傾向にあり，最も少なかった平成２年と比べ，平成30年は約９倍に増加した。また，暴走族のグループ数は，平成期の前半は減少傾向にあったが，平成14年以降，一貫して増加し，平成30年は平成14年の約９倍に増加した。

3　少年による家庭内暴力の認知件数は，平成元年から平成20年頃までは増減を繰り返していたが，平成24年から平成30年まで増加し続けている。平成30年における家庭内暴力事件の対象を，同居している家族に限ってみると，母親が最も多い。

4　校内暴力事件の検挙・補導人員は，昭和56（1981）年以降，増加傾向にある。検挙・補導された者の就学状況をみると，例年，高校生が最も多い状況が続いていたが，平成30年は，小学生が約４割，中学生が約３割，高校生が約３割となり，小学生の割合が初めて高校生を上回った。

5　平成元年，15年，30年における少年による刑法犯の検挙人員の就学・就労状況別構成比をみると，平成元年，15年では，学生・生徒の割合が約４割，学生・生徒以外（有職少年・無職少年）の割合が約６割であったが，平成30年では，学生・生徒の割合が約９割，学生・生徒以外の割合が約１割であった。

＊＊ No.3　学力調査に関する記述Ａ～Ｄのうち妥当なもののみを挙げているのはどれか。　【国家総合職・平成23年度】

Ａ：PISA（生徒の学習到達度調査）は，子どもたちが将来生活していくうえで必要とされる知識や技能をどの程度習得しているかを測定することを目的とした，OECD（経済協力開発機構）による標本調査である。小学６年生を対象として，読解力，数学的リテラシー，科学的リテラシーの分野について，2007年以来，毎年実施されており，わが国も参加している。

Ｂ：TIMSS（国際数学・理科教育動向調査）は，各国における児童生徒の教育到達度を国際的な尺度によって測定することを目的とした，IEA（国際教育到達度評価学会）による標本調査である。1964年第１回国際数学教育調査および1970年第１回国際理科教育調査として手掛けられ，2003（平成15）年以降，４年ごとのサイクルで，小学４年生と中学２年生を対象として，算数・数学と理科の分野について実施されており，わが国も参加している。

Ｃ：教育課程実施状況調査は，学習指導要領における各教科の内容に照らした学習の実現状況を把握し，今後の教育課程や指導方法等の改善に資することを目的とした，国立教育政策研究所による標本調査である。小学５・６年生，中学１年生から３年生まで，および高校３年生を対象として，2001（平成13）年から2005（平成17）年にかけて各科目で実施された。たとえば中学１年生から３年生まででは2001（平成13）年と2003（平成15）年に国語，社会，数学，理科，英語の教科について実施された。

D：全国学力・学習状況調査は，義務教育の機会均等とその水準の維持向上の観点から，全国的な児童生徒の学力や学習状況を把握・分析し，教育施策の成果と課題を検証し，その改善を図ることを目的とした，文部科学省による悉皆調査である。小学1年生から6年生を対象として，国語と算数・数学の分野における「知識」と「活用」に焦点をあてながら，2000（平成12）年以来，毎年実施されている。

1 A，B　**2** A，D　**3** B，C　**4** B，D　**5** C，D

No.4* **社会調査の業績に関する記述A，B，Cとその研究者の組合せとして最も妥当なのはどれか。** 【法務省専門職員・平成21年度】

A：ある工場での一連の実験を通して，組織内に自生的に発生する独自の集団規範をもつインフォーマル・グループの存在と意義を見いだし，この実験から生み出された人間関係論的アプローチは，その後の経営管理，労務管理に画期的な転換をもたらした。

B：人間の主観的態度が人間行動にとって非常に大きな意味を持つという観点から，手紙，日記，自叙伝，新聞など，生活史や個人的記録が示されている文書をデータとして用いて，ポーランド系移民のアメリカでの適応を分析し，生活史法的調査の先駆けとなった。

C：集団の成員に対して好き－嫌いなどの情緒的判断で他の成員を選択させたり拒否させる反応をソシオメトリック・テストで測定し，集団内の人間関係や集団特性を記述したり数量的に表現する集団分析法を考案した。

	A	B	C
1	メーヨー (Mayo, G.E.)	トマスとズナニエツキ (Thomas, W.I.& Znaniecki, F.W.)	モレノ (Moreno, J.L.)
2	メーヨー (Mayo, G.E.)	トマスとズナニエツキ (Thomas, W.I.& Znaniecki, F.W.)	レヴィン (Lewin, K.)
3	メーヨー (Mayo, G.E.)	パーク (Park, R.E.)	レヴィン (Lewin, K.)
4	テイラー (Taylor, F.W.)	パーク (Park, R.E.)	モレノ (Moreno, J.L.)
5	テイラー (Taylor, F.W.)	トマスとズナニエツキ (Thomas, W.I.& Znaniecki, F.W.)	レヴィン (Lewin, K.)

実戦問題1の解説

No.1 の解説　いじめ　→問題はP.76　正答3

A：**含む**が入る。いじめ防止対策推進法２条において，いじめの定義が定められている。その中には，インターネットによる「ネットいじめ」も含まれる。

B：**増加**が入る。小・中・高，特別支援学校におけるいじめの認知件数は，平成26年度では188,072件だったが，令和元年度では612,496件まで増えている。近年，いじめの把握に本腰が入れられていることによる。

C：**傍観者**が入る。いじめは，被害者と加害者だけから構成されるのではない。周囲でもてはやす観衆や，見ているだけの傍観者も関与している。「いじめの四層構造論」は，いじめを加害者の人格問題としてではなく，学級全体の**集団病理**として捉えている。いじめの防止や早期発見に際しては，人数的に多い傍観者を仲裁者や申告者に変えることがポイントとなる。

よって，正答は**3**である。

No.2 の解説　少年非行の動向　→問題はP.76　正答3

1×　少年による刑法犯等の検挙人員は平成15年以降，減少し続けている。
第３の波を過ぎてから平成14年まで「減少し続けていた」という記述も誤り。この期間中，大よそ減少の傾向にはあるが，若干の波動を繰り返している。平成15年以降は一貫して減少傾向で，平成30年は約４万人で第３ピーク時の８分の１となっている。

2×　暴走族の構成員は，平成期を通じて減少傾向にある。
平成２年では27,858人だったが，平成30年では3,023人にまで減少している。暴走族のグループ数は，平成の前半期は増加傾向であったが，平成14年をピークに減少傾向で，平成30年は平成14年の10分の１となっている。

3◎　家庭内暴力の認知件数は，平成24年から平成30年にかけて倍増している。
平成元年以降における家庭内暴力事件の対象は，一貫して母親が最も多い。

4×　校内暴力の検挙・補導人員は，平成26年以降減少し続けている。
検挙・補導された者の就学状況は，例年，**中学生**が圧倒的に多い。平成30年は小学生が20.7%，中学生が64.1%，高校生が15.2%で，小学生が高校生より多くなっている。

5×　平成30年では，学生・生徒が約７割，それ以外は約３割となっている。
平成元年と平成15年では，学生・生徒が約８割，それ以外が約２割であった。

No.3 の解説　学力調査　→問題はP.77　正答3

A×　PISAの調査対象は，小学校６年生ではなく，15歳の生徒である。
PISAとは，Programme for International Student Assesementの略であり，各国の15歳生徒を対象とする国際学力調査である。最新の2018年の調査では，日本からは高等学校，中等教育学校後期課程，高等専門学校の１年生が参加している。またこの調査は**2000年**以来，３年間隔で実施されている。よって，「2007年以来，毎年実施」という箇所も誤りである。

B○ **IEAが４年間隔で実施している代表的な国際学力調査である。**

TIMSSとは，Trends in International Mathematics and Science Studyの略であり，国際数学・理科教育動向調査と訳される。最新の2019年調査の結果をみると，小・中学生とも，算数（数学）・理科の平均得点は上位にあり，算数・数学，理科が楽しいと思う児童生徒の割合は増加している。しかし，国際平均と比べたら低い（小学校の理科を除く）。

C○ **小学校高学年，中学生，高校３年生が調査対象である。**

小学校５・６年生は2001年と2003年，高等学校３年生は2002年，2003年，2005年に各教科について実施されている。

D× **調査対象は小学校６年生と中学校３年生である。**

本調査は，**2007年**度から毎年実施されている（2011年度は東日本大震災のため実施見送り）。よって，「2000年以来，毎年実施」という記述は誤り。調査教科は国語と算数（数学）であるが，年によって理科や英語も加えられる。

以上より，妥当なものは**B**と**C**であるから，正答は**3**である。

No.4 の解説　社会調査の業績　→問題はP.78　正答１

A：**メーヨー**の業績に関する記述である。メーヨーの実験は**ホーソン実験**として知られる。1927～32年にかけて，アメリカのホーソン工場で実施された。そこで明らかになったのは，作業効率や生産性は物理的環境条件よりも，作業集団内の人間関係に強く影響されるという事実である。この成果は，経営・労務管理の「人間化」をもたらすことにもつながった。**テイラー**は，科学的な作業管理の方法（テイラー・システム）の考案者として知られる。

B：**トマス**と**ズナニエツキ**の業績に関する記述である。文中の研究成果は，『ヨーロッパとアメリカにおけるポーランド農民』（1918～20年）という書物にてまとめられている。ポーランド系移民のアメリカ社会への適応を過程を明らかにした，古典的研究である。**パーク**はシカゴ学派の指導者であり，人間生態学の理論を樹立した，都市社会学の父として知られる人物である。

C：**モレノ**の業績に関する記述である。**ソシオメトリック・テスト**は，集団内部の人間関係を明らかにし，集団の指導や運営に役立てようという意図を持っている。学校の学級内の人間関係を明らかにするためにも用いられる。**レヴィン**の主な業績は，グループ・ダイナミクスの理論を確立したことである。

よって，正答は**1**である。

実戦問題2　応用レベル

＊＊＊
No.5　**『令和元年版子供・若者白書』の内容に関する記述として最も妥当なのはどれか。**　【国家総合職・令和２年度】

1　学校内における暴力行為の発生件数は，平成25年度から平成29年度にかけて，小学校では減少し続けているものの，中学校や高校では増加し続けている。文部科学省は，問題行動が校内傷害事件等，犯罪行為の可能性がある場合であっても，警察に通報することで，その児童生徒等があたかも犯罪者としてみられるなどして学校での居場所がなくなることを避けるため，都道府県・指定都市教育委員会や学校に対して，できる限り学校内で対応するよう求めており，校内暴力事件の検挙・補導人員は減少傾向にある。

2　小・中学生の不登校児童生徒数は，平成25年度から平成29年度にかけて，増加し続けている。平成29年度について，小・中学生の不登校の要因のうち，学校に係るものでは，「いじめを除く友人関係をめぐる問題」，「学業の不振」などが多くなっている。不登校への対応については，こどもの悩みや不安を受け止めて相談に当たる相談体制の整備が重要であり，文部科学省は，スクールカウンセラーおよびスクールソーシャルワーカーの配置拡充など，教育相談体制の充実を図っている。

3　刑法犯少年の検挙人員および刑法犯の罪に触れる行為をした触法少年の補導人員は，平成20年から平成29年にかけて，いずれも増加し続けている。平成30年について罪種別にみると，刑法犯少年では，窃盗の割合が最も多く，触法少年では，暴行・傷害等の粗暴犯が半分以上を占めている。こどもの非行を防止するためには，学校と警察が緊密に連携する必要があるが，警察署の管轄区域，市町村の区域等を単位とした学校警察連絡協議会が設置されていない都道府県が過半数となっており，早急な設置が課題となっている。

4　平成26年から平成30年にかけて，覚醒剤事犯で検挙された30歳未満の者は増加し続けている一方で，大麻事犯で検挙された30歳未満の者は減少し続けている。こどもや若者の覚醒剤や大麻等の乱用の実態を把握し，その乱用の危険性や有害性について広報啓発や教育に取り組むことが重要であるため，文部科学省は，中学校や高校において薬物乱用防止教室を開催しているが，善悪の判断が不十分な小学生は好奇心から薬物に手を出してしまうおそれがあるため，小学校では開催しないこととしている。

5　近年，インターネット接続機器の普及に伴い，有害サイト等を通じた青少年の被害が深刻な問題となっている。平成30年度における保護者の取組として，スマートフォンを利用する満10歳から満17歳までの青少年の保護者のうち，こどものインターネット利用を管理していると回答した割合は約１割，また，青少年の保護者がインターネットに関する啓発や学習を受けた経験は約２割にとどまっていることから，青少年インターネット環境整備法*が改正され，小・中学校は年１回以上，保護者に対して啓発のための研修を行うことが義務付けられた。

＊青少年が安全に安心してインターネットを利用できる環境の整備等に関する法律

＊＊＊

No.6 社会調査に関する記述として最も妥当なのはどれか。

【法務省専門職員・平成23年度】

1 質問紙調査の実施方法には留置(とめおき)調査，郵送調査，電話調査などがある。このうち，郵送調査法は，調査対象者に調査票を郵送し一定期間の後に返送してもらう方法であり，調査対象者本人の回答が確実に得られることや，他の調査法に比べ比較的高い回収率が期待できる利点がある。

2 調査対象の母集団の一部を抽出して行う調査を標本調査（サンプリング調査）という。標本抽出方法のうち，層化抽出法とは，何段階かの異なる調査単位の抽出を繰り返し，最後に目的の調査単位を抽出する方法であり，推定精度よりも抽出操作の簡便化を追求した手法である。

3 調査票の質問文のワーディングにおいて注意すべき事項のうち，アナウンスメント効果とは，前の質問が，後の質問に対する回答に影響を与えることをさし，たとえば，外国人犯罪に関する質問の後，外国人労働者の受入れに関する質問をするといった例が挙げられる。

4 データ全体の特徴を１つの数値で表したものを代表値という。代表値として用いられるもののうち，メディアンはデータを大きさの順序に並べたときに中央にある値のことであり，モードは度数の最も大きいデータの値のことである。

5 統計的検定における有意水準とは，標本調査によって観測されたデータに生じる特有の誤差である標本誤差の発生する確率を示すもので，その値は調査の精度を表す指標として用いることができる。

＊＊
No.7 わが国における特に配慮が必要なこども・若者の現状や支援に関する記述として最も妥当なのはどれか。 【法務省専門職員・令和２年度】

1 文部科学省の通知「性同一性障害に係る児童生徒に対するきめ細かな対応の実施等について」によると，学校における性同一性障害に係る児童生徒の支援について，当該児童生徒が自身の性同一性を秘匿しておきたい場合があること等に留意し，最初に相談を受けた者は，口外することなく，単独で対応することが望ましいとされている。

2 日本国籍を有しない者には就学義務が課されていないが，その保護する子を公立の義務教育諸学校に就学させることを希望する場合には，国際人権規約や児童の権利に関する条約を踏まえ，これらの者を無償で受け入れることとされており，教科書の無償給与および就学援助を含め，日本国籍を有する者と同一の教育を受ける機会を保障することとされている。

3 文部科学省の「日本語指導が必要な児童生徒の受入状況等に関する調査（平成30年度）」によると，日本語指導が必要な外国籍の児童生徒数は，平成20年度から一貫して減少し続けている。また，平成30年度におけるそれらの児童生徒数を，在籍する学校種別にみると，高等学校が最も多く，次いで中学校，小学校の順となっている。

4 文部科学省の通知「令和元年６月６日　児童生徒の自殺予防に係る取組について」によると，近年，自殺した児童生徒数は減少傾向にあるものの，児童生徒の自殺は深刻な問題であり，学校の長期休業の直前に増加する傾向があるため，児童生徒の変化に最も気付きやすい保護者を主体として，悩みを抱える児童生徒を早期に発見しなければならないとされている。

5 厚生労働省の「人口動態統計」によると，平成30年における20歳代の若者の死因の約８割が自殺となっている。また，厚生労働省・警察庁の「平成30年中における自殺の状況」では，平成30年における20歳代の自殺者数を原因・動機別にみると，「男女問題」が最も多く，次いで「経済・生活問題」，「健康問題」の順となっている。

実戦問題2の解説

No.5 の解説　子供・若者白書　→問題はP.81　正答2

1×　小学校の暴力行為の発生件数は増加を続けている。
暴力行為の発生件数は，平成25年度から平成29年度にかけて，中学校と高校では減少しているが，小学校では増加している。なお，「犯罪行為の可能性がある場合には，学校だけで抱え込むことなく，**直ちに警察に通報し**，その協力を得て対応すること」とある。

2◎　小・中学生の不登校児童生徒数は増加の一途をたどっている。
平成29年度以降も増加を続け，令和3年度では25万人近くにもなっている。

3×　平成20年から29年にかけて，刑法犯少年，触法少年とも減少している。
平成30年のデータで罪種別にみると，刑法犯少年，触法少年とも窃盗犯が最も多い（大半は万引き）。学校警察連絡協議会は，**すべての都道府県**で設置されている。

4×　覚せい剤事犯の検挙人員は減少し，大麻事犯の検挙人員は増えている。
薬物乱用防止教室は，**小学校**でも開催されている。

5×　こどものインターネット利用を管理している保護者の割合は84.9%である。
インターネットに関する啓発や学習を受けた経験のある保護者の割合は**76.5%**となっている。平成29年の青少年インターネット環境整備法改正では，事業者に**フィルタリングの提供**が義務付けられた。

No.6 の解説　社会調査の方法　→問題はP.82　正答4

1×　郵送調査は一般に高い回収率は期待できない。
郵送調査の回収率は，だいたい**3割**前後といわれている。また，本当に対象者本人が回答したかの確認もできない。これでは高い精度の結果は得られないとして，国が実施する世論調査では，調査員が対象者を個別に訪問する**面接調査法**が多く採用されている。文中でいわれている**留置調査**とは，対象者に調査票を配布しておき，後日それを回収するものである。この方法だと高い回収率は期待できるものの，やはり対象者本人がきちんと回答したかどうかの疑問は残る。**電話調査**とは，字のごとく電話で質問する方法であるが，対象者が電話所有者に限定される難点がある。電話などので，複雑な質問もできない。

2×　層化抽出法は，推定精度を上げるために用いられる手法である。
層化抽出法とは，母集団をいくつかの層に分けて，それぞれの層からサンプルを抽出する方法である。この方法によると，サンプルの偏りを防ぐことができ，結果として推定精度を上げることにもつながる。抽出調査の簡便化を追求した方法は，**無作為抽出法**である。ランダム（くじ引き）形式でサンプルを抽出するので手間いらずであるが，サンプルの構成が母集団と乖離してしまう危険が大きい。

3 × **アナウンスメント効果とは，選挙前の予測報道が結果に影響すること。**
選挙前に不利と報じられた候補者に票が移動する現象をアンダードッグ効果といい，有利と報じられた候補者に票が移動することをバンドワゴン効果という。文中でいわれているのは，**キャリーオーバー効果**のことである。

4 ◎ **代表値とは，データの特性を端的に表した数値である。**
代表値の種類としては，よく使われる平均値（average）のほか，メディアン（median）やモード（mode）がある。これらを総動員して，データの特徴を多角的に把握することが求められる。

5 × **有意水準とは，帰無仮説が誤って棄却される確率をいう。**
たとえば，２つのデータの平均値の差が「５％水準で有意である」という場合，「差がない」という**帰無仮説**が誤って棄却されている確率が５％未満ということである。簡単にいえば，95％の確率で有意差が認められる，ということである。一般に，有意水準としては**５％**ないしは**１％**が用いられる。

No.7 の解説　特別な配慮が必要なこども・若者の現状　→問題はP.83　正答２

1 × **最初に相談を受けた者が抱え込むことはしない。**
支援は組織的に取り組むことが重要であり，学校内外に『サポートチーム』を作ることとある（文部科学省通知，2015年）。性同一性障害とは，「生物学的には性別が明らかであるにもかかわらず，心理的にはそれとは別の性別であるとの持続的な確信をもち，かつ，自己を身体的及び社会的に他の性別に適合させようとする意思を有する者であって，そのことについてその診断を的確に行うために必要な知識及び経験を有する２人以上の医師の一般に認められている医学的知見に基づき行う診断が一致しているもの」をいう（同通知）。

2 ◎ **近年では，外国籍の児童生徒が増加している。**
外国籍の子どもも，無償の義務教育の対象となる。

3 × **日本語指導が必要な児童生徒数は，平成20年度から増加傾向にある。**
学校種別に見ると，小学校が最も多く，次いで中学校，高等学校の順となっている（平成30年度）。

4 × **児童生徒の自殺は，学校の長期休業明けの時期に増加する傾向がある。**
近年，児童生徒の自殺は**増加**の傾向にある。悩みを抱える児童生徒の早期発見は，学校，保護者，地域住民，関係機関等が**連携して**行う。

5 × **20歳代の死因に占める自殺の割合は約５割である。**
20歳代の自殺者の原因・動機で最も多いのは「**健康問題**」である。次いで「経済・生活問題」，「勤務問題」の順となっている。

第3章 教育法規

試験別出題傾向と対策

頻出度	試験名	国家総合職					国家一般職					国家専門職（法務省専門職員）				
	年度	21-23	24-26	27-29	30-2	3-5	21-23	24-26	27-29	30-2	3-5	21-23	24-26	27-29	30-2	3-5
	テーマ／出題数	5	5	6	6	6	2	3	4	4	2	3	4	4	6	5
A	5 学校の法規	3	3	3	3	3	2	3	3	2	1	1	3	2	3	2
B	6 児童・教員の法規	2	2	3	3	3			1	2	1	2	1	2	3	3

学校の法規と児童・教員の法規に分かれる。前者は国家総合職では必出である。各学校の目的・目標，義務教育学校への就学，教育委員会制度に関する法規定がよく出る。学校教育法や地方教育行政法の該当条文を覚えておこう。教育の最高法規の教育基本法（全18条）は，全条文に目を通しておきたい。

教員・児童の法規では，児童・生徒に対する懲戒の規定がよく出る。退学・停学，出席停止，体罰などがキーワードである。近年，学校現場の体罰が問題化しているので，今後も出題されると思われる。学校教育法11条をはじめ，関連条文を頭に入れておくこと。児童・生徒の管理の表簿である「指導要録」も頻出。保存期間は５年間であるが，学籍簿の記録は20年間保存するなど，細かい知識もいる。学校教育法施行規則28条の規定に注意。

●国家総合職（人間科学）

学校の法規は毎年欠かさず出ている。中高一貫教育などの制度事項，教育の権利と義務に関わる法規定のほか，近年では時事問題の出題も多くなっている。高大接続，キャリア教育，専門職大学，部活動改革，給付型奨学金などだ。令和５年度では，この手の時事問題が３題出ている。新聞で話題になったトピックについては，関連する文部科学省通知や中教審答申などの概要を確認しておくこと。

児童・教員の法規もよく出る。子どもの問題行動（いじめ，不登校）への対応指針の他，最近では教員の服務や働き方改革について問われている。教員の職務上の３義務，身分上の５義務を覚えよう。教員の業務削減や教員養成改革に関わる政策文書もみておきたい。

●国家一般職

学校の法規は頻出。以前は義務教育などオーソドックスな内容が主であったが，最近はタイムリーな事項の出題が多い。最新の令和５年度では，学校運営協議会制度について問われている。文部科学省ホームページの「政策」の箇所をこまめに見ておこう。近年，重要性が高まっている特別支援教育について理解を深めておくことも不可欠だ。

児童・教員の法規は過去４回出題されている。教員の人事管理，児童・生徒の

裁判所（家庭裁判所調査官補）					
21-23	24-26	27-29	30-2	3-5	
1	4	2	1	0	
1	2	1	1		テーマ5
	2	1			テーマ6

管理，『世界子供白書』，教員の服務である。児童・生徒の懲戒に関する規定などを重点的に見ておこう。教員の服務規定（地公法）は要注意だ。教員の不祥事が続発する中，今後も継続して出題されることが予想される。

●国家専門職（法務省専門職員）

学校の法規は，最近はほぼ毎年出題されている。教育委員会の法規定（地方教育行政法）が最もよく出ているが，最近は特定の事項ではなく，学校の法規全般について「浅く広く」問う問題が多い。日本国憲法，教育基本法，学校教育法から重要条文をちょっとずつ「つまみ食い」したような問題である。難易度は高くないので，学習する側も「浅く広く」の姿勢が求められる。

児童・教員の法規は，教員の職務や服務の問題が多い。教員の病気休職者数などの統計データも出題されている。OECDの国際調査（TALIS2018）で，日本の教員は世界一働いていることがわかったが，こういうタイムリーなトピックも知っておきたい。元年度と２年度では，児童虐待や特に配慮を要する子ども（性同一性障害，外国籍）への対応について問われている。５年度は，困難を有する若者の自立支援の問題が出た。法務省専門職員として，知っておきたい事項である。

●裁判所（家庭裁判所調査官補）

学校の法規は15年で５回出題されている。最近の出題内容は，学校評議員制度と学校運営協議会制度の違い（21年度），2006年の教育基本法の改正内容（25年度），義務教育の無償性（26年度），教師に求められる資質・能力（２年度）について論述させるものである。難易度は高くない。

児童・教員の法規は15年で３回出題されているが，いずれも児童・生徒の懲戒の法規定である。退学・停学といった懲戒や出席停止制度について論じさせる問題であり，25年度では必修問題として出ている。まずもって，この部分を重点的に学習しておきたい。学校教育法11条・35条，同法施行規則26条というように，覚えるべき条文もだいたい決まっている。

学校の法規

必修問題

わが国の教育法規に関する記述として最も妥当なのはどれか。

【法務省専門職員・平成28年度】

1 日本国憲法においては，学校の公平性及び中立性を守る観点から，公立学校における一切の**政治教育**及び宗教教育を禁止しているが，私立学校においてはこの限りではなく，一定の範囲内での政治教育及び宗教教育が認められている。

2 教育基本法は，全ての国民が，その個性及び社会的地位に応じ，その保護する子女に教育を受けさせる義務を負うこと及び義務教育の無償を規定している。義務教育の無償に関しては，国又は地方公共団体の設置する小・中学校では，授業料，教科書代及び給食費は徴収されない。

3 教育基本法においては，法律に定める学校は，公の性質を有するものであることから，国及び地方公共団体のみがこれを設置することができるとされており，その他のいかなる団体も設置主体となることはできないと規定されている。

4 学校教育法においては，子供の教育については学校が第一義的責任を有するものであり，学校教員が，生活のため必要な習慣を身に付けさせ，自立心を育成し，心身の調和のとれた発達を図るよう努めるものとされている。それに対して，父母その他の保護者は，家庭教育においてその補助的役割を行うとされる。

5 学校教育法においては，病弱，発育不完全その他やむを得ない事由のため，就学困難と認められる児童生徒の保護者に対しては，市町村の教育委員会は，文部科学大臣の定めるところにより，その子に義務教育を受けさせる義務を**猶予**又は**免除**することができるとされている。

難易度 ＊

必修問題の解説

教育法規全般について「浅く広く」問われている。いずれも難易度は高くない。教員採用試験の教職教養レベルの問題である。どの選択肢も，教育基本法と学校教育法からの出題である。これらの基本法規の重要条文は押さえておきたい。

1 × **教育基本法において，私立学校でも政治教育は禁止されている。**

政治教育の禁止を定めているのは，憲法ではなく，教育基本法である。教育

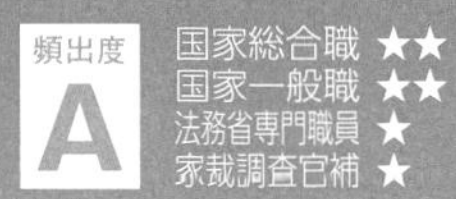

基本法14条2項は,「法律に定める学校は,特定の政党を支持し,又はこれに反対するための政治教育その他政治的活動をしてはならない」と定めている。この規定は,**私立学校**にも適用される。宗教教育の禁止は国公立学校だけで,私立学校は許される(15条2項)。

2 × **義務教育の無償の範囲には,教科書代や給食費の不徴収は含まれない。**
義務教育の無償とは,国公立の義務教育諸学校における「**授業料の不徴収**」という意味である(教育基本法5条4項)。教科書の無償は「義務教育諸学校の教科用図書の無償に関する法律」で規定されているが,財政の逼迫により中止される場合もあり得る。給食費は無償ではなく,近年,給食費の不払いが社会問題化している。「個性及び社会的地位」という記述も誤り。正しくは「能力」である。

3 × **学校は国や地方公共団体のみならず,学校法人も設置できる。**
学校教育法2条1項の規定による。国が設置する学校は国立学校,地方公共団体が設置する学校は公立学校,学校法人が設置する学校は**私立学校**である。わが国では私立学校のウェイトが大きく,公教育の中で重要な役割を担っている。

4 × **子の教育について第一義的責任を有するのは,父母その他の保護者である。**
教育基本法10条1項の規定による。自立心を育成し,心身の調和のとれた発達を図るよう努めるのも,父母その他の保護者である。父母その他の保護者が,家庭教育において補助的役割を担うという箇所も誤り。

5 ◎ **就学猶予・免除について定めた学校教育法18条である。**
昔は,就学猶予・免除の対象者の多くは重度の障害児であったが,近年では外国籍の子どもに対する制度適用が増えている。日本語能力が十分でないことによる就学猶予,母国で教育を受ける可能性が高いことによる就学免除などである。

正答 5

FOCUS

教育の憲法である教育基本法の条文が頻出である。次ページに掲げた条文を中心に覚えるとともに,2006年の抜本改正で新設された条文はどれかも押さえておきたい。学校に関する法規では,就学に関する学校教育法の条文が比較的よく出る。就学とは,学齢の子どもが義務教育諸学校に通うことであるが,その期間や就学先,ならびに就学援助の制度があることも知っておこう。ほか,学校評価,教育委員会制度,教科書など,出題範囲は幅広い。次ページのポイント整理に加えて,『教職教養らくらくマスター』(小社刊)の教育法規の各テーマを併せて学習することを勧める。

POINT

重要ポイント1 教育基本法

教育基本法は2006年に抜本改正された。以下の条文は押さえておきたい。

第１条（教育の目的）
教育は，**人格**の完成を目指し，平和で**民主的**な国家及び社会の形成者として必要な資質を備えた心身ともに健康な**国民**の育成を期して行われなければならない。

第２条（教育の目標）
教育は，その目的を実現するため，**学問**の自由を尊重しつつ，次に掲げる目標を達成するよう行われるものとする。

一　幅広い知識と教養を身に付け，**真理**を求める態度を養い，豊かな**情操**と道徳心を培うとともに，健やかな身体を養うこと。
二　**個人**の価値を尊重して，その能力を伸ばし，創造性を培い，自主及び自律の精神を養うとともに，職業及び生活との関連を重視し，**勤労**を重んずる態度を養うこと。
三　**正義**と責任，男女の平等，自他の敬愛と**協力**を重んずるとともに，**公共の精神**に基づき，主体的に社会の形成に参画し，その発展に寄与する態度を養うこと。
四　生命を尊び，自然を大切にし，**環境**の保全に寄与する態度を養うこと。
五　**伝統**と文化を尊重し，それらをはぐくんできた我が国と郷土を愛するとともに，他国を尊重し，国際社会の**平和**と発展に寄与する態度を養うこと。

第４条（教育の機会均等）
すべて国民は，ひとしく，その能力に応じた**教育を受ける機会**を与えられなければならず，人種，信条，性別，社会的身分，経済的地位又は門地によって，教育上差別されない。（第１項）
国及び地方公共団体は，能力があるにもかかわらず，経済的理由によって修学が困難な者に対して，**奨学**の措置を講じなければならない。（第３項）

第５条（義務教育）
国民は，その保護する子に，別に法律で定めるところにより，**普通教育**を受けさせる義務を負う。（第１項）
国又は地方公共団体の設置する学校における義務教育については，**授業料**を徴収しない。（第４項）

重要ポイント2 学校に関する基本規定

法が定める正規の学校は何か。各学校の目的はどういうものか。

●正規の学校の種類

学校とは，幼稚園，小学校，中学校，義務教育学校，高等学校，中等教育学校，特別支援学校，大学及び高等専門学校とする。（学校教育法１条）

●各学校の目的

①**小学校**：小学校は，心身の発達に応じて，義務教育として行われる**普通教育**のうち基礎的なものを施すことを目的とする（学校教育法29条）。
②**中学校**：中学校は，小学校における教育の基礎の上に，心身の発達に応じて，義務教育として行われる**普通教育**を施すことを目的とする（同45条）。
③**高等学校**：高等学校は，中学校における教育の基礎の上に，心身の発達及び進路に応じて，高度な**普通教育及び専門教育**を施すことを目的とする（同50条）。

④**特別支援学校**：特別支援学校は，視覚障害者，聴覚障害者，知的障害者，肢体不自由者又は病弱者（身体虚弱者を含む。）に対して，幼稚園，小学校，中学校又は高等学校に準ずる教育を施すとともに，**障害**による学習上又は生活上の困難を克服し自立を図るために必要な知識技能を授けることを目的とする（同72条）。

重要ポイント3 就学

就学とは，学齢の子どもが義務教育諸学校に通うことをいう。

●就学義務

・保護者は，子の満６歳に達した日の翌日以後における最初の学年の初めから，満12歳に達した日の属する学年の終わりまで，これを**小学校，義務教育学校の前期課程又は特別支援学校の小学部**に就学させる義務を負う（学校教育法17条１項）。

・保護者は，子が小学校又は特別支援学校の小学部の課程を修了した日の翌日以後における最初の学年の初めから，満15歳に達した日の属する学年の終わりまで，これを**中学校，義務教育学校の後期課程，中等教育学校の前期課程又は特別支援学校の中学部**に就学させる義務を負う（同17条２項）。

●就学援助

・**経済的理由**によつて，就学困難と認められる学齢児童又は学齢生徒の保護者に対しては，**市町村**は，必要な援助を与えなければならない（同19条）。

重要ポイント4 その他の重要規定

学校と外部社会の連携に関する法規定を掲げておく。2014年の地方教育行政法改正に伴い，教育委員会制度が大きく変わっていることに注意。

●開かれた学校運営

学校評議員	学校運営に関し意見を述べる者。学校運営に関し**意見**を述べることができる。法的根拠は，学校教育法施行規則49条。
学校運営協議会	学校運営に関して協議する機関として，指定学校ごとに置かれるもの。学校運営や当該学校の職員の採用などについて意見を述べることができる。法的根拠は，地方教育行政法47条の５。

●学校評価

・学校評価は，自己評価，学校関係者評価，第三者評価の３つに分かれる。

・このうち**自己評価**は義務で，結果を公表しなければならない（学校教育法施行規則66条１項）。

●教育委員会

・教育委員会は，原則として**教育長および４人**の委員で組織する。

・教育委員は，首長による**任命**で選ばれる。戦後初期の頃は住民の選挙で選ばれる公選制であったが，1956年の地方教育行政法制定に伴い任命制になった。

・教育委員の任命に際しては，**保護者**が含まれるようにしなければならない。

・教育委員の任期は**４年**，教育長の任期は**３年**である。

実戦問題❶　基本レベル

＊＊
No.1 わが国の義務教育に関する法制についての記述として最も妥当なのはどれか。 【国家総合職・令和３年度】

1 労働基準法では，使用者は，児童が満15歳に達した日以後の最初の３月31日が終了するまで，これを使用してはならないとされている。したがって，中学校の課程，義務教育学校の後期課程，中等教育学校の前期課程又は特別支援学校の中学部の課程を修了しない者を使用することはできない。

2 地方教育行政の組織及び運営に関する法律では，小学校の学年は，４月１日に始まり，翌年３月31日に終わるとされており，この規定は，小学校以外の義務教育諸学校にも準用される。ただし，同法では，義務教育諸学校の校長は，特別の必要があり，かつ，教育上支障がないときは，学年の途中においても，入学および卒業を認めることができるとされている。

3 学校教育法では，学齢児童又は学齢生徒で，病弱，発育不完全，経済的理由その他やむを得ない事由のため，就学困難と認められる者の保護者に対しては，都道府県の教育委員会は，文部科学大臣の定めるところにより，就学義務を猶予又は免除することができるとされている。

4 学校教育法では，学齢に達しない子は小学校に入学させることができず，また，子が満15歳に達した日の属する学年の終わりまでに小学校の課程，義務教育学校の前期課程又は特別支援学校の小学部の課程を修了しないときは，中学校に入学させることができないとされている。

5 学校教育法では，保護者は，学齢児童又は学齢生徒に９年の普通教育を受けさせる義務を負うとされている。また，同法において，保護者がこの義務を履行しない場合，義務の履行の督促を受け，なお履行しない者は，10万円以下の罰金に処するとされている。

＊＊
No.2 学校保健安全法（以下「同法」という。）に関する記述として最も妥当なのはどれか。 【国家総合職・令和２年度】

1 同法は，学校における児童生徒等の健康の保持増進を図ることを目的として定められたものであり，職員の健康についてはその対象としていない。職員の健康については，教育公務員特例法において，校長が毎学年定期に，学校の職員の健康診断を行わなければならないとされている。

2 同法では，養護教諭は，健康相談又は児童生徒等の健康状態の日常的な観察により，児童生徒等の心身の状況を把握し，健康上の問題があると認めるときは，必ず，当該児童生徒等の保護者に対して必要な指導を行わなければならないとされている。これは，児童生徒等の養護をつかさどる養護教諭のみに認められた権限である。

3　同法では，児童生徒等の心身の発達に照らし，幼稚園，小学校，中学校及び高等学校に養護教諭を置かなければならないとされている。また，同法では，小学校の養護教諭の役割について，翌学年の初めから小学校に就学させるべき者で，当該小学校の通学区域内に住所を有するものの就学に当たって，その健康診断を行わなければならないとされている。

4　同法では，児童生徒等が感染症にかかっていたり，かかっている疑いがあったり又はかかるおそれがあったりするときは，学校の設置者が当該児童生徒等の出席を停止させることができるとされている。この場合の出席停止の期間の基準については，法令による定めはなく，学校の設置者の裁量に委ねられている。

5　同法では，学校においては，事故等により児童生徒等に危害が生じた場合，心理的外傷その他の心身の健康に対する影響を受けた児童生徒等の心身の健康を回復させるため，必要な支援を行うものとされている。この場合，学校は，必要に応じ，地域の医療機関等との連携を図るよう努めるものとされている。

No.3* **学校法規に関する次の記述Ａ～Ｄのうち，妥当なもののみをすべて挙げているのはどれか。**　【国家一般職・平成28年度】

Ａ：日本国憲法において，学齢児童生徒は学校に就学しなければならないとされているが，学校教育法において，病弱，発育不完全，経済的困窮その他やむを得ない事由のため，就学困難と認められた場合において，市町村の教育委員会は，その学齢児童生徒に，就学の免除や猶予を行うことができると規定されている。

Ｂ：学校教育法において，学校とは「保育園，小学校，中学校，高等学校，特別支援学校，大学及び高等専門学校」であると規定されている。また，同法において，学校を設置することができるのは，国（国立大学法人及び独立行政法人国立高等専門学校機構を含む。），地方公共団体（公立大学法人を含む。）及び株式会社であると規定されている。

Ｃ：公立義務教育諸学校の学級編制及び教職員定数の標準に関する法律では，小学校の同学年の児童で編制する一学級の児童数の標準を40人と定めており，第１学年の児童で編制する学級にあっては，一学級の児童数の標準を35人と定めている。

Ｄ：地方教育行政の組織及び運営に関する法律によって，教育委員会事務局は，教育行政の基本方針を示す大綱を策定するため，教育委員で構成される非公開の総合教育会議を開催しなければならないとされている。

1　Ａ　**2**　Ｃ　**3**　Ａ，Ｂ　**4**　Ｂ，Ｄ　**5**　Ｃ，Ｄ

No.4 ＊ 幼稚園及び保育所に関する記述として最も妥当なのはどれか。

【国家総合職・平成28年度】

1 幼稚園は，学校教育法第１条に定める学校である。同法の2007（平成19）年の改正では，幼稚園の目的の一つとして，「義務教育及びその後の教育の基礎を培うものとして，幼児を保育し，幼児の健やかな成長のために適当な環境を与えて，その心身の発達を助長すること」が掲げられた。

2 保育所の目的は，2012（平成24）年の児童福祉法の改正によって，「日日保護者の委託を受けて，保育に欠けるその乳児又は幼児を保育すること」と定められた。また，同法施行令において，「保育に欠ける」とは，保護者が昼夜労働することを常態としていることを指している。

3 幼稚園及び保育所における職員配置基準は，それぞれ幼稚園設置基準及び児童福祉施設の設備及び運営に関する基準によって定められている。いずれの基準においても，３歳未満の幼児であればおおむね幼児６人に対して，また，満３歳以上の幼児であればおおむね幼児10人に対して職員１人を配置することが義務付けられている。

4 幼稚園は，学校教育法において，国，地方公共団体及び学校法人のほか，株式会社や特定非営利活動法人等が設置者として認められている。一方で，保育所を設置できるのは，児童福祉法第35条において，地方公共団体及び社会福祉法人に限定されている。

5 幼稚園においては，その目的を達成するために，幼稚園教育要領に基づいて教育課程を編成することとされている。また，幼保の一体化を図るため，2012（平成24）年の児童福祉法の改正によって，保育所保育指針を廃止し，保育所においても同教育要領に依拠して保育を実施することが定められた。

No.5 ＊＊ **わが国の学校評議員制度及び学校運営協議会に関する記述として最も妥当なのはどれか。** 【国家総合職・平成30年度】

1 学校評議員制度は，平成10年に中央教育審議会の答申において提言されたのを受けて設けられた制度であり，「開かれた学校づくり」の推進を狙いとしている。これは，わが国で初めて地域住民の学校運営への参画の仕組みを制度的に位置付けたものであるが，その後，これを発展させることを目指して学校運営協議会の制度が設けられた。

2 学校評議員の任務については，地方教育行政の組織及び運営に関する法律によって規定されている。同法では，学校評議員として任命された保護者や地域住民等が，あらかじめ各市町村が策定した評定表に基づき，学校運営について適切に評価を行い，校長に対して必要な意見を述べることができると定められている。

3 学校運営協議会は，学校教育法施行規則において，「学校には，設置者の定めるところにより学校運営協議会を置くことができる」と規定されるとともに，学校運営協議会を設置するに当たっては，原則として児童や生徒数の多い学校から設置することとされている。また，学校運営協議会の設置数については，学校の再編・統廃合が行われたことから，平成25年以降減少傾向にある。

4 学校運営協議会の委員は，保護者や地域住民，青少年団体の代表者，学識経験者などにより構成され，校長の推薦により教育委員会が任命することとされている。委員は地方公務員法の特別職（非常勤）の身分となり，その具体的な構成や人数，任期については学校の規模に応じて校長が定めることとされている。

5 学校運営協議会は，校長の学校運営に関する基本的な方針の承認を行い，教職員の採用その他の任用に関する事項を除き，環境整備や学習支援，キャリア教育に関することなどについて校長へ意見の申出を行うことができる。学校運営協議会の運営に関する具体的な事項については，各学校の実情に応じて学校運営協議会の委員長が定めることとされている。

実戦問題1の解説

No.1 の解説　義務教育の法規等　→問題はP.92　正答5

1 ×　軽微な労働については，満13歳以上の児童を使用できる。

「児童の健康及び福祉に有害でなく，かつ，その**労働が軽易なもの**については，行政官庁の許可を受けて，満13歳以上の児童をその者の修学時間外に使用することができる。**映画の製作又は演劇の事業**については，満13歳に満たない児童についても，同様とする」とある（労働基準法56条２項）。

2 ×　学年の途中で入学や卒業を認められるのは，定時制や通信制の高校である。

学校教育法施行規則104条３項による。義務教育諸学校では，学年の途中で入学や卒業を認めることはできない。なお学年の始まりと終わりを定めているのは，**学校教育法施行規則**である。

3 ×　就学義務の猶予・免除を行うのは，市町村の教育委員会である。

学校教育法18条の規定による。なお**経済的理由**は，就学猶予・免除の事由にはならない。「経済的理由によつて，就学困難と認められる学齢児童又は学齢生徒の保護者に対しては，市町村は，必要な援助を与えなければならない」と定められている（19条）。これを**就学援助**という。

4 ×　小学校未修了者も中学校に入学することはできる。

学校教育法17条１項では，最長で「満15歳に達した日の属する学年の終わり」まで，小学校等に子を就学させる義務が定められている。また同２項では，小学校等を修了した日の翌日以後における最初の学年の初めから，満15歳に達した日の属する学年の終わりまで中学校等に子を就学させることとされている。これは保護者が子を就学させることが義務づけられている期間であり，この期間を過ぎていても，就学することはできる。2016年６月の文部科学省通知では，小学校未修了者への配慮を求めている。

5 ◎　学校教育法144条の規定による。

就学義務を保護者にきちんと全うさせるため，このような罰則規定が設けられている。

No.2 の解説　学校保健安全法　→問題はP.92　正答5

1 ×　学校保健安全法は，職員の健康をも対象としている。

法の目的を定めた１条に「学校における児童生徒等及び**職員の健康**の保持増進を図る」とある。また「学校の設置者は，毎学年定期に，学校の職員の健康診断を行わなければならない」と規定している（15条）。

2 ×　保護者への指導は，必要に応じて行うとされる。

「健康上の問題があると認めるときは，遅滞なく，**当該児童生徒等に対して**必要な指導を行う」とある（９条）。保護者への指導は，**必要に応じて**実施することとされる。保健指導を実施するのは「養護教諭**その他の職員**」とあるので，養護教諭のみの権限ではない。

3 × 学校に養護教諭の設置は義務付けられていない。
小・中学校と中等教育学校は養護教諭を置かなければならないが，養護をつかさどる主幹教諭を置くときは，**置かなくてもよい**とされる（学校教育法37条1，3項）。高等学校は，養護教諭を**置くことができる**とある（同60条2項）。また就学時の健康診断を実施するのは，養護教諭ではなく，**市町村の教育委員会**である（学校保健安全法11条）。

4 × 感染症の児童生徒の出席停止を命じるのは校長である。
学校保健安全法19条の規定による。出席停止の期間については，同法施行規則19条で定められており，たとえば「第一種の感染症にかかつた者については，治癒するまで」とされる。

5 ◎ 学校保健安全法29条３項の規定による。
この場合，10条の規定「救急処置，健康相談又は保健指導を行うに当たつては，必要に応じ，当該学校の所在する地域の**医療機関その他の関係機関との連携**を図るよう努める」を準用するとある。

No.3 の解説　学校法規

→問題はP.93　正答2

A × 経済的困窮は，就学免除・猶予の事由にはならない。
経済的理由によって子どもを就学させることが困難な家庭には，市町村は**就学援助**を行うこととされている（学校教育法19条）。冒頭の文章も誤り。憲法が定める就学義務とは，学齢児童生徒の**保護者**が当該の子を義務教育諸学校に就学させる義務である。子が学校に行く義務をいうのではない。

B × 義務教育学校と中等教育学校が抜けている。
学校教育法１条で規定されている学校は，「幼稚園，小学校，中学校，**義務教育学校**，高等学校，**中等教育学校**，特別支援学校，大学及び高等専門学校」である。保育園は学校ではなく，厚労省所管の児童福祉施設である。学校を設置できるのは，国，地方公共団体，および**学校法人**である（２条１項）。

C ◎ 2011年の法改正により，１年生の１学級の標準児童数が35人となった。
いじめ問題等に適切に対処するためである。近年，小学校に入って間もない児童の不適応現象（**小１プロブレム**）が問題化している。

D × 総合教育会議は原則公開とされる（地方教育行政法１条の4）。
総合教育会議は**地方公共団体の長**と教育委員会で構成され，会議は地方公共団体の長が招集する。

以上より，妥当なものは**C**であるから，正答は**2**である。

No.4 の解説　幼稚園および保育所

→問題はP.94　正答 1

1 ◎ 幼稚園は文科省が所管する学校である。

幼稚園の目的は，学校教育法22条で規定されている。幼稚園の目標は同法第23条で定められており，「健康，安全で幸福な生活のために必要な基本的な習慣を養い，身体諸機能の調和的発達を図ること」など，5つの事項が定められている。

2 × 文中で言われているのは，法改正前の保育所の目的である。

法改正（2015年4月施行）で保育所の目的は，「保育所は，**保育を必要とする**乳児・幼児を日々保護者の下から通わせて保育を行うこと」となった（児童福祉法39条1項)。「保育に欠ける」と言い回しに異議が唱えられたためである。

3 × 保育所の職員配置基準は，より細かい年齢ごとに定められている。

保育所では，「保育士の数は，乳児おおむね3人につき1人以上，満1歳以上満3歳に満たない幼児おおむね6人につき1人以上，満3歳以上満4歳に満たない幼児おおむね20人につき1人以上，満4歳以上の幼児おおむね30人につき1人以上」と規定されている（児童福祉施設の設備及び運営に関する基準33条2項)。幼稚園では職員の配置基準は定められておらず，「1学級の幼児数は，35人以下を原則とする」という規定がある（幼稚園設置基準3条)。データをみると，この基準を満たしている学級がほとんどである。

4 × 幼稚園を設置できるのは，国，地方公共団体，学校法人である。

地方公共団体以外の者は，「厚生労働省令の定めるところにより，都道府県知事の認可を得て，児童福祉施設（**保育所**）を設置することができる」（児童福祉法35条4項)。**地方公共団体や社会福祉法人に限定されてはいない**。

5 × 保育所保育指針は廃止されていない。

児童福祉施設の設備及び運営に関する基準35条は，「保育所における保育は，養護及び教育を一体的に行うことをその特性とし，その内容については，厚生労働大臣が定める指針に従う」と定めているが，ここでいう指針が**保育所保育指針**に相当する。保育所保育指針は幼稚園教育要領とともに2017年に改正され，公示されている。なお幼保一体の教育を行う認定こども園は，幼保連携型認定こども園教育・保育要領を踏まえて教育・保育を行うこととされる。

No.5 の解説　教育委員会制度

→問題はP.95　正答 1

1 ◎ 学校評議員制度は2000年度より実施されている。

法的根拠は学校教育法施行規則49条で，「小学校には，設置者の定めるところにより，**学校評議員**を置くことができる」と定められている（1項）。この規定は他の学校にも準用される。

2 × 学校評議員の任務は，学校教育法施行規則で定められている。

49条2項において，「学校評議員は，校長の求めに応じ，学校運営に関し意見を述べることができる」と規定されている。市町村の評定表に基づき，学校運営について評価するという任務はない。

3 × 「学校運営協議会を置くように努めなければならない」という規定である。

学校運営協議会の設置は**努力義務**とされる。この規定は，学校教育法施行規則ではなく，**地方教育行政法**のものである（47条の5）。学校運営協議会は，大規模学校から設置するという定めはない。学校運営協議会を設置している学校（コミュニティ・スクール）は，増加の傾向にある。2022年では15,221校で，全公立学校の42.9%に該当する。

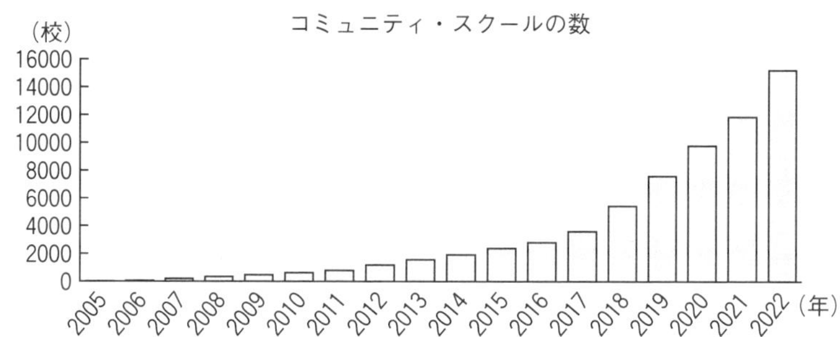

4 × 委員の任命に際しては，校長の推薦は要さない。

委員は教育委員会が任命するが，その際，「幅広く適任者を募る観点から，例えば，**公募制**の活用等選考方法を工夫するとともに，地域住民や保護者等へ広報，周知に努める」こととされる（文科省）。委員の構成，人数，任期を校長が定めるという規定はない。

5 × 教職員の採用その他の任用に関する事項についても，意見を述べられる。

教職員の採用その他の任用に関する意見は，校長ではなく，**当該学校の設置者**に対して行う（地方教育行政法47条の5第6項）。学校運営協議会の運営に関し必要な事項については，**教育委員会規則**で定めるとある（同10項）。学校運営協議会の委員長が定めるのではない。

実戦問題❷　応用レベル

＊＊＊
No.6　わが国の特別支援教育に関する記述として最も妥当なのはどれか。

【国家総合職・令和３年度】

1　市区町村は，その区域内の障害のある児童生徒を就学させるに必要な特別支援学校を設置しなければならない。また，特別支援学校には，指導の一貫性を確保するため，幼稚部，小学部，中学部および高等部を置かなければならない。

2　特別支援学校や特別支援学級では，児童生徒一人一人の実態に応じたきめ細かな指導を行うため，少人数で学級が編成される。公立学校の義務教育段階における１学級の児童生徒の数の基準は，特別支援学校で20人，特別支援学級で25人を標準とする。

3　文部科学省によると，国公私立の特別支援学校の幼稚部から高等部に在学する幼児児童生徒数の合計は，平成21年度から平成30年度にかけて，増加し続けている。この期間，国公私立の義務教育諸学校において特別支援学級に在籍する児童生徒数の合計も増加し続けている。

4　通級による指導とは，特別支援学校の小学部，中学部に在籍している児童生徒が，一部の授業について，小学校，中学校で受けることをいう。ただし，通級による指導を受けることができるのは，身体に障害のある者に限られている。

5　障害のある児童生徒が障害のない児童生徒と同一の教育を受けることを追求するインクルーシブ教育の理念の下，特別支援学校の教育課程は，特に必要があると認められる場合であっても，学習指導要領によるものとする。

＊＊
No.7　平成28年３月に改訂された「学校評価ガイドライン」の内容に関する記述Ａ～Ｄのうち，妥当なもののみをすべて挙げているのはどれか。

【国家一般職・平成30年度】

Ａ：学校評価の目的は，学校の裁量が拡大し，自主性・自律性が高まる一方で，学校は自らの教育を見直す契機を得にくいなど学校内の職員によるチェックを通した教育の適正化機能が弱いことから，学校運営の透明性を確保し，社会に開かれた学校を目指すことであると規定されている。

Ｂ：学校評価のうち自己評価は，校長のリーダーシップの下で，当該学校の全教職員が参加し，設定した目標や具体的計画等に照らして，その達成状況や達成に向けた取組の適切さ等について評価を行うものである。

Ｃ：学校評価のうち学校関係者評価は，人格が高潔であって，教育に関する見識を有し，かつ，学校運営の改善向上に熱意を有する保護者や地域住民等により構成された評価委員会が，その学校の教育活動の観察や教職員との意見交換等を通じて評価するものであり，自己評価に代えて，この評価を実施することができると規定されている。

D：学校評価のうち第三者評価は，学校運営に関する外部の専門家を中心とした評価者により，自己評価や学校関係者評価の実施状況も踏まえつつ，教育活動その他の学校運営の状況について，専門的視点から評価を行うものである。

1 A，B
2 A，D
3 B，C
4 B，D
5 C，D

No.8 ＊＊ **わが国の教育委員会に関する記述Ａ～Ｄのうち，妥当なもののみを挙げているのはどれか。** 【法務省専門職員・令和２年度】

A：教育委員会は，地域の学校教育，社会教育，文化，スポーツ等に関する事務を担当する機関として，すべての都道府県および市町村等に置かれる合議制の執行機関であり，首長から独立した行政委員会として位置付けられている。

B：地方教育行政法*では，教育委員会の教育委員のうちに児童生徒の保護者を含めてはならないとされている。また，同法において，教育委員の任期は８年とされており，再任されることができないとされている。

C：従来，教育長は首長による任命制であったが，平成26年の地方教育行政法*の一部改正により，地域住民の直接選挙による公選制へと変更された。また，同改正により，教育長とは別に，新たな責任者として教育委員長が置かれた。

D：学校教育法では，公立小・中学校において，性行不良であって他の児童生徒の教育に妨げがあると認める児童生徒があるときは，市町村の教育委員会は，その保護者に対して，児童生徒の出席停止を命ずることができるとされている。

＊地方教育行政の組織及び運営に関する法律

1 A，B
2 A，D
3 B，C
4 B，D
5 C，D

実戦問題2の解説

No.6 の解説　特別支援学校　→問題はP.100　正答3

1 ×　特別支援学校の設置義務を負うのは都道府県である。
学校教育法80条の規定による。特別支援学校に幼稚部，小学部，中学部，高等部のすべてを置かなくともよい。小学部と中学部は原則必置であるが，特別な必要がある場合は，幼稚部又は高等部のみの設置でもよい（同法76条）。

2 ×　特別支援学校で６人，特別支援学級で８人を標準とする。
公立義務教育諸学校の学級編制及び教職員定数の標準に関する法律３条の規定による。特別支援学校小・中学部の１学級の児童生徒数の標準は６人だが，重複障害のある児童生徒で編制される学級の場合は３人である。

3 ◎　需要の高まりにより，特別支援学校の在籍者は増えている。
平成21年度から30年度にかけて，特別支援学校の在学者は11万7,035人から14万3,379人に増えている。義務教育諸学校の特別支援学級の在籍者も，同じ期間にかけて13万5,166人から25万6,671人に増えている。通常学校の特別支援学級の在籍者数の伸びが大きいのは，特別な支援を要する児童生徒の存在が浮かび上がってきているためである。

4 ×　通級による指導の対象は，通常学級の在籍している児童生徒である。
身体に障害のある者は，特別支援学級や特別支援学校の対象となる。通級による指導の対象は，軽度の障害のある者（発達障害者を含む）で，ニーズに応じた一部の授業を特別の場で受けさせる。現在では，高等学校でも通級による指導ができるようになっている。

5 ×　必要がある場合，特別支援学校では，特別の教育課程によることができる。
特別支援学校の学習指導要領は，通常の小・中学校等とは異なるものである。必要がある場合，学習指導要領によらない**特別の教育課程**も組める（学校教育法施行規則131条１項）。また教科書使用の特例も認められている（同２項）。

No.7 の解説　学校評価ガイドライン　→問題はP.100　正答4

A ×　学校運営の透明化や社会に開かれた学校を目指すのではない。
学校評価の目的は，①「各学校が，自らの教育活動その他の学校運営について，目指すべき目標を設定し，その達成状況や達成に向けた取組の適切さ等について評価することにより，**学校として組織的・継続的な改善を図ること**」，②「各学校が，自己評価及び保護者など学校関係者等による評価の実施とその結果の公表・説明により，適切に説明責任を果たすとともに，保護者，地域住民等から理解と参画を得て，**学校・家庭・地域の連携協力による学校づくりを進めること**」，③「各学校の設置者等が，学校評価の結果に応じて，学校に対する支援や条件整備等の改善措置を講じることにより，**一定水準の教育の質を保証し，その向上を図ること**」とされる。

B ○ 自己評価の実施，結果の公表は義務とされる。
学校教育法施行規則66条１項にて，「小学校は，当該小学校の教育活動その他の学校運営の状況について，**自ら評価を行い，その結果を公表する**ものとする」と定められている。この規定は他の学校にも準用される。

C × 学校関係者評価をもって，自己評価に替えることはできない。
上述のように，各学校の教職員による自己評価は必ず行い，結果を公表しなければならない。学校関係者評価の実施は努力義務とされる（同施行規則67条）。

D ○ 第三者評価は，必要と認めた時に行うものである。
第三者評価は，実施者の責任の下で，第三者評価が必要であると判断した場合に行うものである。法令上，実施義務や実施の努力義務を課すものではない（文部科学省『学校評価ガイドライン』）。

以上より，妥当なものはＢとＤであるから，正答は**4**である。

No.8 の解説　教育委員会

→問題はP.101 **正答2**

A ○ 教育の政治的中立性のため，首長から独立した行政委員会となっている。
教育委員会が首長から独立しているのは，「教育について**政治的中立性**や継続性・安定性の確保が強く求められ，合議制の機関を通じて公正中立な意思決定や住民意思の反映を図ることが適当」であるためである（文部科学省）。

B × 教育委員には，保護者を含めることとされる。
地方教育行政法４条５項の規定による。以前は「含めるよう努めること」という努力義務であったが，現在では「含まれるようにしなければならない」という義務規定になっている。なお教育委員の任期は**４年**で，再任されることもできる（同法５条）。

C × 教育長は，首長が議会の同意を得て任命する。
地方教育行政法４条１項の規定による。戦後初期の頃は地域住民の直接選挙で選ばれていたが，1956年の同法制定により，**首長による任命制**に変わった。平成26年の同法改正により，それまでの**教育委員長は廃止**され，教育長に一本化された。

D ○ 学校教育法35条の規定による。
市町村の教育委員会が児童生徒の出席停止を命じる場合，「あらかじめ**保護者の意見**を聴取するとともに，**理由及び期間を記載した文書**を交付しなければならない」「出席停止の期間における**学習に対する支援**その他の教育上必要な措置を講ずるものとする」という規定もある。

以上より，妥当なものはＡとＤであるから，正答は**2**である。

児童・教員の法規

必修問題

教育公務員特例法に関する記述として最も妥当なのはどれか。

【国家総合職・平成27年度】

なお，ここで「小学校等」とは，小学校，中学校，高等学校，中等教育学校，特別支援学校及び幼稚園のことを指し，「教諭等」とは，教諭，助教諭及び講師のことを指す。

1 教員の有する**普通免許状**は，その授与の日の翌日から起算して5年を経過する日の属する年度の末日まで，すべての都道府県において効力を有するとされ，当該有効期間を更新するには，当該教員は，都道府県が実施する**免許状更新講習**を受講しなければならないとされている。

2 公立学校の教育公務員の**政治的行為の制限**については，地方公務員法の例によるとされ，当該教育公務員の属する地方公共団体の区域外であれば，例えば，政治的行為に関連する文書又は図画を地方公共団体の庁舎，施設等に掲示できるとされている。

3 公立の小学校等の教諭等の任命権者は，対象となる教諭等に対して，その採用の日から3か月間，**初任者研修**を実施しなければならない。また，公立の小学校等の教諭等の本属長は，当該教諭等の所属する学校の副校長又は教頭のいずれかを指導教員に命じるものとされている。

4 公立の小学校等の教諭等の本属長は，児童，生徒又は幼児に対する指導が不適切であると認定した教諭等に対して，その能力，適性等に応じて，指導の改善を図るための研修を実施しなければならない。ただし，その期間は，半年を超えてはならないとされている。

5 教員は，授業に支障のない限り，本属長の承認を受けて，勤務場所を離れて研修を行うことができる。また，教育公務員は，任命権者の定めるところにより，現職のままで，長期にわたる研修を受けることができるとされている。

難易度 ＊

必修問題の解説

教員の教員免許状，服務，研修の３本柱について問われている。いずれも，教員採用試験の教職教養で問われるレベルの基本事項ばかりである。2016年の教育公務員特例法改正により，従来の10年経験者研修が中堅教諭等資質向上研修に変わったことにも注意。

1 × 普通免許状の有効期限は，５年間ではなく10年間である。

普通免許状は「普通免許状は，その授与の日の翌日から起算して**10年**を経過する日の属する年度の末日まで，すべての都道府県」において効力を有する（教育職員免許法９条１項）。2009年度に**教員免許状更新制**が導入され，普通免許状にも10年間の有効期限が付されることになった。免許状更新講習を行うのは，都道府県ではなく「**大学**その他文部科学省令で定める者」である（９条の３第１項）。なお，教員免許状更新制は2022年に廃止され，関連する法律条文も改正・削除されている。

2 × 教育公務員の政治的行為の制限は，国家公務員法の例によるとされる。

教育公務員特例法18条１項の規定による。したがって自分が属する地方公共団体の**区域外であっても**，人事院規則で定められている政治的行為を行うことはできない。一般の地方公務員は，この限りではない。

3 × 初任者研修の期間は，３か月ではなく１年間である。

教育公務員特例法23条１項の規定による。研修の指導教員を命じるのは，学校の本属長（校長）ではなく**任命権者**の教育委員会である。指導教員は，「所属する学校の副校長，教頭，主幹教諭（養護又は栄養の指導及び管理をつかさどる主幹教諭を除く），指導教諭，教諭，主幹保育教諭，指導保育教諭，保育教諭又は講師のうちから」選ばれる（23条の２）。

4 × 指導改善研修の期間は，１年間を超えてはならないとされる。

教育公務員特例法25条の２第２項の規定による。特に必要があると認めるときは，任命権者は，指導改善研修を開始した日から引き続き２年を超えない範囲内で，これを延長することができる（同条文）。指導改善研修を経ても改善が見られない場合，免職等の措置がとられる（25条の３）。

5 ◎ 教育公務員特例法22条の規定による。

長期にわたる研修として，民間企業等での社会体験研修や大学院等派遣研修がある。

正答 5

FOCUS

学校教育を担う教職員に関する法規である。教職員の職階，免許状，研修，服務などが頻出である。免許状については，2009年度より施行されている教員免許更新制といった時事事項も出題される。県費負担教職員の服務の監督権者など，細かい事項まで問われることがある。次ページのポイント整理に加えて，『教職教養らくらくマスター』（小社刊）の教職員法規のテーマの学習も勧める。児童・生徒の法規では，懲戒が頻出。体罰の禁止（学校教育法11条）はもちろん，懲戒の種類や出席停止制度の概要を押さえておきたい。

POINT

重要ポイント 1 教職員の職名・免許状

教員免許更新制廃止により，普通免許状の有効期限はなくなっている。

●教職員の職名

職務は，学校教育法37条の条文による。配置の規定は，「A＝必置，B＝必置だが特別規定あり，C＝配置可能」である。

職名	職務	配置
校長	校務をつかさどり，所属職員を**監督**する。	小・中：A　高：A
副校長	校長を助け，命を受けて校務をつかさどる。	小・中：C　高：C
教頭	校長（副校長）を助け，校務を整理し，および必要に応じ児童の教育をつかさどる。	小・中：B　高：B
主幹教諭	校長（副校長）および教頭を助け，命を受けて校務の一部を整理し，並びに児童の教育をつかさどる。	小・中：C　高：C
指導教諭	児童の教育をつかさどり，並びに教諭その他の職員に対して，教育指導の改善および充実のために必要な指導および助言を行う。	小・中：C　高：C
教諭	児童の**教育**をつかさどる。	小・中：B　高：B
養護教諭	児童の養護をつかさどる。	小・中：B　高：C
栄養教諭	児童の栄養の指導および管理をつかさどる。	小・中：C　高：C
事務職員	事務に従事する。	小・中：B　高：A

●教員免許状

種類		有効期限	有効の範囲
普通免許状	専修免許状	なし	全国
	一種免許状	なし	全国
	二種免許状	なし	全国
特別免許状		なし	授与権者の置かれる都道府県内
臨時免許状		3年間	授与権者の置かれる都道府県内

重要ポイント 2 教員の研修・服務

教育公務員特例法や地方公務員法の規定のエッセンスを紹介する。

●教員の研修

・教育公務員特例法で規定されている法定研修は，①**初任者研修**，②**中堅教諭等資質向上研修**，③**指導改善研修**の3つ。

・教育公務員の初任者研修の期間は**1年間**。一般の公務員（半年）の倍。

・指導改善研修後の認定で改善が不十分である場合，免職等の措置がとられる。

●教員の服務

教育公務員は，職務上の3つの義務と身分上の5つの義務を有する。

・職務上の3つの義務とは，①**服務**の宣誓義務，②法令等および上司の職務上の**命**

令に従う義務，③職務に**専念**する義務である。
・身分上の５つの義務とは，①信用失墜行為の禁止，②秘密を守る義務，③**政治的行為の制限**，④争議行為の禁止，⑤営利企業等の従事制限である。
・教員の政治的行為の制限の範囲は，一般の公務員と異なり，**全国**に及ぶ。

重要ポイント3 教員の任用・勤務規則

●教職員の任命権者

都道府県立学校の教職員	都道府県の教育委員会が任命権者
市町村立学校の教職員	
指定都市の市立学校の教職員	当該指定都市の教育委員会が任命権者

・公立学校の教員は，最初は**１年間**の条件附採用。期間が一般の公務員の倍。

●勤務規則

・市町村立の義務教育学校の教職員の給与は，都道府県が負担する（**３分の１**は国が負担）。このことにちなんで，**県費負担教職員**と呼ばれる。
・県費負担教職員の服務の監督は，**市町村**の教育委員会が実施する。

重要ポイント4 児童・生徒の管理

懲戒の法規定が頻出である。学校教育法11条はしっかり覚えること。

●指導要録

・校長は，**指導要録**を作成しなければならない。
・指導要録の保存期間は５年間であるが，そのうちの学籍に関する記録は**20年間**保存する。外部への証明機能などを果たすためである。

●懲戒の基本規定

> 校長及び教員は，教育上必要があると認めるときは，文部科学大臣の定めるところにより，児童，生徒及び学生に**懲戒**を加えることができる。ただし，**体罰を加えることはできない。**（学校教育法11条）

●停学・退学・訓告

・懲戒のうち，停学・退学・訓告の処分は**校長**が行う。
・退学は公立の義務教育学校では不可。停学は義務教育学校では不可。

●出席停止

・市町村の教育委員会は，性行不良等の児童・生徒の保護者に対し，当人の**出席停止**を命じることができる。（学校教育法35条）

●児童虐待

・児童虐待を受けたと**思われる**児童を発見した者は，速やかに，これを市町村，都道府県の設置する福祉事務所若しくは児童相談所又は児童委員を介して市町村，都道府県の設置する福祉事務所若しくは児童相談所に**通告**しなければならない。（児童虐待防止法６条１項）

実戦問題❶　基本レベル

＊
No.1　公立学校（地方独立行政法人法に規定する公立学校法人が設置する大学及び高等専門学校を除く。）における教職員の服務に関する記述として最も妥当なのはどれか。　【法務省専門職員・平成26年度】

1　教育基本法は，学校教育法に定める学校は，特定の政党を支持し，又はこれに反対するための政治教育その他の政治的活動をしてはならないと規定しているため，教員が，学校で政治的教養を豊かにするための教育を行うことは一切禁じられている。

2　教育公務員特例法は，教育公務員は，教育に関する他の職を兼ね，又は教育に関する他の事業若しくは事務に従事することが本務の遂行に支障がないと任命権者において認める場合には，給与を受け，又は受けないで，その職を兼ね，又はその事業若しくは事務に従事することができると規定している。

3　地方公務員法は，職員は，地方公共団体の機関が代表する使用者としての住民に対して同盟罷業，怠業その他の争議行為をし，又は地方公共団体の機関の活動能率を低下させる怠業的行為をしてはならないと規定している。しかし，その行為を企てたり，その遂行をあおったりすることは，これを禁じる規定はなく，服務違反には当たらない。

4　地方公務員法は，職員は，職務上知り得た秘密を漏らしてはならないと規定しており，退職後においても，これに違反しても罰則はないが，在職中と同様に職務上知り得た秘密を漏らしてはならないと規定している。

5　地方公務員法は，職員は，その職の信用を傷つけ，又は職員の職全体の不名誉となるような行為をしてはならないと規定している。しかし，これは職員が職務の遂行に当たって守るべき職務上の義務であり，勤務時間外の私的な行為については，この限りではないとされている。

＊
No.2　いじめ防止対策推進法に関する記述として最も妥当なのはどれか。

【国家総合職・平成27年度】

なお，この法律において，「学校」とは，学校教育法第１条に規定する学校のうち，小学校，中学校，高等学校，中等教育学校及び特別支援学校（幼稚部を除く。）を指し，「児童等」とは，学校に在籍する児童又は生徒を指す。

1　この法律において，「いじめ」とは，児童等に対して，当該児童等が在籍する学校に在籍しているなど当該児童等と一定の人的関係にある他の児童等が行う心理的又は物理的な影響を与える行為（インターネットを通じて行われるものを含む）であって，それがいじめであると客観的に認識できるものをいうとされている。

2　この法律において，地方公共団体は，文部科学大臣が定めるいじめ防止基本方針を参酌し，その地域の実情に応じ，当該地方公共団体におけるいじめの防止等のための対策を総合的かつ効果的に推進するための基本的な方針を定めるよう努めるものとされている。

3 この法律において，学校の設置者は，当該学校におけるいじめの防止等に関する措置を実効的に行うため，当該学校の複数の教職員や当該学校に在籍する児童等の保護者により構成される，いじめ問題対策連絡協議会を置かなければならないとされている。

4 この法律において，学校は，いじめが犯罪行為として取り扱われるべきものであると認めるときは，児童相談所と連携してこれを対処するものとされている。当該学校に在籍する児童等の生命，身体又は財産に重大な被害が生じるおそれがあるときは，市町村の教育委員会は，直ちに児童相談所に通報し，適切に援助を求めなければならないとされている。

5 この法律において，校長は，いじめを行った児童等本人に対して，学校教育法の規定に基づき出席停止を命ずる等，いじめを受けた児童等その他の児童等が安心して教育を受けられるようにするために必要な措置を速やかに講ずるものとされている。

＊＊

No.3 **「学校教育法」，「学校教育法施行規則」，「いじめ防止対策推進法」，「教育公務員特例法」又は「学校保健安全法」において規定されている職務に関する記述Ａ～Ｆのうち，校長（公立の小・中学校に限る。）の職務として妥当なもののみを挙げているのはどれか。** 【国家総合職・令和３年度】

Ａ：教諭等に対して，その採用の日から一年間の初任者研修を実施すること。

Ｂ：感染症にかかっており，かかっている疑いがあり，又はかかるおそれのある児童生徒があるときに，政令で定めるところにより，出席を停止させること。

Ｃ：児童生徒に加える懲戒のうち，退学，停学および訓告の処分を行うこと。

Ｄ：学校，教育委員会，児童相談所，法務局又は地方法務局，都道府県警察その他の関係者により構成されるいじめ問題対策連絡協議会を置くこと。

Ｅ：当該学校に在学する児童生徒について出席簿を作成すること。

Ｆ：性行不良であって他の児童生徒の教育に妨げがあると認める児童生徒の保護者に対して，その児童生徒の出席停止を命ずること。

1 Ａ，Ｃ，Ｆ

2 Ａ，Ｄ，Ｆ

3 Ｂ，Ｃ，Ｅ

4 Ｂ，Ｅ，Ｆ

5 Ｃ，Ｄ，Ｅ

No.4 * わが国における児童等に加える懲戒及び体罰に関する次の記述のうち，妥当なのはどれか。　【国家一般職・令和元年度】

1　校長及び教員は，教育上必要があると認めるときは，文部科学大臣の定めるところにより，児童，生徒及び学生に懲戒を加えることができる。ただし，体罰を加えることはできない。

2　懲戒のうち，退学は，国立及び公立の小・中学校に在籍する児童生徒に対しては行うことができないが，停学は，国公私立を問わず，小・中学校に在籍する児童生徒に対して行うことができる。

3　問題行動を起こす児童生徒に対し，授業中，教室内に起立させたり，学校当番を多く割り当てたりすることは，当該児童生徒に肉体的苦痛を与えるものでなくても，体罰に当たる。

4　他の児童生徒に被害を及ぼすような暴力行為に対する有形力の行使は，たとえ暴力行為を制止したり，目前の危険を回避したりするためにやむを得ずしたものであっても，体罰に当たる。

5　クラブ活動や部活動において，指示に従わなかったことを理由に，教員が当該児童生徒の頬を殴打することは，当該児童生徒の保護者から厳しい指導に対する理解を得ていれば，体罰には当たらない。

No.5 * わが国における児童虐待に関する記述として最も妥当なのはどれか。

【法務省専門職員・令和元年度】

1　児童虐待防止法*において，児童虐待とは，保護者がその監護する15歳未満の児童の生命又は身体に直接危害を及ぼすことをいう。そのため，児童の目の前で当該児童以外の家族に暴力を振るうことは虐待には含まれない。

2　児童虐待防止法において，児童虐待は，身体的虐待，性的虐待，ネグレクトの３つに分類されている。そのうち，平成28年度における児童相談所での虐待相談の内容別件数では，ネグレクトが最も多く，次いで身体的虐待となっている。

3　児童虐待防止法において，学校や学校の教職員等は，児童虐待の早期発見に努めなければならないとされている。また，学校等は，児童及び保護者に対して，児童虐待の防止のための教育又は啓発に努めなければならないとされている。

4　児童虐待防止法において，児童虐待を受けた児童を発見した者は，速やかに，児童相談所等に通告しなければならないとされている。ただし，この通告は，誤報によって不要な家庭内葛藤を生じさせないため，虐待が行われた確証があるときに限り，行うものとされている。

5　児童福祉法において，児童相談所は，虐待されている児童等を入所させて，これを養護し，あわせて退所した者に対する相談等の援助を行うことを目的とする施設とされている。また，児童相談所は，小舎夫婦制という形態で，入所児童に対して家庭的なケアを行っている。

＊ 児童虐待の防止等に関する法律

No.6 ＊＊ **教員免許状に関する記述として最も妥当なのはどれか。**

【国家総合職・令和５年度】

1 普通免許状は，大学等で開講される教職課程を修了することで取得することができる。取得学位に応じて区分がなされており，四年制大学の教職課程を修了することで二種免許状，大学院修士課程を修了することで一種免許状を，それぞれ取得することができる。

2 特別免許状及び臨時免許状は，普通免許状を持たない社会人を教員として採用するために設けられた免許状である。学校の設置者が実施する研修に参加し，研修修了時の認定試験に合格することによって授与されるもので，全国の学校で有効である。

3 文部科学省は，令和３年度に全国調査を実施し，学校へ配置する予定の教師の数に欠員が生じる「教師不足」の状況が発生している実態を明らかにした。そこで，教師不足に対応するため，特別免許状及び臨時免許状を活用することなどを，文部科学省から全国の教育委員会に対して依頼した。

4 教員免許更新制度の廃止により，普通免許状の有効期間が無くなり，更新制度の廃止時点で既に失効している普通免許状は，手続なく，有効なものと扱われることとなった。一方で，特別免許状と臨時免許状は，教員の質を確保するため，有効期間が設定されている。

5 第二次世界大戦前は，高等教育機関である師範学校と各府県に設置された国立大学により，教員免許状の授与が行われた。第二次世界大戦後は，大学による教員養成の原則によって，大学による専門教育が行われ，開放制の原則によって，私立大学も教育学部を設置すれば教員養成が可能となった。

実戦問題1の解説

No.1 の解説　公立学校の教職員の服務

→問題はP.108　正答2

1 ×　学校において，政治的教養を豊かにするための教育を行うことは許される。
教育基本法14条1項は，「良識ある公民として必要な**政治的教養は，教育上尊重されなければならない**」と規定している。禁じられているのは，特定の政党を支持ないしは反対するための政治教育である（同2項）。

2 ◎　教育公務員特例法17条1項の規定による。
公立学校の教員が任命権者の許可を受けた上で講演活動などを行い，謝礼を受け取ることは許される。

3 ×　怠業的行為を企て，あおったりすることも許されない。
地方公務員法37条1項では，「住民に対して同盟罷業，怠業その他の争議行為をし，又は地方公共団体の機関の活動能率を低下させる怠業的行為」を職員が行うことを禁じており，「何人も，このような**違法な行為を企て**，又はその遂行を共謀し，そそのかし，**若しくはあおつてはならない**」と定めている。

4 ×　「違反しても罰則はない」という記述は誤り。
守秘義務は地方公務員法34条で定められており，これに違反した場合は「**1年以下の懲役又は50万円以下の罰金**に処する」とある（60条）。

5 ×　勤務時間外の私的な行為にも適用される。
信用失墜行為の禁止（地方公務員法33条）は，**勤務時間の内外を問わず**適用される。

No.2 の解説　いじめ防止対策推進法

→問題はP.108　正答2

1 ×　客観的にいじめと認識できるものではない。
いじめ防止対策推進法2条1項では，いじめとは「児童等に対して，当該児童等が在籍する学校に在籍している等当該児童等と一定の人的関係にある他の児童等が行う心理的又は物理的な影響を与える行為（インターネットを通じて行われるものを含む。）であって，当該行為の対象となった児童等が**心身の苦痛を感じているもの**」と規定している。

2 ◎　12条の規定による。
いじめ防止基本方針の策定は国には義務付けられているが（11条），地方公共団体の場合は努力義務の規定となっている。

3 ×　いじめ問題対策連絡協議会は，地方公共団体に置くことができる。
「**地方公共団体**は，いじめの防止等に関係する機関及び団体の連携を図るため，条例の定めるところにより，**学校，教育委員会，児童相談所，法務局又は地方法務局，都道府県警察その他の関係者**により構成される**いじめ問題対策連絡協議会**を置くことができる」とある（14条1項）。

4 ×　児童相談所ではなく所轄警察署である。
また，警察に援助を求めるのは市町村の教育委員会ではなく，学校である。

「**学校**は，いじめが犯罪行為として取り扱われるべきものであると認めるときは**所轄警察署**と連携してこれに対処するものとし，当該学校に在籍する児童等の生命，身体又は財産に重大な被害が生じるおそれがあるときは直ちに**所轄警察署**に通報し，適切に，援助を求めなければならない」（23条6項）。

5 × **出席停止を命ずるのは，校長ではなく市町村の教育委員会である（26条）。**
出席停止制度の法的根拠は学校教育法35条1項である。この制度は，他の児童生徒の学習権を保障するためのもので，懲戒とは異なることに注意。

No.3 の解説 校長の職務

→問題はP.109 **正答3**

A × **初任者研修を実施するのは，教諭等の任命権者である。**
教育公務員特例法23条1項による。教育公務員の場合，初任者研修の期間は，一般の公務員の倍の1年間である。この期間，優秀な成績で任務を遂行した場合，正式採用に至る。

B ○ **学校保健安全法19条による。**
法で定める感染症対策は2つあるが，感染症の児童生徒の出席停止を決めるのは校長の職務である。あと一つ，感染症の予防上必要があるときに，学校の臨時休業を行うのは，**学校の設置者**である（20条）。

C ○ **学校教育法施行規則26条2項による。**
退学は，公立の義務教育諸学校では行うことはできない。停学は，設置主体を問わず，義務教育諸学校では行うことはできない。

D × **いじめ問題対策連絡協議会を置くのは，地方公共団体である。**
「**地方公共団体**は，いじめの防止等に関係する機関及び団体の連携を図るため，条例の定めるところにより，学校，教育委員会，児童相談所，法務局又は地方法務局，都道府県警察その他の関係者により構成されるいじめ問題対策連絡協議会を置くことができる」（いじめ防止対策推進法14条1項）。

E ○ **学校教育法施行規則25条による。**
正当な理由なく7日間出席せず，出席状況が良好でない場合，校長は，その旨を市町村の教育委員会に報告する（学校教育法施行令20条）。

F × **出席停止を命じるのは，市町村の教育委員会である。**
学校教育法35条1項による。なお，「市町村の教育委員会は，出席停止を命ずる場合には，あらかじめ**保護者の意見を聴取する**とともに，理由及び期間を記載した文書を交付しなければならない」（同2項）。

以上より，妥当なものはBとCとEであるから，正答は**3**である。

No.4 の解説　懲戒及び体罰

→問題はP.110　正答 1

1 ◎ 学校教育法11条の規定である。

「文部科学大臣の定めるところ」とは，学校教育法施行規則26条をさす。

2 × 国立の小・中学校では退学はあり得る。

「退学は，**公立の小学校，中学校，義務教育学校又は特別支援学校に在学する学齢児童又は学齢生徒を除き**，次の各号のいずれかに該当する児童等に対して行うことができる」とある（学校教育法施行規則26条３項）。ゆえに，公立以外の国立・私立学校では，義務教育段階でも退学処分を行うことができる。停学は，国公私立を問わず，小・中学校では行うことはできない（同４項）。

3 × 体罰に当たらない。懲戒権の範囲内と判断されると考えられる行為である。

学校教育法施行規則に定める退学・停学・訓告以外で認められると考えられるものの例に該当する（文科省「学校教育法第11条に規定する児童生徒の懲戒・体罰等に関する参考事例」2013年３月）。ただし，**肉体的苦痛**を伴わないものに限る。

4 × 体罰に当たらない。正当防衛，正当行為と考えられる行為である。

文科省「学校教育法第11条に規定する児童生徒の懲戒・体罰等に関する参考事例」（2013年３月）による。

5 × 体罰に当たる。いかなる理由であっても，身体への侵害は体罰である。

学校教育法11条の規定は，理由を問わず適用される。

No.5 の解説　児童虐待

→問題はP.110　正答 3

1 × 15歳未満ではなく，18歳未満である。

児童虐待防止法２条の規定による。児童の目の前で当該児童以外の家族に暴力を振るうことは虐待に当たる。「児童が同居する家庭における配偶者に対する暴力（配偶者の身体に対する不法な攻撃であって生命又は身体に危害を及ぼすもの及びこれに準ずる心身に有害な影響を及ぼす言動）」は，**心理的虐待**に相当する。（同条文）。児童の面前での激しい夫婦げんか等も，これに当たると考えられる。

2 × 身体的虐待，性的虐待，ネグレクト，心理的虐待の４つに分類される。

児童虐待防止法２条を参照。2021年度間に児童相談所が対応した虐待相談件数は20万7,660件だが，内訳は身体的虐待が23.7％，性的虐待が1.1％，ネグレクトが15.1％，**心理的虐待**が60.1％となっている（厚労省『福祉行政報告例』）。最も多いのは心理的虐待で，その次がネグレクトである。以前は身体的虐待が最も多かったが，近年では構成が様変わりしている。

3 ◎ **児童虐待防止法５条の規定による。**
児童虐待を発見しやすい立場にあることにかんがみ，学校の教職員には**早期発見義務**が課されている。

4 × **通告に際し，虐待が行われたという確証は要さない。**
「児童虐待を受けたと**思われる**児童を発見した者は，速やかに，これを市町村，都道府県の設置する福祉事務所若しくは児童相談所又は児童委員を介して市町村，都道府県の設置する福祉事務所若しくは児童相談所に通告しなければならない」とある（児童虐待防止法６条１項)。「思われる」という文言に注意。確証がなくとも，迅速に通告することが求められる。

5 × **児童相談所ではなく，児童養護施設である。**
児童福祉法41条を参照。児童養護施設は，小舎夫婦制という形態はとられていない。児童相談所は，児童の福祉増進について相談に応じ，必要によって調査・判定・指導等を行う機関である。児童虐待相談への対応等を主な業務とする。

No.6 の解説 教員免許制度

→問題はP.111 **正答3**

1 × **四年制大学修了で一種，大学院修士課程修了で専修免許状が得られる。**
二種免許状は，短期大学の教職課程を修了することで得られる。普通免許状は校種ごとに専修，一種，二種に区分されているが，高等学校の免許状には二種免許状はない。

2 × **特別免許状と臨時免許状は，教育職員検定に合格することで得られる。**
教育職員検定は，受検者の人物・学力・実務及び身体について，授与権者の都道府県教育委員会が行う（教育職員免許法第６条第１項)。特別免許状と臨時免許状は，**授与された都道府県内**でのみ有効である。

3 ◯ **年度開始時点の小・中学校の教師不足人数は2086人と報告された。**
教員の過重労働の実態が知れ渡ってか，教員不足が深刻化している。特別免許状や臨時免許状は，大学の教職課程を終えていなくても，都道府県の教育職員検定に合格することで取得できる。

4 × **特別免許状の有効期間は設定されていない。**
教員免許更新制の下では普通免許状と特別免許状の有効期間は10年とされていたが，同制度の廃止により有効期間は撤廃された。臨時免許状は，３年間の有効期間が付されている。

5 × **戦前期においては，大学による教員免許状の授与はなかった。**
戦前期においては，教員免許状は師範学校の卒業者か，教員検定試験の合格者に授与された。戦後になってから，開放制の原則が採用され，私立も含む大学での教員養成が主体となった。私立大学も，**教職課程**を設置すれば教員養成が可能となった（教育学部ではない)。

実戦問題❷ 応用レベル

＊＊ No.7 学校保健安全法（以下「同法」という。）に関する記述として最も妥当なのはどれか。 【国家総合職・令和２年度】

1 同法は，学校における児童生徒等の健康の保持増進を図ることを目的として定められたものであり，職員の健康についてはその対象としていない。職員の健康については，教育公務員特例法において，校長が毎学年定期に，学校の職員の健康診断を行わなければならないとされている。

2 同法では，養護教諭は，健康相談又は児童生徒等の健康状態の日常的な観察により，児童生徒等の心身の状況を把握し，健康上の問題があると認めるときは，必ず，当該児童生徒等の保護者に対して必要な指導を行わなければならないとされている。これは，児童生徒等の養護をつかさどる養護教諭のみに認められた権限である。

3 同法では，児童生徒等の心身の発達に照らし，幼稚園，小学校，中学校および高等学校に養護教諭を置かなければならないとされている。また，同法では，小学校の養護教諭の役割について，翌学年の初めから小学校に就学させるべき者で，当該小学校の通学区域内に住所を有するものの就学に当たって，その健康診断を行わなければならないとされている。

4 同法では，児童生徒等が感染症にかかっていたり，かかっている疑いがあったり又はかかるおそれがあったりするときは，学校の設置者が当該児童生徒等の出席を停止させることができるとされている。この場合の出席停止の期間の基準については，法令による定めはなく，学校の設置者の裁量に委ねられている。

5 同法では，学校においては，事故等により児童生徒等に危害が生じた場合，心理的外傷その他の心身の健康に対する影響を受けた児童生徒等の心身の健康を回復させるため，必要な支援を行うものとされている。この場合，学校は，必要に応じ，地域の医療機関等との連携を図るよう努めるものとされている。

＊＊ No.8 わが国の教育関係法令等に基づいた，児童生徒の指導と学校管理に関する記述として，最も妥当なのはどれか。 【国家総合職・平成24年度】

1 小学校の校長は，児童生徒の平素の成績を評価して，各学年の課程を修了したと認めた者には，進級の認定を行い，小学校の全課程を修了したと認めた者には，卒業証書を授与しなければならない。また，進級の認定を行わない場合は，当該児童生徒は原級留置とすることができる。

2 児童生徒の出席停止は，感染症にかかっており，かかっている疑いがあり，またはかかるおそれのあるときについてはこれを行うことができる。ただし，義務教育段階では，これら以外の理由で出席停止を課すことはできない。

3 懲戒とは，教育的配慮の下に児童生徒を叱責したり，処罰したりすることであり，秩序の維持のために行われる場合もある。また，教育上必要があると認められるときは，発達段階を考慮した形であるならば，児童生徒に体罰を加えることができる。

4 指導要録は，児童生徒の学籍，指導の過程および結果の要約を記録し，その後の指導および外部に対する証明等に役立たせるための原簿となるものであるから，当該学校を管轄する教育委員会にその作成と保存義務がある。

5 児童生徒が，休業日を除き引き続き7日間出席せず，その他その出席状況が良好でない場合において，その出席させないことについて保護者に正当な事由がないと認められるときは，校長は当該地区を管轄する児童相談所に通知しなければならない。

＊＊＊

No.9 **公立小・中学校および高等学校（以下「各学校」という。）における教職員の職務に関する記述として最も妥当なのはどれか。**

【法務省専門職員・平成20年度】

1 校長は，校務をつかさどることが職務とされる。校務とは，学校運営全般の業務であり，教育活動に関する事項や，施設・設備の保全管理に関する事項が含まれるが，所属職員の監督は教育委員会の権限とされていることから，校長が所属職員の監督責任を負うことはない。

2 教頭は，校長を助け，校務を整理し，および必要に応じ児童生徒の教育をつかさどることが職務とされ，教員免許の有無に関係なく授業を担当することができる。各学校においては，必置とされている。

3 副校長は，校長を助け，命を受けて校務をつかさどることが職務とされ，校長に事故があるときはその職務を代理する。各学校においては，必置とはされておらず，学校規模や学校運営状況に応じて柔軟に対処できるようになっている。

4 指導教諭は，教諭その他の職員に対して教育指導の改善および充実のため必要な指導および助言を行うことが職務とされ，児童生徒の教育をつかさどることはない。各学校においては，必置とされている。

5 教諭は，児童生徒の教育をつかさどることが職務とされる。具体的には，授業の遂行や指導計画の作成のほか，学級経営に関する事項が含まれるが，これら教育活動以外の校務は教諭の職務ではないことから，事務職員の職務である宿日直に従事することは禁止されている。

実戦問題❷の解説

No.7 の解説　学校保健安全法

→問題はP.116　正答 5

1 ×　職員の健康の保持増進も対象としている。

学校保健安全法1条の目的の条文を参照。職員の健康診断については，15条1項において「学校の設置者は，毎学年定期に，**学校の職員の健康診断**を行わなければならない」と定められている。教育公務員特例法，校長という記述は誤り。

2 ×　保健指導は，養護教諭その他の職員が行う。

同法9条による。「**養護教諭その他の職員**は，相互に連携して，健康相談又は児童生徒等の健康状態の日常的な観察により，児童生徒等の心身の状況を把握し，健康上の問題があると認めるときは，遅滞なく，当該児童生徒等に対して必要な指導を行うとともに，必要に応じ，その保護者に対して必要な**助言**を行うものとする」とある。保護者に対しては，指導ではなく助言を行う。

3 ×　就学時の健康診断を行うのは，市町村の教育委員会である。

同法11条による。養護教諭は，高等学校では「置くことができる」という任意規定になっている（学校教育法60条2項）。

4 ×　出席停止の期間は，学校保健安全法施行規則19条で定められている。

たとえば，「インフルエンザ（特定鳥インフルエンザ及び新型インフルエンザ等感染症を除く。）にあつては，発症した後5日を経過し，かつ，解熱した後2日（幼児にあつては3日）を経過するまで」とある。

5 ◎　学校保健安全法29条3項による。

こうした対応がスムーズにいくよう，学校では，**危険等発生時対処要領**を作成する（同1項）。

No.8 の解説　児童・生徒の指導と学校管理

→問題はP.116　正答 1

1 ◎　小学校では原級留置はありうる。

「平素の**成績**を評価して」という箇所に着目。よって，義務教育の小学校でも，成績不良者や長欠者の原級留置（落第）はありうる（学校教育法施行規則57条）。しかし実際のところ，わが国の義務教育諸学校では加齢ともに進級させる「**年齢主義**」の考え方がとられている。

2 ×　性行不良での出席停止もありうる。

義務教育諸学校では，教室の秩序を維持するため，性行不良の児童生徒の出席停止を命じることができる（学校教育法35条1項）。出席停止を命じるのは市町村の教育委員会である。この場合，「あらかじめ保護者の意見を聴取する」などの措置が求められる（同35条2項）。

3 ×　体罰はどのような場合でも加えることはできない。

「校長及び教員は，教育上必要があると認めるときは，文部科学大臣の定めるところにより，児童，生徒及び学生に懲戒を加えることができる。ただし，**体罰を加えることはできない**」（学校教育法11条）。

4 ×　指導要録は，各学校において作成し保存する。
学校教育法施行規則28条２項を参照。指導要録の保存期間は５年間であるが，そのうちの学籍に関する記録は**20年間**保存することとされる。外部への証明など，重要な機能を持つためである。なお，指導要録を作成するのは校長である（同24条１項）。

5 ×　通知先は，児童相談所ではなく，市町村の教育委員会である。
学校教育法施行令20条の規定を参照。校長には，出席管理の義務も課されている（同19条）。義務教育学校においては，保護者に就学義務を全うさせる上でも重要な規定である。

No.9 の解説　教職員の職務

→問題はP.117　**正答３**

1 ×　所属職員の監督は，校長の職務に含まれる。
「校長は，校務をつかさどり，所属職員を**監督**する」とある（学校教育法37条４号）。所属職員の監督は，教育委員会の権限には含まれない。

2 ×　教頭は必置ではない。
「副校長を置くときその他特別の事情のあるときは教頭を…**置かない**ことができる」と規定されている（学校教育法37条３号）。教員免許の有無に関係なく授業を担当できるという箇所も誤り。

3 ◎　副校長は2008年度より導入されている職階である。
副校長が校長の職務を代理する際，「副校長が２人以上あるときは，あらかじめ校長が定めた順序で，その職務を代理し，又は行う」とある（学校教育法37条６号）。副校長の数はかなり少なく，公立小学校でいうと校長18,345人に対し，副校長は1,807人である（本務教員，2022年度）。

4 ×　指導教諭は必置ではない。
「指導教諭は，**児童の教育をつかさどり**，並びに教諭その他の職員に対して，教育指導の改善及び充実のために必要な指導及び助言を行う」とある（学校教育法37条10項）。よって，「教育をつかさどることはない」という記述は誤り。

5 ×　教諭も宿日直に従事することはありうる。
多くの自治体において，学校職員の宿日直手当支給に関する規則が設けられている。ここでいう職員には，教諭も含まれる。

試験別出題傾向と対策

試験名	国家総合職					国家一般職					国家専門職（法務省専門職員）				
年度	21-23	24-26	27-29	30-2	3-5	21-23	24-26	27-29	30-2	3-5	21-23	24-26	27-29	30-2	3-5
頻出度 テーマ 出題数	3	2	3	3	1	3	3	3	2	3	3	2	1	0	0
A 7 生涯学習	3	2	3	3	1	3	3	3	2	3	3	2	1		

少子高齢化が進む中，生涯学習の重要性が増している。そのためか，国家公務員試験の教育学で出題頻度が高い領域である。内容は原理論と制度論に大別され，全体的に見て両者が半々ずつ出題されている。前者では，ラングランやハッチンスなどの人物の学説が頻出。後者では，わが国の社会教育職員や施設に関する法規定（社会教育法）がよく出る。各種審議会答申などの政策も要注意。124ページにあるように年表の問題も出る。生涯スポーツ施策にも注意を払っておきたい。重点的に見ておくべきなのは，スポーツ基本法とスポーツ基本計画である。

●国家総合職（人間科学）

生涯学習の問題は，ほぼ毎年出題されている。以前はラングランの学説などの原理論が多かったが，最近は生涯学習政策（中教審答申）や図書館の民間委託の統計など，わが国の実態に関する問題が増えてきている。イギリスの成人教育に関する英文が出題されていたこともある（24年度）。海外の動向にも目配りが必要である。

社会教育の制度論も頻出。指導者や施設について定めた社会教育法の条文がよく出題される。3大施設（公民館，図書館，博物館）の運営規定や，そこに置かれる専門職員（公民館主事，司書，学芸員）の資格要件について知っておきたい。各教育委員会に置かれる社会教育主事や社会教育委員の職務内容についてもよく問われる。2008年の社会教育関連三法（社会教育法，図書館法，博物館法）の改正内容も要注意である。図書館司書補の資格要件が緩和されたことなど，知っておくべき事項は数多い。

●国家一般職

生涯学習の問題は必出。これまでの試験をみると，生涯学習の原理論と，社会教育法規などの制度論がほぼ半々の割合で出題されている。令和5年度では，社会教育の専門職員やPTAについて問われた。原理論で出題頻度が高いのは，ラングランやジェルピなどの学説である。文書を提示して，どの人物のものかを答えさせる形式が多いので，思想のキーワードや著作名を押さえておくこと。

制度論のほうは，国家総合職と同様，職員や施設に関する法規定が頻出。わが国の生涯学習政策の変遷も要注意。1987年の臨教審答申（生涯学習体系の始ま

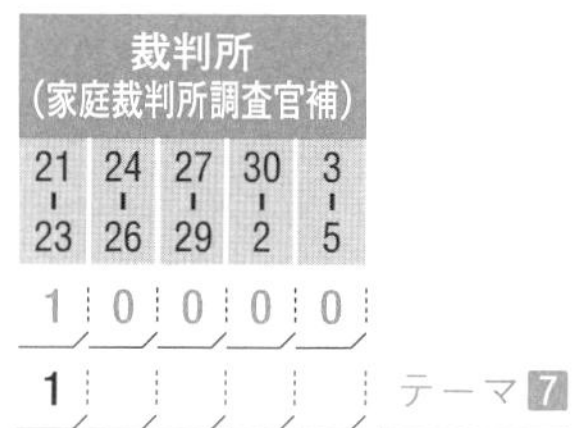

裁判所（家庭裁判所調査官補）					
21-23	24-26	27-29	30-2	3-5	
1	0	0	0	0	
1					テーマ 7

り），1990年の生涯学習振興法制定といった事項を押さえておくこと。生涯スポーツ施策の概要も知っておきたい。スポーツ基本法について問われたこともある(24年度)。「人生100年の時代」，生涯現役社会がいわれる中，今後出題が予想される分野である。この法律の前文と基本理念を定めた第２条はしっかり読んでおこう。スポーツ基本計画に盛られている，スポーツ実施率の数値目標なども狙われやすい。

●国家専門職（法務省専門職員）

生涯学習の問題は，近年の法務省専門職員の試験では出題されていない。これまでの問題を見ると，ラングランの学説が３回出題されている（14，17，22年度）。ラングランは1965年に生涯教育の概念を初めて提唱した重要人物である。この人物については詳しく学習しておこう。

その他の出題事項は，おおむね国家総合職や国家一般職と同じであるが，法務省専門職員では，リカレント教育や学習権宣言といった国際動向の問題が比較的多い。24年度では，成人教育に関する英文の問題も出題されている。学校教育と社会教育の連携を意味する「学社連携」といった，ややマイナーな概念についても問われることがある（21年度)。基本事項の学習と同時に，こうした周辺事項の学習も求められる。

●裁判所（家庭裁判所調査官補）

裁判所では，生涯学習の問題は滅多に出題されない。これまでの出題回数は２回で，少子高齢化と生涯学習の問題，フレイレの思想，アンドラゴジーの概念の論述問題である（いずれも選択問題での出題)。問題の難易度はやや高い。

生涯学習

必修問題

生涯教育，生涯学習に関する記述として最も妥当なのはどれか。

【国家総合職・平成26年度】

1 **P.ラングラン**は，1965（昭和40）年にユネスコが開催した「成人教育推進国際委員会」において，ワーキング・ペーパー「永久教育」により，**生涯教育**の理念を提唱した。彼は，教育の機会を，人の全生涯という時系列的な次元と，社会のあらゆる場所という空間的な次元から捉え，両次元での教育機会の統合を図ることにより，総合的な視点から教育を捉える必要性を主張した。

2 **R.ハッチンス**は，未来社会を，労働に支配された社会であると予想し，そのような社会における教育の目的は，人間的には良い職業に就くこと，社会的には人材を養成することであるとする教育投資論の立場をとった。そして，経済発展のために，すべての成人男女に，いつでも定時制の成人教育を提供することのできる社会を実現すべきである，と主張した。

3 **M.ノールズ**は，学習者中心の教育から導き出された原理などを基に，成人学習の原理であるペダゴジーの原理を発展させた。彼は，これを子どもの教育である**アンドラゴジー**と対比しつつ，成人の学習においても，全く知らない分野の学習の初期には，自己主導的学習に移る前のしばらくの間は，教師に依存したアンドラゴジー的な学習が必要な場合もあるとしている。

4 1973（昭和48）年に経済協力開発機構（OECD）が提唱した**リカレント教育**とは，激しい技術革新によって知識・技能が急速に陳腐化していくことへの対応として，職場での訓練を中心として企業内で教育を行うものである。これは，個別企業の生産性向上を狙う労働者教育であり，技術訓練や職業に関する知識のほか，企業への帰属意識の育成を図るものである。

5 我が国における生涯学習を推進する体制の整備として，1990（平成２）年に**生涯学習振興法***が制定された。同法の目的は，全ての国民があらゆる機会，あらゆる場所を利用して，実際生活に即する文化的教養を高め得る環境を醸成するように努めるという国及び地方公共団体の任務を明らかにすることであり，その後，同法に基づいて社会教育法，図書館法，博物館法が制定された。

（注）＊　正式には「生涯学習の振興のための施策の推進体制等の整備に関する法律」

難易度　＊＊

必修問題の解説

生涯教育・生涯学習に関する基本事項がバランスよく出題されている。**1〜3**は原理論，**4**と**5**は制度論である。アンドラゴジーやリカレント教育といった用語の中身まで問われているので，重要用語は押さえておく必要がある。

1 ◎ 生涯教育の理念を提唱したのはラングランである。

妥当である。ラングランの思想は，波多野完治によってわが国にも紹介された。1970年代以降，生涯教育をめぐる議論が沸き起こり，81年には中教審答申「生涯教育について」が出されるに至った。

2 × ハッチンスが唱えたのは，教育投資論ではなく学習社会論である。

ハッチンスが志向した**学習社会**とは，国民一人一人が職業技術の習得，自己実現，ないしは生活の質の向上などを目的として，生涯にわたって自主的，主体的に学習を継続する社会をいう。教育を経済に従属させるような考えはもっていない。

3 × 子どもの教育原理がペタゴジー，成人学習の原理がアンドラゴジーである。

ノールズは，子どもの教育学（ペタゴジー）に対し，成人の教育学（**アンドラゴジー**）を打ち立てた。最後の「教師に依存したアンドラゴジー的な学習が必要」という箇所は誤り。成人の学習では，教師が学習者に教えるのではない，自己主導的学習が前提になる。

4 × リカレント教育とは，社会人が再び学校に戻って学び直すことである。

リカレントとは「**還流**」という意味であり，職場と学校を往来（還流）することである。一つの企業内部での「閉じた」職業訓練だけでなく，大学等の第三機関における学習も重要になる。

5 × 生涯学習振興法は，生涯学習振興の都道府県の事業について規定している。

重要規定は，生涯学習の振興に資するための都道府県の事業について定めた3条，都道府県は地域生涯学習振興基本構想を作成することができるとした5条，都道府県に**都道府県生涯学習審議会**を置くことができるとした10条である。社会教育法，図書館法，博物館法は，本法よりもずっと前に制定された基本法規である。

正答 1

FOCUS

生涯学習の思想についてよく問われる。ラングラン，ジェルピ，ハッチンスといった人物の学説を押さえよう。わが国の社会教育制度も頻出。社会教育の職員や施設に関する基礎知識を得ておきたい。2008年の社会教育関連3法の改正内容も要注意である。生涯現役社会の到来がいわれていることから，生涯スポーツの問題の出題も予想される。

POINT

重要ポイント 1 生涯学習の原理論

生涯学習という概念の生い立ちをたどってみよう。

●年表

西暦	和暦	事　項
1965	昭和40	ユネスコの成人教育推進国際委員会にて，**ラングラン**が生涯教育の概念を提唱。
1968	昭和43	**ハッチンス**『ザ・ラーニング・ソサエティ』刊行
1972	昭和47	「未来の学習」(**フォール報告**)
1976	昭和51	ユネスコ「成人教育の発展に関する勧告」
1981	昭和56	中教審答申「生涯教育について」
1985	昭和60	ユネスコ「**学習権宣言**」
1987	昭和62	臨時教育審議会最終答申（**生涯学習体系**への移行を明言）
1988	昭和63	文部省の社会教育局が生涯学習局に改組される。
1990	平成2	**生涯学習振興法**が制定される。生涯学習の振興に向けた都道府県の事業について規定。
2001	平成13	文部科学省設置に伴い，生涯学習局が生涯学習政策局となる。
2008	平成20	中教審答申「新しい時代を切り拓く生涯学習の振興方策について」，社会教育関連３法改正。
2009	平成21	ユネスコ「成人の学習・教育のためのベレン行動枠組み」
2018	平成30	人口減少時代の新しい地域づくりに向けた社会教育の振興方策について

●重要人物

人　名	著　作	記　事
ハッチンス	『学習社会論』	著書『学習社会論』において，「**生涯学習社会**」という語を初めて用いる。
ラングラン	『生涯教育入門』	1965年のユネスコ成人教育推進国際委員会にて，**生涯教育**の概念を提唱。
フレイレ	『被抑圧者の教育学』	ブラジルにおける**被抑圧者**の識字教育。
ジェルピ	『生涯教育－抑圧と解放の弁証法－』	学習の目的・内容・方法を自ら決定する「**自己決定学習**」。
クームス	『定型および不定型教育の将来戦略』	**不定型教育**は貧困者や未就学者だけでなく，すべての人にとって役立つ。

●用語

生涯学習：各人が自発的意思に基づいて，自己の充実・啓発や生活の向上のための学習を，生涯を通じて行うこと（1981年，中教審答申）。

学習社会：国民一人一人が，職業技術の習得，自己実現，ないしは生活の質の向上などを目的として，生涯にわたって，自主的，主体的に学習を継続する社会。

リカレント教育：学校教育を修了し，社会に出た者が，再び学校（大学や専門学校など）に戻って学習すること。

重要ポイント2 社会教育の制度論

わが国の社会教育を支える職員や施設の知識を得ておこう。

●概念

「社会教育」とは，学校教育法に基き，学校の教育課程として行われる教育活動を**除き**，主として青少年及び**成人**に対して行われる**組織的**な教育活動（体育及びレクリエーションの活動を含む）をいう。（社会教育法２条）

●職員

社会教育主事	都道府県および市町村の教育委員会の事務局に置かれる専門職。社会教育を行う者に専門的な**助言**や**指導**を与える。ただし，命令や監督は禁じられている。
社会教育委員	都道府県および市町村に置かれる社会教育関係の非常勤職。社会教育に関する計画の立案や調査研究などを行い，社会教育について教育委員会に助言する。

●施設

2008年の法改正により，高卒学歴を持たない者でも，司書補，学芸員補の資格が得られるようになっている。

施設	目的	専門職員
図書館	図書，記録その他必要な資料を収集し，整理し，保有して，一般公衆の利用に供する。	**司書** 司書補
博物館	図書，記録その他必要な資料を収集し，整理し，保有して，一般公衆の利用に供する。	**学芸員** 学芸員補
公民館	実際生活に即する教育，学術および文化に関する各種の事業を行い，生活文化の振興，社会福祉の増進に寄与する。	**公民館主事**

重要ポイント3 生涯スポーツの振興

生涯現役社会がいわれる中，今後出題が予想される事項である。

●スポーツ基本法

・スポーツは，世界共通の人類の文化である（前文）。

・スポーツは，これを通じて幸福で豊かな生活を営むことが人々の**権利**であることに鑑み，国民が**生涯**にわたりあらゆる**機会**とあらゆる場所において，自主的かつ自律的にその**適性**及び健康状態に応じて行うことができるようにすることを旨として，推進されなければならない。（スポーツ基本法２条１項）

●第３期スポーツ基本計画（令和４～８年度）

・①スポーツを「つくる・はぐくむ」，②スポーツで「あつまり，ともに，つながる」，③スポーツに「誰もがアクセスできる」，という３つの視点。

・成人の週１回以上のスポーツ実施率を70％（障害者は40％），１年に１度以上スポーツを実施する成人の割合を100％に近づける（障害者は70％を目指す）。

実戦問題❶ 基本レベル

＊
No.1 生涯学習・生涯教育の歴史に関する記述として最も妥当なのはどれか。

【国家一般職・平成21年度】

1 1960年代に，ユネスコのE.ジェルピは，成人教育推進国際委員会に「ワーキング・ペーパー」を提出し，今日における生涯学習（生涯教育）論のもとになる生涯教育の理念を提唱した。

2 1970年代に，P.ラングランは，従来の生涯教育論への批判から，教育と労働とを生涯にわたって交互に配置し還流できるようにする「リカレント教育」を提唱した。

3 1980年代に，わが国では文部省（当時）が，従来の「生涯学習局」を「社会教育局」に再編し，同局は全局の中で筆頭局に位置づけられた。

4 1990年代に，わが国では「生涯学習の振興のための施策の推進体制等の整備に関する法律（いわゆる生涯学習振興法）」が制定され，同法に基づき国に生涯学習審議会が設置された。

5 2000年代に，わが国では「教育基本法」が改正され，同法に新たに生涯学習の理念が明記されたことにより，「社会教育法」が廃止された。

＊＊＊
No.2 わが国の社会教育指導者に関する記述として最も妥当なのはどれか。

【国家総合職・平成20年度】

1 司書は，図書館法において，図書館での図書や資料の収集，整理，保管および利用等に関する業務を行う専門的職員として規定されており，文部科学省が実施する試験に合格すれば司書補に認定され，その後司書補として勤務し，２年を経過した者に司書の資格が与えられる。

2 公民館長は，公民館主事の命を受け，講演会やレクリエーションなど公民館が行う各種事業の企画・実施その他必要な事務を行う専門的職員であるが，すべての公民館に必置とはされていないため，常勤・専任者を置く公民館は少ない。

3 社会教育主事は，都道府県および市町村の教育委員会事務局に置かれ，主に社会教育主事補に専門的技術的な助言と指導を与える専門的職員であり，その他の社会教育を行う者に対しては，必要な範囲で命令および監督を行うとされている。

4 学芸員は，博物館法で規定された専門的職員であり，博物館資料の収集，保管，展示および調査研究その他それと関連する事業などについての専門的事項をつかさどっており，同法に規定する登録博物館には，公立私立を問わず学芸員が必置とされている。

5 社会教育委員は，都道府県および市町村の教育委員会の補助機関であり，社会教育に関する諸計画の立案や研究調査を行っており，委員については，住民の意思を社会教育行政に直接反映させるために，学校教育や社会教育の関係者以外の者から，一般公募により選出される。

No.3＊ **生涯学習に関する記述Ａ～Ｄを時代の古いものから並べたとき，最も妥当なのはどれか。** 【国家総合職・平成28年度】

Ａ：臨時教育審議会は，その最終答申において，行政府に生涯学習を担当する局の設置等を提言した。また，同審議会は今後の教育改革を進める方向性の一つとして，学校中心の考え方を改め，これからの学習は，学校教育の基盤の上に生涯を通じて行われるべきであるとして，生涯学習体系への移行を主軸とする教育体系の総合的再編成を図っていかなければならないとした。

Ｂ：エドガー・フォールを委員長とするユネスコの委員会は，報告書“Learning to Be”（『未来の学習』）を発表した。この報告書は，それまでの経済発展の基礎となる人材養成に焦点が当てられていた考え方から，より広い学習活動を視野に入れ，学習に基礎を置いた考え方への流れを主導することとなったといわれる。

Ｃ：「生涯学習の振興のための施策の推進体制等の整備に関する法律」が，生涯学習振興施策の推進体制及び地域における生涯学習機会の整備を図り，生涯学習の振興に寄与することを目的として制定された。この中で，都道府県教育委員会の事業，地域生涯学習振興基本構想，生涯学習審議会の３つの事項が規定された。

Ｄ：ジャック・ドロールを委員長とするユネスコの委員会は，報告書“Learning: The Treasure Within”（『学習：秘められた宝』）を発表した。この報告書は，教育の基本的な柱として「知ることを学ぶ（learning to know）」，「為すことを学ぶ（learning to do）」，「共に生きることを学ぶ（learning to live together）」，「人間として生きることを学ぶ（learning to be）」という４つの学習の柱を提示した。

1 Ｂ→Ａ→Ｃ→Ｄ
2 Ｂ→Ｃ→Ｄ→Ａ
3 Ｃ→Ｂ→Ａ→Ｄ
4 Ｃ→Ｄ→Ｂ→Ａ
5 Ｄ→Ａ→Ｂ→Ｃ

実戦問題1の解説

No.1 の解説　生涯学習・生涯教育の歴史

→問題はP.126　正答4

1 ×　生涯教育の理念を唱えたのは，ジェルピではなくラングランである。

1965年の成人教育推進国際委員会にて，ラングランは「生涯教育」の概念を初めて提唱した。**ジェルピ**は，ラングランの後任として，ユネスコの成人教育部長になった人物である。社会変化への適応というような，外圧に応えるための生涯教育ではなく，学習の目的，内容，方法を各人が自ら決定する**自己決定学習**（進歩的な生涯教育）を重視した。著書の『生涯教育－抑圧と解放の弁証法－』も有名である。

2 ×　リカレント教育はOECDによって提唱された。

各国の経済発展の見地からも，人々が教育と仕事の間を行き来して，生涯にわたって学習を続けることの重要性が認識されていた。わが国でも，大学への社会人入学者が増加の傾向にあるなど，リカレント教育が進展してきている。ラングランは，1965年に「**生涯教育**」の概念を提唱した人物である。

3 ×　従来の「社会教育局」が「生涯学習局」に改編された。

1987年の臨時教育審議会答申にて「生涯学習体系への移行」が明言され，翌年の88年に文部省の「社会教育局」が「生涯学習局」に再編された。90年には生涯学習振興法が制定され，国民の生涯学習を推進する条件整備がなされてきている。

4 ◎　生涯学習振興法は，1990年に制定された。

同法は，生涯学習の振興に資するための**都道府県**の事業（同3条）などを定めた法律である。また生涯学習審議会を国に設置したほか，同審議会を各都道府県も置くことができると定めた（同10条）。

5 ×　社会教育法は，廃止されてはいない。

2006年の教育基本法改正により，生涯学習の理念について定めた3条が新設された。**社会教育法**は，社会教育の概念や職員・施設などについて規定した重要法規である。

No.2 の解説　社会教育指導者

→問題はP.126　正答4

1 ×　司書補になるのに，文部科学省の試験を受験する必要はない。

司書補となる資格を持つのは，①司書の資格を有する者，②大学入学資格を有する者で司書補の講習を修了した者である（図書館法5条2項）。なお司書の資格要件の一つに，司書補の勤務**3年以上**とある。よって「2年」というのは誤り。

2 ×　公民館長と公民館主事の位置が反対である。

公民館主事は，「館長の命を受け，公民館の事業の実施にあたる」（社会教育法27条3項）。なお公民館主事は必置ではない。2011年度の調査結果でみると，全国の公民館14,681館のうち，専任の公民館主事を置いていない公民館が12,035館（82％）と多くを占めている（社会教育調査）。

3 × **社会教育主事は，「命令および監督」を行うことは許されない。**
社会教育主事の職務は，「社会教育を行う者に専門的技術的な助言と指導」を与えることである（社会教育法9条の3第1項）。ただし，「命令及び監督をしてはならない」と定められている。

4 ◎ **学芸員は，博物館に置かれる専門職である。**
登録博物館には学芸員を置かねばならず，博物館相当施設には学芸員に相当する職員が置かれる。博物館類似施設は博物館法の規定の適用を受けないので，この限りでない。

5 × **社会教育委員は，教育委員会によって委嘱される。**
社会教育委員は，社会教育の関係者に助言や指導を与えることもできる（社会教育法17条3項）。

No.3 の解説　生涯学習の政策史

→問題はP.127 **正答 1**

A：**臨時教育審議会の最終答申は，1987年に出された。**
臨時教育審議会は，1984年に教育改革のために設けられた，中曽根内閣総理大臣の諮問機関である。3年間の審議期間を経た後，87年8月に出された最終答申は，21世紀に向けての教育改革の基本的考え方として，①個性重視の原則，②**生涯学習体系への移行**，③国際化・情報化等変化への対応，という3つを明らかにした。

B：**ユネスコの報告書『未来の学習』は，1972年に発表された。**
委員長の名を冠して，フォール・レポートともいわれる。「Learning to Be」とは「在るための学習」という意味である。資産などをもつための学習（Learning to have）とは異なり，人間の内面の充実に重きが置かれている。

C：**生涯学習振興法は，1990年に制定された。**
1987年の臨教審答申で生涯学習体系への移行が明言され，翌年の88年に社会教育局が生涯学習局になり，90年に**生涯学習振興法**が制定された。3条では生涯学習の振興に資するための**都道府県**の事業について定められており，①学校教育及び社会教育に係る学習並びに文化活動の機会に関する情報を収集し，整理し，及び提供すること，②住民の学習に対する需要及び学習の成果の評価に関し，調査研究を行うこと，③地域の実情に即した学習の方法の開発を行うこと，などが挙げられている。

D：**ユネスコの報告書『学習：秘められた宝』は，1996年に発表された。**
委員長の名を冠して，「ドロール・レポート」とも言われる。4つの学習の柱は，個人に内在する欲求（知る）から他者との共存へというように，スケールが徐々に大きくなってくる。共生社会という，21世紀の時代状況にも適っている。

よって，正答は**1**である。

実戦問題❷　応用レベル

＊＊＊
No.4　生涯学習等に関する次の記述のうち，妥当なのはどれか。

【国家一般職・平成29年度】

1　P.ラングランらは，UNESCOの成人教育推進国際会議において生涯教育を提唱し，人間の一生を通じて教育の機会を提供すること，人間発達の総合的な統一性という視点からさまざまな教育を調和させ統合したものにすることなどの目標を掲げた。

2　E.ジェルピは，「リカレント教育」を提唱し，社会人に対する教育の重要性を主張した。彼は，それまでの教育が学校教育に集中して行われてきたことから，社会人に対する教育の機会が確保されていないと指摘し，現代社会においては，企業が中心となって社会人の教育の機会を確保する必要があると主張した。

3　R.M.ハッチンスは，『アメリカの高等教育』を著し，それまでの高等教育が古典的な一般教育を中心としてきたと批判し，職業生活を見据えた専門的な教育を充実させる必要性を論じた。また彼は，それまでの生涯教育論が教育の機会を拡大することに重きが置かれ，教育の目的が軽視されてきたことを批判し，専門的な職業人の育成を教育の目的として掲げた。

4　E.フォールは，UNESCOの教育開発国際委員会において『限界なき学習』を発表し，世界における貧困や環境汚染などの問題に対処するための教育の重要性を指摘した。また彼は，一人一人が社会の問題を自己のものとして捉え，身近なことから取り組む姿勢を身に付けさせる教育を通じて持続可能な社会の創造を担う人材を育てていくべきであると唱えた。

5　P.フレイレは，それまでの教育が児童生徒を対象とする教育である「ペダゴジー」を中心としてきたと批判し，高齢者を対象とする教育である「アンドラゴジー」の重要性を指摘した。彼は特に，若年労働者が減少している先進諸国においては，高齢者の職業能力を開発するための教育を拡充する必要があると唱えた。

＊＊
No.5 わが国における社会教育や生涯学習に関する次の記述のうち，妥当なのはどれか。 【国家一般職・平成30年度】

1 社会教育法において，社会教育は，学校の教育課程として行われる教育活動を含め，主として青少年および成人に対して行われる組織的な教育活動とされている。また，同法において，社会教育の目標は，学校内外における社会的活動を促進し，自主，自律及び協同の精神，規範意識，公正な判断力並びに公共の精神に基づき主体的に社会の形成に参画し，その発展に寄与する態度を養うこととされている。

2 1970年代初頭，社会教育審議会の答申「急激な社会構造の変化に対処する社会教育のあり方について」において，生涯教育の観点の導入が必要であるとされた。その答申で別記された「期待される人間像」においては，日本人としての自覚を持った国民であること，職業の尊さを知り，勤労の徳を身に付けた社会人であること，強い意志を持った自主独立の個人であることが，生涯教育の目標として留意されるべき諸徳性であるとされた。

3 1980年代，臨時教育審議会の答申において，「生涯学習」という表現が用いられた。これについては，学習は読書・独学など自由な意思に基づいて意欲を持って行うことが本来の姿であり，自分に合った手段や方法によって行われるというその性格から，学習者の視点から課題を検討する立場を明確にするため，「生涯教育」という用語ではなく，「生涯学習」という用語を用いたとされている。

4 1990年代初頭に「生涯学習の振興のための施策の推進体制等の整備に関する法律」が施行された。同法においては，義務教育の段階における普通教育に相当する教育を十分に受けていない者が，生涯学習を通じて，社会において自立的に生きる基礎を培い，豊かな人生を送ることができるようリカレント教育を受けられる機会を保障することとされた。

5 2006年に教育基本法が改正され，「生涯学習の理念」が新たに規定された。同法において，生涯学習の理念は，「国民一人一人は，民主的で文化的な国家を建設し，世界の平和と人類の福祉に貢献するために，その生涯にわたって，あらゆる機会に，あらゆる場所において学習し，その成果を適切に生かす必要がある」とされた。

実戦問題2の解説

No.4 の解説　生涯学習の思想

→問題はP.130　**正答 1**

1 ◎ ラングランは，1965年に生涯教育の概念を提唱した。
生涯教育の英語表記は「lifelong integrated education」である。ラングランは，教育の垂直的統合と空間的統合が重要であると考えた。前者は，人生各時期の教育機会を関連付けるものであり，後者は，家庭・学校・地域といったさまざまな場での教育を有機的に統合するものである。

2 × リカレント教育を提唱したのは，OECDである。
リカレント教育とは，一度社会に出た成人が再び学校に戻って学び直すことである。リカレントとは「**還流**」のことで，教育期と仕事期の間を往来するという意味が含まれている。企業が中心となって社会人の教育の機会を確保する必要がある，という主張はない。社会人の教育は，大学等の教育機関（学校）も含め，社会のあらゆる場でなされるべきである。**ジェルピ**は『生涯教育－抑圧と解放の弁証法－』を著し，社会変化への適応のような外圧に応えるための生涯教育ではなく，学習の目的，内容，方法を各人が自ら決定する**自己決定学習**（進歩的な生涯教育）を重視した。

3 × 『アメリカの高等教育』は，D.ボックの著作である。
ハッチンスは著書『学習社会』（1968年）において，「**ラーニング・ソサエティ**」という語を最初に使った人物である。学習社会とは「国民一人一人が，職業技術の習得，自己実現，ないしは生活の質の向上などを目的として，生涯にわたって，自主的，主体的に学習を継続する社会」をいう。

4 × 『限界なき学習』は，1979年にローマクラブが出したレポートである。
文中の記述も，『限界なき学習』で述べられていることである。フォールはユネスコの教育国際開発委員会の委員長を務めた人物で，1972年に生涯教育・学習社会の方向を示した報告（**フォール・レポート**）を公表した。

5 × アンドラゴジーは成人を対象とする教育である。
アンドラゴジーは成人教育，ないしはそれを研究する成人教育学のことで，対象は高齢者に限られない。アンドラゴジーを提唱したのは**M.S.ノールズ**で，この人物の著書『成人教育の現代的実践－ペダゴジーからアンドラゴジーへ』において詳しい。フレイレは開発途上国の被抑圧者の教育について研究した人物で，**『被抑圧者の教育学』**という著作が名高い。

No.5 の解説　社会教育・生涯学習の政策

→問題はP.131　正答3

1 ×　学校の教育課程として行われる教育は含まれない。

社会教育法2条では，社会教育とは「学校の教育課程として行われる教育活動を**除き**，主として青少年及び成人に対して行われる組織的な教育活動（体育及びレクリエーションの活動を含む）」と定義されている。社会教育法では，社会教育の目標は規定されていない。文中でいわれているのは，学校教育法21条が定める義務教育の目標である。

2 ×　生涯教育の必要を示したのは，1971年の中央教育審議会答申である。

1971年の答申「今後における学校教育の総合的な拡充整備のための基本的施策について」において，**生涯教育**の観点から全教育体系を総合的に整備すべきことがいわれた。「**期待される人間像**」は，1966年の中央教育審議会答申「後期中等教育の拡充整備について」の別記として出された文書で，「正しい愛国心をもつこと」や「象徴（天皇）に敬愛の念をもつこと」などを提唱したが，生涯教育の目標とされたのではない。

3 ◎　1987年の臨教審答申において，生涯学習体系への移行が名言された。

「生涯教育」というと上からの押しつけという感が強いので，現在では，人々の能動的・主体的な側面を重視した，**生涯学習**という言葉が使われるようになっている。

4 ×　生涯学習振興法は，生涯学習振興のための都道府県の事業等を定めた法律。

同法では，普通教育を受けていない者に対する，リカレント教育の機会の保障については定められていない。

5 ×　「民主的で～福祉に貢献」は，教育基本法前文の記述である。

生涯学習の理念について規定した同法3条では，「国民一人一人が，自己の人格を磨き，豊かな人生を送ることができるよう，その生涯にわたって，あらゆる機会に，あらゆる場所において学習することができ，その成果を適切に生かすことのできる社会の実現が図られなければならない」といわれている。寿命の延びで「人生100年の時代」がいわれる中，生涯学習の重要性が増している。

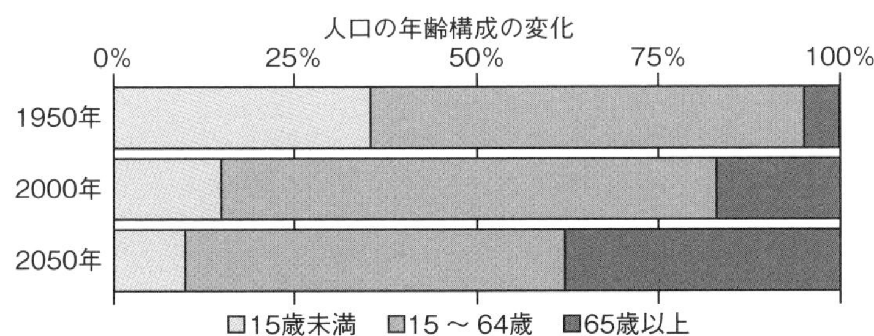

教育学
第4章 生涯学習

実戦問題❸　難問レベル

＊＊＊
No.6　生涯発達に関する記述として最も妥当なのはどれか。

【国家総合職・令和４年度】

1　R.B.キャッテルとJ.L.ホーンは，知能の結晶性と流動性という考え方を提唱した。結晶性知能とは情報処理のあり方に関係する能力であり，流動性知能とは蓄積された一般知識，言葉の知識や運用力を含む能力である。彼らは，この２つの知能は加齢による影響が異なっており，結晶性知能は加齢に伴って機能低下が起きるが，流動性知能は年齢にかかわらず安定していると主張した。

2　生涯発達の研究では，年齢効果，コホート効果，練習効果の３種類の影響を考慮する必要がある。横断法ではコホート効果と練習効果が交絡している一方，縦断法では年齢効果とコホート効果が交絡しているとされる。そこで，K.W.シャイエは，横断法と縦断法を組み合わせた研究法である系列法を用いて知能の研究を行い，知能のピークが20～30代であることを示した。

3　P.B.バルテスらは，成人期の発達を，補償，選択，最適化の３つの原理にまとめている。補償はめざすところに向けて持っている資源を利用することである。選択は喪失があったときに他の手立てで補い，もとのパフォーマンスを維持することである。最適化は利用可能な資源から，それを割り当てる対象や分野を絞り込み，そこに集中することである。

4　D.ショーンフィールドとB.A.ロバートソンは，20～60歳以上の様々な年齢群の実験参加者に対して，刺激として24個の単語リストを提示し，その後，再生テストと再認テストで年齢差を比較する実験を行った。その結果，再生テストでは大きな年齢差が見られたが，再認テストでは年齢差は見られなかった。

5　R.L.カーンとT.C.アントヌッチは，離脱理論を提起した。これは，人が自らを取り巻く様々な社会的関係の人に守られながら人生の局面を乗り切っていく様子に関するモデルであり，対象となっている個人にとってソーシャルサポートの点から重要だが，親密さの程度が異なる人々が，対象者の周りを三層を成して取り囲んでいると考える。このモデルでは，社会的関係を加齢に伴って変化しない安定的なものであると捉える。

＊＊＊
No.7 生涯学習施設に関する次の記述のうち，最も妥当なのはどれか。

【国家一般職・平成20年度】

1 公民館は，社会教育法に定められている施設である。町村民の社会教育の拠点として第二次世界大戦後に設置されたもので，地域住民の学習活動の場を提供することから集会施設に位置づけられている。市町村または民法34条でいう法人のみが設置することができる。

2 博物館は，博物館法に定められている施設である。法的な位置づけから登録博物館・博物館相当施設・博物館類似施設という３つの種類に分けられるが，その目的と役割は同じである。そのため，どの種類の博物館においても専門的職員の学芸員を置くことが義務づけられている。

3 図書館は，図書館法に定められている施設である。図書館法での図書館には，国立図書館・公立図書館・私立図書館（法人等の設置）・学校図書館が含まれる。目的が図書・資料などを収集して一般利用を図ることとされているため，すべての図書館に入館料無料の原則が適用される。

4 生涯学習センターは，生涯学習振興法に定められている施設である。生涯学習政策の推進と地域社会の都市化・拡大化に伴って，公民館を国と都道府県が設置できるようにして広域対応型にして名称を変えたものである。したがって，その機能は，市町村立の公民館と同じである。

5 青年の家は，社会教育法に定められている施設である。すべての施設は国が設置し文部省（当時）が管理する施設であったが，近年の行政改革により独立行政法人化と都道府県への移管がなされた。18歳以上の青年対象の施設のため，小・中学生や高校生は利用できない。

実戦問題❸の解説

No.6 の解説　生涯発達　→問題はP.134　正答4

1 ×　結晶性知能と流動性知能の説明が逆である。

結晶性知能は，知識，言葉の知識や運用能力を含む能力で，流動性知能は，情報処理のあり方に関係する能力である。後者は加齢に伴い低下するが，前者は年齢にかかわらず安定している。

2 ×　横断法では，年齢効果とコーホート効果が交絡する。

横断法は，特定時点で異なる年齢層のデータを比較するものだが，そこで観察された年齢差は，年齢（加齢）によるものか，コーホート（育った時代環境）によるものかを識別できない。縦断法は特定コーホート（世代）を追跡するものだが，年齢による変化が，年齢（加齢）によるものか，個人の練習（暮らし方）によるものかを弁別できない。系列法は両者を組み合わせたもので，シャイエの知能研究では，流動性知能のピークは20〜30代だが，結晶性知能のピークは**60代**であることが示された。知能のピークは，知能の種類によって異なる。

3 ×　補償と選択の説明が逆である。

めざすところに向けて持っている資源を利用することは選択，喪失を他の手立てで補うことは補償である。バルテスの理論は，目標の選択（selection），資源の最適化（optimization），補償（compensation）の3つからなるもので，SOC理論といわれる。

4 ◎　手掛かりを与えられる再認には，大きな年齢差は認められなかった。

再生は，手掛かりなしに記憶を思い起こすことで，再認は，手掛かりを与えられて記憶を思い起こすことをいう。選択肢のない穴埋め問題は再生法，選択肢から記憶したものを選ぶ問題は再認法に属する。後者においては，年齢差はなかったという。

5 ×　離脱理論ではなく，コンボイモデルである。

離脱理論は，高齢者が社会から離れることは避けられないという説で，カミングとヘンリーが提唱した。コンボイモデルは，人間は親密度の異なる3つの層で囲まれており，最も親密な内側の層（配偶者，親友など）との関係は加齢に関係なく安定しているが，親密度が低い外側の層（同僚，隣人など）との関係は，当人の社会的役割の変化に応じて変わりやすいという。社会的関係の全てが安定的なものではない。

No.7 の解説 生涯学習施設

→問題はP.135 正答 1

1 ◎ 公民館は，代表的な社会教育施設である。

公民館の事業は，「討論会，講習会，講演会，実習会，展示会等を開催すること」などである（社会教育法22条）。公民館には，館長のほか，**公民館主事**という専門職員が置かれる（同27条１項）。

2 × 博物館相当施設と博物館類似施設では，学芸員の設置は義務ではない。

登録博物館は，都道府県教育委員会の登録審査を受けた施設で，博物館法が定める事業を行う。**博物館相当施設**は，文部科学大臣もしくは都道府県教育委員会が博物館に相当すると指定した施設で，博物館に類する事業を行う。博物館相当施設には，学芸員に相当する職員が置かれる。最後の**博物館類似施設**とは，博物館と同種の事業を行う施設であるが，設置に際して審査はなく，博物館法の規定も適用されない。よって，学芸員の設置も義務づけられていない。

3 × 私立の図書館は入館料を徴収できる（図書館法28条）。

図書館法での図書館とは公立図書館と私立図書館である。国会図書館は国会図書館法，学校図書館は学校図書館法の規定が適用される。

4 × 生涯学習センターは，生涯学習振興法で定められていない。

生涯学習センターとは，**公民館**の別称である。よってその機能は市町村立の公民館と等しい。なお公民館は，市町村と法人のみが設置できる（社会教育法21条）。国や都道府県は設置を認められていない。

5 × 青年の家は，社会教育法で定められていない。

青年の家は，かつては国の管理下にあったが，現在では独立行政法人・青少年教育振興機構の管轄下にある（都道府県への移管というのは誤り）。青少年の団体宿泊訓練施設であるが，18歳以上に対象が限定されてはいない。

試験別出題傾向と対策

頻出度	試験名	国家総合職					国家一般職					国家専門職（法務省専門職員）				
	年度	21-23	24-26	27-29	30-2	3-5	21-23	24-26	27-29	30-2	3-5	21-23	24-26	27-29	30-2	3-5
	テーマ ＼ 出題数	6	4	6	8	7	3	3	3	3	4	7	4	5	6	4
A	8 教授・学習理論	3	2	2	3	2	3	2	2	1	1	3	2	1	3	2
C	9 学習指導要領・カリキュラム	3	2	3	3	3		1	1	2	2	3		2	2	1
C	10 教育評価			1	2	2					1	1	2	1	1	1

教育方法学の問題はおおよそ，①教授・学習理論，②学習指導要領・カリキュラム，③教育評価の３分野に分かれる。①は出題頻度が高く，歴史上の著名な教育方法や学習理論について問われる。スキナーのプログラム学習など，重要な理論を覚えておこう。②も頻出。スペアーズのカリキュラム類型や，教育課程の国家基準である学習指導要領の内容を問う問題が多い。学習指導要領の変遷史も要注意である。③では，教育評価の基本的な方法（絶対・相対・個人内）や評価の阻害要因についてよく問われる。ブルームの教育評価類型も出題頻度が高い。

● 国家総合職（人間科学）

①では歴史上の著名な教育方法や学習方法がよく出る。パーカーストのドルトン・プランやフィリップスのバズ学習などが頻出である。令和５年度では，教育における情報機器の活用といったタイムリーな問題も出題された。②では学習指導要領が頻出で，道徳科，総合的な学習の時間，特別活動に関する規定の正誤判定問題が出題されている。元年度では，2017年の学習指導要領改訂の要点について問われた。『教職教養らくらくマスター』の学習指導要領のテーマを学習しておこう。③の教育評価については，元年度ではピグマリオン効果，２年度では多様な評価技法（パフォーマンス評価など）に関わる問題が出題されている。

● 国家一般職

①の分野は，国家一般職試験でよく出る。これまでの問題を見ると，先人が実践した教育方法や学習方法の記述の正誤判定問題が大半である。29年度では，キルパトリックのプロジェクト・メソッドについて問われている。スキナーのプログラム学習も出題頻度が高い（５年度で出題）。28年度と元年度では，小学校学習指導要領の変遷（②）について問われた。2017年の学習指導要領改訂で，小学校高学年の教科に外国語が加わったが，こうした時事事項も押さえておこう。③の教育評価の問題も出題されたことがある。ブルームによる教育評価の３類型である。この事項は，教育評価の分野では出題頻度が高い。

裁判所（家庭裁判所調査官補）					
21-23	24-26	27-29	30-2	3-5	
5	5	2	2	4	
2	2	1	2	1	テーマ 8
1	2	1		1	テーマ 9
2	1			2	テーマ 10

● 国家専門職（法務省専門職員）

①はほぼ必出である。国家総合職や一般職と同じく，教育方法や学習方法の歴史が頻出である。令和２年度では，ロールプレイングの問題が出題されている。スキナーの理論の出題頻度が高いのも，法務省専門職員の特徴である。②では，学習指導要領の問題が多い。２年度では２問出題されている。道徳教育や特別活動といった特定領域について深く問う問題も見られる。③では，ウェクスラーの知能検査が２回出題されている。全体的に見て，法務省専門職員という職種の性格が出ている。ブレーン・ストーミング，ディベートといった集団討議の技法，アンガー・マネジメントやソーシャル・スキルズ・トレーニングなどの教育相談の技法の知識も持っておきたい。文部科学省『生徒指導提要』に出ている。

● 裁判所（家庭裁判所調査官補）

①は比較的出題頻度が高い。モニトリアル・システムやマスタリー・ラーニングなど，著名な教育方法について論述させる問題が主である。授業や発問の仕方など，実践論の問題もみられる（19～20年度，29年度）。30年度はアクティブ・ラーニング，元年度は習熟度別指導について説明させる問題であった。②では，学習指導要領の基本的な性格を論じさせる問題が多い。学習指導要領の法的性格（基準的性格）とはどういうものか，という問題などである。③はこの15年で５回出ているが，基本的な評価基準や評価項目（関心・意欲・態度）について問う，易しい問題である。５年度は，学校での学習評価の基本事項に関する問題であった。

教授・学習理論

必修問題

教授理論・学習理論に関する記述として最も妥当なのはどれか。

【国家総合職・平成30年度】

1 **直観教授**とは，人間の中に内在している自然の力（本性）を重視して，認識の本源である自然・事物などにより，その伸長を図ることを目指した教授法である。J. H. ペスタロッチは，幼児用の教育的遊具である「**恩物**」を幼児にとって親しみやすくすることが直観教授の課題であるとした上で，「数・形・色」を**直観のABC**とした。

2 **イエナ・プラン**とは，R. シュタイナーによって提唱され，実践された学校改革案である。彼は，子供を学校内におけるあらゆる政治的・世界観的対立から避けさせて，能力や属性により学校内で差別を受けさせない教育環境を作るため，性・身分・宗教・能力によって学校の種類を分け，学校内の均一化を図ることを提案した。

3 **ドルトン・プラン**とは，H. パーカーストによって創始されたプランである。これは教科を数学や歴史などの主要教科と音楽や体育などの副次教科に分けた上で，主要教科については，教師が課す「アサインメント」（「学習割当」）を，児童・生徒が引き受ける形で実施された。

4 **ウィネトカ・プラン**とは，C. ウォシュバーンが実施した，主に1860年代から1870年代に米国の都市部を中心に普及した教育プログラムである。これは，機械的な反復暗唱に基づく一斉授業方式を用いることにより，主に読み・書き・算数に関して，複数の生徒に対し，効率的に知識を教授することを目的とした。

5 **モリソン・プラン**とは，H. C. モリソンが提唱した学習指導の方法である。彼は，特に児童期の段階では，社会的影響を排除した隔離空間において，子供の発達段階に即した「自然」の歩みに沿った教育の必要性を提唱し，「自然人」の良さを保持しつつ，社会的状態において生きる「人間」の教育が必要であるとした。

難易度　＊

必修問題の解説

歴史上の著名な教授・学習理論（実践）について問われている。それぞれの考案者を知っておけば正答できる問題ではなく，具体的な中身についても問われている。次ページのPOINTに主なものはまとめてあるが，小社の『教職基本キーワード1200』も参照し，知識を深めておきたい。

1 × 「恩物」は，F.W.A.フレーベルが考案した教育用の玩具である。
恩物という名称には，神からの子どもたちへの贈り物という意味が込められている。ペスタロッチの直観のＡＢＣは「数・形・色」ではなく，「**数・形・語**」である。

2 × イエナ・プランは，P.ペーターゼンが実施した教育計画である。
イエナ・プランはドイツのイエナ大学附属学校で実施され，従来の**年齢別学年学級制を廃止**し，固定化・形骸化した学校教育を克服することを意図した。学校の種類を分け，教育環境の均一化を図ったのではない。シュタイナーは，「オイリュトミー」や「フォルメン」という独自の教科を必修とした，**シュタイナー学校**を創設した人物である。

3 ◎ ドルトン・プランでは，生徒と教師が学習の契約を結ぶ。
ドルトン・プランは，アメリカのマサチューセッツ州のドルトン町のハイスクールで，パーカーストが実践した教育方法である。生徒は教師と学習の契約を結び，**アサインメント**に依拠して，自分のペースで学習する。

4 × ウィネトカ・プランでは，一斉学習ではなく個別学習が重視された。
ウィネトカ・プランは，**1920年代**に，アメリカのイリノイ州ウィネトカ町の教育長ウォシュバーンが実施した教育方法である。コモン・エッセンシャルズと集団的創造活動からなり，前者では，読み・書き・算の基礎訓練を**個別学習**の形で行うものである。

5 × モリソン・プランは，科学型の教科の指導方法である。
モリソン・プランでは，各教科の各学習単元は，①探索，②提示，③理解，④組織化，⑤発表の５段階を経て指導される。こうした緻密な「マスタリー方式」の過程を通して，各単元の完全な習得を促すものである。

正答 3

FOCUS

歴史上の著名な教授理論や実践について問われる。キルパトリックのプロジェクト・メソッド，パーカーストのドルトン・プラン，フィリップスのバズ学習など，頻出のものはだいたい決まっている。形式としては，各理論・実践の文章の正誤判定問題が多い。提唱者の名前や内容のキーワードをもとに判別することになるので，これらを押さえておきたい。

POINT

重要ポイント 1　教授理論

近代教授学では，実物の提示や直観を通じて知識が体得されると考える。

●実物教授と直観教授

実物教授：実物を用いて生徒に知識を授けること。実物を提示したり，それに触らせたりして，対象に関する正確な認識を生徒に獲得させる。**コメニウス**が提唱。

直観教授：感覚的直観を媒介にして，生徒に知識を伝達する過程をいう。そこでは，実物や絵などが教材として用いられる。**ペスタロッチ**は，「数・形・語」を直観のABCとした。

●教授段階説

いわゆるヘルバルト学派の教授段階説が有名である。

ヘルバルト	4段階説	明瞭－連合－系統－方法
ツィラー	5段階説	分析－総合－連合－系統－方法
ライン	5段階説	予備－提示－比較－総括－応用

重要ポイント 2　学習理論

試験でよく問われる著名な理論と実践を紹介する。

●プロジェクト・メソッド

・アメリカの**キルパトリック**によって提唱された単元学習の方法。

・生徒の学習は，自発的な生活経験学習として展開される。その過程は，①目的立て，②計画立て，③実行，そして④判断の4つの段階からなる。

●ドルトン・プラン

・アメリカのマサチューセッツ州のドルトン町のハイスクールで，**パーカースト**が実践した教育方法。

・学習は，生徒の自主的な仕事として行われる。生徒は，教師と学習の**契約**を結び，学習の配当表（**アサインメント**）に依拠して，自分のペースで学習する。

●イエナ・プラン

・ドイツのイエナ大学附属学校にて，**ペーターゼン**が実施した教育計画。

・従来の年齢別学年学級制を廃止。下級（第1～3学年），中級（4～6），上級（6，7～8），そして青年集団（8，9～10）という基幹集団を編成。

●ウィネトカ・プラン

・アメリカのイリノイ州ウィネトカ町の教育長**ウォシュバーン**が実施した教育方法。

・コモン・エッセンシャルズと集団的創造活動からなる。個別学習と集団活動を組み合わせたもの。

●その他の理論・実践

問題解決学習：生徒が自ら学習問題を捉え，それを解決しようと試行錯誤する中で，知識や技能を学習していく方法。**デューイ**の経験主義が支柱。

発見学習：生徒を知識の生成過程に参加させることで，もろもろの学習能力や態度の育成を図る方法。**ブルーナー**が主張。

プログラム学習：学習者に学習プログラムを提示し，個別学習によって，目標へと到達させる教育方法。**スキナー**が提唱。ティーチング・マシンの活用。

完全習得学習：指導の途中での形成的評価や，それに基づく指導の個別化などを駆使することで，すべての子どもに学習内容を取得させること。**ブルーム**が提案。

重要ポイント 3 学習指導の方法

以下の方法がよく知られている。今日でも実践されているものもある。

指導の方法	内　容
モニトリアル・システム	教師が，いく人かの助教（モニター）を介して，大人数の生徒を教育するための方法。**ベル**と**ランカスター**が考案。
バズ学習	6人ずつのグループで6分間議論させる。6－6討議ともいう。**フィリップス**が考案。わが国では塩田芳久が実践。
ジグソー学習	学習課題をパートに分け，学習を分担し，各自で成果を教え合う。アロンソンが提唱。
ロール・プレイング	実社会で期待されるもろもろの役割行為を演技させ，学習させること。**役割演技**ともいう。
ブレーン・ストーミング	**オズボーン**が考案した，新しいアイディアを得るための討議法。批判禁止，自由奔放に意見を述べるなどが原則。
ディベート	ある特定のテーマについて，賛否の両派に分かれて議論をすること。勝敗はジャッジによって下される。
仮説実験授業	**板倉聖宣**が考案した科学教育の方法。生徒たちに「仮説」を立てさせ，「実験」させる，というプロセスをたどる。
水道方式	**遠山啓**らが提唱した，算数の計算指導の方法。計算の過程を「素過程」に分解し，それらを複合させて発展させていく。

重要ポイント 4 まとめ

主なものについて，名称・提唱者・キーワードの3点セットで整理しておく。

名　称	提唱者	キーワード
プロジェクト・メソッド	キルパトリック	単元学習の方法
ドルトン・プラン	パーカースト	教師と生徒の学習の契約
ウィネトカ・プラン	ウォシュバーン	個別学習と集団活動
問題解決学習	デューイ	経験主義が支柱
発見学習	ブルーナー	知識の生成過程への参加
プログラム学習	スキナー	ティーチング・マシン
完全習得学習	ブルーム	指導途中での形成的評価
モニトリアル・システム	ベル，ランカスター	助教を介した大量教授
バズ学習	フィリップス	6－6討議

実戦問題❶ 基本レベル

＊＊
No.1 プログラム学習についての記述として最も妥当なのはどれか。

【法務省専門職員・平成25年度】

1 学習されるべき法則や原理を，学習者自らが発見していく学習の方法をいう。J.S.ブルーナーは，この学習の効果として，「知的潜在力の増進」，「内発的な動機づけ」，「長い記憶保持」などを挙げている。

2 少人数で短時間，自由に話し合い議論する方法をいう。J.D.フィリップスが始めた，6人ずつに分かれ6分間話し合う「6・6法」が典型的で，全体討議への準備・導入となり，学習者全員の主体的な参加を可能にする。

3 生徒を集団として組織し，集団の中でその人格の形成を図る方法をいう。集団への作用と個人への作用とを並行的に行う「並行作用の原則」を教育の原理とし，「教育目的」を見通し路線として捉え，近い見通しから遠い見通しという路線を定めている。

4 細分化した学習内容を系統的に配列し，それを学習させる方法をいう。B.F.スキナーの理論を基礎としており，「スモール・ステップ」，「積極的反応」，「即時確認」，「自己ペース」，「学習者による検証」を主要な原理としている。

5 1人の教師が1学級の学習者全体に同一内容・同一進度で学習させる方法をいう。一定時間に多量の情報を伝達したり，一定の枠内で思考させたり活動させたりすることができる一方，学習者が受動的になり，主体性を発揮しにくいという問題点も指摘されている。

＊
No.2 教育方法に関する記述として最も妥当なのはどれか。

【国家総合職・平成22年度】

1 コメニウス（Comenius, J.A.）は，その著『大教授学』において，児童の活動を教授の中心にとらえ，自然そのものの直観こそが人間的教授の基礎であり，直観から概念へという認識過程の把握に基づいて，「基礎教授」，「直観のABC」を示した。

2 ヘルバルト（Herbart, J.F.）は，その著『一般教育学』において，教授は教育内容を媒介する活動とし，訓育的教授として子どもの興味の多面性の発達に対応させた「予備・提示・比較・総括・応用」という5段階の子どもの認識・思考過程を示した。

3 ブルーナー（Bruner, J.S.）は，その著『教育の過程』において，あらかじめ学習者に先行オーガナイザーとして情報を提供し，学習者自身に命題を発見させ，すべての教科で効率的に知識の習得をめざす発見学習を示した。

4 モンテッソーリ（Montessori, M.）は，その著『児童の世紀』において，児童の最も特色ある活動は遊戯であるとし，個々の子どもの孤立した遊びではなく，遊びを通した母親と子どもの相互作用のために,「恩物」と呼ばれる遊具を考案した。

5 キルパトリック（Kilpatrick, W.H.）は，その著『プロジェクト・メソッド』において，人間の学習は目的的活動の遂行であるとし，この目的的活動の単位として「目的・計画・実行・判断」の4段階で構成される単元学習を示した。

No.3* **学習指導方法に関する記述として最も妥当なのはどれか。**

【国家総合職・平成26年度】

1 J.デューイを中心とする経験主義の教育思想と反省的思想に基づく問題解決学習では，教師の指導性が重視される。これは，教師の正当な指導があって初めて，子どもの知識，技能が確実に定着すると考えられる系統学習の一つであり，子どもの発達及びその順次性を踏まえ，体系的に指導を行うことが特徴として挙げられる。

2 E.アロンソンが開発したジグソー学習とは，コンピュータの助けを借りて授業や自主的学習を進めるシステム，すなわち個人差に応じた情報や，反応の型に応じた問いの提示，反応の分析，評価など，指導や学習の全過程あるいはその一部を制御するシステムを利用した学習方法である。

3 B.S.ブルームが提唱した完全習得学習とは，大多数の子どもに一定水準以上の学習内容を習得させるため，学習方法・評価を工夫したものである。例として，全ての子どもが習得すべき到達目標を具体的に設定し，クラス単位での共通学習を行った後，その学習成果の形成的評価を実施し，その結果に基づき補習的学習や深化学習を行うといった方法が挙げられる。

4 F.ケッペルらによるハーバード大学の研究プロジェクトに始まったティーム・ティーチングとは，一つの議題をめぐり一定のルールに基づき，肯定，否定の双方に分かれて話合いを行うことで，議題に対する様々な側面からの理解を深めるものである。互いの相違点を調整しながら，同じ目標達成を目指す過程で批判的思考力や自律的思考力を習得できる点に学習としての意義が認められている。

5 L.J.クロンバックらは，教師が子どもに対してもっている期待が，実際の子どもの成績に影響を及ぼすことがあることを，適性処遇交互作用と呼んだ。これは,「この子どもはやればもっとできるはず」といった教師の予見によって，子どもとの関係が特定の方向性をもって形作られていくためであり，教師はこのような自身の働き掛けに自覚的になることが求められる。

教育学 第5章 教育方法学

No.4* **米国の教育学者W.H.キルパトリックに関する次の記述のうち，妥当なのはどれか。**
【国家一般職・平成29年度】

1　J.H.ペスタロッチの影響を受けて，「作業（労作）教育」を構想した。子供を受動的にする従来の学校教育を「書物学校」として批判して，子供の自己活動を中心とする「作業（労作）学校」の必要性を提起し，その教育計画を「ドルトン・プラン」としてまとめた。

2　精神発達の遅れた子供に対する教育経験から，「生活による生活のための学校」を構想した。子供の「興味の中心」と「本源的欲求」に基づいて中心題目を設定し，観察，表現，発表の三段階で学習を構成することを提唱した。

3　J.デューイの影響を受けて，行動することによって学習が成立するという経験主義的な教育理論を主張し，「目的的活動」を通して学ぶという「プロジェクト・メソッド」を提唱した。

4　従来の教育は画一的であると批判し，子供の自律的な学習を中心とした教育を行うべきだと主張した。個別学習から始めて，相互学習に進み，更に進んだ個別学習を行うという学習プロセスや，教科を統合した「合科学習」を構想した。

5　矯正教育の経験に基づいて，集団主義の教育学を提唱した。児童学が子供研究から教育の方法を引き出すことを批判し，非行少年の再教育という困難な状況下にあっては，軍隊的規律による訓練を通して人格形成を行う「分団式動的教育法」が有効であると主張した。

No.5* **教育方法に関する記述として最も妥当なのはどれか。**
【法務省専門職員・令和元年度】

1　ブレーン・ストーミングとは，自分と他者双方の意見，気持ち，権利を尊重しつつ，相手にはっきりとかつ適切に自己表現するというコミュニケーションのスタイルを習得したり，改善したりすることを目的としたトレーニングの方法である。

2　ディベートとは，少人数で短時間話し合うことを繰り返す討議法の一つである。6名程度のグループによる6分程度のディスカッションを基本単位として授業を構成するのが典型的な方法であることから，「6－6討議法」とも呼ばれる。

3　ICT教育とは，コンピュータやインターネットなどの情報通信技術を活用して行う教育のことである。文部科学省は，人口過少地域においてICTを活用して遠隔地間の子供の学びを充実させる取組を行うなど，学校教育におけるICT活用の推進を図っている。

4　アンガー・マネジメントとは，あるテーマについて，異なる意見を持つ数名の代表者を中心に行う討論の形式である。代表者相互又は代表者と一般参加者との間で質疑応答や意見交換を行う形が一般的で，学校においては主に調べ学習の発表で用いられている。

5 ソーシャル・スキルズ・トレーニング（SST）とは，板倉聖宣が開発した科学教育に関する授業方法であり，実験の結果の予想，仮説の設定，実験結果の検証を積み重ねながら，科学の基本的な概念と原理的な法則を学ぶことを目的としている。

*** No.6 教授方法や学習過程に関する記述A～Dのうち，妥当なもののみを挙げているのはどれか。** 【法務省専門職員・平成30年度】

A：適性処遇交互作用とは，教材の提示順序や提示法，教授法などの処遇と学習者の適性との間に交互作用が見られる現象のことをいう。すなわち，適性処遇交互作用における考え方は，一定の課題を学習させるときに，どの処遇が優れているかは学習者の適性によって異なるという現象を重視するものである。

B：プログラム学習とは，B. F. スキナーのオペラント条件付けを基本原理として，学習場面に応用された学習方法の形態をいう。彼のプログラム学習では，スモール・ステップの原理に従って，学習者ができるだけ誤った反応をしやすいようにプログラミングすることが前提となっている。誤った反応に対しては，軽微な痛みを伴う罰が用意されており，できる限り直ちに罰を与えることで効果が増すとされている。

C：チーム・ティーチングとは，生徒どうしが協力してチームを組み，生徒が他の生徒に教える形式で行う教育の方法をいう。チーム・ティーチングでは，グループ分け，学習の内容，時間割について教員の助言や指導を受けながら柔軟に行うが，環境の整備や教材などの準備にはかなりの労力と時間を要する。

D：アクティブ・ラーニングとは，学修者の能動的な学修への参加を取り入れた教授・学習法の総称とされている。学修者が能動的に学修することによって，認知的，倫理的，社会的能力，教養，知識，経験を含めた汎用的能力の育成を図るものである。発見学習，問題解決学習，体験学習，調査学習などが含まれるが，教室内でのグループ・ディスカッション，ディベート，グループ・ワークなども有効なアクティブ・ラーニングの方法である。

1 A，B
2 A，C
3 A，D
4 B，D
5 C，D

実戦問題1の解説

No.1 の解説　プログラム学習

→問題はP.144　正答4

1 ×　ブルーナーが提唱した発見学習に関する記述である。
外発的ではなく内発的な動機によって習得された知識は，長く記憶にとどまることが期待される。ブルーナーは『教育の過程』の中で，この**発見学習**の考え方を，学習指導法のレベルにとどまらず，学校教育のカリキュラム構成そのものに反映させることを主張している。

2 ×　フィリップスが考案したバズ・セッションに関する記述である。
6人のグループで6分間話し合うことから，バズ・セッションは**6－6討議**とも呼ばれる。なお，バズ（buzz）とは，人々ががやがやと話し合うことを意味する。

3 ×　マカレンコの集団指導論に関する記述である。
マカレンコはソビエトの教育家であり，少年院で矯正教育にあたった。非行少年の矯正教育を行う立場にあったマカレンコは，規律ある集団教育による訓育を重視していた。

4 ◎　プログラム学習は，スキナーの提唱によるものである。
プログラム学習は，学習者に学習プログラムを提示し，個別学習によって，目標へと到達させる教育方法である。学習内容の細分化・系列化（スモール・ステップ）や自己ペースを原則とし，**ティーチング・マシン**が用いられる。この教授法は，教育の個別化に大きく貢献した。

5 ×　一斉学習に関する記述である。
日本の学校の授業では**一斉学習**の形式がとられることが多いが，生徒の興味・関心を度外視した，詰め込み教授に陥りやすいきらいがある。生徒の能動性を発揮できる，個別学習や小集団学習などの形態も随時取り入れる必要がある。

No.2 の解説　著名な教育方法

→問題はP.144　正答5

1 ×　「直観のABC」を示したのはペスタロッチである。
ペスタロッチは，直観から概念（認識）への筋道を体系的に明らかにし，直観教授を提唱した。「基礎教授」という箇所は誤り。**直観のABC**とは，「数・形・語」という直観の3要素をさす。**コメニウス**の『大教授学』は，近代教授学の金字塔と評される書物である。

2 ×　「予備・提示・比較・総括・応用」という5段階教授説はラインのもの。
ヘルバルトの教授段階説は，「**明瞭・連合・系統・方法**」の4段階説である。ヘルバルトの弟子のツィラーやラインは，この4段階説を修正して独自の5段階説を打ち立てた。

3 ×　発見学習は，学習者に命題を発見させるものではない。
ブルーナーが説いた**発見学習**とは，生徒を知識の生成過程に参加させることで，もろもろの学習能力や態度の育成を図る方法である。生徒の内発的な動機づけを重視するものであり，そこで得た知識は深く定着することが期待される。なお先行オーガナイザーとは，オーズベルの**有意味受容学習**において，学習者にあらかじめ提供されるものである。

4 × 『児童の世紀』を著したのは，エレン・ケイである。

エレン・ケイは『児童の世紀』という著作において，20世紀は「児童の世紀」であると説いた。恩物という教育用の玩具を考案したのは，モンテッソーリではなく**フレーベル**である。**モンテッソーリ**は，ローマの貧民街に「子どもの家」を開設し，モンテッソーリ・メソッドという教育方法を実践したことで知られる。

5 ◎ プロジェクト・メソッドは，キルパトリックが提唱した。

この教授法のもとでは，生徒の学習は，一定の目的を持った，自発的な生活経験学習として展開される。大正末期，入沢宗寿や松涛泰巌らによって，わが国にも導入され，当時の新教育運動に大きな影響を与えた。

No.3 の解説　学習指導の方法

→問題はP.145　**正答3**

1 × 問題解決学習では，教師の指導性は重視されない。

問題解決学習は，**生徒が自ら学習問題を捉え，それを解決しようと試行錯誤**する中で，知識や技能を学習していく方法である。デューイの経験主義教育思想を理論的支柱としている。

2 × ジグゾー学習ではなく，プログラム学習に関する記述である。

学習者に学習プログラムを提示し，個別学習によって目標へと到達させる教育方法で，**スキナー**によって提唱された。**ジグソー学習**とは，学習の主課題を分割して異なるグループに与え，それぞれのグループが解決案をもち寄って，主課題を解決する学習法である。協同学習の方法として，アロンソンが提唱した。

3 ◎ 指導の途中で形成的評価を実施する。

完全習得学習は，指導の途中での**形成的評価**や，それに基づく指導の個別化などを駆使することで，全ての子どもに学習内容を取得させることを目指す。

4 × ティーム・ティーチングではなく，ディベートに関する記述である。

たとえば，「移民受け入れの是非」というテーマが与えられたら，是側（賛成側）は根拠を示しながらそれがいかに素晴らしいかを訴え，否側（反対側）も根拠を示しながらそれがいかに恐ろしいことかを訴える。一定時間の議論を尽くした後，数人のジャッジによって勝敗の判定が下される。**ティーム・ティーチング**は，複数の教師が協力して指導を行うことである。

5 × 適性処遇交互作用ではなく，ピグマリオン効果に関する記述である。

教師が期待をかけ，肯定的な態度で接した生徒の成績がよくなる現象をいい，ローゼンタールらの実験で実証された。クロンバックが提唱した**適性処遇交互作用**とは，学習の成果は，学習者の適性と処遇（指導法）の組み合わせによって決まるという考え方である。

No.4 の解説 20世紀後半における米国の教育改革 →問題はP.146 正答３

1 × **労作教育を構想したのは，G.ケルシェンシュタイナーである。**
ケルシェンシュタイナーは，書物学校としての性格が強かった，ドイツの国民学校を**労作学校**に転換することを図った。ドルトン・プランは，**パーカースト**がアメリカのハイスクールで実践した教育方法である。

2 × **O.ドクロリーの「ドクロリー法」に関する記述である。**
ドクロリーは「生活による生活のための学校」において，本肢でいわれているような教育方法（**ドクロリー法**）を実践した。なおドクロリー法における学習は「観察・**連合**・発表」の３段階からなる。

3 ◎ **W.H.キルパトリックのプロジェクト・メソッドに関する記述である。**
キルパトリックが提唱した「プロジェクト・メソッド」においては，生徒の学習は，一定の目的をもった（自発的な）生活経験学習として展開される。プロジェクト・メソッドは，大正末期に入沢宗寿や松涛泰巖らによって日本にも導入され，当時の新教育運動に大きな影響を与えた。

4 × **合科学習を構想したのは，木下竹次である。**
木下竹次は，奈良女子高等師範学校付属小学校主事を務めた人物で，大正期の日本の進歩主義教育運動を指導した。教科を統合した「**合科学習**」は今日でも重視されており，小学校学習指導要領においても「指導の効果を高めるため，合科的・関連的な指導を進めること」と定められている。

5 × **集団主義の教育学を提唱したのはA.S.マカレンコである。**
マカレンコは，２つの少年院で非行少年の矯正教育に携わった。「分団式動的教育法」とは，児童の能力や特性の違いに応じて指導の個別化を図るもので，**及川平治**が実践した教育方法である。

No.5 の解説 教育方法 →問題はP.146 正答３

1 × **ブレーン・ストーミングは，新しいアイディアを得るための討議法である。**
５～10名の集団で，①他人の発言を批判しない，②自由奔放に考えを述べる，③アイディアを多く出す，④意見を結合し発展させる，ということを原則とする。**F.オズボーン**が考案した。

2 × **ディベートでなく，バズ学習の記述である。**
ディベートは，「ある特定のテーマの是非について，2グループの話し手が，賛成・反対の立場に**別れて**，第三者を説得する形で議論を行うこと」である（全国教室ディベート連盟）。客観的な根拠をもとに，論理立てて相手を説得する技法が身に付く。

3 ◎ **ICTとは，「Information and Communication Technology」を指す。**
和訳すると情報通信技術である。ICT，へき地教育の振興の上でも重要な役割を果たす。教育のICT化が目指されているが，それは教授指導のICT化と校務のICT化の２本柱からなる。後者には，庶務連絡や教材の配布をインターネット経由で行うこと等も含まれるが，この面におけるICT化は，日本は諸外国と比して著しく遅れている。

4 × **アンガーマネジメントは，怒りの対処法を段階的に学ぶ方法である。**
「きれる」行動に対して「きれる前の身体感覚に焦点を当てる」「身体感覚を外在化しコントロールの対象とする」「感情のコントロールについて会話する」などの段階を踏んで，怒りなどの否定的感情をコントロール可能な形に変える（文科省『生徒指導提要』）。文中でいわれているのは，ディベートに関する記述である。

5 × **SSTは，様々な社会的技能をトレーニングにより育てる方法である。**
「相手を理解する」，「自分の思いや考えを適切に伝える」，「人間関係を円滑にする」，「問題を解決する」，「集団行動に参加する」などがトレーニングの目標となる（文科省，上記資料）。文中でいわれているのは，**仮説実験授業**に関する記述である。

No.6 の解説　教授方法・学習過程　→問題はP.147　正答３

A ○ **適性処遇交互作用は，L.J.クロンバックによって考案された。**
この理論によると，学習の成果には，学習者の適性と処遇（指導法）の双方が影響しているので，学習指導に際しては，子どもの適性の型に応じて指導法を変えるなどの配慮が求められる。

B × **誤った反応をしやすいようにプログラミングするのではない。**
プログラミング学習は，①学習内容の細分化・系列化，②学習者の**積極的反応の喚起**，③即自的なフィードバック，④学習者のペースの重視，を方法原理としている。②と③は，細分化した**正答しやすい**課題を提示し，できたら即座にフィードバック（褒める）することで，学習者のやる気を引き出すことを意味する。オペラント条件付けは，好ましい反応に報酬を与え，そうした反応をより強化するものである。

C × **チーム・ティーチングは，複数の教師が協力して指導を行うことである。**
TTの対象となる生徒の集団は，大集団，中集団，小集団というように柔軟に設定され，集団のサイズや性質に応じて，数名の教師が協力して各教科等の指導を行う。**ケッペル**が考案したもので，個に応じた指導の方法として注目されている。

D ○ **ALは，2017年公示の新学習指導要領のキーワードである。**
一方通行の座学ではなく，児童・生徒の参加を促す。アクティブ・ラーニング（AL）の視点からの授業改善は，「子供たちそれぞれの興味や関心を基に，一人一人の個性に応じた多様で質の高い学びを引き出すことを意図するもの」とされる（2016年12月，中央教育審議会答申）。

以上より，妥当なものはAとDであるから，正答は**3**である。

実戦問題❷ 応用レベル

＊＊＊
No.7 教育方法に関する次の記述のうち，最も妥当なのはどれか。

【国家一般職・平成24年度】

1 コア・カリキュラムとは，時間割やベルが廃止された学習環境において，子どもが教師から配布された学習の配分表に従いつつ，自分のペースを中心に個別に学習を進める教育方法である。また，どの教科から始めてもいつ休憩してもよいとされ，大正期新教育において広く展開された。

2 CAIとは，通常は1学級を単位として，学級の子ども全員に同一内容を同一時間に指導する形式の教育方法である。一斉指導，一斉教授とも呼ばれ，コンピュータによる情報伝達の仕組みを参考に考案されたものである。

3 習熟度別学習とは，学習内容の習熟の程度に応じて能力別または進路別に編成された学級や学習集団，または個別の形態において，創意・工夫された適切な指導を受けながらすべての子どもに目標とされる学習内容を確実に身につけさせる教育方法である。

4 NIEとは，主に小学校段階の四則計算の指導で行われ，「一般から特殊へ」の原則に従って教科書に段階的に配列された練習問題を決められた順序で解決させることにより，子どもの学力の向上をめざす教育方法である。

5 インクルージョンとは，学校教育で，障害を持つ子どもと健常な子どもとを分離し，特に障害を持つ子どもを特別支援学校に入学させて，障害の内容や程度に従って児童・生徒をクラス分けし，それに応じたカリキュラムを実施する，障害を持つ子どものみを対象とした教育方法のことである。

＊＊
No.8 学校における教授形態に関する記述として最も妥当なのはどれか。

【国家総合職・平成23年度】

1 複式学級とは，1学級当たり1人の教員を配置する通常の学級担任の場合とは異なり，複数の教員を学級担任として配置することが特別に認められた学級編制の方式であるが，これは経験不足の若手の学級担任の増加に伴い，ベテラン教員が支援するための方式である。

2 特別支援学級の学級編制の標準は，小学校16人（第1学年を含む場合は8人）中学校8人とされており，さらに複数の学年の児童生徒を同一学級に編制できるとされているが，在籍する児童生徒の有する障害の重度・重複化の実態から，これらの制度の改正が求められている。

3 モニトリアル・システムとは，授業後に補足的に行われる教員による聞き取り，すなわちモニタリングを機能させる個別相談による指導方式であり，その原型は，イギリスにおいて，ベル（Bell, A.）とランカスター（Lancaster, J.）によって提唱されたものである。

4 通級による指導とは，障害の程度に応じて，通級指導教室など，特別の指導を受けることができる指導形態であるが，その対象は言語障害，自閉症，情緒障害，弱視，難聴の児童・生徒であり，学習障害や注意欠陥多動性障害の児童・生徒は対象となっていない。

5 ティームティーチング（協力教授）とは，児童または生徒の心身の発達に配慮し，個性に応じた教育を行うため，学級内，学年内あるいは異学年間において学習集団を形成し，教頭および教諭等，複数の教員の協力によって行われる指導方式である。

No.9 ＊＊ **教育方法に関する記述として最も妥当なのはどれか。**

【国家総合職・平成25年度】

1 ソーンダイク（Thorndike, E.L.）は，単級小学校の授業上の困難を克服するために，「ドルトンプラン」を創設し，各教室を教科別の「実験室」，教師を「助言者」とすることで，生徒に自治権を与え，自主的な学習を促しその効果を高めようとした。数学や国語など大科目は，教師が課すアサインメント（学習割当）を生徒が契約仕事として行う方法がとられた。

2 ベル（Bell, A.）とランカスター（Lancaster, J.）は，生徒の自発性を損なわせず，かつ教師の積極的な指導の効果を高めるための指導法として「モニトリアルシステム」を創設した。この方法に基づき，複線型学校制度の下で「知識から感覚へ」「易から難へ」という教授原則を踏まえた一斉教授方式が導入された。

3 フィリップス（Phillips, J.D.）は，教育的な意味でのプロジェクトは学習者自身の目的意識・課題意識を出発点とし，それに支えられた活動であるとして「ティーチング・マシン」を開発した。これにより，成功体験のイメージを働かせて知識や技能が習得され，望ましい性格形成や態度の育成も可能になるとされた。

4 オーズベル（Ausubel, D.P.）は，学習者が，すでにもっている認知構造に学習材料を適切に関連づけ，その材料から新たな知識を意味のあるものとして受容していく「有意味受容学習」を提唱した。学習者に思考の枠組みとなるような先行オーガナイザーをあらかじめ導入しておくと，学習材料の理解が容易となり，学習者の認知構造への受容が促進されるとした。

5 キルパトリック（Kilpatrick, W.H.）は，オペラント条件づけの理論を基にして，学習内容をスモールステップで学習者に提示して学習させるという「プロジェクト・メソッド」を開発した。この方法により，問題提示の仕方や配列，解答に必要なヒントの提示など工夫が施され，問題解決的な作業の過程から知識を習得するプログラム学習の発展の基礎が作られた。

実戦問題2の解説

No.7 の解説　教育方法

→問題はP.152　正答3

1 × **パーカーストが提唱したドルトン・プランに関する記述である。**
1920年代にアメリカで実践されたドルトン・プランは，大正期のわが国にも紹介・導入され，当時の新教育運動において広く展開された。**コア・カリキュラム**とは，中心課程（core course）と周辺課程からなるカリキュラムである。中心課程には，生徒の関心に応える，教科の枠を超えた総合的な学習内容が用意され，周辺課程の教科の学習は，これとの関連において展開される。実践事例として，**バージニア・プラン**が挙げられる。

2 × **CAIとは，コンピュータが教育や学習を支援強化するシステムである。**
コンピュータが人間教師に代わって，教育や学習を支援強化するシステムであり，computer-assisted instructionの略をとって**CAI**といわれる。多人数を同時に個別的に教える方式や，学習者の能力に応じて学習内容を提示する自動プログラミング方式などがある。

3 ◎ **習熟度別学習に関する記述である。**
学習指導要領の上でも，個に応じた指導の一環として，「習熟の程度に応じた指導」を行うことが推奨されている。習熟度別学習の代表的な形態は**習熟度別学級編成**であり，多くの学校で実施されている。

4 × **遠山啓らが提唱した水道方式に関する記述である。**
水道方式は，算数の計算指導の方法として開発された。計算の過程を，単純な**素過程**に分解し，それに習熟させた後，その組合せである複合過程の遂行に移るものである。「一般から特殊へ」という筋道がたどられる。**NIE**（Newspaper in Education）は，新聞を教材にして学習を行うことである。

5 × **インクルージョンとは，すべての子どもを同じ場所で教育することである。**
インクルージョンとは**包括教育**ともいわれ，障害のある子どもも含めて，すべての子どもを同じ場所で教育することを志向する。インクルージョンは，すべての子どもを包み込み，一人一人の**ニーズ**に応じた支援を行おうという意図を持つ。障害児の教育は，以前は特殊教育といっていたが，現在では特別支援教育（special needs education）に名称変更されている。

No.8 の解説　学校における教授形態

→問題はP.152　正答5

1 × **複式学級とは，異なる学年の児童生徒から編制される学級である。**
「義務教育諸学校の児童又は生徒の数が著しく少ないかその他特別の事情がある場合においては，…**数学年**の児童又は生徒を１学級に編制することができる」と定められている（公立義務教育諸学校の学級編制及び教職員定数の標準に関する法律３条１項）。へき地の学校では**複式学級**も少なくない。

2 × **小学校の特別支援学級の標準児童数は，16人ではなく８人である。**
特別支援学級の標準規模や編制方式の改正が求められているという事実もな

い。

3 × **モニトリアル・システムは，助教を介した大量教授の方法である。**
このシステムでは，生徒は班に分けられ，各班に助教が配置される。助教らは，教師の教授がひととおり終わった後，自分の受け持ちの班の生徒が内容をどれほど理解しているかをテストする。

4 × **対象には，学習障害（LD）や注意欠陥多動性障害（ADHD）の者も入る。**
通級の指導の対象となるのは，①言語障害者，②自閉症者，③情緒障害者，④弱視者，⑤難聴者，⑥**学習障害者**，⑦**注意欠陥多動性障害者**，⑧その他障害のある者で，特別の教育課程による教育を行うことが適当なもの，である（学校教育法施行規則140条）。

5 ◎ **ティーム・ティーチング（TT）は，ケッペルが考察した。**
個に応じた指導を図るための指導方法である。

No.9 の解説　教育方法

→問題はP.153　**正答4**

1 × **ドルトン・プランを創設したのはパーカーストである。**
アメリカのマサチューセッツ州のドルトン町のハイスクールで，**パーカースト**が実践した教育方法である。プランの名称は，この地名による。ソーンダイクは，問題解決の学習は**試行錯誤**によってなされると説いたことで有名。

2 × **モニトリアル・システムは，助教による一斉教授の方法である。**
教師がいく人かの**助教**（モニター）を介して，大人数の生徒を教育するための方法として開発された。19世紀の産業革命期に，読書算と機械の操作能力を備えた労働力の大量需要に対応すべく，考案された教授法である。最後の文章も誤り。

3 × **キルパトリックのプロジェクト・メソッドに関する記述である。**
ティーチング・マシンの箇所は，プロジェクト・メソッドとなる。**プロジェクト・メソッド**は，一定の目的をもった，自発的な生活経験学習を展開させるものである。J.D.フィリップスは，**バズ学習**の考案者である。

4 ◎ **キーワードは，「有意味受容学習」である。**
生徒がすでに持っている知識体系と直に関連づけることが難しいような学習内容を教える際は，事前に学習内容の概要を簡単に説明する，関連図書を読んでこさせるなどの，**先行オーガナイザー**を与えるのがよいとされる。

5 × **キルパトリックではなく，スキナーに関する記述である。**
プロジェクト・メソッドの箇所は，**ティーチング・マシン**となる。スキナーの**プログラム学習**は，①学習内容の**細分化**・系列化（スモール・ステップ）を原理とする。

学習指導要領・カリキュラム

必修問題

平成29年３月に告示された小学校学習指導要領及び中学校学習指導要領，同年４月に告示された特別支援学校小学部・中学部学習指導要領に関する記述として最も妥当なのはどれか。 【国家総合職・令和元年度】

1　小・中学校学習指導要領では，児童・生徒に必要な学びとして「主体的・創造的で幅広い学び」が掲げられ，その実現に向けて，教師は授業を工夫・改善していくことが求められている。また，「**生きる力**」の理念が具体化され，知識・技能や思考力・判断力・表現力等をバランスよく育んでいくために教育内容の充実が図られた結果，小学校の標準授業時数は各学年で増加となり，中学校の標準授業時数は第２学年以上で増加となった。

2　小・中学校学習指導要領では，各学校において「**カリキュラム・マネジメント**」を確立することが求められている。これは，教育内容の全体構造の中に置かれる中心課程と，それと有機的に関連付けられる周辺課程とで編成されるカリキュラムに基づき，組織的かつ計画的に各学校の教育活動の質の向上を図っていくことを指し，校長や教頭等の管理職の役割であるとともに，各学校が学校評価を行う際の重要なポイントであるとされている。

3　小学校学習指導要領では，第３学年及び第４学年において，教科としての英語が新たに定められ，聞くこと，話すこと（発表），書くこと（作文）の三つの領域別に目標が設定された。また，第５学年及び第６学年においては，英語を母語とする外国人教師による指導に基づくカリキュラムが編成されることとなり，その目標として，他者に配慮しながら主体的に英語を用いてコミュニケーションを図ろうとする態度を養うことが挙げられている。

4　小学校学習指導要領では，コンピュータでの文字入力等の習得，プログラミング的思考の育成など，コンピュータを活用した学習指導の充実を図るため，第５学年及び第６学年において**プログラミング**に関するカリキュラムが新たに編成され，年間で35単位時間の情報教育に関する授業を行うことが必修となった。なお，授業では，地域社会の人材や民間企業に講師を依頼するなど，地域資源の活用も可能としている。

5　特別支援学校小学部・中学部学習指導要領では，小学部及び中学部を通じ，児童及び生徒の障害による学習上又は生活上の困難を改善・克服し自立を図るために必要な知識，技能，態度及び習慣を養うことが目標とされている。また，特別支援学校における**自立活動**の指導は，障害による学習上又は生活上の困難を改善・克服し，自立し社会参加する資質を養うため，学校の教育活動全体を通じて適切に行うものとされている。

難易度　＊＊

必修問題の解説

2017年・18年に公示された新学習指導要領の改訂内容に関わる問題である。長ったらしい文章だが，新聞レベルの知識で難なく正答できる。小学校では，高学年の教科の外国語が導入され，プログラミング教育が必修となった。

1 × 小学校の標準授業時数は，第3学年以上で増加となった。

第3・4学年に**外国語活動**（70時間），第5・6学年に**教科の外国語**（140時間）が設けられたことによる。小学校の標準授業時数の合計は，5,645時間から5,785時間に増えた。中学校の標準授業時数は各学年とも1,015時間で変化はない。

2 × 中心課程と周辺課程からなるカリキュラムに基づくのではない。

カリキュラム・マネジメントは「教育課程に基づき組織的かつ計画的に各学校の教育活動の質の向上を図っていくこと」だが，中心課程と周辺課程から編成されるカリキュラム（**コア・カリキュラム**）に基づくとはされていない。また，校長の方針のもと，教職員が役割を分担して行うものである。「校長や教頭等の管理職の役割」という箇所も誤り。

3 × 教科としての外国語が，第5学年及び第6学年に新たに定められた。

教科の名称は英語ではない。目標は「聞くこと・読むこと・話すこと（発表）・話すこと（やり取り）・書くこと」という5つの領域別に設定されている。高学年において，外国人教師による指導に基づくカリキュラムを編成するという規定はない。最後の目標の箇所は，英語ではなく外国語である。

4 × 高学年で，情報教育の授業が必修という規定はない。

情報教育を行う学年の定めはない。年間35単位時間の情報教育の授業が必修という規定もない。

5 ◎ 特別支援学校には，自立活動という独自の領域がある。

特別支援学校は，障害のある子どもを対象とする。特別支援学校は都道府県が設置し，地域の特別支援教育センターとしての機能も果たす。特別支援学校は幼稚部，小学部，中学部，高等部からなり，対象となる障害の程度は，学校教育法施行令22条の3で定められている。

正答 5

FOCUS

教育課程の国家基準である学習指導要領についてよく問われる。上記のように各年の改訂内容を問う問題のほか，改訂内容の文章を時代順に配列させる問題も出る。この手の問題に対処できるよう，各年の改訂内容のキーワードを押さえておきたい（158～159ページの表）。

教育学
第5章 教育方法学

POINT

重要ポイント 1 学習指導要領とは

以下の基礎事項を覚えよう。

・学習指導要領とは，国によって公示される教育課程の基準をいう。教育課程は，各学校が独自に編成することになっているが，その際，教育課程の**国家基準**としての学習指導要領に依拠することが法定されている。

・種類としては，小学校用，中学校用，高等学校用，および特別支援学校用の４種類がある。

・内容は，**総則**，**各教科**，特別の教科である道徳，外国語活動（小学校のみ），総合的な学習の時間，特別活動，および**自立活動**（特別支援学校のみ）の章からなる。

重要ポイント 2 学習指導要領の変遷

学習指導要領はおおよそ10年間おきに改訂されてきている。各年の改訂内容を選ばせたり，時代順に並べ替えさせたりする問題が頻出。「**1989年＝生活科**」など，重要なキーワードを押さえること。

<1947年版学習指導要領>
・最初の学習指導要領。アメリカのコース・オブ・スタディを参考として作成。
・あくまで「**試案**」であり，各学校が教育課程編成の際に参考とすべきもの。

<1951年版学習指導要領>
・1947年版と同様，「試案」としての性格を持つ。
・教科を４つの大領域に分け，各領域の時間が全体に占める比率の目安を提示。

<1958年版学習指導要領>
・学習指導要領は，教育課程の国家基準となり，**法的拘束力**を持つことになった。
・**道徳の時間**が新設され，小・中学校の教育課程は，各教科，道徳，特別教育活動，そして学校行事の４領域で構成されることとなった。

<1968年版学習指導要領>
・特別教育活動と学校行事を**特別活動**に統合。
・教育内容の「**現代化**」が掲げられ，教育内容が増やされた。

<1977年版学習指導要領>
・それまでの能力主義教育が反省され，「ゆとり」と「**精選**」という考え方のもと，教育内容および授業時数が削減された。

<1989年版学習指導要領>
・小学校低学年と社会と理科を統合して「**生活科**」を創設。
・高校の社会科を廃止して，「地理歴史科」と「公民科」を創設。

<1998年版学習指導要領>
・学校週５日制の完全実施や，小・中学校における教育内容の３割削減など，「**ゆとり教育**」を導入。
・教育課程に「総合的な学習の時間」を導入。「**生きる力**」の育成を重視。
・高等学校の教科として「情報科」が創設される。

<2003年版学習指導要領>
・学習指導要領に示して**いない**内容を加えて指導することができることを明確化。学習指導要領は，あくまで最低限教える内容の「基準」。

<2008年版学習指導要領>
・ゆとり教育路線が見直され，授業時数の増加が図られた（特に理数教科）。 ・小学校高学年の教育課程に**外国語活動**を新設。
<2015年版学習指導要領>
・道徳の教科化。小・中学校の道徳が「**特別の教科・道徳**」となり，文部科学省の検定教科書を使うことになった。
<2017年版学習指導要領>
・小学校の英語教育の早期化。中学年から外国語活動を実施し，高学年では**外国語科**を新設。プログラミング教育を必修化。

重要ポイント3 教育課程論

教育課程とは，英語で**カリキュラム**という。

●スペアーズのカリキュラム類型

相関カリキュラム	教科や科目の枠は保ちつつ，内容が類似したもの同士を関連づけて生徒に学習させるカリキュラム。
融合カリキュラム	いくつかの教科ないしは科目の枠を取り払い，それらを融合させて新しい教科・科目を編成したカリキュラム。
広領域カリキュラム	全体の教科・科目を，いくつかの広い領域（人文領域，社会領域，自然領域など）に分けて編成したカリキュラム。
コア・カリキュラム	中心課程（core course）と周辺課程からなるカリキュラム。中心課程には，生徒の関心に応える，教科の枠を超えた総合的な学習内容が据えられる。

●教育課程の領域

小学校	各教科，特別の教科である道徳，**外国語活動**，総合的な学習の時間，特別活動
中学校	各教科，特別の教科である道徳，総合的な学習の時間，特別活動
高等学校	各教科に属する科目，総合的な探究の時間，特別活動

・特別支援学校では**自立活動**が加わる。

●各教科の中身（高等学校は，各学科に共通する教科）

小学校	国語，社会，算数，理科，生活，音楽，図画工作，家庭，体育，外国語
中学校	国語，社会，数学，理科，音楽，美術，保健体育，技術・家庭，外国語
高等学校	国語，地理歴史，公民，数学，理科，理数，保健体育，芸術，外国語，家庭，情報

・知的障害者を対象とする特別支援学校の教科は以下。

小学部	生活，国語，算数，音楽，図画工作，体育
中学部	国語，社会，数学，理科，音楽，美術，保健体育，職業・家庭

実戦問題❶　基本レベル

＊＊
No.1　学習指導要領の変遷に関する記述A～Dを古いものから年代順に並べたものとして最も妥当なのはどれか。　【国家総合職・平成19年度】

A：小学校低学年において，「生活科」が新設された。また，高等学校においては，「地理歴史科」，「公民科」が新設された。

B：小・中学校において，「社会科」，「自由研究」が新設された。また，小学校においては，「家庭科」が，中学校においては，「職業科」が新設された。

C：小・中・高等学校において，「総合的な学習の時間」が新設された。また，高等学校の普通教科に「情報」が新設された。

D：小学校において，「教科以外の活動」が，中・高等学校においては，「特別教育活動」が新設された。また，中学校の「体育」が，「保健体育」に改められた。

1　B→A→C→D
2　B→A→D→C
3　B→D→A→C
4　D→B→A→C
5　D→C→A→B

＊＊
No.2　わが国における学力観及び教育課程の変遷に関するア～エの記述のうち，妥当なもののみをすべて挙げているのはどれか。　【国家一般職・令和元年度】

ア：昭和52（1977）年の小・中学校学習指導要領改訂に当たっては，産業化の進展に対応したカリキュラムへの反省から，児童生徒の側に立って教育内容の見直しを行うこととなり，「生きる力」の育成を掲げて授業時数及び指導内容量の増加が行われた。

イ：生涯学習の基盤を培うという観点から，平成元年に学習指導要領が改訂された。それを受けて平成３年に改訂された小・中学校の指導要録では，各教科において「知識・理解」の項目を評価の最上位に位置付ける到達度評価が導入された。

ウ：平成10～11年の学習指導要領改訂に当たっては，自ら学び自ら考える力を育むことが目指され，教育内容の厳選，授業時数の縮減，教科等の枠を超えた横断的・総合的な学習の時間である「総合的な学習の時間」の創設などが行われた。

エ：平成20年の小学校学習指導要領の改訂に当たっては，社会や経済のグローバル化が進展し，異なる文化の共存や持続可能な発展に向けて国際協力が求められるとともに，人材育成面での国際競争も加速していることから，高学年において外国語活動が新設された。

1 ア，イ
2 ア，ウ
3 イ，ウ
4 イ，エ
5 ウ，エ

No.3* **学習指導要領は定期的に改訂されているが，次は，各改訂における主なねらいと特徴を示した記述である。A～Eを古いものから年代順に並べたものとして最も妥当なのはどれか。** 【法務省専門職員・平成27年度】

A：社会の変化に自ら対応できる心豊かな人間の育成を図ることを基本的なねらいとし，小学校において生活科が新設された。

B：時代の進展，科学技術の発展に応じ教育内容の一層の向上（特に，算数・数学，理科の教育内容の現代化）が図られるとともに，義務教育9年間を見通した指導内容の精選・集約が行われた。

C：教育課程の基準として文部大臣（当時）が公示した初めての学習指導要領である。道徳の時間が新設されたほか，基礎学力の充実を図るために，国語及び算数の授業時数が増やされた。

D：完全学校週5日制の下で，各学校がゆとりの中で特色ある教育を展開し，豊かな人間性や基礎・基本を身に付け，個性を生かし，自ら学び自ら考える力などの「生きる力」を培うことを基本的なねらいとした。また，教育課程の新領域として「総合的な学習の時間」が創設された。

E：教育基本法の改正等を踏まえ，「生きる力」を育むという理念を実現するため，その具体的な手立てを確立する観点から，確かな学力を確立するために必要な授業時数を確保すること，「総合的な学習の時間」の授業時数等を弾力的な取扱いとすることなどが示された。

1 A→B→C→D→E
2 A→C→D→E→B
3 C→A→D→E→B
4 C→B→A→D→E
5 C→D→E→A→B

実戦問題1の解説

No.1 の解説　学習指導要領の変遷
→問題はP.160　正答3

A：**1989年**の改訂内容である。「生活科」がキーワード。**生活科**は，小学校低学年の理科と社会を統合して新設された教科である。①高校の社会科を廃止して，「**地理歴史科**」と「**公民科**」を創設したこと，②中学校の選択教科をすべての教科に拡大したことなども，この年の改訂の目玉ポイントである。

B：**1947年**の最初の学習指導要領である。「自由研究」「職業科」など。初期の学習指導要領は「**試案**」であり，各学校が教育課程を編成する際に参考とする程度のものであった。しかし，1958年の改訂により法的拘束力を持つ国家基準となった。この点は重要である。

C：**1998年**の改訂内容である。「総合的な学習の時間」に注目。この年の学習指導要領改訂は，学校週５日制の完全実施や，小・中学校における教育内容の３割削減など，いわゆる「**ゆとり教育**」を導入した改訂として知られる。教育課程に「総合的な学習の時間」が加えられるとともに，「**生きる力**」をはぐくむことが初めて強調されたのも，この改訂においてである。

D：**1958年**の改訂内容である。「**特別教育活動**」は特別活動の前身である。この年の改訂により，小・中学校の教育課程は，各教科，道徳，特別教育活動，そして学校行事の４領域で構成されることとなった。なお1968年の改訂時に，特別教育活動と学校行事は**特別活動**に統合された。この領域は現在まで引き継がれている。

よって，正答は**3**である。

No.2 の解説　学力観と教育課程の変遷
→問題はP.160　正答5

ア×　**「生きる力」の育成が掲げられたのは，1998年の改訂においてである。**
1977年の学習指導要領改訂では，高度経済成長期の能力主義教育が反省され，「ゆとり」と「精選」という考え方のもと，教育内容および授業時数が削減された。

イ×　**「関心・意欲・態度」が最上位に位置づけられた。**
1991年改訂の指導要録では，「**関心・意欲・態度**」「思考・判断」「技能・表現」「知識・理解」の４項目からなる到達度評価が導入された。これに先立つ1989年改訂の学習指導要領にて，新しい学習観，学力観が提示されたことと対応している。子どもの個性を重視し，生涯にわたって学ぶ意欲を育成しようという，生涯学習体系への移行方針も反映している。

ウ○　**いわゆる「ゆとり」の学習指導要領として知られる。**
1998・99年改訂の学習指導要領は，学校週５日制の完全実施や，小・中学校の教育内容の３割削減など，いわゆる「**ゆとり教育**」を導入した改訂として知られる。以後，学力低下論争が巻き起こり，2008年改訂の学習指導要領では授業時数が増やされることになった。

エ○ **2017年改訂の新学習指導要領では，外国語活動は中学年に移されている。**
2008年改訂の学習指導要領では，小学校高学年の教育課程に**外国語活動**を導入し，高校の外国語の授業は英語で指導することを基本とした。2017年改訂の新学習指導要領では，高学年に教科の外国語を新設し，外国語活動を**中学年**に移行した。

以上より，妥当なものは**ウ**と**エ**であるから，正答は**5**である。

No.3 の解説　学習指導要領の改訂の推移

→問題はP.161　**正答4**

A：**1989年**の改訂である。小学校低学年の理科と社会が統合されて**生活科**となった。生活科のねらいは，「具体的な活動や体験を通して，身近な生活に関わる見方・考え方を生かし，自立し生活を豊かにしていくための資質・能力を次のとおり育成すること」である（小学校学習指導要領，2017年版）。

B：**1968年**の改訂である。1957年のスプートニク・ショック（旧ソ連による人工衛星打ち上げ成功）を契機に，科学技術力向上に向けた国際競争が高まる中，**教育内容の「現代化」**が掲げられた。

C：**1958年**の改訂である。それまでは，学習指導要領は各学校が教育課程を編成する際に参照すべき「試案」であったが，この改訂により，法的拘束力を有する教育課程の**国家基準**となった。以降，各学校は学習指導要領に依拠して教育課程を編成しなければならないことになっている。小・中学校の教育課程に**道徳の時間**が新設されたのもこの年である。高度経済成長への離陸期という時代状況も相まって，科学技術教育や教科の系統性を重視した教育も志向されるようになった。

D：**1998年**の改訂である。学校週５日制の完全実施や，小・中学校における教育内容の３割削減など，いわゆる「**ゆとり教育**」を導入した改訂として知られる。総合的な学習の時間が新設されたのもこの年である。

E：**2008年**の改訂である。学力低下に対する批判の高まりを受け，ゆとり教育路線が見直され，授業時数の増加が図られた。また，小学校高学年の教育課程に外国語活動が導入された。2017年告示の新学習指導要領では，外国語活動は中学年で行うことになり，高学年の教科に外国語が新設された。

よって，正答は**4**である。

実戦問題❷　応用レベル

＊＊＊
No.4　カリキュラムの編成原理に関する記述として最も妥当なのはどれか。

【国家総合職・令和元年度】

1　系統主義とは，科学や学問などに基づいた知識体系を前提として学習の内容や方法を決定する立場である。その典型としては，学習内容の範囲を「スコープ」，その内容の系列を「シークエンス」としてカリキュラムを編成したヴァージニア・プランが挙げられる。

2　相関カリキュラムとは，複数の教科に共通の要素を見いだし，教科間の境界を取り払った上で，学習内容を再編成するカリキュラムである。例えば，物理と化学などを理科とすることがこれに当たり，教科内容を相互に関連付けることで，より総合的な取組が可能となる。

3　融合カリキュラムとは，教科の独自性を保ちながら，学習効果の向上のために，内容的に複数の教科を関連付けて編成するカリキュラムである。例えば，クロス・カリキュラムがこれに当たり，理科と数学，社会と国語と家庭科などを組み合わせるのが一般的である。

4　R. タイラーは，カリキュラムの編成原理を，①教育目的の選定，②その目的を達成する教育的経験の選択，③教育的経験の組織，④目的達成についての評価，の4段階に分け，その全体を通して，教育目的を「行動目標」として明確化することに重点を置いた。

5　カリキュラム開発のモデルとして，工学的アプローチの限界を踏まえて提起された羅生門的アプローチでは，一般的な目標を設定し，教材や教具を計画的に配置し，心理測定的な評価を行うという手続を踏むとされている。

＊＊
No.5　次は，カリキュラムの類型に関する記述であるが，A～Dに当てはまるものの組合せとして最も妥当なのはどれか。　【法務省専門職員・令和２年度】

・［　A　］は，学習者の興味や関心に基づき，現実の問題解決の活動を中心に構成されるものである。学習に対する主体性や意欲を高める効果が期待できる。

・［　B　］は，関連の深いいくつかの教科を統合して，新しい教科や領域を構成するものである。たとえば，生物，化学，物理を理科という一つの科目にすることが考えられる。

・［　C　］は，ある一つの学習領域を中心課程として設定し，そこから派生して必要とされる知識や技術を周辺課程に位置付けるものである。

・［　D　］は，教科を基礎として教育内容と学習活動を編成するものである。知識を体系的，効果的に教えることができるとされる。

	A	B	C	D
1	経験カリキュラム	教科カリキュラム	コア・カリキュラム	融合カリキュラム
2	経験カリキュラム	教科カリキュラム	融合カリキュラム	コア・カリキュラム
3	経験カリキュラム	融合カリキュラム	コア・カリキュラム	教科カリキュラム
4	コア・カリキュラム	融合カリキュラム	教科カリキュラム	経験カリキュラム
5	コア・カリキュラム	経験カリキュラム	融合カリキュラム	教科カリキュラム

＊＊
No.6 **わが国の小学校における教科に関する次の記述のうち，妥当なのはどれか。**

【国家一般職・平成28年度】

1 外国語活動は，昭和33（1958）年の学習指導要領の改訂により，教育課程の一領域として設置された。さらに，平成10（1998）年の学習指導要領の改訂で，外国語が第３学年から第６学年までを対象として教科とされ，現在は，英語，ポルトガル語，中国語から一つを選択することとなっている。

2 社会科は，昭和33（1958）年に新設された教科であり，民主主義教育の推進のための教科として位置付けられた。当初は第５学年と第６学年が対象とされたが，昭和43（1968）年の学習指導要領の改訂によって，第３学年から第６学年までの設定となった。

3 「道徳の時間」は，昭和33（1958）年の学習指導要領の改訂によって，教育課程の一領域として新設された。さらに，平成27（2015）年の学習指導要領の一部改訂によって，「道徳の時間」は，「特別の教科　道徳」（「道徳科」）として新たに位置付けられた。

4 国語科は，昭和26（1951）年の学習指導要領の改訂によって誕生した。それまで独立した教科であった「読書」，「作文」，「習字」，「会話」を統合したものである。当初は，第３学年から第６学年までの設定であったが，昭和33（1958）年の学習指導要領の改訂によって全学年対象となった。

5 生活科は，昭和52（1977）年の学習指導要領の改訂によって，第１学年から第３学年までにおける家庭科と技術科を統廃合して新設された教科である。さらに，平成元（1989）年の学習指導要領の改訂では，第１学年から第３学年までにおける理科が廃止され，生活科として統合された。

No.7 ＊＊ **次は，STEAM教育に関する記述であるが，A～Eに当てはまるものの組合せとして最も妥当なのはどれか。** 【法務省専門職員・令和４年度】

統合型のSTEM教育には，［　A　］，Technology，Engineering，Mathematics のSTEM分野が複雑に関係する現代社会の問題を，各教科・領域固有の知識や考え方を統合的に働かせて解決する学習としての共通性を持ちつつ，その目的として①［　B　］・技術分野の経済的成長や革新・創造に特化した人材育成を志向するものと，②すべての児童生徒に対する［　C　］の育成を志向するものとがある。

これに加え，近年は，現実社会の問題を創造的に解決する学習を進める上で，あらゆる問いを立てるために，Liberal Arts（A）の考え方に基づいて，自由に考えるための手段を含む美術，音楽，文学，歴史に関わる学習などを取り入れるなどSTEM教育を［　D　］推進していく教育としてSTEAM教育が提唱されており，その実現のためには［　E　］を充実する必要があるとされている。

	A	B	C	D	E
1	Society	社会	日本国民としてのエンパシー	深く縦断的に	道徳教育
2	Society	社会	市民としてのリテラシー	深く縦断的に	カリキュラム・マネジメント
3	Science	科学	日本国民としてのエンパシー	広く横断的に	道徳教育
4	Science	科学	市民としてのリテラシー	広く横断的に	カリキュラム・マネジメント
5	Science	科学	日本国民としてのエンパシー	深く縦断的に	カリキュラム・マネジメント

＊＊＊
No.8 情報化と教育に関する記述として最も妥当なのはどれか。

【国家総合職・令和２年度】

1 1970年代には，パーソナルコンピュータの登場とともに，コンピュータが質問を出し学習者の回答に対して適切なフィードバックを行うCSCL（computer supported collaborative learning）について研究開発が行われた。初期のCSCLは，実存主義的な思想に基づいていたが，1990年代後半以降，インターネットによるコミュニケーションが可能になると，社会構成主義的な思想に基づいたCAI（computer assisted instruction）が開発され，学習者の議論による知識構成を支援する研究が展開された。

2 文部科学省の「平成29年度 学校における教育の情報化の実態等に関する調査」によれば，普通教室の無線LAN整備率は約８割であった。総務省は，学校の約４割が避難所・避難場所に指定されており，防災拠点として重要な役割を持っていること，また，情報セキュリティの視点に立った授業改善を図る上でWi-Fiは基盤となる設備であることから，学校のWi-Fi整備の促進を重要な課題としている。

3 『小学校学習指導要領（平成29年告示）解説 総則編』によれば，児童の日々の学習や生涯にわたる学びの基盤となる資質・能力の一つとして，情報活用能力が挙げられている。情報活用能力を具体的に捉えれば，学習活動において必要に応じてコンピュータ等の情報手段を適切に用いて情報を得たり，情報を整理・比較したり，得られた情報を分かりやすく発信・伝達したり，必要に応じて保存・共有したりできる力などであるとされている。

4 内閣府の「平成30年度 青少年のインターネット利用環境実態調査」によれば，満10歳から満17歳までの青少年のインターネット利用率を学校種別にみると，小学生，中学生，高校生のいずれも７割を下回っていた。また，インターネットを利用すると回答した青少年の目的ごとのインターネットの利用時間（利用機器の合計/平日１日当たり）をみると，「趣味・娯楽」が約36分であったのに対して，「勉強・学習・知育」は約106分であった。

5 令和元年度から，一定の基準の下で，必要に応じ，紙の教科書に代えて学習者用デジタル教科書を使用できる制度が実施されることとなった。文部科学省の「学習者用デジタル教科書の効果的な活用のあり方等に関するガイドライン」によれば，紙の教科書に代えて学習者用デジタル教科書を使用できるのは，各学年における各教科等の授業時数の４分の３未満であることとされ，また，義務教育諸学校については，紙の教科書と同様，学習者用デジタル教科書も無償給与されなければならないとされている。

実戦問題2の解説

No.4 の解説　カリキュラムの編成原理

→問題はP.164　正答4

1 ×　ヴァージニア・プランは，教科中心の系統主義のカリキュラムではない。
ヴァージニア・プランでは，生徒の興味・関心をひく社会生活の学習が中心課程に据えられ，周辺課程の教科の学習は，中心課程の学習の手段として位置づけられている。系統主義と対置される**経験主義**に依拠したカリキュラムといえる。

2 ×　相関カリキュラムではなく融合カリキュラムである。
スペアーズによるカリキュラム類型の一つで，いくつかの教科ないしは科目の枠を取り払い，それらを融合させて新しい教科・科目を編成する。わが国でも，1989年の学習指導要領改訂により，小学校低学年の社会と理科が**生活科**に融合された経緯がある。他にも，地理・歴史・公民を融合して社会科にするなど，多くの例が挙げられる。

3 ×　融合カリキュラムではなく，相関カリキュラムである。
同じくスペアーズによるカリキュラム類型の一つで，教科や科目の枠は保ちつつ，内容が類似したもの同士を関連づけて生徒に学習させるカリキュラムである。たとえば小学校入学当初のスタートカリキュラムでは，「生活科を中心とした**合科的・関連的な指導**や，弾力的な時間割の設定を行うなどの工夫をすること」とされている（小学校学習指導要領）。

4 ◎　タイラーは，評価をフィードバックの一環として捉えている。
タイラーは教育評価の新境地を開いた人物で，教育目的との関わりで成果を定期的にチェックし，指導方針やプログラムを随時改善することの必要性を説いている。教育目的を，**目に見える行動**の形で記述するという主張も重要である。

5 ×　羅生門的アプローチでは，教材・教具の計画配置や測定的評価はしない。
一般的な目標を設定し，教材や教具を計画的に配置し，心理測定的な評価を行うのは，工学的アプローチである。羅生門的アプローチでは，教師の創造的教授活動の中で最適な教材・教具を見いだし，それを使い，評価に際しては**厳密**な測定ではなく，多様な視点からの「記述」がなされる。

No.5 の解説　カリキュラムの類型

→問題はP.164　正答3

A：**経験カリキュラム**が入る。生徒の諸活動を中心に構成されたカリキュラムで，経験による学習（なすことによって学ぶ）を重視している。デューイの経験主義教育思想の影響を受けたものといえる。わが国では教科中心カリキュラムが採られているが，教育内容の画一化や落ちこぼれの量産など，その弊害に対する批判は強い。

B：**融合カリキュラム**が入る。いくつかの教科ないしは科目の枠を取り払い，それらを融合させて新しい教科・科目を編成したカリキュラムである。たとえば，1989年の学習指導要領改訂により，小学校低学年の社会と理科が**生活科に融合**された経緯がある。地理，歴史，公民を融合して社会科にするなど，多くの例がある。教科・科目を，いくつかの広い領域（人文領域，社会領域，自然領域など）に分けて編成したカリキュラムは，**広領域カリキュラム**という。

C：**コア・カリキュラム**が入る。中心課程（core　course）と周辺課程からなるカリキュラムである。中心課程には，生徒の関心に応える総合的な学習内容が用意され，周辺課程の教科の学習はこれとの関連において展開される。実践事例として，社会生活の学習を中心課程に据えた，**バージニア・プラン**が挙げられる。わが国では戦後初期，コア・カリキュラム連盟が結成され，社会科的な生活単元学習を中核に据えたカリキュラムが提案されたりした。

D：**教科カリキュラム**が入る。知識や技術の体系としての教科を中心に構成されたカリキュラムである。対語は，生徒の自発的な諸活動を重視する経験カリキュラムである。わが国では，戦後初期の頃，経験中心カリキュラムが志向されたが，1958年に学習指導要領が法的拘束力を持つようになって以降，一貫して教科中心カリキュラムが採られてきている。

よって，正答は**3**である。

No.6 の解説　小学校学習指導要領の変遷

→問題はP.165　**正答3**

1 × **2008年の改訂において，小学校高学年に外国語活動が設けられた。**
後半の記述も誤り。2017年の学習指導要領改訂により，小学校高学年で外国語が教科となった。言語は，英語が原則とされる。

2 × **社会科は，1947年の改訂で新設された教科である（対象は全学年）。**
戦前の修身，地理，歴史が廃止され，新たに社会科が誕生した。後半の記述も誤り。第３学年から第６学年の設定となったのは，1989年の改訂で小学校低学年の生活科が新設されて以降である。

3 ◎ **2015年の改訂により，道徳は「特別の教科・道徳」となった。**
「特別の教科・道徳」では国の検定教科書も使われることとなった。

4 × **国語科は，1947年の改訂で新設された教科である（対象は全学年）。**
読書，作文，習字，会話を統合したものという記述も誤り。戦前の国民学校で，そのような教科はない。

5 × **生活科は，1989年の改訂において，新設された低学年の教科である。**
社会科と理科が統合されて生活科となった。対象は第１学年と第２学年であり，現在まで変わっていない。

No.7 の解説　STEAM教育

→問題はP.166　正答4

A：**Science**が入る。STEM教育は，Science（科学），Technology（技術），Engineering（工学），Mathematics（数学）に重点を置く。日本の大学入学者のデータをみると，これらの専攻への入学者は2割ほどで諸外国と比べて低い。また女子比率が低いのも特徴である（下図）。

STEM専攻入学者の女子比率（%）

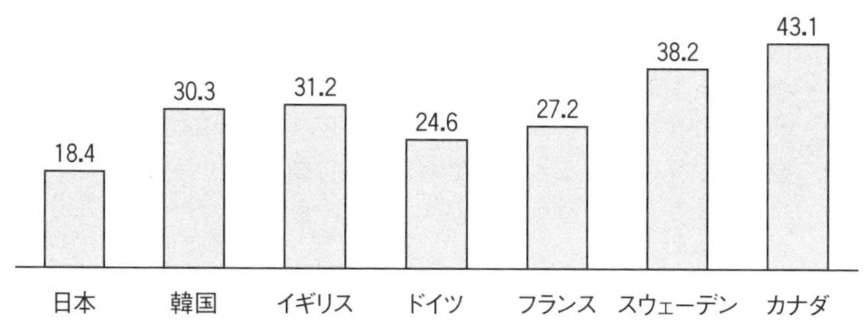

＊2020年の大学入学者のデータ。OECD統計より作成。

B：**科学**が入る。空欄Aに「Science」が入ることから，容易に正答できるだろう。

C：**市民としてのリテラシー**が入る。リテラシーとは，問題の本質を読み取り解釈する能力をいう。STEM教育は，科学・技術分野の経済的成長や革新・創造に寄与する専門人材の育成と同時に，全ての児童生徒を，**世界市民としてのリテラシー**を持つ人間に育てることをめざす。科学の力を間違った方向に使わぬためにも，全ての人がこうしたリテラシーを身に付けることが欠かせない。エンパシーとは，他者を思いやること，共感性を持つことをさす。

D：**広く横断的に**が入る。特定分野を縦断的（タテ）に掘り下げるのではなく，S・T・E・A・Mの分野を広く横断的に教育する。これが**STEAM教育**である。

E：**カリキュラム・マネジメント**が入る。「児童や学校，地域の実態を適切に把握し，教育の目的や目標の実現に必要な教育の内容等を**教科等横断的**な視点で組み立てていくこと，教育課程の実施状況を評価してその改善を図っていくこと，教育課程の実施に必要な人的又は物的な体制を確保するとともにその改善を図っていくことなどを通して，教育課程に基づき組織的かつ計画的に各学校の教育活動の質の向上を図っていくこと」である。(学習指導要領)。

よって，正答は**4**である。

No.8 の解説　情報化と教育

→問題はP.167　正答3

1 ×　CSCLは，複数の学習者の共同学習をコンピュータが支援するものである。
コンピュータが質問を出し，学習者の回答にフィードバックを行うのは**CAI**である。1970年代にはCAIの研究開発が行われたが，1990年代後半以降，インターネットを活用したCSCLの開発に重点が置かれるようになった。

2 ×　平成29年度では，普通教室の無線LAN整備率は約９割であった。
令和３年度では，普通教室の無線LAN整備率はほぼ100％に近くなっている。なお，避難所・避難場所に指定されている学校の割合は約９割である。全国津々浦々にある学校は，防災拠点としての役割を期待されている。

3 ◎　情報化社会では，情報活用能力の育成が重視されている。
情報活用能力には，「学習活動を遂行する上で必要となる情報手段の基本的な操作の習得や，**プログラミング的思考，情報モラル**，情報セキュリティ，統計等に関する資質・能力等」も含まれる（『小学校学習指導要領解説』）。現在では，小学校においてプログラミング教育が必修となっている。インターネットによる誹謗中傷が社会問題化しているが，情報モラルといった態度面の資質の涵養も重要である。

4 ×　インターネット利用率は，小・中・高校生とも８割を超えている。
平成30年度調査の結果によると，インターネット利用率は，小学生で85.6％，中学生で95.1％，高校生で99.0％となっている。インターネットの利用時間（平日１日当たり）は，「趣味・娯楽」が約106分で，「勉強・学習・知育」は約36分であった。

5 ×　学習者用デジタル教科書は，各教科等の授業時数の制限なく使用できる。
義務教育諸学校については，紙の教科書が無償給与され，学習者用デジタル教科書は**無償給与されない**。学習者用デジタル教科書は，紙の教科書と異なり，その使用が義務付けられるものでもない。

10 教育評価

必修問題

学校における教育評価に関する記述として最も妥当なのはどれか。

【法務省専門職員・令和３年度】

1 **個人内評価**とは，個人の成績が集団全体の中で占める相対的な位置をみる評価方法である。５段階評価はこの個人内評価の代表であり，上位７％を「５」，次の24％を「４」，その次の38％を「３」，その次の24％を「２」，最後の７％を「１」とすると決められている。

2 **診断的評価**とは，教師が自らの勘や直感をもとに，独断的に児童生徒の成績を決定する評価である。第二次世界大戦以前に一般に行われていた評価であるが，具体的な方法や明確な評価規準を持たないことから，戦後の教育改革に伴って廃止された。

3 **総括的評価**とは，一定の学習活動の最終段階で実施される評価であり，児童生徒がどの程度当初の学習活動の目的を達成したかを調べるものである。この評価に基づいて成績の評定や卒業（修了）の判定が行われるため，評価の信頼性や客観性が求められる。

4 **ポートフォリオ評価**におけるポートフォリオとは，学校での児童生徒の教育活動状況全般について，学校が家庭に通知，連絡する文書である。ポートフォリオには，各学期の終了時に，学業成績，行動の記録，出欠の記録，全体の所見等が記載される。

5 パフォーマンス評価で用いられる**ルーブリック**とは，学力試験などにおける得点分布について，平均値が50，標準偏差が10となるようにデータを変換した値である。これにより，異なる試験における各児童生徒の得点を同じ基準でみることができる。

難易度 ＊

必修問題の解説

成績の評価など，教育には「評価」がつきものであるが，その方法にはいろいろある。本問では，その中の代表的なものについて問われているが，常識のレベルで正答できるものがほとんどである。最近は相対評価ではなく，絶対評価や個人内評価が重視されるようになっている。

1 × 個人内評価ではなく，相対評価に関する記述である。

個人内評価は，評価の基準を，目標水準（絶対評価）や集団内での位置（相対評価）のような外的なものではなく，当人の過去の成績や他教科の成績といった**内的なもの**に求めるやり方である。この方法によると，当人の努力（がんばり）の度合いや，当人の内部でみた長所や短所を明らかにできる。相対評価は，できない子が強制的に生み出される難点がある。

2 × **診断的評価は，学習指導の前に生徒の現状を診断することである。**
学習者のレディネスや，これからの学習内容に関する予備知識の習得度などを調査し，指導計画の立案に活かす。ブルームによる教育評価の３類型の一つで，学習の**事前的・準備的**な評価活動といえる。

3 ◎ **総括的評価は，単元終了時に学習の成果を総括的に評価することである。**
ブルームによる教育評価の３類型の一つである。学習指導の事前に行う評価は**診断的評価**，途中で行う評価は**形成的評価**，終了時に行う評価は**総括的評価**である。評価の信頼性とは，誰がやっても同じ結果になることである。評価に際しては，評価者の主観や感情を排した客観的な基準を用いることが求められる。

4 × **ポートフォリオではなく，通信簿に関する記述である。**
ポートフォリオとは，学習の過程で作成したメモ，資料，教師とのやり取りの記録，自己評価，テストなどをファイルしたものである。ファイルが，画家がメモや作品をしまい込む折りカバン（ポートフォリオ）に似ていることから，このように呼ばれる。それをもとに多面的・総合的な評価を行うことを，**ポートフォリオ評価**という。

5 × **ルーブリックではなく，偏差値に関する記述である。**
ルーブリックは，成功のレベルとパフォーマンスの記述のマトリクスによる評価法で，パフォーマンス評価に用いられる。偏差値は平均値が50，標準偏差が10となるようにデータを換算した値で，以下の式で算出される。当該のデータを x，平均値を μ，標準偏差を σ とする。

$$\text{偏差値}=10\frac{(x-\mu)}{\sigma}+50$$

正答 3

FOCUS

ブルームによる教育評価の３類型と，評価の歪みをもたらす心理効果（ピグマリオン効果など）についてよく問われる。文章を提示し，名称を答えさせる単純な形式が多い。確実に正答できるようにすること。評価の方法については，伝統的なもの（絶対，相対）に加えて，個人内評価やポートフォリオ評価といった新たな技法も知っておくこと。まれに知能検査も出題されることがある。ウェクスラー式検査を中心に，代表的なものを押さえておきたい。特に法務省専門職員の受験者は要注意である。

POINT

重要ポイント 1 教育評価の３類型

ブルームによる教育評価の３類型は有名である。試験での出題頻度も高い。

●教育評価の３類型

名称	実施時期	概念
診断的評価	指導前	学習指導の前に，生徒の現状を診断し，効果的な学習指導計画の立案に生かすこと。
形成的評価	指導途中	学習指導の途中で，生徒の理解度を確認し，指導計画の修正や改善を図るために実施するもの。
総括的評価	指導後	単元終了時，学期末，ないしは学年末において，学習の成果を総括的に評価すること。

●補説

・診断的評価は入力情報（インプット）の評価，形成的評価は情報処理過程（スループット）の評価，総括的評価は出力情報（アウトプット）の評価である。

・ブルームは，形成的評価を最も重視している。形成的評価を駆使することで，学習内容を完全に習得させること（**完全習得学習**）も可能であると考えた。

重要ポイント 2 教育評価の方法

よく知られている絶対評価と相対評価以外にも，評価基準はある。

●絶対評価と相対評価

名称	概念	長所	短所
絶対評価	生徒の学習の成果が，目標とする水準にどれほど到達しているかに依拠して評価。	個々の生徒のがんばりを正当に評価できる。	評価基準の設定に評価者の主観が入りやすく，成績インフレが起きやすい。
相対評価	生徒の学習の成果が，集団内でどのような位置を占めるかに依拠して評価。	集団内での位置による客観評価が可能。成績インフレも防げる。入試等で使われる。	生徒の到達度に関する情報が，集団内での順位の割り当てによって歪められる。

●新たな評価方法

①**個人内評価**：評価の基準を，当人の過去の成績や他教科の成績といった内的なものに求めるやり方。

②**ポートフォリオ評価**：学習の過程で作成したメモ，資料，教師とのやり取りの記録，自己評価，テストなどをファイルさせ，それをもとに多面的・総合的な評価を行うこと。

③**ルーブリック**：成功のレベル（scale）と，各レベルに該当するパフォーマンスの記述（description）のマトリクスを用いる評価法。パフォーマンス評価の方法として用いられる。

重要ポイント3 評価の阻害要因

評価の歪みをもたらす心理効果として，以下のものが知られている。

ピグマリオン効果	教師が期待をかけ，肯定的な態度で接した生徒の成績がよくなる現象。**ローゼンタール**の実験で明らかにされた。
ハロー効果	相手がある優れた特徴を持っている場合，それに引きずられて，他のすべての部分についても（不当に）高く評価してしまう心理的傾向。
中心化傾向	評価者が，極端によい（悪い）評価をつけるのをためらい，評価が，評価尺度の中心付近に集中する現象。
ホーソン効果	集団の作業能率は，集団内の人間関係的条件に強く影響されること。アメリカの**ホーソン工場**の実験で明らかにされた。
スリーパー効果	コミュニケーションによる意見の変化が，直後よりも，数時間経過した後に大きくなること。
ブーメラン効果	熱心に説得すると，かえって相手から逆の反応をされがちなこと。
期末誤差	生徒の行為（パフォーマンス）を評価する際，評価時点に近い時期（期末）の行為が強く印象に残り，それに影響されること。

重要ポイント4 知能検査

知能検査も出題されることがある。代表的なものを知っておこう。

●ウェクスラー式知能検査

成人用を**WAIS**といい，5～16歳の児童用を**WISC**という。WISC－V（第5版）では，全般知能（FSIQ）と5つの主要指標・補助指標を出す。

主要指標	**言語理解**（VCI），**視空間**（VSI），**流動性推理**（FRI），**ワーキングメモリー**（WMI），**処理速度**（PSI）
補助指標	**量的推理**（QRI），**聴覚ワーキングメモリー**（AWMI），**非言語性能力**（NVI），**一般知的能力**（GAI），**認知熟達度**（CPI）

●その他の知能検査

ビネー式知能検査	・フランスの**ビネー**が，知的障害児（当時でいう精神薄弱児）を検出する目的で作成した，世界で最初の知能検査。 ・その後の改訂版では精神年齢の概念が導入され，**知能指数**も計算されるようになった。
イリノイ式 精神言語能力検査	・イリノイ大学の**カーク**が開発した知能検査。 ・言語能力に障害のある子どもを発見するための検査。
グッドイナフ 人物画知能検査	・**グッドイナフ**が考案した非言語的知能検査。 ・人物画を描かせ，それがどれほど細かく描かれているかを，標準化されたマニュアルによって採点。

・学力が知能から期待される水準よりも低い生徒を，**アンダーアチーバー**という。

実戦問題❶　基本レベル

＊＊
No.1　教育評価に関する記述として最も妥当なのはどれか。

【国家総合職・平成21年度】

1「ブレーンストーミング」は，成功の度合いを示す数値的な尺度（scale）と，それぞれの尺度に見られる認識や行為の特徴を示した記述語（descriptor）からなっており，学習者の自由な表現を引き出す「パフォーマンス課題」において活用される。

2「評価指標（ルーブリック）」は，教育目標を，知識の獲得や知的な技能などにかかわる「認知領域」，態度面や価値観の形成・変容などにかかわる「情意領域」，運動技能や道具操作技能にかかわる「精神運動領域」の3領域に分類して，評価に役立てるものである。

3「到達度評価」は，絶対評価の一種であるが，評価者による主観的な認定評価とは区別され，学力の内容を客観的で具体的な「到達目標」として設定し，それを基準として個々の学習者の目標達成度を測定し判断する評価方法である。

4「教育目標の分類学（タキソノミー）」は，評価者集団内において，各評価者が他を批判することなく自由に意見を出し合い，課題に対し一定の成果に近づけたり，独創的なアイデアを生み出したりする思考方法であり，「KJ法」を用いた評価における第一段階において実施される。

5「形成的評価」は，学級や学年全員に身につけてほしい学力内容を得点化し，それを複数の段階に振り分けて成績を決定する評価方法であり，「正規分布」を基準にして，集団内における子どもたちの相対的な位置を明らかにしようとするものである。

＊
No.2　B.S.ブルームによる教育評価の類型に関する記述ア，イ，ウと，それに該当する評価の名称の組合せとして，最も妥当なのはどれか。

【国家一般職・平成20年度】

ア：単元学習の指導の途上で指導の軌道修正をしたり，確認したりする評価活動である。児童生徒がどの内容に関してどこまで目標を達成しており，指導内容のどのような点について軌道修正が必要であるかなどの評価情報を得ることができる。

イ：学習指導場面において実際の指導に先立って，児童生徒の状況，実態を把握し，最適の指導方法等を準備するために行われる評価活動である。この評価を目的としたテストの例としては，大学の新入生に対する語学のクラス分けのためのプレースメント・テストがある。

ウ：単元終了時，学期末，学年末という比較的長期間にどれだけの教育成果が得られたか，どれだけ習得目標が達成されたかという点を明らかにするための評価活動である。教育実践や教育活動を全体として反省的に把握することができる。

	ア	イ	ウ
1	診断的評価	総括的評価	到達度評価
2	診断的評価	到達度評価	形成的評価
3	診断的評価	形成的評価	総括的評価
4	形成的評価	総括的評価	診断的評価
5	形成的評価	診断的評価	総括的評価

No.3* **次は，評価者が陥りやすい誤りに関する記述であるが，A，B，Cに当てはまるものの組合せとして最も妥当なのはどれか。**

【法務省専門職員・平成28年度】

A：共通に求められる基準による評価ではなく，評価者自身を評価基準として評価する傾向のことをいい，例えば，評価者の得意なことについては厳しく評価するが，逆に不得意なことについては甘く評価してしまうことが挙げられる。

B：二つの事柄が論理的に似ていると同じ評定をしてしまう傾向のことをいい，例えば，協調性のある人は，当然ながら社交的であると評定してしまうことが挙げられる。

C：学力検査や能力検査において，検査問題があまりに容易である場合，被検査者の多くが満点を取ってしまうなど，学力が優れている者と劣っている者を識別することができない誤りのことをいう。

	A	B	C
1	対比誤差	近接誤差	天井効果
2	対比誤差	論理誤差	床効果
3	対比誤差	論理誤差	天井効果
4	逆算化傾向	近接誤差	床効果
5	逆算化傾向	論理誤差	天井効果

実戦問題 1 の解説

No.1 の解説　教育評価

→問題はP.176　**正答3**

1 × **パフォーマンスのレベルを測るルーブリックに関する記述である。**
ブレーン・ストーミングとは，**オズボーン**が考案した，新しいアイディアを得るための討議法である。5～10名の集団で，①他人の発言を批判しない，②自由奔放に考えを述べる，③アイディアを多く出す，④意見を結合し発展させる，ということを原則とする。

2 × **教育目標の分類学（タキソノミー）に関する記述である。**
ルーブリックとは，成功のレベル（scale）と，各レベルに該当するパフォーマンスの記述（description）のマトリクスを用いる評価法である。この表をルーブリックといい，学習者のパフォーマンスがどのレベルに相当するかが一目で分かる仕掛けになっている。

3 ◎ **評価の基準は，前もって公表される客観的な到達目標である。**
到達度評価は絶対評価の一種であるが，文中でいわれているように，評価者による主観的な認定評価とは区別される。学校現場でも，こうした立場の「**到達度テスト**」が頻繁に行われている。

4 × **オズボーンが考案したブレーン・ストーミングに関する記述である。**
KJ法は，ブレーン・ストーミングによって出された（奇抜な）発想を分類・整理するのに用いられる。教育目標の分類学（タキソノミー）は，教育目標を認知，情意，および精神運動の3領域に分類するものである。

5 × **集団内の位置を明らかにする相対評価に関する記述である。**
形成的評価は，学習指導の途中で，生徒の理解度を確認し，指導計画の修正や改善を図るために実施するものである。ブルームが考案した評価類型の一つである。

No.2 の解説　ブルームによる教育評価の類型

→問題はP.176　**正答5**

ア：**形成的評価**の説明である。形成的評価は，学習活動の**途中**で実施される。生徒の理解度を確認し，指導計画の修正や改善を図るためである。単元の節目ごとに形成的テストを行い，学習が十分である生徒には定着指導，つまずいている生徒には治療指導，さらに上を望める生徒には発展的指導，などの措置がとられる。

イ：**診断的評価**の説明である。診断的評価は，学習指導の**前**に，生徒の現状を診断し，効果的な学習指導計画の立案に生かすことである。具体的には，①これから入ろうとしている単元の学習に必要な能力を生徒が持ち合わせているかどうか，②これから入る単元の目標を生徒がすでに習得していないかどうか，ということが調査される。前提テストや事前テストが実施され，学習の前提条件に欠ける生徒がいたら補充指導を行う，これから入る単元の目標を生徒の多くがすでに習得しているのであれば，目標を変更し，未習得の事項に重点を置くなどの措置がとられる。

ウ：**総括的評価**の説明である。総括的評価は，単元**終了**時，学期末，ないしは学年末において，学習の成果を総括的に評価することである。診断的評価は入力情報（インプット）の評価，形成的評価は情報処理過程（スループット）の評価，総括的評価は出力情報（アウトプット）の評価であるといえる。

よって，正答は**5**である。

No.3 の解説 評価者が陥りやすい誤り

→問題はP.177 **正答3**

A：**対比誤差**に関する記述である。得意・不得意な分野を評価者が有している場合，このような歪みが起きる可能性が高い。評価者が得意とする分野は，自ずと要求水準が高くなるので，評価も厳しくなりがちである。評価者が不得意な分野は，その逆となる。**逆算化傾向**とは，最終の総合評価を前もって決定し，それに合うように個別評価の評点を与えることで，実態の評価と乖離してしまうことをいう。昇進・昇給がかかった人事考課において起きやすい。

B：**論理誤差**に関する記述である。評価者が論理的思考に陥るあまり，独立している項目であるにもかかわらず，同じないしは類似の評価を下してしまうことをいう。**近接誤差**とは，評価をする直前の事項が印象に残り，全体の評価が歪められることをいう。最初のほうは芳しくなかったが，最後に良好なパフォーマンスを見せたので，全体の評価がよくなるなど（終わりよければすべてよし）。

C：**天井効果**に関する記述である。問題が簡単すぎて，多くの被験者が満点ないしはそれに近い点を取ってしまい，差を識別できなくなる。逆に，問題が難しすぎて多くの者が低い点しか取れず，差が識別できなくなることを**床効果**という。これらは相対評価（集団内の位置に依拠した評価）をする場合に支障となるが，絶対評価や個人内評価の枠組みでは問題にはならない。

よって，正答は**3**である。

実戦問題❷　応用レベル

＊＊
No.4　ピグマリオン効果（Pygmalion effect）を説明する記述として最も妥当なのはどれか。　【国家総合職・平成21年度】

1　特別の効果があるという暗示的な作用が働き，説明されたとおりの効果が得られることをいう。本来効果がない錠剤を「特別の効果をもつ薬である」と患者に伝えて与えるときなどに生じる。

2　複数の情報に基づいて態度や印象を形成したり判断を下したりするときに，最初に呈示された情報が，判断の直前に呈示された情報と比較して，特に強く影響する効果をいう。

3　援助が必要とされる事態に自分以外の他者が存在することを認知した結果，介入が抑制される効果をいう。一般には，傍観者の数が増えるほど介入は抑制される。

4　ある人物に対するある側面での評価が，その人物の全体的評価にまで広がってしまう効果をいう。たとえば，成績のよい児童は，教師から性格面や行動面でも肯定的に評価されがちである。

5　教師が児童に対して持つ種々の期待が，児童の学習成績を左右することが実証されている。このように，他人への期待が，意図の有無にかかわらず成就されるように機能する効果をいう。

＊＊＊
No.5　わが国の学校における教育評価に関する記述として最も妥当なのはどれか。　【国家総合職・令和２年度】

1　第二次世界大戦前は，指導要録を用いて絶対評価（認定評価）が行われていたが，評価を過度に意識する子供たちの間に排他的な受験競争を常態化させたことなどへの批判から，戦後は，評価の客観性が重視され，指導要録に替わる学籍簿や，５段階評価などによる相対評価が導入された。

2　1970年代に相対評価を批判して提起された到達度評価は，①すべての子供に学力を保障する立場に立っていること，②すべての子供が共通して身に付けるべき学力の方向性を示す「方向目標」を設定すること，③教育評価の機能である「診断的評価」，「形成的評価」，「総括的評価」のうち，「診断的評価」を強調することなどを特徴としている。

3　ポートフォリオ評価は，子供の成長の証拠となるものを収集したポートフォリオによって，子供の活動や学習過程を評価する方法である。ポートフォリオには，学習の成果としての作品，教師等による指導と評価の記録を収めるが，教師による専門的・客観的な評価を担保するため，子供の自己評価や保護者による評価の記録は含めないこととされている。

4　個人内評価は，評価の規準を子供個人に置いて，子供の学習状況を継続的・

全体的に評価しようとする方法である。平成12年の教育課程審議会答申では，相対評価を用いて集団の中での子供たちの位置を明らかにするとともに，個人内評価を工夫して子供一人一人の良い点や可能性，進歩の状況等を把握することが重要であるとして，相対評価と個人内評価の結合という方針が明示された。

5　パフォーマンスに基づく評価には，完成作品を評価するもの，実技試験などの特定の実演を評価するものなどがあり，完成作品や実技・実演を評価するための課題をパフォーマンス課題という。パフォーマンス課題の評価には，ルーブリックと呼ばれる採点指針が用いられることがあるが，これは，成功の度合いを示す数値的な尺度と，それぞれの尺度にみられるパフォーマンスの特徴を示した記述語から成る。

＊＊＊
No.6　**教育における評価に関する記述として最も妥当なのはどれか。**

【国家総合職・平成29年度】

1　「教育評価」とは，学習者の知識や技能について尺度を用いて数量化することであり，「教育測定」とは，教育場面でのテスト等の結果を当初の目標に照らして，学習者がどの程度達成できたかを判定することを意味する。

2　「羅生門的アプローチ」では，子供たちの能動的で多面的な学習活動を展開するために，一般的な目標の下に創造的で「即興を重視する」授業が展開される。そこでの教育評価は，目標に捕らわれることなく，さまざまな立場や視点から解釈して行われる。

3　指導に先立って行う事前評価は形成的評価とも呼ばれる。一般に，事前評価の目的は，指導者にとっては，学習活動に必要な学習者の準備状態を理解することによって，即時的な指導改善を図ることにあるとされている。

4　教育評価を行うためには，一般に，評価の在り方そのものを評価する視点が重要であるとされており，その視点の一つである信頼性とは，テストによって得られた測定値が，意図した内容を適切に測定できているかどうかを示す概念である。また，信頼性を発展させた指標として，カリキュラム適合性がある。

5　パフォーマンス評価とは，統合的な能力を評価する方法である。学習者が授業中に作成した作品や作文などの資料に基づいて，学習者は，目標や評価基準を指導者と共有しながら，自分の学習を振り返ることによって，新たな課題を見いだしていくことができるとされている。

実戦問題2の解説

No.4 の解説　ピグマリオン効果　→問題はP.180　正答5

1 ×　暗示作用によるプラセボ効果に関する記述である。
効果がない薬であっても，「これはよく効く薬だ」と患者が思い込むことで，病状が快方に向かう現象をいう。偽薬効果ともいわれる。「病は気から」という，昔からいわれる格言にも通じる。

2 ×　最初の情報の効果が大きいという初頭効果に関する記述である。
最初に提示された情報の影響が大きいことを初頭効果，最後に提示された情報の影響が大きいことを**新近性効果**という。系列上の位置によって情報の影響は違うというわけであるが，どの位置の情報の影響が強くなるかは，問題の性質や個人のパーソナリティー等の要因もあるので，一概に規定できない。

3 ×　傍観者が介入を制御し合う傍観者効果に関する記述である。
他人を援助すべき状況に置かれたとき，周囲に多くの人間が居合わせることで，行動が抑制されてしまう現象をいう。「自分がやらなくても誰かが…」というように，責任感が分散してしまうことによる。

4 ×　部分評価が全体評価に拡張されるハロー効果に関する記述である。
相手のある優れた部分にだけ目がいき，それに引きずられて他の面の評価が歪められる現象である。なお，マイナスの意味での同じ効果もありうる。たとえば，企業の採用面接で，元非行少年と聞いた途端，面接官の態度が豹変するなどは，マイナスのハロー効果の典型例である。

5 ◎　ピグマリオン効果に関する記述である。
ローゼンタールらは，小学校の児童に知能テストを行った後，ランダムに選んだ20％の児童のリストを教師に渡し，この者たちの知的潜在能力は高いという，偽りの報告をした。それから８か月後，同じテストを行ったところ，それらの児童の知能指数が他の児童に比して大きく伸びていたという。

No.5 の解説　わが国の教育評価　→問題はP.180　正答5

1 ×　戦前では，指導要録は使われていなかった。
戦後，学籍簿に正規分布による相対評価（５段階評価など）が記載されるようになった。**指導要録**は1949年に学籍簿が名称変更されたものである。よって「指導要録に替わる学籍簿」という記述も誤り。

2 ×　到達度評価は，授業の区切りごとに行われる形成的評価を強調する。
形成的評価は，学習指導の途中で生徒の理解度を確認する。これを繰り返し，全ての生徒の学力を到達目標に至らせる。相対評価を批判して到達度評価が提起されたのは，2000年の教育課程審議会答申においてである。1970年代では，相対評価が行われていた。

3 ×　子どもの自己評価や保護者の評価の記録なども含める。
ポートフォリオ評価では，学習の過程のメモ，資料，教師とのやり取りの記録，自己評価，テストなどをファイルさせ，それをもとに**多面的・総合的**な評価を行う。当人の自己評価や保護者の評価記録なども入れていい。

4 × **教育課程審議会答申では，相対評価ではなく絶対評価を重視するとされた。**
相対評価（集団内での位置による評価）は，目標を実現しているかどうかの診断や，一人一人の良い点や可能性，進歩の状況等を把握するのに適していないとされた。

5 ◎ **パフォーマンス評価では，ルーブリックが用いられる。**
ルーブリックは，成功の度合いの数量尺度（scale）と，各レベルに該当するパフォーマンスの記述（description）を組み合わせたマトリクスである。

No.6 の解説　教育における評価

→問題はP.181　**正答2**

1 × **教育評価は，数量化することだけではない。**
教育評価とは，教育によって生じた生徒の変化を，教育目標に照らして評価し，**指導の改善**に生かすことである。教師の**主観的な観察**や，学習の過程の作品や資料を活用したポートフォリオ評価など，様々なものがある。教育測定は，学習者が目標をどれほど達成できたかを測る絶対評価だけでなく，集団内での相対位置を測る相対評価や，当人の過去との比較（個人内評価）など，多面的な視点を内包する。

2 ◎ **羅生門的アプローチは，伝統的な工学的アプローチと対置される。**
一般的な目標を具体的な行動目標に分割し，それらが表れたかを解釈・記述する。

3 × **形成的評価ではなく，診断的評価である。**
診断的評価の目的は，学習者の準備状態（レディネス）を確認することによって，効果的な学習指導計画の立案に生かすことである。「即自的な指導改善」は，学習の途中になされる形成的評価に基づいてなされる。双方とも，**ブルーム**の教育評価の類型による。

4 × **信頼性ではなく妥当性である。**
信頼性とは，同一条件で同じ検査をした場合，同じ結果が安定して出るかというもので，再テスト法などによって検証される。カリキュラム適合性は，妥当性を発展させた指標である。

5 × **パフォーマンス評価ではなく，ポートフォリオ評価に関する記述である。**
パフォーマンス評価は，測定しようとする能力を，可視化できるパフォーマンス（行動）の次元で評価する技法である。**パフォーマンス課題**に取り組ませ，ルーブリックを用いて評価する。

第1章　感覚・知覚

テーマ1　基本的性質　　テーマ2　視覚

第2章　学　習

テーマ3　学習心理学の成り立ち

テーマ4　古典的条件づけ

テーマ5　オペラント条件づけ

第3章　認　知

テーマ6　記憶　　テーマ7　情報処理の諸特徴

テーマ8　意思決定とヒューリスティクス・問題解決

第4章　発　達

テーマ9　発達の諸理論

テーマ10　乳幼児期・愛着・遊び

テーマ11　青年期以降・道徳・生涯発達

第5章　社　会

テーマ12　集団　　テーマ13　社会的認知

第6章　人格・臨床

テーマ14　人格・臨床の検査

テーマ15　心理療法　　テーマ16　症例

第7章　教　育

テーマ17　動機づけ

第8章　感　情

テーマ18　感情諸説

第9章　心理測定法

テーマ19　代表値・尺度

第1章 感覚・知覚

試験別出題傾向と対策

頻出度	試験名	国家総合職					国家一般職					国家専門職（法務省専門職員）				
	年度	21-23	24-26	27-29	30-2	3-5	21-23	24-26	27-29	30-2	3-5	21-23	24-26	27-29	30-2	3-5
	テーマ　出題数	15	10	12	14	12	3	0	2	1	1	1	7	5	5	7
B	1 基本的性質	13	7	7	14	9	2		2	1	1	1	4	3	1	7
B	2 視覚	2	3	5	2	3	1		0	0			3	2	4	

感覚・知覚は最も伝統的な分野であるため，どの試験でも出題の可能性があるといえよう。テーマ１の「基本的性質」で挙げた古典的な知見が必須となる。恒常性・順応といった感覚モダリティを問わない性質，ウェーバー・フェヒナーの法則，精神物理学における閾の概念とその測定方法が頻出である。また，近年の国家総合職，国家専門職では，脳に関して，出題が増えている。そのため，国家一般職，法務省専門職員においても，今後出題が増加することが予想される。神経伝達物質やシナプスなどのミクロなレベルの知見と，大脳の機能といったマクロなレベルの代表的な知見を獲得してほしい。

感覚モダリティごとに特徴もあるが，基本的には視覚を中心に整理を進めてほしい。桿（杆）体と錐体，視覚野といった生理レベルの知見，そして，ものの見え方に関する諸現象が最頻出のテーマである。ものの見え方に関する諸現象については，形の知覚，奥行知覚，仮現運動，そして，錯視図形について学ぶ必要がある。錯視図形には，カニッツァの三角形やミュラー=リヤー図形などの幾何学図形を用いたもの，だまし絵などの日常的なものを題材にしたものがあるので，できれば楽しく学んでほしい。

また，感覚・知覚は，情報処理の入り口に位置づけられるため，単独での出題だけでなく，第３章「認知」と融合された問題も出題される点に注意を要する。

● 国家総合職（人間科学）

テーマ１，テーマ２に関しては，毎年３題以上の出題がなされており，必須の領域である。近年の知見も反映された出題が目立つが，まずは基本的な知見を確かなものとしてから，発展をさせていってほしい。聴覚や共感覚に関する出題もなされており，各モダリティの生理基盤も理解をしておく必要がある。また，近年脳に関する出題が増加傾向にある。ニューロン，神経伝達物質といった生理基盤，そして脳の構造と機能も整理をしてほしい。

● 国家一般職

感覚・知覚，学習，認知という３つのテーマの中から，１題以上出題される傾向にある。令和３年度には，感覚・知覚の基本性質に関する問題が出題された。

裁判所（家庭裁判所調査官補）					
21 I 23	24 I 26	27 I 29	30 I 2	3 I 5	
1	1	1	0	0	
1		1			テーマ1
	1				テーマ2

また，これまで知覚の基本性質と第４章認知との融合問題が多く出題されてきた。感覚・知覚と認知は親和性の高い分野であり，今後も融合問題の出題が予想される。近年の傾向として脳に関する出題が他の国家公務員試験でみられており，脳の構造と機能についても学習をしてほしい。まずは，問題テーマ１，テーマ２の知見を確かなものとしたうえで，脳の代表的な部位と機能を理解する必要がある。

● 国家専門職（法務省専門職員）

ウェーバー・フェヒナーの法則や精神物理学など，テーマ１，２で挙げた基本的な性質に関する問題は，頻出である。各感覚モダリティの神経基盤といった基本的知見を押さえてほしい。また，令和３年度以降，生理指標に関する出題や脳に関する出題が複数みられている。大脳の構造と代表的な機能，脳機能の測定法に関しても，事象関連電位（ERP），fMRI，MEG，PETについて，基礎的な知見を押さえてほしい。また，脳機能に関しては，感覚・知覚とともに，記憶に関する出題も予想される。

● 裁判所（家庭裁判所調査官補）

令和元年度以降出題はされていないが，過去には３年に１度程度出題されていた。テーマ１，２に挙げた精神物理学やウェーバー・フェヒナーの法則，仮現運動，プレグナンツの法則など，いずれも出題の可能性があるため，本章に挙げられた実戦問題も解いて，学習を進めてほしい。

テーマ **1** 第１章　感覚・知覚

基本的性質

必修問題

知覚や認知に関する次の記述のうち，妥当なのはどれか。

【国家一般職　平成28年度】

1　風に流される雲間の月を見ると，月を囲む雲が基準となって，静止した月が雲の動きと逆方向に動いて見える。この現象は**月の錯視**と呼ばれ，古くから知られている。実際には月だけでなく，太陽や星座についても見られる錯視であり，天体錯視という用語でまとめられる。

2　人間の両眼の瞳孔間の距離は約 6 cmであり，対象を捉えている像は右眼と左眼とでわずかに異なる。手前から奥まで物がいろいろある部屋で，片眼を交互に閉じて観察してみると，左右の像が異なることが確認できる。一方，両眼で観察すると，**知覚の恒常性**のメカニズムが働き，二つの像ではなく統合された一つの世界が知覚される。

3　明るい場所から暗室に入ると，直後は光に対する眼の感度は低く，暗闇しか感じられないが，時間の経過とともに少しずつ周りの様子が見えるようになる。この過程を**暗順応**という。これは，視覚系の受容器である**錐体**と**桿体**のうち，桿体の影響が完全に発揮されるようになるまでには時間が掛かることから生じる現象である。

4　視覚をはじめとする各種感覚モダリティの知覚は，聴覚の影響を受けやすい。例えば，「ga」と言っている話者の顔の動きに，「ba」という音声を同期させた映像を見せると，音声としては「ga」と「ba」の間に位置付けられる「da」が聞かれる。このような現象は，**カクテルパーティー効果**と呼ばれる。

5　顔認知には，物体の認知にはみられない特性が数多くみられる。そのうちの一つとして，顔パターンの処理の優位性を示す**倒立効果**が挙げられる。これは，物体を逆さまにして見ると認知が非常に困難になるが，顔の場合は逆さまにしても，正立のときと認知のしやすさがほとんど変わらないことをいう。

難易度　＊

必修問題の解説

知覚の恒常性をキーワードとした出題である。効果名と効果の内容が異なることから，選択肢**1**，**2**，**4**，**5**は明らかに誤りである。選択肢**3**の明順応と暗順応の違いは，頻出ポイントである。

1 × **月の錯視は大きさの恒常性の逸脱現象。**

月の錯視あるいは天体錯視と呼ばれる現象は，天空にある月が地平にある月よりも小さく見えるという，大きさの**恒常性**に反する錯視をさす。**誘導運動**とは，本選択肢の例にあるように，客観的に動いている物と静止している物があるとき，静止しているものに対して運動が知覚される現象をさすが，月の錯視あるいは天体錯視とは呼ばれていない。

2 × **両眼視差は奥行き知覚。**

知覚の**恒常性**と呼ばれる現象は，大きさ，色，形など，ある対象から受ける物理的刺激が変化しても，対象の特徴が変わらずに知覚されることをいう。大きさ，形，明るさ，速度，音の大きさなど，さまざまな感覚次元で成立する。また，右眼と左眼で見える像の差異は**両眼視差**という。両眼視差は，奥行知覚成立の重要な要因の一つになっている。

3 ◎ **明順応と暗順応は視細胞の性質と関連。**

妥当である。明るい場所から暗い場所に移った場合の**順応**は**暗順応**と呼ばれ，逆の場合**明順応**と呼ばれる。**明順応の方が，暗順応よりも早く生起する**ことが知られており，**桿体**の機能が発揮されるまでに時間がかかることから説明される。

4 × **視覚と聴覚の統合は視覚優位。**

マガーク効果に関する記述であり，**カクテルパーティー効果**に関する記述ではない。マガーク効果は視覚と聴覚との統合に関する現象であり，**視覚優位な統合**がなされるといった特徴を持つ。カクテルパーティー効果とは，多くの人が雑談している中でも，特定の人の話を聞き取ることができるといった現象をさし，選択的注意の代表的現象である。

5 × **倒立顔は認識が困難。**

倒立顔効果に関する記述であるが，倒立時と正立時で認識に差がないといった部分が誤りである。倒立顔の錯視はサッチャー錯視として知られる。刺激には，口と目のみを倒立させた顔写真を作成し，顔写真を正立させた条件と倒立させた条件と比較を行う。顔のように，**正立像を見慣れた対象の場合には，倒立すると認知が困難**になることが知られている。

正答 3

FOCUS

感覚・知覚の基本的性質として，恒常性，順応を押さえ，次いで，ウェーバー・フェヒナーの法則，閾値（いきち）の概念（弁別閾など）と精神物理学的測定方法（調整法，極限法，恒常法）が必須である。今後の傾向として脳の機能に関する出題が予想されるため，前頭葉，頭頂葉，後頭葉，側頭葉の代表的な機能も整理する必要がある。

POINT

重要ポイント 1 感覚の基本的性質

感覚の種類は感覚モダリティとも呼ばれ，視覚，聴覚，味覚，嗅覚，皮膚感覚，運動感覚，平衡感覚，内臓感覚といった種類がある。多くの感覚モダリティに共通する基本的な現象（恒常性，順応，対比，残効）を以下に挙げた。

(1) 恒常性：ある対象から受ける物理的刺激が変化しても，対象の特徴が変わらずに知覚されることを知覚の恒常性（または恒常現象）という。見た目の大きさ，形，明るさ，速度，音の大きさなど，さまざまな感覚次元で成立する。

(2) 順応：同一の刺激が連続して与えられた場合に，その刺激に対する感覚が変化することを順応という。通常，強い刺激に順応すると感受性が低下し，弱い刺激に順応すると感受性が上昇する。例）空調の音が次第に気にならなくなるなど。

(3) 対比：対象を知覚する際に，それ以前に知覚した対象や周囲の刺激環境によって，対象の持つ特徴が拡大（強調）される現象を対比という。対象の持つ特徴が縮小される現象は同化と呼ばれる。

(4) 残効（残像）：刺激が取り去られても継続する感覚を残効（残留感覚）という。なかでも視覚的な残効を残像といい，陽性残像（正の残像）と陰性残像（負の残像）に分かれる。

重要ポイント 2 感覚の諸法則

精神物理学：物理的事象とそれに対応する心理的現象の間の数量的関係を検討する領域を精神物理学という。フェヒナー（Fechner, G.T.）が創始者に位置づけられる。ここでは，感覚にみられる諸法則をまとめた。

ウェーバーの法則：刺激強度ϕと弁別閾$\Delta\phi$の比は一定。Weber 比ともいう。比の値は刺激の種類により異なる。

$$\frac{\Delta\phi}{\phi}=c$$

フェヒナー（ウェーバー・フェヒナー）の法則：フェヒナーは，ウェーバーの法則を発展させ，感覚量（ψ）は刺激の物理量（ϕ）の対数に比例するというもの。弁別閾の数から，感覚強度を測定するというアイデア。

$$\psi=k\cdot\log\phi$$

スティーブンスの法則：感覚量（ψ）と刺激強度の関係はべき関数で表される。マグニチュード推定法という測定方法とセットで理解をしてほしい。

$$\psi=k\cdot\phi^{n}$$

重要ポイント3 感覚の測定

感覚の測定に関しては，精神物理学的測定法（調整法，極限法，恒常法），感覚に関する測定値（刺激閾，刺激頂，弁別閾）について理解する必要がある。

刺激閾：刺激を感受（検出）できる，できないの境界。感受できる最小の刺激強度を刺激閾（閾値（いきち））という。測定上では，感じると感じないの反応が50：50のポイント。

刺激頂：感覚を生じさせる上限の刺激強度。

弁別閾：２つの刺激の相違（変化）が，検出できる最小の刺激強度。

精神物理学的測定法

測定法関連では，以下の３つが基本である。そのほかには，マグニチュード推定法，信号検出理論，適応法なども確認してほしい。

調整法：呈示された刺激の大きさを被験者自身が（連続的に）変化させ，納得のいく大きさにする方法。

極限法：実験者が，刺激の大きさを一定方向に，小刻みに一定の幅で変化させ，被験者にあらかじめ決めた方法で判断をさせる。

恒常法：一定幅で変化させた，あらかじめ決めておいた刺激をランダムに呈示し，被験者に判断を求める方法。

実戦問題

＊＊
No.1　感覚や知覚に関するA～Dの記述のうち，妥当なもののみをすべて挙げているのはどれか。　【国家一般職・令和３年度】

A：強度の異なる二つの刺激を比較したとき，両者を感覚的に区別できる最小の強度差を弁別閾と呼ぶ。弁別閾は一定の値をとるわけではなく，比較の基準となる刺激（標準刺激）の強度が大きくなるに従って増大する。弁別閾の値が標準刺激の強度に比例して変化するという関係は，ウェーバーの法則と呼ばれる。

B：一定の強度の刺激が感覚器官に持続的に与えられると，その刺激に対する感受性が低下する。たとえば，入浴の際に最初は湯の温度が熱く感じられても，しばらくすると熱さを感じなくなるなどの経験がある。この現象を馴化と呼ぶのに対し，一度湯から出た後，再び入浴するとまた熱さを感じるように，強度の異なる刺激が与えられた後，感受性が元に戻る現象は脱馴化と呼ぶ。

C：流れている雲間の月を眺めていると，静止している月が動いているかのように見えることがある。また，停車中の列車から車窓を眺めていて，向かい側の列車が動き出すと，自分の乗っている列車が動き出したと感じることがある。このように，周辺環境の影響によって存在しない動きが感じられる現象を運動残効と呼ぶ。

D：音の刺激によって聴覚が生じるように，通常，感覚は刺激された感覚器官が働いて生じるが，他の感覚が生じる場合もある。たとえば，音の刺激を与えられた場合に，その音が聞こえるだけでなく，色や光が見えるという人が存在する。一般に，ある感覚刺激によって，本来の感覚とともに別の感覚が同時に生じる現象を共感覚と呼ぶ。

1　A，B
2　A，C
3　A，D
4　B，C
5　C，D

＊＊
No.2　人間の感覚に関する記述A～Dのうち，妥当なもののみを挙げているのはどれか。　【法務省専門職員・令和３年度】

A：感覚は，外界の刺激を感覚器官が受け取ることによって生じるが，すべての刺激を感じ取っているわけではなく，ある限界以上の強さをもつ刺激でないと感覚は生じない。このように感覚を生じさせる刺激の最小の強さを弁別閾という。また，強さの異なる刺激を感覚的に区別できる最小の強度差を刺激閾という。

B：感覚の測定について，E.H.ウェーバーは，二つのおもりの重さを比べる実験で重さの違いがわかる最小の差を調べ，その差の値は比較の基準となる重さに比例することを示した。これをウェーバーの法則という。G.T.フェヒナーは，これに基づき，感覚強度は刺激強度の対数に比例するというフェヒナーの法則を示した。

C：視覚を生じさせる刺激は一定の範囲の電磁波であり，紫外線や赤外線では視覚は生じない。視覚の受容器は，網膜上にある錐体と桿体と呼ばれる2種類の視細胞であるとされるが，錐体は光に対する感度が高く，明所においてよく活動し，桿体は色の識別に優れており，暗所においてよく活動するとされる。

D：情報の処理には限界があるため，必要な情報に選択的に注意を向ける働きがある。これを選択的注意と呼び，大勢の人がいて多くの会話が行われている中でも特定の発話を容易に聞き取ることができるカクテルパーティー現象などが知られる。聴覚を対象とした選択的注意の研究では両耳分離聴という方法を用いた実験が行われてきた。

1　A，B
2　A，C
3　B，C
4　B，D
5　C，D

＊＊
No.3　**感覚や知覚に関する次の記述のうち，妥当なのはどれか。**

【国家一般職・平成30年度】

1　光や音等の刺激の検出に必要な最小の刺激量のことを弁別閾と呼ぶ。弁別閾は，刺激を提示したときに100％の確率でその存在を検出できるという基準で決められており，光の場合，「真っ暗闇の澄み渡った深夜，約50km離れたロウソクの炎の明るさ」などと言われる。

2　ある刺激を見つめてから，目を閉じたり他の対象に視線を移したりしたときに感覚・知覚上に変化が生じる現象を文脈効果と呼ぶ。下方向に流れる滝を見続けた後，静止した対象に目を移すと，その対象も下方向に動いているような印象が生じる「滝錯視」は，その一例である。

3　踏切の警報ランプの光は，それぞれ一定の位置で交互に点滅しているだけであるが，あたかも左右や上下に連続的に運動しているかのように見える。このように，実際には生じていないにもかかわらず見かけの上で生じる運動を仮現運動と呼ぶ。

4 夜中に部屋の電気を消したり，明るい場所から暗い映画館に入ったりしたとき，当初は何も見えなくなるが，少しずつ周りの様子が見えるようになる。この現象は明順応と呼ばれ，網膜の光受容細胞のうち，錐体細胞の働きが関係している。

5 手に持ったスマートフォンを傾けたり，持っている手を伸ばしたりしても，スマートフォンが台形に変化したり，縮小したりしたように感じない。このように，対象を見る向きや距離が変化しても，その形や大きさが一定に保たれているように知覚される現象を知覚の体制化と呼ぶ。

＊＊
No.4 次は，大脳辺縁系（limbic system）に関する記述であるが，A，B，Cに当てはまるものの組合せとして最も妥当なのはどれか。なお，文中の［　　］については設問の都合上伏せてある。 【法務省専門職員・平成29年度】

大脳辺縁系は，大脳の内側面に間脳を環状に囲む形で位置し，図に示すような部位から成り，本能行動や情動行動に関与するとされている。

このうち，［ A ］は，記憶形成との関係が明らかにされている。脳弓を通じて，［ A ］と密接に連絡している乳頭体が，記憶障害を伴うコルサコフ症候群を示す患者の多くで損傷されていることから，パペッツ（Papez, J.W.）が情動回路として提唱した閉回路を記憶回路とみる見解も主張されている。

［ B ］には，各感覚連合野からの投射があるが，この部位は感覚情報の生物学的価値の評価に関与するとみられている。［ B ］を中心とした側頭葉前方内側部の損傷による認知障害や情動変化は，クリューヴァー=ビュシー症候群と呼ばれる。

また，［ C ］にも感覚情報が収束しているが，ここは動機づけの中枢と見られており，補足運動野を介しての運動前野，運動野との連絡によって，随意運動の発現に関与するとされている。

このように，大脳辺縁系は，大脳皮質で営まれる高次機能と，脳幹や［　　］で営まれる基本的な生命維持活動との間を連絡する機能を果たしている。

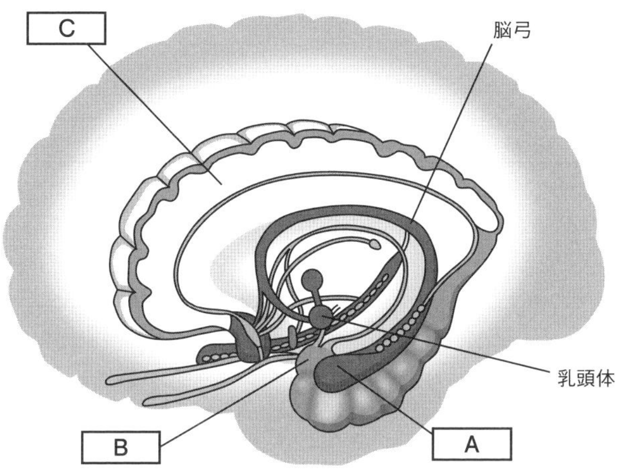

	A	B	C
1	海馬	扁桃体	帯状回
2	海馬	扁桃体	視床下部
3	海馬	線条体	帯状回
4	脳梁	線条体	視床下部
5	脳梁	線条体	帯状回

実戦問題の解説

No.1 の解説　感覚・知覚の基本性質　→問題はP.192　正答3

A○　弁別閾の大きさが標準刺激の大きさに比例する，ウェーバーの法則。

妥当である。**弁別閾**と**ウェーバーの法則**に関する基本的な説明である。100gの重さが103gに増加したとき，その違いが弁別できた場合，「100gに対する弁別閾は３g」と表現される。基準となる重さが200gとなったときの弁別閾は２倍となり，206gになったときに違いを弁別できることになる。

B×　馴化とは刺激の持続的提示により刺激への反応が減退・消失すること。

妥当でない。**馴化**とは，一定の強度の刺激が持続提示に与えられると，その刺激に対する反応が減退もしくは消失することをさす。感受性が低下するのではない。また，刺激を与える部位や強度を変えると再び反応が現れるようになり，これを脱馴化と呼ぶ。

C×　運動残効は，動いていた対象を注視後に静止した対象をみた際に生じる現象。

妥当でない。**運動残効**ではなく，**誘導運動**に関する記述である。運動残効とは，一定方向に動いている対象を長時間注視した後に，静止した物体を見ると，静止しているはずの物体が動いてみえる現象をさす。たとえば，流れ落ちる滝をしばらく眺めた後，周囲の景色に目を移すと，景色がゆっくりと上昇して見える。これを「滝錯視」と呼ぶ。

D○　共感覚は１つの刺激に対して複数の異なる種類の感覚が自動的に生じる現象。

妥当である。**共感覚**の中でも特に，音の刺激から色覚が生まれる現象は「**色聴**」と呼ばれ，**絶対音感**を持つ人に色聴を持つ人が多いとされる。共感覚を持つ人は人口の数パーセントといわれる。

　したがって，妥当なものは**A**と**D**であり，正答は**3**である。

No.2 の解説　弁別閾

→問題はP.192　正答4

A × 感覚が生じる刺激強度は刺激閾，弁別に必要な刺激強度差は弁別閾。

妥当でない。**弁別閾**と**刺激閾**の説明が逆である。感覚を生じさせる最小の刺激の強さを刺激閾と呼び，強さの異なる刺激を感覚的に区別できる最小の強度差を弁別閾と呼ぶ。

B ○ 弁別閾の大きさは基準となる刺激強度に比例する。

妥当である。重さの違いがわかる最小の刺激強度の差を**弁別閾**と呼び，弁別閾の大きさは基準となる刺激の強度に比例する。**フェヒナーの法則**は**ウェーバー**の法則を元にし，感覚強度と刺激強度の関係で表したものである。

C × 網膜の中心部に分布する錐体，周辺部に分布する桿体。

妥当でない。**錐体**と**桿体**に関する説明が逆である。錐体は網膜上の中心部に分布し，色の感受性が高く明所にて活動する。一方，桿体は網膜上の周辺部に分布し，色の感受性が低く暗所において活動する。

D ○ 選択的注意とは，重要な情報のみを選択し注意を向けること。

妥当である。選択的注意により騒音のする場面においても，会話を行うことが可能である。両耳分離聴の実験では，左右の耳に異なる音声を再生した際，一方の耳に注意を向けさせると，指定された耳から聞こえた言葉は復唱できるのに対し，反対の耳から聞こえた言葉はほとんど聞き取ることができなかった。

したがって，妥当なものは**B**と**D**であり，正答は**4**である。

No.3 の解説　感覚・知覚の基本性質

→問題はP.193　正答3

感覚・知覚に関する基本的な設問である。順応や恒常性などさまざまな現象について理解しておきたい。

1 × 刺激の検出に必要な最小の刺激量は刺激閾。

弁別閾ではなく**刺激閾**である。また，刺激閾は100％ではなく50％の確率でその存在を検出できるという基準で定められる。文中でいわれているような，光の刺激閾の基準はない。**弁別閾**とは，刺激を変化させたとき，その違いを感知できる最小の刺激の変化量のことである。これを下回る変化は感知されない。

2 × 滝錯視は運動残効。

文脈効果ではなく**運動残効**である。「滝錯視」は運動残効の一例で，下に流れる滝を凝視した後，静止した対象に目を移すと，その対象は滝とは逆の上方向に動いているかのように見える。「下方向に動いているかのような印象」という箇所も誤り。**文脈効果**とは，前後の刺激や状況によって，ある対象に関する知覚が影響を受けることをいう。

3 ◎ 交互の点滅による運動知覚は仮現運動。

仮現運動は実際の運動がないにもかかわらず知覚される，見かけの運動である。少しずつ違った絵を連続で提示することで，あたかも動いているように見える現象もこれに含まれる。

4 × **暗順応は暗い場所で起こる順応。**

明順応ではなく**暗順応**である。暗順応には，錐体細胞ではなく杆体細胞の働きが関係している。**明順応**は，暗い所から明るい所に出たとき，最初はまぶしいが徐々に慣れて物が見えるようになることで，錐体細胞の働きが関係している。

5 × **知覚の恒常性は周囲の世界を安定して知覚するために役立つ。**

知覚の体制化ではなく，**知覚の恒常性**である。知覚の恒常性は大きさの恒常性，形の恒常性，色の恒常性などがある。知覚の体制化とは，ばらばらの刺激をまとまり（群）として知覚することをいう。たとえば空間的に近接しているもの，共通の性質をもっているもの，輪郭線で囲まれているものなどはまとまって知覚される（体制化の法則）。

No.4 の解説　脳の構造と機能

→問題はP.194　**正答 1**

本問は大脳辺縁系の代表的部位とその機能に関する問である。

大脳辺縁系は，古皮質（海馬，脳弓，歯状回），旧皮質（嗅葉，梨状葉），中間皮質（帯状回，海馬回），皮質下核（扁桃体，中隔，乳頭体）の総称であり，**情動や行動**との結びつきが深い部位である。

脳の部位と機能に関しては，国家総合職，法務省専門職員試験で出題されてきたが，今後は国家一般職を含めて出題されることが予想される。そのため，新皮質（前頭葉，頭頂葉，側頭葉，後頭葉），大脳辺縁系（海馬，扁桃体，帯状回），大脳基底核（線条体，視床下核）については，各々の位置と機能についてさらに学んでほしい。

Ａの部位は**海馬**と呼ばれ，記憶の関連部位である。**脳梁**は，左右大脳半球の内側面にあり，両者を形態的および機能的に連結する線維の束をさす。

Ｂの部位は**扁桃体**と呼ばれ，恐怖，不安，悲しみ，喜びなどの感情との関連部位として知られている。**線条体**は，大脳基底核に分類され，運動機能への関与と，快や報酬との関連が指摘されている。

Ｃの部位は**帯状回**と呼ばれ，感情，呼吸，記憶との関連部位として知られている。**視床下部**は間脳に位置し，自律機能の調節を行う総合中枢であり，代謝機能，体温調節機能，心臓血管機能など，生命維持の中核に位置付けられる。

したがって，正答は **1** である。

視　覚

必修問題

ウェルトハイマー（Wertheimer, M.）は，多くの点や線などから作られた刺激を観察するときに，それらがどのようにまとまって見えるのか，そのまとまり方を規定する要因を挙げている。それは，ゲシュタルト要因（群化の要因）と呼ばれるが，そのうちの「類同の要因」を示す図として最も妥当なのはどれか。

【法務省専門職員・平成25年度】

1 

2 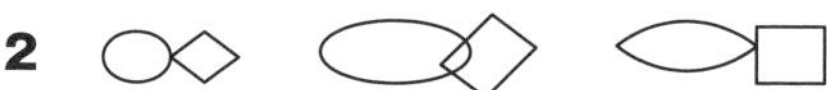

3 

4 ●●○○●●○○●●○○●●○○●●○○

5 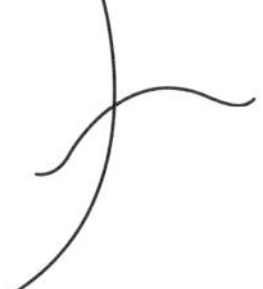

難易度　＊

必修問題の解説

「類同の要因」という言葉から，選択肢**2**，**5**を外すことができる。また，選択肢**3**は，図と地の分化に関する図形であることが理解できれば，選択肢**1**，**4**に絞り込めるはず。

形の知覚は，知覚現象の基本であり，**ゲシュタルト心理学**で提起された**群化の法則**は，今日でも形の知覚の説明に最も用いられる法則である。そのため，**近接**，**類同**，**共通運命**，**よい連続**，**よい形態**，**閉合**，**客観的態度**，**経験の要因**については，図でしっかり押さえてほしい。

1．近接の要因，**2**．よい形態の要因，**4**．類同の要因，**5**．よい連続の要因である。**3**は，**図と地の分化**に関するものであり，左は，同じ幅を持つ領域が図になりやすく，右は対称な領域が図になりやすいことを示している。

正答 4

FOCUS

数あるモダリティの中でも，視覚に出題は集中している。錯視図形と錯覚の諸現象，色知覚，奥行知覚，運動知覚も頻出事項である。また，ゲシュタルト法則の出題も，このテーマの特徴である。音源定位やマガーク効果に見られる視覚と聴覚の交互作用も重要なポイントである。今後は，視覚と関連する脳（視覚野）や神経細胞といった生理的な基盤の出題が予想される。

POINT

重要ポイント1 形の知覚

網膜上には，膨大な光刺激が入力されているにもかかわらず，人は対象を識別できる。この事実は，伝統的に形の知覚と呼ばれ，検討されてきた。図と地，プレグナンツの法則を押さえてほしい。

図と地：形として浮かび上がる領域を図，背景を地と呼ぶ。ルビンの盃，意味反転図形と呼ばれる刺激は，見方によって図と地が入れ替わる刺激である。

プレグナンツ（Prägnanz）の法則：知覚はよい形にまとまる（ゲシュタルト心理学）といった，形のなりやすさに関する法則であり，以下の8つの要因が著名である。

①近接の要因，②よい連続の要因，③よい形態の要因，④共通運命の要因，⑤類同の要因，⑥閉合の要因，⑦客観的態度の要因，⑧経験の要因

重要ポイント2 奥行知覚（3次元知覚）

網膜は2次元であるにもかかわらず，人は3次元空間（奥行）を知覚できる。以下の要因と，奥行知覚に関する乳児を対象とした実験を押さえてほしい。

奥行知覚の要因

単眼視：水晶体の遠近調節（毛様筋の収縮），焦点の調整，運動視差

両眼視：両眼の輻輳（両目の焦点を合わせる際の角度）
経験的な網膜像要因（絵画遠近法的要因，網膜像の相対的大きさ・位置関係，部分的な重なり，線状透視，きめの勾配，陰影の分布）

視覚的断崖：ギブソン（Gibson, E.J.）らは，奥行知覚の獲得の検討のために視覚的断崖と呼ばれる実験装置を用いて，乳児を対象に実験を行った。その結果，6か月児でも奥行知覚が成立していることが示された。

重要ポイント3 明るさの知覚

明るさや知覚に関しては，視細胞の種類と，プルキンエ現象が重要である。

桿（かん）（杆）体視（たいし）と錐体視（すいたいし）：桿体視は錐体視に比べ全体的に鋭敏であり，短波長側でその差は著しい。

プルキンエ現象：明るいところでは黄色が鮮やかに見え，夕暮れには緑色が鮮やかになっていく現象。視感度が最大となる波長は，錐体細胞が550nm（黄）付近で，桿体細胞が510nm（緑）付近であり，ピークが異なる。明所視では主として錐体細胞が，暗所視では，主として杆体細胞が働くため，この現象が起こる。

重要ポイント4 色の知覚

色は多次元の属性であり，色相，明度，彩度の3つの次元で特定できる。色相は色味の違い，明度は色の明るさ，彩度は色の鮮やかさをさす。他に多次元の感覚属性としては，音が挙げられる。

また，混色には加法混色と減法混色の2種類がある。加法混色は光の混色のことであり，すべての色を混ぜると白くなる。減法混色は絵の具などの吸収媒質の混色のことであり，すべての色を混ぜると黒くなる。

重要ポイント5 運動知覚

対象の運動をどのように知覚しているか，といった問題は運動知覚と呼ばれる。実際には，運動していない刺激に運動を感じる**仮現運動**と，**誘導運動**が重要である。

仮現運動：映画のように，視対象が特定の位置に，ある時間間隔で出現したり消失したりするとき，その対象に動きが感じられる現象。ゲシュタルト心理学者であるヴェルトハイマー（Wertheimer, M.）が，要素主義の反論に用いた点でも著名。

誘導運動：客観的に動いている物と静止している物があるとき，静止しているものに対して運動が知覚される現象。雲が動いているのに月が動いているように見えることなどがその例である。

実戦問題

*
No.1 視覚における運動の知覚に関する記述のうち，誘導運動に関する記述として最も妥当なのはどれか。 【法務省専門職員・平成24年度】

1 雲の合間に月が見えているとき，実際には雲が風に流されてゆっくり動いているのに，雲が止まって見えて，雲に囲まれた月が雲の動きと反対方向に動いているように見える。

2 渦巻き模様を描いた円盤を回してそれを見つめ，しばらくしてその円盤の回転を止めると，模様が縮小（または拡大）しているように見える。

3 真っ暗闇の中に，１つの光点だけがある場合，この光点をしばらく見つめていると，動いていないはずの光点がいろいろな方向に動いて見える。

4 進行中の電車の側面の窓から外の景色を眺めていると，視点を遠くにおけば，近くの物は速く，遠くの物は遅く動いているように見える。

5 街の電光掲示板で，並んだ電球が順に点滅していくと，実際には一つ一つの電球がただ点滅を繰り返しているだけなのに，表示されている文字が流れるように動いて見える。

**
No.2 日常的に遭遇する図（figure）の見え方に関する記述として最も妥当なのはどれか。 【国家総合職・平成24年度】

1 視野の中に複数の図が存在する場合，われわれはそれらの図の配置に基づいて，ある一定の見方をしている。その１つの例として，近接の要因を挙げることができる。これは，物理的に近接している複数の図を相互に類似したものとして知覚する傾向のことであり，日常的に頻繁に生じる現象である。

2 視野の中に複数の図が存在する場合，それらの図の見え方が，われわれの誕生後に遭遇した種々の経験によって影響を受けることはない。なぜならば，それらの図の見え方は，われわれが経験を通して獲得した情報ではなく，図自体が持つ物理的特性からの影響を大きく受けているからである。

3 視野の中に複数の図が存在する場合，われわれは，視野全体のまとまり具合というよりも，それぞれの図の独自な性質から影響を受けて，それらの図を見ているといえる。こうした傾向をゲシュタルト心理学者であるウェルトハイマー（Wertheimer, M.）は，プレグナンツの傾向（法則，原理）と呼んだ。

4 視野の中に図が存在する場合，背景がどのような図柄であっても，われわれはそれらの図を簡単に知覚することができる。ただし，背景が一様でなく複雑な図柄の場合は，背景が図の背後にも広がっているように知覚するのではなく，図が背景に埋め込まれているように知覚する傾向がある。

5 視野の中に存在する複数の図が，閉じた領域を作るように配置されている場合，われわれは，それらの図を１つのまとまりとして知覚する傾向がある。これは閉合の要因と呼ばれ，背景に対してどの部分が図になりやすいかという図と地（背景）の分化の場合にも働いている要因である。

＊＊＊
No.3 視覚系に関する記述として最も妥当なのはどれか。

【国家総合職・平成25年度】

1 網膜において光を受容する細胞は桿体（杆体）と錐体である。錐体は主に中心窩に集まって存在しており，中心窩を離れるに従って急速に少なくなる。桿体は色覚が成立するための前提であって，網膜上の分布は錐体とは逆に，中心窩付近が最も少ない。人間では一般に，分光吸収特性が異なる３種類の桿体が存在しており，桿体の数は錐体の20倍にも達する。

2 網膜の神経節細胞の受容野を調べると，ほとんどの場合，ある特定の方向に傾いた細長いスリット光に選択的に反応する性質すなわち方位選択性を示す。これは，外界のさまざまな傾きの線分からなる物体の特徴を網膜の段階で抽出することで，その後の脳内情報処理を効率よく行うための機構と考えられている。

3 人間では，左右両眼からの視神経が左右の外側膝状体に行く前にすべて交叉しており，この部位を視交叉という。それぞれの外側膝状体からは同側の第一次視覚皮質に信号が送られる。すなわち，一方の眼に入った光刺激はその左右反対側の第一次視覚皮質で処理されることになる。第二次視覚皮質以降の視覚経路において，脳梁を介して左右両眼の情報統合が行われる。

4 第一次視覚皮質を損傷して視野欠損のある患者において，欠損した視野内に提示された視覚刺激に意識的には気づかないにもかかわらずその刺激の位置をある程度同定できる場合があり，この現象を盲視と呼ぶ。盲視が生じる機序として，視覚情報の中に，第一次視覚皮質を経由しないで第二次視覚皮質以降の脳領域へと直接向かうものがあるためと解釈されている。

5 第一次視覚皮質から先に，視覚情報処理の２つの大きな経路区分があるとされている。１つは背側経路と呼ばれ，視覚皮質から頭頂連合野に向かう経路であって，対象の形や色の認知に関与すると考えられている。もう一方は腹側経路と呼ばれ，視覚皮質から側頭連合野に向かう経路であって，対象の空間位置関係や運動知覚に関わることが指摘されている。

実戦問題の解説

No.1 の解説 運動知覚 →問題はP.204 正答1

1 ◎ 雲の動きで月が動いている見えるのは誘導運動。
妥当である。静止している点と，それを取り囲む枠組みといった関係がみられるとき，枠組みの運動によって，静止している点に運動が知覚される現象を**誘導運動**と呼ぶ。

2 × 運動を見続けると運動残像が生じる。
運動残像（残効）に関する記述である。視野内で広い範囲を占める運動を持続的に観察した後に，静止したものを見ると，観察した運動と反対方向に動いて見える現象をさす。滝の残像現象が著名。

3 × 光点を見ていると自動運動が生まれる。
自動運動に関する記述である。社会心理学者である**シェリフ（Sherif, M.）**は，集団状況で自動運動の実験を行い，**同調行動**を報告した。

4 × 運動視差は奥行知覚。
運動視差に関する記述である。自身が移動しているとき，視野内の対象物に対し，距離が近いほど速く運動しているように知覚される現象。**奥行(おくゆき)知覚**の生起因の１つである。

5 × ネオンサインは仮現運動。
仮現運動に関する記述である。仮現運動とは，２つの静止対象を適切な時間間隔をあけて連続呈示すると，実際に運動をしているように知覚する現象をさす。**ゲシュタルト心理学者ヴェルトハイマー（Wertheimer, M.）**らによって研究され，**構成主義心理学**の**要素還元主義**への批判が展開された。

No.2 の解説 形の知覚 →問題はP.204 正答5

1 × 「相互に類似したものとして知覚する」が誤り。物理的に近接している複数の図は，まとまりとして知覚される傾向があり，**群化の法則**の中の**類同の要因**と呼ばれる。

2 × 「経験によって影響を受けることはない」が誤り。**奥行知覚**などに代表されるように，生後からの経験によって知覚は構成される側面が大きい。また，視覚系のニューロンの発達にとっても経験は大切な要因である。

3 × 「視野全体のまとまり具合」と「それぞれの図の独自な性質」の位置が逆である。**ゲシュタルト心理学**は，知覚における**図全体のまとまり**の重要性を主張した。また，**プレグナンツの法則**は，視野に与えられた図が，全体として，**最も単純で安定した秩序ある形にまとまろうとする傾向**をさす。

4 × 日常場面を想起してほしい。背景が複雑な状況においても対象を認識することはできる。**対象を図**，**背景を地**と呼び，**図と地の分化**とは，対象の認識の前提と位置づけられている。われわれが網膜上で受け取る刺激がどのように，図と地を分化させていくのか，といった問題は，知覚の重要なテーマである。

5 ◎ 妥当である。**閉合の要因**とは，**群化の法則**でも挙げられ，形のなりやすさの一因である。また，同時に，**図と地の分化**においても，図のなりやすさの一因に挙げられる。

No.3 の解説 視細胞と視覚野 →問題はP.205 正答4

1 × 光を受け取る感覚細胞（**視細胞**）の機能に関する記述が**桿体（杆体）**と**錐体**とで逆になっている。**桿体は光の強弱**を，**錐体は色**を感受する機能を持つ。また**桿体は1種類のみ**であるが，**錐体は3種類**ある。

2 × 方位選択性は網膜神経節細胞ではなく，**一次視覚野（V1）**の大部分の細胞が持つ性質である。網膜神経節細胞の応答の特徴としては小さい円状の刺激（中心部刺激）に応答し，受容野中心部を取り囲むような環状の光刺激（環状刺激）は中心部への点状刺激に対する応答を抑制する。

3 × 左右両眼からの視神経が左右の**外側膝状体**に行く前に全交叉するわけではない。網膜の鼻側（耳側視野）からの線維は**視交叉**で交叉し，網膜の耳側（鼻側視野）からの情報は，同側の外側膝状体に到達する。視交叉の障害では両側網膜の鼻側からの線維が破壊され，視野の外側が見えなくなる状態である**両耳側半盲**が起こる。

4 ◎ 妥当である。両側後頭葉の障害が起こると，患者は主観的には見えない。しかし，実際には**盲視（blindsight）**と呼ばれる現象がかなりみられる。つまり，意識にはのぼらないにも関わらず，視覚刺激に対する反応が残る。さらにこのような患者は光刺激の動き，点滅，方位，あるいは色もかなり区別することができる。

5 × 視覚情報処理の大きな2つの経路に対する説明が入れ替えられている。**背側経路は空間認知**に関与しており，対象がどこにあるか，また同じ背景内の異なる対象間の空間配置の特定に関係している。**腹側経路は対象知覚，認知**に関与しており，何を見ているのかを特定することに関係している。

第2章　学　習

試験別出題傾向と対策

頻出度	試験名	国家総合職					国家一般職					国家専門職（法務省専門職員）				
	年度	21-23	24-26	27-29	30-2	3-5	21-23	24-26	27-29	30-2	3-5	21-23	24-26	27-29	30-2	3-5
	テーマ　出題数	11	9	9	7	9	3	3	1	2	2	1	3	3	1	7
C	3 学習心理学の成り立ち	6	4	1	3	4	1	1			1					2
B	4 古典的条件づけ	1	2	2	2	2	1	1		1	1		1		1	3
B	5 オペラント条件づけ	4	3	6	2	3	1	1	1	1		1	2	3		2

学習は，心理学各分野の基本と位置づけられ，認知や教育，臨床など多くのテーマと関連づけることができる。また，テーマ３「学習心理学の成り立ち」に挙げたように，行動主義の成立を中心に，心理学全体像を理解してほしい。E.L.ソーンダイク，行動主義の提唱者のJ.B.ワトソン，新行動主義者のB.F.スキナー，C.L.ハル，E.C.トールマンの理論を整理すること。

学習における中心となるテーマは条件づけである。２種類の条件づけの原理と関連概念をしっかり押さえる必要がある。古典的条件づけ（レスポンデント条件づけ）では，中性刺激と無条件刺激との対呈示という基本図式をその略号とともに理解してほしい。その後，関連概念である，消去，自発的回復，弁別（分化），般化，阻止，同時・遅延・痕跡・逆行条件づけ，恐怖条件づけ，味覚嫌悪などへ学習を進めてほしい。

次に，オペラント条件づけ（道具的条件づけ）では，自発的行動と強化の基本図式を理解したうえで，関連事象である，強化スケジュール，三項強化随伴性，罰，消去，弁別，シェイピング，迷信，逃避と回避，学習性無力感，などへ学習を進めてほしい。条件づけの他の関連する概念については，テーマ５「オペラント条件づけ」に挙げてある。また社会的学習（模倣学習，観察学習，A.バンデューラの社会的学習理論）と技能学習（学習曲線，感覚運動協応，結果の知識，転移，分散学習と集中学習）が重要である。このほか，心理学の他の分野にもまたがるトピックとして，言語学習，問題解決もチェックしておきたい。

● 国家総合職（人間科学）

学習に関する出題は，毎年２題以上みられているので，テーマ３，４，５の基本的な知見を足場に，実験例などについても学習する必要がある。出題内容は，大学院で専攻している場合には，基本的な問題といえるが，難度はかなり高い。過去には，学習と記憶の生理基盤に関する融合問題や，観察学習について英文で出題されている。まずは，テーマ３，４，５に挙げられた基本的な知見をしっかりと学習し，見慣れない実験などが登場しても，既知の知識と照合すれば，回答を導

裁判所（家庭裁判所調査官補）					
21–23	24–26	27–29	30–2	3–5	
2	1	2	1	0	
		1			テーマ3
		1			テーマ4
2	1		1		テーマ5

ける。また，基本的な知見は，英文での出題も多くみられる傾向にある。

● 国家一般職

令和５年度には出題がみられなったが，令和３年，４年度には出題がみられた。感覚・知覚，学習，認知といった基礎領域から必ず１題以上出題される傾向にあるため，確かな知識を身に着けてほしい。

令和４年度の出題内容はレスポンデント条件づけに関する基本的な知見を問うものであった。全般の傾向として，出題内容は，テーマ３，４，５に挙げた基本的な知見が中心である。古典的条件付け，オペラント条件付けの基本図式，強化スケジュールなどを確かな知識としたうえで，実戦問題に登場する用語を中心に学習を進めてほしい。

● 国家専門職（法務省専門職員）

令和３年度以降，毎年１題は出題されている領域であり，必須である。基本的知見を中心に確固とした知識を身につけてほしい。令和５年度には，レスポンデント条件づけに関する問題，令和４年には観察学習などの出題がされている。本書で紹介される基本的知見を中心に確固とした知識を得てほしい。

● 裁判所（家庭裁判所調査官補）

３年に１度程度の出題であるが，学習は，教育や発達といった領域とも密接なつながりがあるため，２つの条件づけと，関連概念について理解をしておく必要がある。特に，観察学習や，全習・分習，言語学習などは，必須であり，教育や発達に関する記述に登場しても対応ができるよう学習をしてほしい。

学習心理学の成り立ち

必修問題

次のア，イ，ウは，心理学における学習の実験に関する記述であるが，それぞれの実験と関連の深い用語の組合せとして妥当なのはどれか。

【国家一般職・令和３年度】

ア：**E.L.ソーンダイク**は，空腹のネコを錠の付いた木の箱に入れ，箱の外に餌を置き，ネコが錠を開けて箱から脱出するまでの時間を測定した。箱には仕掛けがあり，ひもを引いたり，ペダルを踏んだりすると錠が開き，脱出できるようになっていた。餌を求めるネコはさまざまな行動をし，偶然に脱出できると再び同じ箱に戻された。この作業を繰り返すうちに，次第に脱出につながる行動だけが生じるようになり，脱出までの時間も短くなった。

イ：**E.C.トールマン**は，１日に１試行ずつ，ネズミを迷路に入れ，ゴールへの到達時間を測定する実験を行った。毎日ゴールに到達すると餌を与えられたネズミと比べ，最初の10日間はゴールに到達しても餌を与えられず，11日目から餌を与えられたネズミは，11日目こそ成績が劣っていたものの，12日目には前者と変わらない成績を示した。この結果から，報酬がない間も，ネズミが迷路を探索することで何らかの学習をしていたことが示された。

ウ．**A.バンデューラ**は，幼児を対象として，人形に対して**攻撃行動**を行う大人の映像を見せる実験を行った。映像を見る前と後で，同じ人形に対する幼児の攻撃行動を測定した結果，映像を見た後では攻撃行動の増加が生じた。なお，攻撃行動をした大人が別の大人から処罰される映像を追加で見た幼児は，攻撃行動が賞賛される映像を追加で見た幼児や，追加の映像を見なかった幼児に比べ，映像を見た後の攻撃行動は少なかった。

	ア	イ	ウ
1	洞察学習	概念形成	モデリング
2	洞察学習	認知地図	転移
3	試行錯誤学習	概念形成	転移
4	試行錯誤学習	認知地図	転移
5	試行錯誤学習	認知地図	モデリング

難易度 ＊

必修問題の解説

解法のカギは，人名とキーワードとの対応関係を理解しているのかどうかという点にある。本問に登場する人名は，いずれも著名な心理学者であるため，人名とキーワード，そして現象との対応関係を確認してほしい。

ア：E.L.ソーンダイクがネコの問題箱から導いた試行錯誤学習。
試行錯誤学習である。あらゆる手段を試し，失敗を重ねて課題解決に至るプロセスを試行錯誤学習と呼ぶ。**E.L.ソーンダイク**のネコを用いた問題箱（パズルボックス）の実験として有名である。一方，**洞察学習**とは，これまでの経験や環境の諸情報を統合することにより問題解決の見通しを立てて問題解決に至る学習プロセスをさし，チンパンジーが天井に吊るされたバナナを取る過程を観察を元に**W.ケーラー**により提唱された。

イ：E.C.トールマンによる潜在学習と認知地図の実験。
認知地図である。**E.C.トールマン**の実験においては，ネズミはゴールの方向，距離，目印といった空間情報，すなわち認知地図を形成したことを示す。また，その学習の過程において必ずしも餌のような報酬が与えられる必要はないことを見出し，これを**潜在学習**と呼んだ。概念形成とは，経験を通じて新しい概念を作り出す過程をさす。

ウ：A.バンデューラによる観察学習の実験。
モデリングである。モデリングとは，他者の行動やその結果を観察することで，観察者当人の行動に変化が生じることをいう。その強さはモデル（観察される他者）に与えられる強化や罰の大きさに左右され，攻撃行動をした大人が称賛された映像を見た幼児は，より強い攻撃行動が観察された。**転移**とは，前の学習がその後の学習に影響を及ぼすことをさし，後の学習を促進する場合は「**正の転移**」，阻害する場合は「**負の転移**」と呼ぶ。

したがって，正答は**5**である。

正答 5

FOCUS

ヴントの心理学から始まった近代心理学の全体像をつかむには，1900年代初頭に勃興した行動主義を中心に，整理を行うことが近道である。パブロフ，ソーンダイクを筆頭に，ワトソンの登場と新行動主義の展開を理解してほしい。

POINT

重要ポイント1 心理学の歴史的展開

19世紀後半に勃興した近代心理学は，20世紀初頭から，行動主義の強い影響下に置かれた。まずは，全体動向を以下に示す。

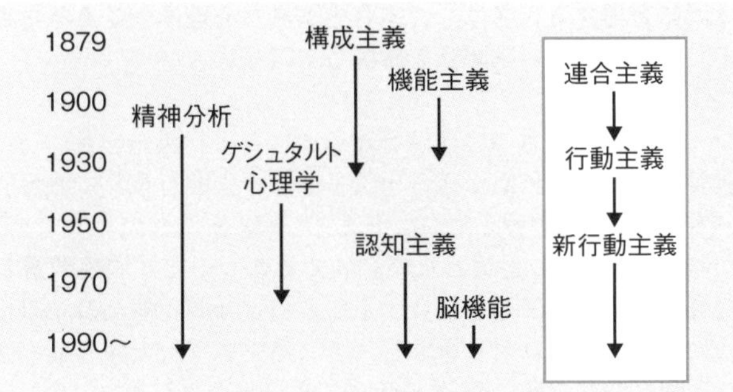

構成主義：ヴント（Wundt, W.）。意識の研究，要素主義，内観法。

機能主義：ジェームズ（James, W.）。心的行動の機能の重視，内観法。

ゲシュタルト心理学：ヴェルトハイマー（Wertheimer, M.），コフカ（Koffka, K.），ケーラー（Köhler, W.）。構成主義の要素主義への反論。全体の特性を重視。

連合主義：ソーンダイク（Thorndike, E.L.），パブロフ（Pavlov, I.P.），エビングハウス（Ebbinghaus, H.）。学習における刺激と反応の連合を重視。

行動主義（Behaviorism）：ワトソン（Watson, J.B.）。観察可能な行動の研究。構成主義の内観法への意識，内観法への批判。

新行動主義：スキナー（Skinner, B.F.），ハル（Hull, C.L.），トールマン（Tolman, E.C.）。媒介変数を用いた点が特徴。

精神分析（Psychoanalysis）：フロイト（Freud.S.）。無意識の研究，ヒステリーの研究，個別研究。

重要ポイント2 学習心理学の成り立ち

●思想的な背景

（イギリス）**経験主義**と**連合主義**：ロック（Locke, J.）の「タブラ・ラサ」（われわれの心はいわば白紙の状態で生まれる）といった言葉が著名。刺激と反応の連合という考え方の基盤となっている。

進化論：ダーウィン（Darwin, C.）の提起した進化論は，環境への適応という視点を多くの分野に提供した。

以下に，行動主義勃興時の時代背景として著名な研究を挙げる。

1850 Fechner, G. 精神物理学の実験を行う
1879 Wundt, W. 心理学教室をライプチヒ大学に創設 → 構成主義
1885 Ebbinghaus, H. 無意味つづりを用いた記憶実験。忘却曲線
1890 James, W. 「心理学の原理」をアメリカで刊行 → 機能主義
1896 Thorndike, E.L. 動物学習について発表 → 連合主義
1900 Freud, S. 「夢分析」を刊行 → 精神分析
1906 Pavlov, I.P. 古典的条件づけの実験を発表 → 連合主義
1912 Wertheimer, M. ゲシュタルト心理学の研究を発表 → ゲシュタルト
1913 Watson, J.B. 論文「行動主義者の見た心理学」を発表 → 行動主義
1921 Köhler, W. チンパンジーの智恵試験。洞察学習 → 行動主義
1938 Skinner, B.F. オペラント条件づけに関する研究発表 → 新行動主義

また，以下の4つの研究も，学習心理学の成立に大きな影響を与えた。

・エビングハウスの言語学習と記憶・忘却の実験（1885）―無意味つづりと忘却曲線
・ブライアンとハーターの運動技能学習の研究（1897）―モールス信号の技能の上達
・ソーンダイクの試行錯誤学習の研究（1898）―効果の法則の提唱。オペラント条件づけの基礎
・パブロフのイヌを用いた条件反射の研究（1897）―古典的条件づけの基礎

重要ポイント3 新行動主義

行動主義者はワトソンのみであり，以下の3人は新行動主義に位置づけられる。

スキナー（Skinner, B.F.）：オペラント条件づけ，行動分析学の創始者。

ハル（Hull, C. L.）：動因といった媒介変数を用い，動因低減説を展開。
習慣強度×動因によって反応の潜在的強度は規定されるとした。

トールマン（Tolman, E.C.）：認知地図の研究などから，媒介変数を採用した。
認知心理学の先駆けに位置づけられる。

実戦問題

*
No.1 **学習理論に関する記述として最も妥当なのはどれか。**

【国家一般職・平成24年度】

1 M.E.P.セリグマンらは，逃避も回避もできない電気ショックを与えられ続けたイヌが，別の回避可能な状況におかれても，電気ショックから逃れる方法を学習しようとせずに，受動的にショックを受け続けるようになった実験例を示した。このように，生得的な本能行動とは異なる反応を経験によって二次的に学習することを，二次条件づけと呼ぶ。

2 W.ケーラーは，課題解決場面におかれたチンパンジーを観察し，課題解決に至るのに試行錯誤の過程を経ずに，あたかもあらかじめ解決の見通しを立てたかのような行動が突如出現したという実験例を示した。彼は，行動の遂行には直接表れないものの，認知の上で潜在的に学習を進めていたために，解決行動が突如出現したように見えるのだと説明し，これを潜在学習と呼んだ。

3 E.L.ソーンダイクは，ある技能の学習が，それと類似した別の技能の学習に促進的あるいは妨害的な効果を与えることがあることを発見し，これを効果の法則と呼んだ。たとえば，スケートができる人はスキーが早く上達したり，軟式テニスの経験があると，硬式テニスのラケットの握り方を覚えるのに苦労をしたりするなどが例として挙げられる。

4 J.ガルシアは，消化器系の不調は味覚刺激と容易に連合しやすく，ある食べ物を摂取した後で胃の不調をきたすと，その原因が食べ物にない場合であっても，以後同じ食べ物が呈示されると，その味を手がかりとしてその食べ物を嫌悪するようになることを実験によって示した。このように，生物学的な特性に基づいた反応が自動的に学習されることを，自動反応形成と呼ぶ。

5 A.バンデューラは，幼児が大人のモデルの攻撃行動を観察しただけで，その後の幼児の行動に攻撃的な行動が増加したという実験結果を報告した。このように，自ら直接経験したり外部から強化を受けたりしなくとも，他者の行動をモデルとして観察するだけで成立する学習のことを，観察学習と呼ぶ。

＊＊
No.2 学習に関する記述として最も妥当なのはどれか。

【国家総合職・令和元年度】

1 ケーラー（Köhler, W.）は，チンパンジーの問題解決に関する研究を通じて，洞察による学習の働きを強調した。たとえば，中央部にバナナが宙づりにされ，床に複数の箱が散らばっている部屋に入れられた場合，チンパンジーは箱をいくつか重ねるなどしてバナナを取ることができた。ケーラーは，チンパンジーが，採りうる手段を試み的に問題場面に当てはめ，試みと不成功を繰り返すうちに解決を見いだそうとすることで問題解決に至ったと考えた。

2 スキナー（Skinner, B.F.）は，動物を対象とした研究を行うために，後にスキナー箱などと呼ばれる実験装置を開発した。この装置では，ラットがレバーを押したり，ハトが反応キーをつついたりすると給餌装置が作動して餌が呈示され，実験者の介入なしで実験対象が繰り返し反応することが可能である。スキナーは，このように実験者が介入することなく実験対象の反応が形成されることを自動反応形成（autoshaping）と呼んだ。

3 スキナー（Skinner, B.F., 1948）は，箱の中にハトを入れ，ハトの行動とは無関係に15秒ごとに餌を呈示したところ，8羽中6羽が，餌が呈示されない15秒の間に，箱の中をぐるぐる回ったり頭で何かを突き上げるような動作をしたりするなど，独特な行動をするようになった。スキナーは，このような，こうすれば餌にありつけるという「予言」を信じて行動し，その「予言」を実現させているかのような過程を予言の自己成就（self-fulfilling prophecy）と呼んだ。

4 ガルシアとケーリング（Garcia, J. & Koelling, R.A., 1966）は，ラットに対して味覚刺激と視聴覚刺激からなる複合条件刺激を嫌悪的な無条件刺激と時間的に接近して対呈示したにもかかわらず，味覚刺激は気分不快と，視聴覚刺激は皮膚面から与えられた痛みとそれぞれ選択的に連合されたことを示した。彼らの研究は，学習の研究において，生物学的制約を学習の要因の一つとして考慮することの必要性を示唆した研究の一つである。

5 セリグマンとメイヤー（Seligman, M.E.P. & Maier, S.F., 1967）は，統制不能の電気ショックを与えられ続けたイヌが，電気ショックを統制可能な別の状況に置かれても，自ら電気ショックから逃れようとせずにうずくまったままであったことについて，電気ショックが逃避不能であり，自分の行動が無力であることを学習したとして学習性無力感と呼んだ。学習性無力感は，イヌやネコでは生じるが，ヒトでは生じないことが示されている。

実戦問題の解説

No.1 の解説　学習の諸理論

→問題はP.214　正答5

1 × セリグマンは学習性無力感。

学習性無力感に関する記述である。**セリグマン（Seligman, M.E.P.）**は，ポジティブ心理学の創始者の一人としても知られている。**二次条件づけとは古典的条件づけにおいて，条件づけが成立した条件刺激が，無条件刺激としての効力を持つ現象**をさす。

2 × ケーラーは洞察学習。

ケーラー（Köhler, W.）の**洞察学習**に関する記述である。**潜在学習**とは，学習の意図や，学習する対象を意識化していないのに成立する学習のことをさす。**ソーンダイク（Thorndike, E.L.）**の**試行錯誤学習**とともに整理をしてほしい。

3 × ソーンダイクは試行錯誤学習。

学習の転移に関する記述である。促進的な効果を与える**正の転移**，妨害的な効果を与える**負の転移**を押さえてほしい。**効果の法則は，ある環境において，なんらかのよい効果を持つ行動の頻度が上昇すること**をさす。ソーンダイクが提唱し，その後に展開したオペラント条件づけの基礎となる考え方である。

4 × ガルシアは味覚嫌悪学習。

味覚嫌悪学習に関する記述である。**自動反応形成**とは，無条件刺激と条件刺激の対呈示という，古典的条件づけの手法を用いてオペラント行動の学習が成立する現象，およびその手続きのことをさす。**シェイピング**を行わずに自動的に条件づけがなされる点が大きな特徴。

5 ◎ バンデューラは観察学習。

妥当である。**バンデューラ（Bandura, A.）**の**観察学習**は，人の学習の大きな特徴と考えられる。**直接的な強化が与えられなくても成立するため，代理強化とも呼ばれる。**

No.2 の解説　学習心理学の著名な現象

→問題はP.215　正答4

学習心理学の重要用語に関する理解を問う問題である。学習におけるさまざまな現象は，その内容と提唱した人物名を合わせて覚えておきたい。

1 ×　試みと不成功を繰り返しながら問題解決に至るのは試行錯誤学習。

ケーラー（Köhler, W.）はチンパンジーが問題解決に至るまでの過程から洞察学習について説明をした。**洞察学習とは，置かれた環境においてさまざまな考えを凝らし（洞察し），練習や試行錯誤なしに問題解決に至る過程を指す。**選択肢の中の試みと不成功を繰り返しながら問題解決に至る学習は試行錯誤学習と呼ばれ，ソーンダイク（Thorndike, E.L.）によって提唱されたものである。

2 ×　自動反応形成を発見したのはブラウンとジェンキンス。

スキナー箱に入れられた直後のラットやハトはレバーや反応キーに対する反応を示さないが，スキナー箱に入れた状態にしておくとやがて自発的にレバーやキーへ反応をし，餌を獲得するようになる。これを**自動反応形成**と呼ぶが，発見者はスキナー（Skinner, B.F.）ではなく**ブラウン**（Brown, P.L.）と**ジェンキンス**（Jenkins, H.M.）である。

3 ×　偶発的随伴性によって生じる行動は迷信行動。

偶発的に生じた行動に対して，たまたま強化子が**随伴**することによって形成される行動を**迷信行動**と呼ぶ。予言の自己成就は社会学者のマートン（Merton, R.K.）によって提唱されたものであり，学習心理学で用いられる用語ではない。

4 ◎　ガルシアとケーリングは連合学習における生物学的制約を示した。

味覚と吐き気の連合は促進されやすいが，光と音の複合刺激は吐き気と連合されにくい。一方，電撃による痛みは味覚と連合されにくいが，視聴覚刺激と連合が促進されやすい。これらの実験結果から，**ガルシア**（Garcia, J.）と**ケーリング**（Koelling, R.A.）は，**連合の学習**において生物学的な選択性が存在していると主張した。

5 ×　学習性無力感はヒトでも生じる。

セリグマン（Seligman, M.E.P.）とメイヤー（Maier, S.F.）による**学習性無力感**に関する説明である。ヒトでは生じないという記述が誤り。のちにセリグマンはヒトを対象とした実験においても学習性無力感が生じることを示し，うつ病との関係性についても研究を行っている。

古典的条件づけ

必修問題

次は，古典的条件づけの実験に関する記述であるが，A～Dに当てはまるものの組合せとして妥当なのはどれか。 【国家一般職・令和４年度】

古典的条件づけの系統的な実験を初めて行ったのは**I.P.パブロフ**である。通常，イヌは，食べ物として口に肉粉を与えられると唾液を分泌するが，メトロノームの音を聞いただけでは唾液を分泌しない。すなわち，メトロノームの音は，本来は唾液分泌反応を引き起こすことのない［　A　］刺激である。パブロフは，イヌの口に肉粉を与える際に，メトロノームの音を対にして提示する手続を繰り返し行った。その結果，イヌはメトロノームの音を聞いただけで唾液を分泌するようになった。

肉粉に対する唾液分泌は学習に基づく反応ではないことから，パブロフは，肉粉を［　B　］刺激，唾液分泌反応を［　B　］反応と呼んだ。これに対して，古典的条件づけの手続により，それだけで唾液分泌を引き起こすようになったメトロノームの音は［　C　］刺激，それによって生じる唾液分泌は［　C　］反応と呼ばれる。

パブロフの研究の影響を受けた［　D　］は，「**アルバート坊や**」で知られる生後11か月の乳児を対象に実験を行い，恐怖反応が古典的条件づけによって学習されることを示した。この乳児は，恐怖反応を引き起こす刺激（大きな音）とシロネズミを繰り返し対にして提示する手続により，実験の前には怖がらなかったシロネズミに恐怖反応を示すようになったという。

	A	B	C	D
1	中性	無条件	条件	J.B.ワトソン
2	中性	条件	無条件	J.B.ワトソン
3	条件	無条件	中性	B.F.スキナー
4	無条件	中性	条件	J.B.ワトソン
5	無条件	条件	中性	B.F.スキナー

難易度　*

必修問題の解説

古典的条件づけの基本的な図式を説明したものである。メトロノーム，肉粉，唾液反応は古典的条件づけの説明において頻繁に用いられる例であり，各刺激と反応の関係性と用語を理解し，確実に正解を押さえたい。

A：**メトロノームの音は，はじめは反応を引き起こさない中性刺激。**
中性が入る。本来，特定の反応を引き起こすことのない刺激を**中性刺激**と呼ぶ。

B：**学習を必要とせずに無条件反応を生じさせる無条件刺激。**
無条件が入る。学習を必要とせずに生じる反応を**無条件反応**と呼び，無条件反応を引き起こす刺激を**無条件刺激**と呼ぶ。

C：**メトロノームは肉粉（無条件刺激）と対提示により条件刺激へ変化。**
条件が入る。無条件刺激との対提示によって，本来は中性刺激であったものから引き起こされるようになった反応を**条件反応**と呼ぶ。そしてこの条件反応を引き起こす刺激のことを**条件刺激**と呼ぶ。

D：**J.B.ワトソンによる「アルバート坊や」の恐怖条件づけの実験。**
J.B.ワトソンが入る。J.B.ワトソンは**行動主義宣言**を行った人物であり，「**アルバート坊や**」の実験でも有名である。**B.F.スキナー**は**徹底的行動主義**を展開し，**オペラント条件づけ**を体系化した人物として有名である。

したがって，正答は**1**である。

正答 1

FOCUS

パブロフの古典的条件づけの基本図式から，刺激の種類（無条件刺激，条件刺激など）を学習し，古典的条件づけに関わる諸現象を整理してほしい。なかでも，消去と自発的回復，味覚嫌悪学習が最頻出事項である。

POINT

重要ポイント 1　古典的条件づけの基本図式

古典的条件づけ（レスポンデント条件づけ）では，中性刺激と無条件刺激との対呈示により，無条件反応と同様の条件反応が誘発されるようになる。条件反応を誘発するようになった刺激のことを条件刺激という。

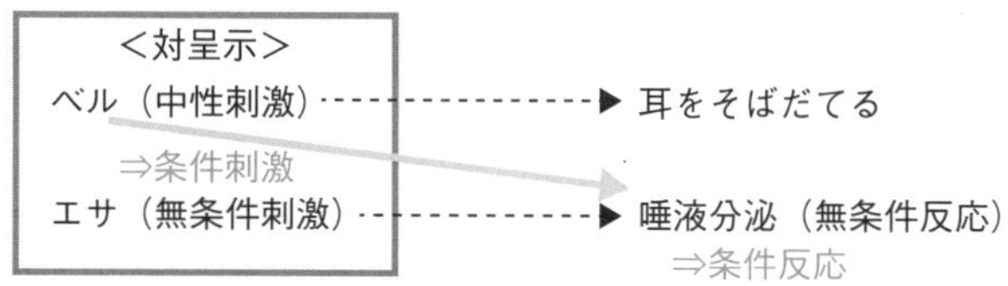

重要ポイント 2　条件刺激と無条件刺激の呈示

条件刺激と無条件刺激の対呈示の仕方には以下の４つのパターンがある。同時条件づけが基本とされ，条件刺激と無条件刺激の呈示間隔が大きくなると条件づけは成立しづらくなる。また，逆行条件づけは一般に困難であると考えられており，そのため，①>②>③>④の順に条件づけが容易になる。

①**同時条件づけ**：条件刺激呈示開始と同時（５秒以内の遅延）に無条件刺激を呈示。
②**遅延条件づけ**：条件刺激呈示開始から５秒以上遅れて無条件刺激を呈示。
③**痕跡条件づけ**：条件刺激の呈示終了後に無条件刺激を呈示。
④**逆行条件づけ**：無条件刺激呈示終了後に条件刺激を呈示。

重要ポイント 3　古典的条件づけの諸現象

ここでは，**(1)**～**(5)** に古典的条件づけに見られる特徴的現象を挙げた。

(1) 消去と自発的回復：条件刺激が繰り返し呈示されても，無条件刺激が呈示されないと，反応は消えていく（**消去**）。しかし，消去がなされた後に，休止期間を経た上で，条件刺激を呈示すると条件反応が再び出現することがある（**自発的回復**）。

(2) 般化と分化：条件刺激と類似した刺激にも条件反応が起こることを**般化**（はんか）という。類似した刺激に対しても異なった反応が結びつくことを**分化（弁別）**という。

例）１分100拍節のメトロノーム音（M100）を条件刺激に用いた場合，M110，M90に対しても条件反応が起こる（**般化**）。

しかし，般化刺激の１つ，たとえばM110を強化しないで，M100のみを強化し続けると，M100に対しては条件反応が起こるが，M110には条件反応は起こらなくなる（**分化**）。

(3) 実験神経症：弁別実験において，弁別刺激の類似度が高く弁別が困難であり，電気ショックを受ける可能性が高まると，成績の低下のみならず，興奮や混乱した状態を示す。

(4) 味覚嫌悪学習：特定の食物を食べた後で，体調不良を起こすと，その後，その食べ物を2度と食べなくなる。この現象は，研究者名からガルシア効果と呼ばれる。**味覚嫌悪学習**とも呼ばれ，1度きりの経験でも学習されるといった特徴を持ち，古典的条件づけのメカニズムで説明される。

(5) 2次条件づけ：すでに成立している条件づけを利用し，新たな条件刺激との間で条件づけを行うことをさす。たとえば，ベルの音を条件刺激に，エサを無条件刺激として，ベルと唾液分泌という条件反応が誘発されるようになる（**1次条件づけ**）。その後，ベルと画面に出す黒い丸を対呈示することによって，黒い丸にも唾液分泌という条件反応が誘発されるようになると**2次条件づけ**が成立したこととなる。

実戦問題

＊＊
No.1 次は，パブロフ（Pavlov, I.P.）の犬の実験で知られる，古典的条件づけに関する記述である。A，Bに当てはまるものの組合せとして最も妥当なのはどれか。 【法務省専門職員・平成25年度】

パブロフの犬の実験を例にとると，古典的条件づけが成立した後，条件刺激（CS）である音刺激のみを単独で呈示する試行を繰り返すと，条件反応（CR）である唾液分泌反応が減退することを「消去」と呼ぶ。ただし，消去を行った後，一定の休止期間を挟んで，条件刺激（CS）のみの呈示を再開すると，下の図［ A ］のように条件反応（CR）が生じる。この現象を［ B ］と呼び，消去によって観察されなくなった条件反応（CR）は，学習が消失したわけではなく，反応が抑制されているに過ぎないということを示す根拠の一つとされている。

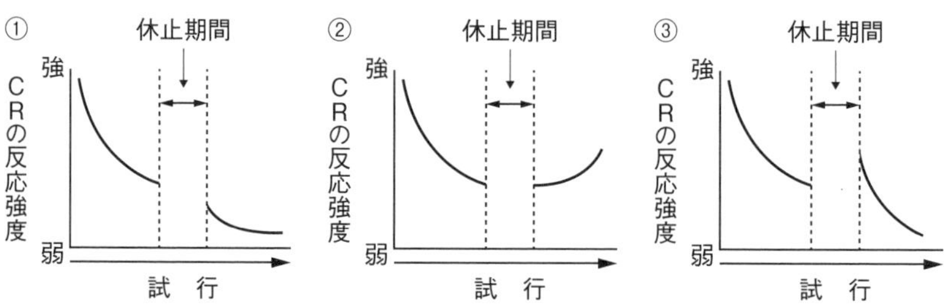

	A	B
1	①	般　化
2	①	自発的回復
3	②	般　化
4	③	自発的回復
5	③	般　化

＊＊＊
No.2 **Read the following passage and select the most suitable statement about aversive learning.** 【国家総合職・平成24年度】

A famous example of biologically prepared learning is taste aversion. The taste aversion violates several of the old assumptions about animal learning. The gap between the cue（CS）and the biological response（UCR）can be very long, the aversion to a food can be learned in just one trial, and taste aversion violates the assumption of the equivalence of associations, because the illness is almost always blamed on food, even if it is due to some other factor such as a flu virus.

The highly selective nature of food aversion is called the Garcia effect. John Garcia showed that animals associated illness with food, even if the illness was caused by something else. If rats got sick from a dose of radiation after drinking saccharin-flavored water in a cage illuminated with red light, the rats later avoided saccharin-flavored water. But they did not avoid red light. Similarly, if they got shocked after tasting the water, they learned to avoid the enviroment where they got shocked, but they did not learn to avoid the water.

1 Food aversion is coming from operant conditioning, not from classical conditioning.

2 The Garcia effect demonstrates that some kinds of animal's learning are not arbitrary but semantically constrained.

3 Food aversion is quite unique as learning because taste can always be learned from any kind of CS.

4 The highly selective nature of aversion means that even though the illness has many causes, animals learn that an environmental factor is its main reason.

5 The rat cannot learn the connection between color of light in the cage and receiving shocks.

実戦問題の解説

No.1 の解説　消去と自発的回復

→問題はP.222　**正答4**

STEP❶　現象名（B）の選択

問題文中の「消去によって観察されなくなった条件反応（CR）は，学習が消失されたわけではなく，反応が抑制されているにすぎないということを示す根拠の一つとされている」という記述から，**自発的回復**を扱った問題であることがわかる。**自発的回復とは，条件づけられた反応を消去している最中に一定の休止期間を入れると，その後，一時的に条件反応（CR）の反応強度が回復する現象**のことである。

また，誤りの選択肢に用いられた**般化とは，ある刺激に条件づけられた反応が，類似した他の条件刺激に対しても生じる現象**のことであり，本問とは無関係である。

STEP❷　図（A）の選択

休止期間後に条件反応（CR）の**反応強度**が回復している図③が正しい。図①では，休止期間後に反応強度が減退しており，図②では，休止期間前後で反応強度に変化が見られないため，誤りである。

したがって，③と自発的回復の組合せであるから，正答は**4**となる。

No.2 の解説　嫌悪学習（aversive learning）

→問題はP.223 正答2

1 × 「operant conditioning」が誤り。「classical conditioning」が正しい。**ガルシアの研究は毒物がUSで，ある味覚がCSである古典的条件づけ**の手続きである。

2 ◎ 妥当である。**味覚嫌悪学習**の手続きでは実験対象が飲食した物の味覚をCSと定義している。多くの場合，その食べ物はそれまでに実験対象が食べたことのないものである。それを飲食した後に，動物の気分が悪くなる薬物（US）が投与される。数日後に，その不快な気分から実験対象が十分に回復してから，再び先のCSの役目を果たした飲食物を摂取する機会が与えられる。一般的な結果では，動物はそれをほとんどあるいはまったく摂取しようとしない。

3 × 「taste can always be learned from any kinds of CS」が誤り。CSには光や音などのように味覚を伴わないものもある。また古典的条件づけにおいて条件刺激（CS）と無条件刺激（US）が時間的に接近しているほど，条件づけの強度が上がるという接近の法則が当てはまると考えられてきた。これに対し，**味覚嫌悪学習**は，有効なCS-US間隔が古典的条件づけでの伝統的な実験よりも何倍も長く，**接近の法則に従わないこと**から，最も基本的な原理の一つに対する例外とみなされた。

4 × 「environmental factor is its main reason」が誤り。英語の問題文にもあるように味覚嫌悪学習では「red light」に対して忌避していない。

5 × 「The rat cannot」が誤り。「**等可能性の命題**」（equipotentiality premise）と呼ばれる原則がある。この命題はある刺激はすべての文脈において等しくよい（あるいは悪い）CSとなると主張するものである。つまり，**どのような刺激をCSとするかは任意であり，どのような刺激も条件づけのされやすさに違いはあるものの，CSへ変容させることが可能であるという命題**である。また味覚嫌悪学習の特徴は，USが毒物か電気ショックであるかによって，味や光といったCSの種数と条件づけのしやすさが影響を受ける点である。そのため，味覚嫌悪学習は等可能性の命題を満たさない。CSの条件づけのされやすさに違いが出るという点で，等可能性の命題を満たさないためでもある。

テーマ **5** 第2章 学 習

オペラント条件づけ

必修問題

オペラント条件づけにおける強化と罰に関する記述として最も妥当なのはどれか。 【法務省専門職員・平成26年度】

1 条件づけに用いられる**強化子**には，それが出現することで反応の出現頻度が上がる**正の強化子**と，それが消失するかその出現が延期されることで反応の出現頻度が上がる**負の強化子**がある。**正の罰**には後者が用いられる。

2 ある反応に対して**正の強化子**を与え，その反応頻度を増大させた後，その反応をしても**正の強化子**を与えないようにすると，反応頻度は徐々に減少し，初期の水準に戻る。この手続を**負の罰**という。

3 行動療法の一つである**トークンエコノミー**では，**望ましい行動を取った対象者にチップやシールなどのトークンを与える**ことで，その行動の強化が図られる。トークンは，それを与えられることが対象者の満足につながる一次強化子である。

4 反応を抑制するのに必要十分な強度の罰を最初から与えるよりも，弱い罰から段階的に強めていく方が，より弱い罰で反応を抑制することができる。

5 罰の手続においては，反応に対して毎回罰を与えるよりも，罰を与えたり与えなかったりする**間欠強化スケジュール**の手続を用いた方が，罰の随伴性に対して鋭敏になるため，罰による反応の抑制効果が高い。

難易度 ＊

必修問題の解説

オペラント条件づけでは，強化と罰，正と負という用語に注意すること。選択肢**1**の表現にはわかりづらいところがあるが，選択肢**2**，**3**，**4**，**5**は，用語の用い方が明らかにおかしいため，容易に判断できる。

1 ◎ **強化は反応の自発頻度が増え，罰は反応の自発頻度が低下。**

妥当である。**自発的反応の出現頻度が上昇する手続きを強化**と呼び，**反応の自発頻度が低下する手続きを罰**と呼ぶ。そして，**自発的行動の前になかったものが，行動の後に出現する場合を正，自発的行動の前にあったものが，行動の後に消失している場合を，負と呼ぶ**。正の罰の場合，自発的行動の後に何かを与えることによって反応の自発頻度が低下する条件をさす。そのた

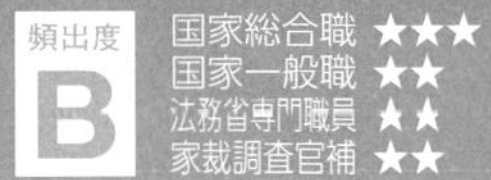

め，選択肢の「消失するか…ことで反応の出現頻度が上がる負の強化子」（例えば電気ショック）を与えるということに等しい。

2 × **正は提示すること，負は除去すること。**
選択肢**1**に示したように，正は，何かを呈示することをさす。そのため，「正の強化子」を与えるという表現自体がおかしい。本選択肢のように，正＝良い，負＝悪い，といった意味に解釈することは誤りである。また，正の強化を行っていた後，自発的行動がなされても**強化子**を与えないといった手続きは，**消去手続き**と呼ばれる。

3 × **一次強化子は生物学的欲求に合致。**
生物学的欲求に合致していて何らかの経験をもたなくとも，強化子として機能するものを**一次強化子**と呼び，**二次強化子**とは，はじめは強化子として機能しないが，対象のなんらかの経験によって強化子として機能するようになったものをさす。トークン（疑似貨幣）は二次強化子である。

4 × **罰は反応の自発頻度を下げる手続き。**
まず，自発的行動の自発頻度を低下させる手続きを罰と呼ぶ，**反応の自発頻度を低下させるものを罰子（嫌子）**と呼ぶ。選択肢のように，嫌悪刺激を与えることを「罰を与える」とは言わない点，注意をしてほしい。正の罰の条件では，自発的行動の生起後に，嫌悪刺激を与える手続きが用いられることが多い。その場合，嫌悪刺激の強度を徐々に上げていく方法は，嫌悪刺激への慣れがおきるため効果的ではないことが知られている。

5 × **強化スケジュールは，反応の自発頻度を上昇させる手続き。**
選択肢**4**の解説に示されているように，「罰を与える」という表現は，オペラント条件づけにおいては存在しない。

正答 1

心理学　第2章　学習

FOCUS

スキナーのオペラント条件づけの基本図式から，強化の種類（正・負と報酬・罰）と，強化スケジュール（VR，FR，VI，FIなど）と消去抵抗について理解を進めてほしい。また，実験神経症，トールマンの潜在学習，運動技能学習，分習と全習，観察学習などは，重要事項である。

POINT

重要ポイント1 オペラント条件づけの基本図式

オペラント条件づけ（道具的条件づけ）では，生体が行動を自発（オペラント行動）した後に，強化子が呈示されることにより，その行動の出現頻度が変化する。行動を自発するきっかけとして弁別刺激があることが多い。

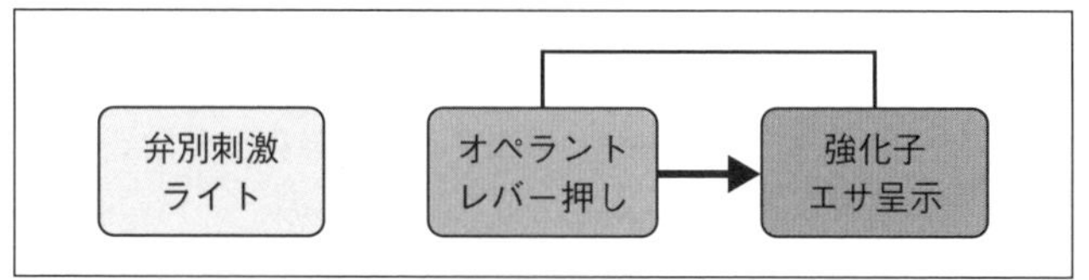

重要ポイント2 強化スケジュール

オペラント条件づけでは，強化子の呈示方法によって，反応の獲得に違いが見られる。反応に対する強化のしかたのことを**強化スケジュール**と呼ぶ。以下に代表的な**強化スケジュール**と反応の自発頻度を図示した。

連続強化：目標とするオペラント行動の出現のたびに，強化子を提示。

部分強化・間歇（欠）強化：目標とするオペラント行動の出現に対し，ときどき強化子を提示。

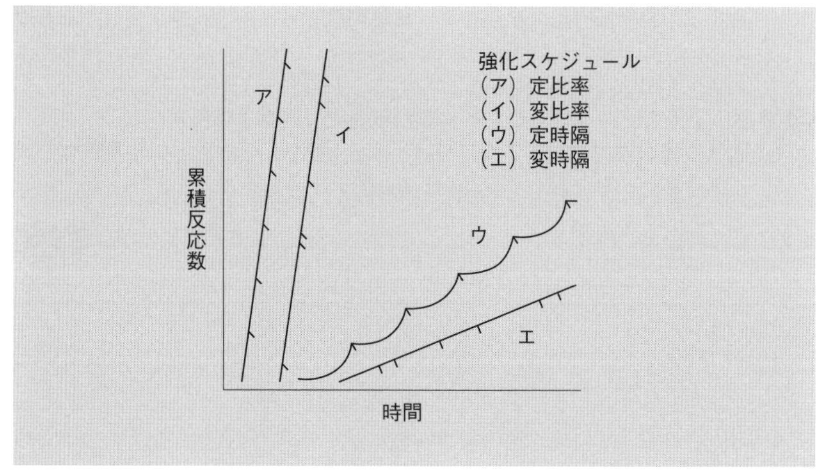

特徴：定時隔スケジュールでは，スキャロップ（強化後の一時的な反応休止，その後の加速的な反応頻度の増加）が見られる。

重要ポイント3 消去と消去抵抗

消去：オペラント行動がとられても，強化子を呈示しない操作を**消去**と呼ぶ。

消去抵抗：消去されるまでに要した反応数や時間など。消去されにくさの指標。
部分強化された反応は連続強化された場合より，消去抵抗が高い。
例）ギャンブルは変動比率スケジュール（VR）であり，消去抵抗は高い。

重要ポイント4 強化と罰

強化子を呈示したのか，除去したのか，そして，強化子の種類によって，強化は以下の4種類に分類される。

強化：反応の自発頻度を増加させる操作。

罰（弱化）：反応の自発頻度を低下させる操作。

強化子の種類	強化子の操作	
	呈示	除去
正の強化子，報酬刺激，好子	正の強化（反応頻度の増加）	負の罰（反応頻度の減少）
負の強化子，嫌悪刺激，嫌子	正の罰（反応頻度の減少）	負の強化（反応頻度の増加）

重要ポイント5 逃避と回避

弁別刺激と電気ショックなどの嫌悪刺激を用いて目標行動の学習を行うことは，負の強化の典型である。嫌悪刺激に直面した際に行う逃避行動の学習は，**逃避学習**と呼ばれ，弁別刺激に直面した際に行う回避行動の学習は，**回避学習**と呼ばれる。

学習性無力感：学習性無力感は**セリグマン（Seligman, M.E.P.）**が見いだした現象で，ストレス状況からの回避が不可能な場合，状況から逃れようとする行動が見られなくなる現象をいう。関連する現象として，**バーンアウト（燃え尽き）**，抑うつがある。

実戦問題❶　基本レベル

No.1 ＊＊ **学習に関する記述ア～エのうち，妥当なもののみを挙げているのはどれか。**

【法務省専門職員・令和３年度】

ア：無作為ではなくある予測をもって行動することによって成立する学習をジグソー学習という。これについて，W.ケーラー（Köhler, W., 1917）は，チンパンジーがバラバラに置かれた棒や箱といった道具をうまく組み合わせて餌を取ることを実験的に示した。このことから，問題解決場面において，動物は場面の構造を見通すことによって問題を解決しているとする練習の法則を提唱した。

イ：E.C.トールマン（Tolman, E. C., 1948）は，図１のような装置にラットを入れ，ゴールまでの経路を学習させた後，図２のような装置にラットを移した結果，ラットはゴールの方向を向いた経路を，他の経路よりも多く選択することを示した。このことから，ラットは空間的関係を学習して目的に応じた手段を取っていると考え，獲得される空間関係を認知地図と呼んだ。

ウ：E.L.ソーンダイク（Thorndike, E. L., 1898）は，問題箱に入れたネコに箱から脱出する方法を見付けさせる実験で，初めはさまざまな反応をする中で偶然に正しい反応をし，箱から脱出するが，そうした試行を繰り返すうちに次第に箱に入れられるとすぐに正しい反応をするようになることを見いだした。このことから，試行錯誤学習を提唱した。

エ：A.バンデューラ（Bandura, A., 1971）は，子どもに，大人が人形に攻撃を加える映像を見せた後に，同じ人形がある部屋で遊ばせると，子どもが人形に対して暴力的な振る舞いを見せるようになることを明らかにした。このことから，従来の学習理論では説明できない現象を，認知過程を取り入れた理論である洞察学習理論により説明し，その過程は，記銘，保持，想起，洞察の四つの過程から成るとした。

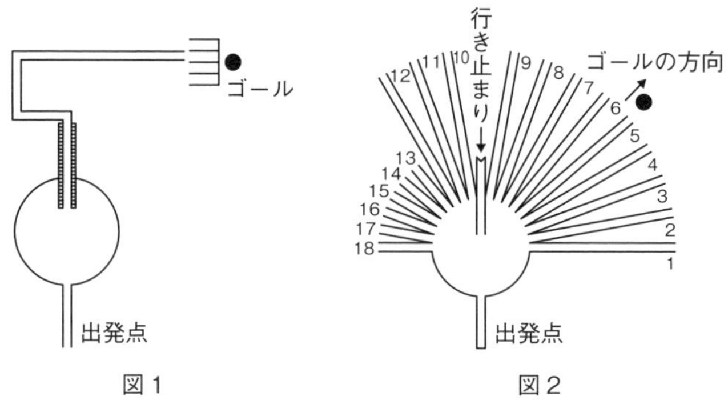

図１　　図２

1　ア，ウ
2　ア，エ
3　イ，ウ
4　イ，エ
5　ウ，エ

＊
No.2　次は，オペラント条件づけに関する記述であるが，A，B，Cに当てはまるもの組合せとして最も妥当なのはどれか。　【国家総合職・令和２年度】

オペラントとは，一般に「行動に後続する環境変化によって，その行動が生じる頻度が変容する行動」として定義され，オペラント条件づけとは，このオペラントの学習の手続・事態・過程のことを指す。特定の誘発刺激によって引き起こされる反応である「レスポンデント」に対して，「オペラント」は，特定の誘発刺激がなく，“自発”した反応である。こうしたオペラント条件づけの先駆的な研究を行ったのは，20世紀になる直前に問題箱と呼ばれる装置を用いた実験を行ったことで有名な［　A　］であるといわれている。

オペラント条件づけでは，オペラントに随伴された環境の変化によって行動が変容する方向性，つまり反応の増減と，環境に何かを付け加えたり環境から何かを取り去ったりすることによる環境の変化，とを組み合わせることで，四つの操作を組み立てることができる。たとえば，オペラント条件づけの一種である「回避学習」は，四つの操作のうち，「［　B　］」として考えられる。

また，オペラント条件づけは，「弁別刺激」，「オペラント」，「強化子」という三項目によっても説明され，これらの関係性を「三項（強化）随伴性」という。このうち，オペラントと強化子の関係は「強化スケジュール」と呼ばれている。この強化スケジュールは，オペラント条件づけにおける反応に対する強化の仕方のことであり，たとえば，毎回の反応が必ず強化される「連続強化スケジュール」や，反応が部分的に強化される「部分強化スケジュール」などが挙げられる。一般に，連続強化に比べて部分強化の方が，消去抵抗が［　C　］なるといわれている。

	A	B	C
1	ソーンダイク（Thorndike,E.L.）	正の罰	高く
2	ソーンダイク（Thorndike,E.L.）	正の罰	低く
3	ソーンダイク（Thorndike,E.L.）	負の強化	高く
4	スキナー（Skinner,B.F.）	正の罰	低く
5	スキナー（Skinner,B.F.）	負の強化	高く

No.3 学習に関する記述として最も妥当なのはどれか。

【国家総合職・平成25年度】

1 スキナー（Skinner, B.F.）以後，学習はオペラント条件づけとレスポンデント条件づけに大別される。学習する内容や場面にかかわらず，消去の手続とは，学習された刺激と反応の結びつきを消失させることであるため，学習前と同じ状態に戻すことができる。

2 一般に間歇強化（部分強化）は連続強化よりも消去抵抗が高くなることが知られている。間歇スケジュールには，時間間隔または比率が固定（一定）の場合と変動の場合とがあるが，最も高い消去抵抗を示すのは，固定比率による強化である。

3 ラットやマウスを用いた学習実験は，脳・神経科学の研究でも利用されている。こうした研究で用いられる課題の一つに「モリスの水迷路」学習があり，これは負の強化による学習としてオペラント条件づけで説明することができる。

4 行動や成績は学習によって無限に変化するのではなく，一定の学習が生じた後，ほとんど変化しなくなる状態があり，これを馴化と呼ぶ。こうした現象は，回転円盤追跡課題や鏡映描写など，ヒトの技能学習でも観察される。

5 成人のヒトにおいても条件づけによる学習が存在する。オペラント条件づけは瞬目などの無意図的反応を特定刺激により生起させることから実証され，レスポンデント条件づけは，たとえば「買い物でポイントを集める」といった意図的行動としても観察される。

実戦問題1の解説

No.1 の解説 オペラント条件づけの諸理論 →問題はP.230 正答3

ア× **W.ケーラーがチンパンジーの観察により提唱した洞察学習。**

妥当でない。ジグソー学習ではなくではなく，洞察学習に関する記述である。**洞察学習**は後述の試行錯誤学習と対になる学習プロセスである。**ジグソー学習**とは，テーマや課題について役割分担をし，学習者同士が教え合いながら学習を進めていく学習法をさす。

イ○ **E.C.トールマンによるラットの潜在学習の実験。**

妥当である。**E.C.トールマン**による**認知地図**に関する実験を説明したものである。この実験から，ラットはゴールまでの道順を覚えているのではなく，出発地点からゴールの空間的関係を学習していたことがわかる。

ウ○ **E.L.ソーンダイクによるネコの問題箱を用いた試行錯誤学習の実験。**

妥当である。**E.L.ソーンダイク**による**問題箱**に関する実験を説明したものである。この試行錯誤学習の過程において，好ましい結果に結びつく反応は取られやすくなり，好ましい結果に結びつかない反応は取られにくくなる，という「**効果の法則**」を導いた。

エ× **A.バンデューラによる観察学習の実験。**

妥当でない。洞察学習ではなく，**観察学習**に関する記述である。条件づけのプロセスは基本的に本人が直接的に報酬や罰を受けることによって学習が行われるが，観察学習は直接的な報酬や罰がなくとも，報酬や罰を受ける第3者の様子を観察することによって学習が成立することを表す。

したがって，妥当なものは**イ**と**ウ**であり，正答は**3**である。

No.2 の解説 オペラント条件づけの諸現象 →問題はP.231 正答3

オペラント条件づけの基本的な問題である。オペラント条件づけ成立の歴史的背景，強化について学習しておく必要がある。

Aの空欄には，「**ソーンダイク（Thorndike, E.L.）**」が入る。ソーンダイクは，ネコを用いた問題箱の実験と効果の法則が著名である。効果の法則は，後にスキナー（Skinner, B.F.）のオペラント条件づけにおける**強化**の確立に影響を与えた。

Bの空欄には，「**負の強化**」が入る。回避学習は経験により回避反応を形成させていくことをさす。仕切り板によって2つの部屋に分かれたシャトルボックスを用いた実験では，予報信号の後に一方の部屋の床に電気ショックを呈示するという手続きを繰り返すと，予報信号が呈示された直後に電気ショックが呈示されない部屋へ移動（回避反応）をするようになる。電気ショックという嫌悪刺激が取り除かれることによって，部屋の移動という行動が強化されたことから，負の強化と位置づけられる。

Cの空欄には，「**高く**」が入る。条件づけられた反応の強度を知るために，無強化にした場合に条件づけられた反応の出現頻度の測定が行われてきた。

一般に連続強化に比べて部分強化の方が，消去抵抗が高いことが知られている。

したがって正答は**3**である。

No.3 の解説　学習心理に関する諸現象　→問題はP.232　正答3

1 × 消去によって学習前と同じ状態に戻すことはできない。古典的条件づけで自発的回復が示されるのと同じように，**オペラント条件づけでも消去によってオペラント反応が永久に消し去られはしない**。

2 × **消去抵抗**は，**変動比率**が固定比率，定時隔強化スケジュールよりも**高い**。**連続強化は部分強化よりも消去が早い**という事実は部分強化効果と呼ばれている。

3 ◎ 妥当である。「**モリスの水迷路**」は**潜在学習**の一例である。**潜在学習とは報酬が与えられない行動がその後の学習に影響を与える現象**である。**トールマン**（Tolman, E.C.）の「**認知地図**」の研究が有名である。

4 × 行動や成績が学習によって，一定の学習の成果が生じた後，ほとんど変化しなくなる状態を**高原現象（プラトー）**という。馴化は反応を誘発する刺激が繰り返し呈示されれば，その反応の強度が減少する現象である。

5 × オペラント条件づけとレスポンデント条件づけに関する記述が逆である。オペラント行動は特定の**誘発刺激**とは関係のない自発した反応である。一方で，レスポンデンド行動は特定の誘発刺激によって引き起こされる反応である。

実戦問題2　応用レベル

* No.4　**学習や条件付けに関する記述A～Dのうち，妥当なもののみをすべて挙げているのはどれか。**　【国家一般職・平成30年度】

A　生得的に特定の反応を引き起こす刺激と，本来その反応を引き起こさない中性刺激を繰り返し対提示することにより，その中性刺激のみの提示でその反応を引き起こすようになる学習の過程を古典的条件付けという。パブロフ（Pavlov, I.P.）は，イヌが，食物を口にしたときだけでなく，食物や皿，それらを運んでくる人を見たり，その人が来る足音を聞いたりしただけで唾液を出すことに着目し，古典的条件付けのさまざまな研究を行った。

B　ソーンダイク（Thorndike, E.L.）は，部屋の天井に果物をつるし，部屋の隅に木箱を置いてチンパンジーを観察したところ，チンパンジーは，跳ねても果物には手が届かずに諦めてしばらく部屋を見回した後，急に木箱を利用して果物を取ることができた。彼は，このような動物の洞察的な問題解決行動の観察に基づき，望ましい結果をもたらす行動は生じやすくなり，望ましくない結果をもたらす行動は生じにくくなるという練習の法則を提唱した。

C　ワトソン（Watson, J.B.）らは，乳児に，恐怖反応を引き起こす大きな音と白ネズミを繰り返し対提示したところ，乳児は，それまで恐がっていなかった白ネズミに恐怖反応を示すようになった上，白ウサギや毛皮のコートなど，白ネズミに似たものに対しても同様の恐怖反応を示すようになった。このように，ある刺激に条件付けられた反応が，類似した他の刺激に対しても生じることを般化と呼ぶ。

D　スキナー（Skinner, B.F.）は，生体の「反応をもたらす結果」による学習の過程をレスポンデント条件付けと名付けた。彼が考案した問題箱と呼ばれる実験装置では，箱の中でハトがキーをつついたり，ラットがレバーを押したりすると，報酬として餌等が与えられるとともに，反応が出現する様子が累積記録計で記録される。この装置を用いるなどして刺激を与えることによって行動を増加させる場合を正の強化と呼ぶのに対し，減少させる場合を負の強化と呼ぶ。

1　A，B
2　A，C
3　B，C
4　B，D
5　C，D

心理学 第2章 学習

＊＊
No.5 学習理論に関する次の記述のうち，妥当なのはどれか。

【国家一般職・令和元年度】

1 レスポンデント条件付けにおいて，自発的な反応が生じるたびに強化される場合を連続強化と呼ぶのに対して，反応がときどきしか強化されない場合を部分強化又は間欠強化と呼ぶ。一般に，連続強化で訓練された行動では，部分強化で訓練された行動よりも消去が生じにくい。

2 系統的脱感作法では，不安や恐怖を引き起こす刺激の提示頻度を段階的に増加していくことで，特定の刺激に対する患者の不安や恐怖を徐々に克服させていく。これは，オペラント条件付けの原理を応用した行動療法の一つである。

3 逃げることができる状況であっても，不快な状況に繰り返し置かれると，自ら状況を変えようとするための反応や行動をする動機付けが弱まる現象があり，学習性無力感と呼ばれている。学習性無力感は，自らが無力であるということが学習された結果であり，ヒトに特有の現象である。

4 ある学習をしたことが，その後の別の学習に影響を及ぼすことを学習の転移と呼ぶ。特に，身体の一方の側の器官（例えば右手）を用いて行った学習が，その後でもう一方の側の器官（例えば左手）を用いて行う学習に影響する場合を，両側性転移と呼ぶ。

5 自らが行動し，その行動に対する強化を受けることがなくても，他者の行動やその結果を観察するだけで学習が成立し，その後の行動に変化が生じることがある。学習が成立する過程が行動としては顕在化しないことから，このような学習は潜在学習と呼ばれる。

＊＊＊
No.6 条件づけに関する記述として最も妥当なのはどれか。

【国家一般職・平成25年度】

1 Aさんは，子どもの頃，友だちがミルクを飲んですぐに嘔吐したのを見て自分も気持ちが悪くなり，それ以後，ミルクを見ると吐き気がしてミルクを飲むことができなくなった。これはオペラント条件づけの例であり，友だちの嘔吐が罰となっている。

2 幼稚園に通うBちゃんは，電車が好きではなく，電車に乗るとすぐにぐずってダダをこねる。困ったお母さんは，Bちゃんがぐずると，大好きなあめを与えてなだめた。このようなことを繰り返していると，Bちゃんは電車でぐずらなくなるどころか，逆にぐずることが多くなった。このように望ましくない行動が強められることを負の強化という。

3 C先生の講義を受講している学生たちは，お互いに相談して，先生が話しながら右へ少し動いたら，先生のほうを見て話を熱心に聴き，時にうなずいたりし，逆に先生が左へ少し動いたら，先生のほうを見ないようにした。その結果，学期の終わり頃にはC先生は話しながら右のほうに動くことが多くなった。これは自動反応形成の例である。

4 Dさんは，授業中にとても緊張して不安になり，教室にじっとしていられなくなる。特に数学の授業では強い不安を感じる。そこで，さまざまな不安な場面のうち，比較的不安の程度の低い場面を想像してリラックスすることを練習した。その後，次第に不安の強い場面に進みながらリラックスすることを学習した。このようなやり方で，最終的に数学の授業場面でも強い不安を感じず，授業をじっと聴いていられるようになった。このような方法はオペラント条件づけを利用した行動療法の一種であり，シェイピングといわれる。

5 ピアノを習っているEさんは，いつもネットのゲームに熱中して，ピアノの練習をめったにしない。そこでお母さんは，「先にピアノを練習したらネットのゲームをしてもいいよ」と言った。こうすると，Eさんのピアノを練習する回数は増加した。このように生起頻度の高い行動を，相対的に生起頻度の低い行動に随伴させると，前者は後者を強化すると考えられる。これはプレマックの原理といわれる。

実戦問題2の解説

No.4 の解説　学習・条件づけ　→問題はP.235　正答2

ＡとＤはそれぞれレスポンデント条件づけとオペラント条件づけに関する基本構図であり，しっかりと理解しておきたい。それ以外の学習として，観察学習，洞察学習，潜在学習についても人物名と合わせて覚えておきたい。

A○ パブロフによるレスポンデント条件づけの基本構図。
生得的に反応を引き起こす刺激は無条件刺激，本来その反応を引き起こさない刺激は中性刺激と呼ばれ，これらを対提示することによって，中性刺激を単独で提示した場合であっても無条件刺激を提示した際と同じ反応を示すようになる。この反応は条件反応と呼ばれ，条件反応を引き起こす刺激を条件刺激と呼ぶ。**パブロフ**（Pavlov, I.P.）は，犬にベルの音（条件刺激）を聞かせた後，餌（無条件刺激）を与えることを繰り返す実験を行った。古典的条件づけは**レスポンデント条件**づけともいう。

B× 観察学習を提唱したのはケーラー。
文中でいわれているチンパンジーの観察学習を行ったのは，**ケーラー**（Köhler, W.）である。ソーンダイク（Thorndike, E.L.）は，問題箱に入れたネコの実験をもとに，望ましい結果をもたらす行動は生じやすくなり，望ましくない結果をもたらす行動は生じにくくなるという効果の法則を提唱した，練習の法則とは，学習には能動的な反復が必要であるというもので，同じ実験から導き出された。

C○ ワトソンによるアルバート坊やの実験。
文中でいわれている実験は，「アルバート坊やの実験」として知られている。

D× スキナーによるオペラント条件づけ。
レスポンデント条件づけではなく，**オペラント条件づけ**である。文中の実験装置は，問題箱ではなくスキナー箱といわれる。また，刺激を与えて行動を減少させることは負の罰である。負の強化とは，不快な刺激を取り除くことで反応を強化することをいう。
したがって，妥当なものは**A**と**C**であるから，正答は**2**である。

No.5 の解説　学習理論　→問題はP.236　正答4

基本的な学習理論とその応用に関する設問である。さまざまな学習の種類をしっかりと区別しておく必要がある。

1× 部分強化は連続強化よりも消去されにくい。
レスポンデント条件づけではなくオペラント条件づけに関する記述である。レスポンデント条件づけの反応は「自発的」なものではなく，刺激によって誘発されるものである。また一般に，部分強化で訓練された行動は連続強化で訓練された行動よりも消去されにくい。このことを，部分強化効果という。

2× 系統的脱感作法は，レスポンデント条件づけ。
系統的脱感作法はオペラント条件づけではなくレスポンデント条件づけを応

用した心理療法であり，ウォルピ（Wolpe, J.）が開発した。不安や恐怖を引き起こす刺激を提示した後，リラックス状態を作らせることを繰り返す。不安・恐怖とリラックス状態を結びつける（条件づける）ことで，不安・恐怖の解消を図るものである。

3 × **学習性無力感は多くの動物に当てはまる。**
セリグマン（Seligman, M.E.P.）は，犬に電気ショックを与え続ける実験をもとに学習性無力感を提唱した。ヒト以外にもさまざまな動物に当てはまることが確認されている。

4 ◎ **両側性転移は左右の間で効果の波及が生じる現象。**
前の学習が後の学習を促進する場合は「正の転移」，阻害する場合は「負の転移」という。

5 × **他者の行動やその結果の観察による観察学習。**
潜在学習ではなく，観察学習である。モデルの観察で反応を学習することから，モデリング学習ともいう。潜在学習とは，効果が目に見えない形でなされる学習をいう。トールマン（Tolman, E.C.）らが行ったネズミの迷路学習では，途中から餌を与え始めたところ，成績が急速に向上した。報酬（強化）なしの間も，潜在的な学習過程があったと解釈される。

No.6 の解説　条件づけの日常例　→問題はP.237　正答5

条件づけに関する基本的な事象を，日常的な具体例へ拡張した問題である。用語理解のためにも，日常例を考えることを学習の際には心がけてほしい。

1 × **オペラント条件づけ**は，行動の主体による自発的な行動に対して強化子が呈示されることで成立する。

2 × **負の強化**とは，取り除かれることで当該行動の生起頻度が上昇するような手続きをさす。

3 × 自動反応形成は，漸次的に反応を形成することなく行動を学習させる手続きをさす。ハトのキーつつき反応の形成が，キーとエサを対呈示されることによって成立することがその例となる。

4 × **行動療法**の**系統的脱感作**と関連する記述である。**シェイピング**とは，最初は単純な反応に対して強化を行い，その後複雑な反応が行えるよう，強化の基準を厳しくしていく手続きである。

5 ◎ 妥当である。**プレマック（Premack, D.）**は，**2つの行動の随伴性が獲得されると，後続する行動の価値によって先行する行動の自発頻度が変わるという理論を提唱した**。反応に対する強化によって行動の自発的頻度を説明していない点が大きな特徴となるこの理論は，**プレマックの原理**として知られている。

第3章 認 知

試験別出題傾向と対策

頻出度	試験名	国家総合職					国家一般職					国家専門職（法務省専門職員）				
	年度	21-23	24-26	27-29	30-2	3-5	21-23	24-26	27-29	30-2	3-5	21-23	24-26	27-29	30-2	3-5
	テーマ ／ 出題数	19	16	15	20	14	2	4	4	3	3	1	7	6	8	5
A	6 記憶	5	10	3	6	4	1	3	1	1	1		3	5	1	2
A	7 情報処理の諸特徴	10	4	9	11	7	1		2	1	1		3		4	1
B	8 意思決定とヒューリスティクス・問題解決	4	2	3	3	3		1	1	1	1	1	1	1	3	2

認知心理学は，人の認知システムやプロセスを検討する領域である。その最大の特徴は，入力から出力に至るまでの処理プロセスの検討がコンピュータ・アナロジーを用いて行われる点にある。認知プロセスの検討に当たり，ベースとなるのがテーマ６「記憶」である。二重貯蔵庫モデル・ワーキングメモリ，処理水準理論といった基本的な理論と，意味記憶，エピソード記憶，手続き記憶などの，記憶の区分とその特徴をまずは理解してほしい。また，注意，言語，概念，イメージ，推論など大きなトピックを，テーマ７「情報処理の諸特徴」に挙げてあるので，基礎的な知見の習得をその具体的な研究例の理解とともに進めてほしい。

テーマ８「意思決定とヒューリスティクス・問題解決」に挙げた，プロスペクト理論を筆頭とする意思決定とヒューリスティクスは，比較的新しい領域で，今後は出題数の増加が見込まれる。用語の理解だけでなく，各ヒューリスティクスなどは具体的な現象についても理解する必要がある。また，問題解決に関しては，洞察学習，試行錯誤学習，機能的固着といった古典的知見とともに，ウェイソンの４枚カード問題，３段論法など，具体的な問題を出題しやすい点に，注意を要する。

近年では，脳科学との密接な結びつきを見せており，認知神経生理学という分野が注目を浴びている。今後，健忘症，失語症，相貌失認といった症例と認知機能に関する出題の可能性が高いため，整理をする必要がある。

● 国家総合職（人間科学）

認知心理学関連の出題は，24年度以降必ず３題はみられるため，必須の領域である。また，問題は，基本的な知見から一歩踏み込んだものが多く，難度は高い。令和３，４年度では，推論過程や意思決定に関する出題がみられている点が，他の国家試験とは異なる傾向である。特にゲーム理論やヒューリスティクスなどの意思決定に関する知見が，近年新しく進展していることもあり，他の国家試験に先駆けて出題されることが予想される。一方，基本的な知見がしっかりしていないと，選択肢の絞り込みができないため，まずは，テーマ６～８の基本的な知見を学習し，その後できるだけ研究事例に触れるようにしてほしい。

裁判所（家庭裁判所調査官補）					
21-23	24-26	27-29	30-2	3-5	
5	5	2	2	0	
3	2	1	1		テーマ6
	2	1	1		テーマ7
2	1				テーマ8

● 国家一般職

平成21年度以降ほぼ毎年出題される領域である。先にも挙げたが，感覚・知覚，学習，認知の基礎領域から必ず１題以上の出題がなされているため，テーマ６～８の基礎的な知見の学習からスタートしてほしい。特に，記憶の種類，注意に関する問題がこれまで多く出題されている点，取りこぼしのないようにしてほしい。これまでも，具体的な実験が提示され，結果や解釈を求める出題がなされることがみられており，単なる用語の整理にとどまらず，具体的な実験例も確認しておく必要がある。令和5年度には問題解決から出題されており，国家総合，国家専門職（法務省専門職）の出題傾向を踏まえると意思決定の出題が今後も続くことが予想される。また，脳機能障害などの症例を含め具体的な研究例や，日常例が問われる可能性が大きい。

● 国家専門職（法務省専門職員）

平成27年度以降，認知心理学からの出題は毎年認められており，必須の領域である。令和４年には記憶の諸特徴，令和５年には思考やゲーム理論についての出題がなされている。テーマ６～８の基本的な知見を中心に学習を進める必要がある。また，具体的な実験例が出題されることも多いため，単なるキーワードの整理だけでなく，実験例についても学習する必要がある。

● 裁判所（家庭裁判所調査官補）

令和２年度には，「教育学に関する領域」で記憶の基本的知見に関する出題がなされている。認知心理学は心理学の基礎にあたるため，常に出題の可能性がある。テーマ６に挙げた記憶のモデル，スキーマや意味ネットワークといった情報処理のキイ概念，問題解決など，教育と関連のある領域に関しても，整理を進めてほしい。

記 憶

必修問題

記憶に関する記述として最も妥当なのはどれか。

【国家一般職・平成24年度】

1 **H. エビングハウス**は，任意のアルファベットを子音，母音，子音の順に並べた意味のない綴りを用いて，人間の記憶について実験を行った。彼によれば，学習成立から1日後では記憶は9割以上保持されているが，その後急激な忘却が起こり，1週間後には3分の1程度が保持されるにすぎない。

2 15語程度の簡単な単語を一定の速度で提示し，その直後に提示した単語を自由に再生させると，最初に提示された単語の再生率は高く，後に提示された単語ほど再生率が低くなる。これを**初頭効果**あるいは**系列位置効果**と呼ぶ。また，単語提示後，簡単な計算課題を行ってから単語を再生させると，この初頭効果は失われる。

3 無意味綴りのリストを記憶させた後，一定の時間眠った場合と起きていた場合の忘却の程度を比較する実験では，起きていた場合のほうが眠った場合よりも忘却の程度が著しいことがわかった。これは，覚醒時のほうが睡眠時よりも精神活動が活発であり，記銘されたリストの記憶とその後に経験した出来事の記憶の間により多くの干渉が生じるためであると考えられる。このように，ある記憶が後に経験した出来事の記憶によって干渉されることを**逆向抑制**という。

4 **D.ゴドン**と**A.D.バッデリー**は，一方の群は陸上で，もう一方の群は水中で単語のリストを記銘させる実験を行った。その後，再生テストを陸上および水中で行ったところ，陸上で記銘した群では水中より陸上で再生したほうが，水中で記銘した群では陸上より水中で再生したほうが成績がよかった。このように記銘時と再生時の環境が一致しているほうが記憶の成績がよいことを**プライミング効果**という。

5 子どもの頃に車で海に行ったというような個人的経験の記憶を**エピソード記憶**，車とはどのような構造をしているかという一般的知識としての記憶を意味記憶，車を実際に運転する方法についての記憶を**手続記憶**という。これらの記憶はすべて言語的に記述できるものであり，これら3つの記憶をまとめて**宣言的記憶**と呼ぶ。

難易度 ＊

必修問題の解説

記憶に関する定番と位置づけられる選択肢が並んでいる。選択肢**3**に関する知識があやふやでも，残りの選択肢が誤りであることが明らかであることから，正答を導ける問題である。

1 × 忘却率は直後が最大。

エビングハウス（Ebbinghaus, H.）による無意味つづりを使った著名な実験についての記述である。エビングハウスの実験で示された**忘却曲線（エビングハウス曲線）**では，学習の成立後すぐに，急激な記憶の低下が見られる。

2 × 系列位置曲線には初頭効果と新近性効果がある。

系列位置効果には**初頭効果**だけでなく，最後のほうに提示された単語の再生率が高くなるという，**新近性効果**も知られている。系列位置効果に関して，単語提示後に計算課題のような**妨害課題を実施した場合に失われるのは，新近性効果のみで，初頭効果は影響を受けない**。

3 ◎ 学習が，以前の記憶に干渉することを逆向抑制という。

妥当である。**逆向抑制**とは，なんらかの経験によってそれ以前の記憶に関し抑制される現象をさし，**順向抑制**は，経験以後の記憶が抑制される現象をさす。**順向抑制**と**逆向抑制，そして順（前）行性健忘と逆行性健忘**の区別は，選択肢としてよく用いられるので，注意をしてほしい。

4 × 学習時と再生時の環境が一致していれば状態依存効果。

状態依存効果に関する記述である。状態依存効果とは，記銘時と再生時の状態が一致しているほうが不一致な場合に比べ，記憶の再生成績が上昇する現象をさす。また，**プライミング効果**とは，先行する刺激が後続する課題の遂行に影響を及ぼす現象をさす。

5 × 手続記憶は言語化困難。

手続記憶の例として挙げられた車の運転の仕方は，言語的に表現しがたい要素を含んでいる。**意味記憶**と**エピソード記憶**は**宣言的記憶**には含まれるが，手続記憶は，含まれない。

正答 3

FOCUS

人の認知過程の検討をするうえで，ベースとなるのが記憶である。長期記憶・短期記憶，ワーキングメモリ（作動記憶）などの理論と記憶の分類，そして，系列位置効果，日常記憶（フラッシュバルブ記憶，目撃者証言）などの諸現象について学習してほしい。近年では，特に脳科学と結びつきが深い分野である点，注意をしてほしい。

POINT

重要ポイント 1 二重貯蔵庫モデル

アトキンソンとシフリン（Atkinson, R.C. & Shiffrin, R.M.）が提起した**二重貯蔵庫モデル**は，記憶研究の基本にあたる。情報はまず感覚登録器に一時的に保持され，そこで注意などにより選択された情報が短期貯蔵庫に移送される。そして，リハーサルを経た情報は長期貯蔵庫へ移送される。以下には，二重貯蔵庫モデルに登場する主要な概念を挙げる。

感覚記憶：**スパーリング（Sperling, G.）**が行った視覚情報の感覚記憶（アイコニック・メモリ）の実験は，文字の瞬間提示を行い，全体報告と**部分報告**の比較検討から，アイコニック・メモリの持続時間が約1秒以内であることを示した。

短期記憶貯蔵庫：保持時間と容量に制約がある。持続時間に関しては，15～30秒と考えられることが多い。短期記憶容量に関しては，**ミラー（Miller, G.A.）**の**マジカルナンバー7±2チャンク**の主張が著名。

長期記憶貯蔵庫：保持時間，容量ともに無制限である。長期記憶の種類について，タルビング（Tulving, E.）は，**宣言的記憶**と**手続き記憶**に大別している。手続き記憶は，技術やスキルに相当するものであり，パソコンの使用方法や自転車の乗り方などが例となる。宣言的記憶はさらに2つに分類され，「いつ」「どこで」という問いに答えられるような自己の経験に関する記憶を**エピソード記憶**，辞書などに書いてある知識の記憶を**意味記憶**という。

記憶方略：短期記憶から，長期記憶貯蔵庫への移送については方略と呼ばれ，**リハーサル**がその代表となる。そのほか，関連する情報をまとめて整理して覚える方略は**体制化**，情報を付加して覚えやすくする方略は**精緻化**と呼ばれている。

系列位置効果：単語を継時的に提示して学習する場合，冒頭に呈示された項目と終末部に呈示された項目の再生成績が高くなる。前者を**初頭効果**，後者を**新近性効果**と呼ぶ。単語の系列の提示を終了した後に，計算課題などを挿入すると，新近性効果は消失することが知られている。

重要ポイント2 ワーキングメモリ

バドリー（Baddeley, A.D.）とヒッチ（Hitch, G.J.）が提唱した作動記憶（ワーキングメモリ）は，短期記憶の概念を発展させた，記憶のモデルである。二重貯蔵庫モデルは，いかに記憶を保持するのか，といった側面を重視していたのに対し，ワーキングメモリは，記憶をどのように使用するのかを説明するために生まれたモデルである。彼らのモデルは，言語的情報処理を担う**音韻ループ**と，視覚的情報処理を担う**視空間スケッチパッド**，そして2つのサブシステムの制御を担う**中央実行系**から構成される。また，近年では，バドリーは，音韻ループをさらに2つのサブシステム（音韻貯蔵庫・構音制御プロセス）に分けるモデルも提起している。サブシステムの検討は，主に2重課題法によって測定され，音韻ループの干渉課題は特に構音抑制と呼ばれる手続きが有名である。また，ワーキングメモリの個人差を測定する手法として，リーディング・スパン・テストが開発されている。

重要ポイント3 記憶の種類

記憶の分類は多面的であり，記憶の種類とその内容の組合せで選択肢が構成されることがある。そのため，重要ポイント1，2に登場した記憶の概念とともに，以下の概念も合わせて整理をする必要がある。

潜在記憶：想起意識を伴わない記憶を潜在記憶という。潜在記憶は，認知心理学における重要なトピックであり，検討に用いられたプライミング効果に関しても必須学習項目である（テーマ7を参照）。

展望記憶：将来の行動に関する記憶は，展望記憶と呼ばれ，適切なタイミングに行動プランを思い出さなければならないという特徴がある。展望記憶に対比される，過去の出来事に関する記憶は回想的記憶と呼ばれる。

実戦問題❶　基本レベル

＊
No.1　**記憶や思考に関する次の記述のうち，妥当なのはどれか。**

【国家一般職・平成29年度】

1　身の回りで起きた出来事の思い出や，学校や読書などで身に付けた知識など，過去に経験した事柄に関する記憶は，今後の予定など，未来に行う行為に関する記憶と併せて展望記憶と呼ばれている。

2　私たちは，道具の使い方や言葉の意味などの知識を，意識的に思い出そうとすることなく，自分では気付かないうちに想起し，利用している。このような，想起の際に「思い出す」という意識を伴わない記憶をメタ記憶と呼ぶ。

3　道具や材料の常識的な使い方に捕らわれると，それ以外の使い方で活用することが難しくなることがある。このような傾向は反復プライミングと呼ばれ，固定観念によって人間の思考が反復されやすいことを示している。

4　ある問題を解決した経験が，それと類似した新たな問題の解決に役立つことがある。この場合，先に解決した問題と新たな問題との間に類似性を見いだし，前者の解決で得た知識を後者に適用するという，メタファと呼ばれる思考のメカニズムが働いている。

5　私たちは，過去の経験に基づいて知識の枠組みを作り，この枠組みで新たに経験したことの認知や理解，記憶をしている。このような知識の枠組みはスキーマと呼ばれ，ときに認知や理解を歪め，誤った記憶を生じさせるとされている。

＊
No.2　**長期記憶に関する記述として最も妥当なのはどれか。**

【国家総合職・平成25年度】

1　長期記憶の一つであるエピソード記憶は，自分自身が体験したことを意識的に思い出す出来事の記憶である。タルビング（Tulving, E.）によれば，発達に伴い，エピソード記憶が基礎となって意味記憶が形成されていくと考えられている。

2　長期記憶には，言語的な報告が可能な宣言的記憶と，言語報告はできなくても実行できることからその存在が明らかにされる手続記憶がある。手続記憶はいつ獲得されたのかが明確ではないが，宣言的記憶は獲得の契機を明確に想起できることが特徴である。

3　人は「これからやること」を記憶しておく，いわば未来のための記憶を保持することができ，これを展望記憶と呼ぶ。これに対し，過去に生じたことを過去のこととして思い出す記憶は，回想記憶と呼ばれる。

4　自伝的記憶も長期記憶の一種であり，自己同一性の保持などからも重要な記憶機能と考えられている。一般に中高年以後の成人において，幼児期から児童期の記憶が最も豊富に想起され，これをレミニセンス・バンプと呼ぶ。

5　長期記憶の障害は一般に健忘症（amnesia）と呼ばれる。患者H.M.は海馬の外科的切除の結果，順向性の記憶には大きな問題がないにもかかわらず，重度の逆向性健忘を示した事例として広く知られている。

***No.3 次は，記憶に関する記述であるが，A，B，Cに当てはまるものの組合せとして最も妥当なのはどれか。** 【法務省専門職員・平成25年度】

アトキンソン（Atkinson, R.C.）とシフリン（Shiffrin, R.M.）の記憶のモデルは，短期記憶と長期記憶というシステムを仮定して，記憶のメカニズムを理解しようとするものである。両側側頭葉内側部とその周辺部位の切除術を受けた症例H.M.において，術後，数唱（ランダムな数字を呈示し，直後に復唱させる課題）については正常範囲内の成績であるにもかかわらず，新たな出来事についての情報は数分間保持することすらできなくなった（ A 健忘）。この結果について，短期記憶は保たれている一方で長期記憶が障害を受けていることが示唆されるものであるとし，上記の記憶モデルの神経心理学的な証拠となりうるとする主張がある。

また，情報を思い出した時点で「想起した」という意識が伴わない記憶を潜在記憶と呼び，その実験研究においては B 効果を検出する課題が用いられることが多い。健忘症患者においては，潜在記憶は保たれており，記憶の障害は，想起意識を伴う記憶である顕在記憶に限られているという報告がなされている。

一方，アトキンソンらとは異なる記憶モデルに，クレイクとロックハート（Craik, F.I.M., & Lockhart, R.S.）の提唱した C モデルがある。クレイクとタルビング（Craik, F.I.M., & Tulving, E., 1975）は，実験協力者に単語を呈示し，（Ⅰ）その単語の文字が大文字か否かを判断する課題，（Ⅱ）その単語の音韻について判断する課題，（Ⅲ）一部が欠けた文章の中にその単語が挿入可能かどうかを判断する課題，の３種類の判断課題を受けさせた後，その単語についての記憶を調べたところ，最も記憶の成績が高いのは（Ⅲ）で，次いで（Ⅱ），（Ⅰ）の順になるという結果となった。記憶の保持成績がリハーサルの量ではなく質によって決まるという結果を，クレイクらは， C モデルを支持する結果であるとした。

	A	B	C
1	前　向	レミニセンス	活性化拡散
2	前　向	レミニセンス	処理水準
3	前　向	プライミング	処理水準
4	逆　向	レミニセンス	処理水準
5	逆　向	プライミング	活性化拡散

実戦問題1の解説

No.1 の解説　記憶と思考　→問題はP.246　正答5

1×　エピソード記憶，意味記憶は展望記憶とは異なる。
身の回りで起きた出来事の思い出は**エピソード記憶**であり，学校や読書などで身についた知識の多くは**意味記憶**に属する。これらは「明日，～をする」といった未来に行う行為の記憶（**展望記憶**）とは異なる。

2×　意識を伴わずに想起される記憶は潜在記憶と呼ばれる。
メタ記憶ではなく，**潜在記憶**である。潜在記憶は，「思い出そう」と意識しなくても，おのずと想起される記憶である。これに対して，「思い出そう」と意識して想起する記憶は顕在記憶と呼ばれる。**メタ記憶**は，ある事柄が自分の記憶の中にあるかどうかに関する記憶であり，「記憶の記憶」ともいわれる。

3×　本来の機能に固着し，それ以外の機能を発見できなくなる機能的固着。
反復プライミングではなく**機能的固着**に関する説明である。**プライミング**とは，前に受容した先行刺激が，後続刺激の処理に無意識的に促進効果を及ぼすことである。先行刺激と後続刺激が同じである場合，**反復プライミング**（直接プライミング）と呼ばれる。

4×　過去の問題解決で得た知識を転用するのは類推による問題解決。
選択肢でいわれているのは，メタファではなく**類推**による問題解決である。**メタファ**とは隠喩であり，主題とたとえの語を類似性やイメージに依拠して結びつける修辞表現をいう。いわゆる比喩表現である。

5◎　過去の経験に基づいて体制化された知識構造をスキーマと呼ぶ。
スキーマは過去の経験に基づいて形成される知識の枠組みで，生活上の知識の理論化に用いられるが，それがあまりに強い（偏っている）と，歪んだ自動思考が生じることがある。認知療法は，そうした歪みを正す心理療法である。

No.2 の解説　長期記憶　→問題はP.246　正答3

1×　エピソード記憶と意味記憶は独立。
「エピソード記憶が基礎となって意味記憶が形成され」が誤り。言葉によって記述できる事実についての記憶を**宣言的記憶**という。**宣言的記憶はエピソード記憶と意味記憶に区分することができる。エピソード記憶**とは時間的・空間的文脈の中に位置づけることのできる個人的な出来事の記憶をさす。一方で，**意味記憶**とは一般的な知識としての記憶をさす。したがって，エピソード記憶と意味記憶は宣言的記憶を構成する概念ではあるが，どちらか片方がもう片方を形成するといった関係は考えられていない。

2×　意味記憶はエピソード記憶を伴わない。
「獲得の契機を明確に想起できること」が誤り。エピソード記憶は時空間的文脈の中に位置づけることができる記憶であるが，一方で，**意味記憶**は一般的な知識であり，時間的な文脈の中に位置づけられない。したがって，意味記憶の検索では，その知識のもととなった学習エピソードに対するアクセスは必要とせず，また明確に想起することも難しい。

3 ◎ プランに関する記憶は展望記憶。

妥当である。**展望記憶**には２つの特徴がある。１つ目は「何を行うのか」という情報だけでなく「いつそれを行うのか」という情報を持っていることである。２つ目は「しなければならないことを一旦忘れ，適切なタイミングでそれを思い出す」ということである。回想記憶との違いとして，展望記憶の成績には時間経過に伴う成績の低下がほとんどみられないということである。

4 × レミニセンス・バンプは高齢者の特徴。

「幼児期から児童期」が誤り。正しくは「青年期」である。自伝的記憶とは自分の人生を振り返っての思い出の記憶のことであり，エピソード記憶に含まれる。**レミニセンス・バンプ**とは，手がかり語を与えてそこから思い出される記憶を自由に報告してもらうという方法（ゴールトンの手がかり法）を用いて，50歳以上の人に自伝的記憶からの想起をさせると，最近の数年間の経験が思い出されるだけでなく，10代から30歳ぐらいまでの経験を多く思い出すという現象である。

5 × H.M.は前向性健忘。

「問題がない」が明らかな誤り。正しくは「順向性の記憶には大きな問題が生じる」である。健忘症の第一の兆候は日々の出来事を記憶し，新しい事実の情報を獲得する際の著しい能力障害である。これを**前向性健忘**という。また第二の兆候は，損傷もしくは疾病の以前に起きた出来事を思い出すことができないことである。これを**逆行性健忘**という。H.M.の場合であれば，脳の両半球の側頭葉と辺縁系の一部を切除する手術を受けた結果，彼は新しい記憶を形成できなくなった。しかし，手術前に起きた出来事については一部を除き問題は認められなかった。

No.3 の解説　記憶

→問題はP.247 **正答 3**

問題文を読めば，H.M.の症例について特別な知識を持たなくても解ける問題である。空欄Aには前向（健忘），Bにはプライミング（効果），Cには処理水準（モデル）が入る。したがって，**3**が正答である。

この20年の間に記憶研究は，脳機能からのアプローチが大きく進展してきた。そのため，今後認知心理学に関する領域は，脳に関する知見の出題が増加することが予想される。

本問は，脳損傷患者を対象とした**認知神経心理学**の領域で，**H.M.**として知られる著名な患者に関する記述である。

問題文にあるように，**H.M.**はてんかんの治療のために，両側側頭葉（内側），**海馬**，海馬傍回が摘出された。特に，記憶との関連が古くから指摘されている海馬が機能しないと仮定されていた。特徴的な症状として，**短期記**

憶（ワーキングメモリ）課題や知能，人格検査では，障害が認められなかった一方，**前向性健忘**（新たな事象を記憶できない）と術前10年程度の**逆行性健忘**が認められた点であった。これらから，記憶のシステムに対し，多くの知見が提示された。

プライミング効果とは，前もって関連情報を処理していると，後続情報の処理が促進される現象である。たとえば，単語を見せられたらできるだけすばやく音読するという課題が与えられているとする。このとき，同じ「看護師」という単語を音読するにしても，直前に意味的に関係のある「医師」という単語を見ていた場合のほうが，あまり関係のない「財布」といった単語を見ていた場合よりも速く反応できる。

処理水準モデルは，「いかに覚えるか」の重要性を強調したモデルである。このモデルによると，物事を知覚する際には数段階の処理が行われる。初期の段階の処理では刺激の物理的特徴の分析が行われ，後期の段階へと進むにつれ，より意味的な分析が行われる。そしてこれらの処理を行った結果として，記憶痕跡が生じる。処理水準仮説の重要な仮定は，処理が深いほど記憶痕跡の持続性が増すというものである。すなわち，刺激に対してより意味的な処理がなされるに従い，その結果として生じる記憶痕跡は，より強く，精緻で，持続時間が長いものになるということである。

実戦問題2　応用レベル

＊＊
No.4　記憶に関する記述として最も妥当なのはどれか。

【法務省専門職員・令和４年度】

1　質問の微妙な言葉遣いは，記憶の想起に影響を与える。E.F.ロフタスらの交通事故の映像を用いた実験（Loftus, E. F. & Palmer, J. C., 1974）では，「激突した（smashed）」と「ぶつかった（hit）」という言葉の違いによる記憶への影響を，事故を起こした車の速度を推定させることなどで検討した。その結果，言葉の違いによって，推定した車の速度が異なることが明らかとなった。

2　おおむね７歳以前の自伝的記憶が想起できないという現象を幼児期健忘という。幼児期健忘は完全な記憶の消失ではなく，特殊性の高い手がかりを与えられれば，鮮明に想起されることがほとんどであり，生後数年の記憶内容の信ぴょう性は高いことが明らかになっている。

3　フラッシュバルブ記憶とは，劇的で強いネガティブな情動を喚起させる出来事を見聞きした場合，当該の出来事が詳細に記憶される現象をいう。これは，長い時間が経過した後も，その出来事が発生した時間帯やその経緯などを正確に報告できる一方で，そのときの自分の状況は記憶に残っていないという特徴を有している。

4　ソースモニタリングとは，想起した事柄の情報源を正しく同定する処理過程である。情報源の記憶は加齢の影響を受けず，高齢者では，記憶した情報の内容は思い出せなくても，いつ，どこで，誰から，どのように情報を入手したかについては想起できることが多い。

5　人の記憶は操作できることが知られている。E.F.ロフタスらの実験（Loftus, E. F. & Pickrell,J. E., 1995）では，実験参加者に子どもの頃に迷子になったという虚構の出来事を伝えたところ，実験参加者の約75％は偽りの記憶を報告したという。このことから，心理療法等で取り上げられることが多い，幼児期の抑圧された記憶の存在は否定されることとなった。

＊＊＊
No.5　記憶と学習に関する記述として最も妥当なのはどれか。

【国家総合職・平成25年度】

1　記銘材料の余分な情報を削除し，単純に整理して覚えやすくする方法を精緻化と呼ぶ。たとえば，子どもが「バナナ６本，みかん３個，りんご４個を2,000円でおさまるように買ってきて」と頼まれた際に，「バ，６」「み，３」「り，４」「2,000」と覚えることが挙げられる。

2　関連する情報をまとめ，整理して覚える方略を体制化と呼ぶ。たとえば，ランダムな順序で学習した漢字「起，内，怒，八，喜，外，寝，四」を，テスト前に「喜，怒（感情）」「内，外（位置）」「八，四（数字）」「起，寝（生活）」など同じ意味を持つものにまとめ，整理して覚えることが挙げられる。

3 読書，計算など種々の認知課題の遂行中に，情報の変換や復唱などの処理を行うという記憶の能動的側面をプライミングと呼ぶ。たとえば，暗算の際の繰り上がり・繰り下がりの処理は，プライミングの働きにより達成される。

4 ある事柄についての記憶が，その後に経験した事柄の記憶によって干渉を受けることを系列位置効果という。眠っていた場合よりも起きていた場合のほうが忘却の程度が著しいのは，この効果による。

5 感覚器が受け取った刺激情報をそのままの形で短期間保持する記憶のうち，特に聴覚情報に関する記憶をフラッシュバルブ記憶という。習得していないある外国語の挨拶を聞き，一定時間経過の後にその挨拶を復唱できるのは，この記憶の働きによる。

＊＊＊

No.6 **バッデリーが中心となって提唱している（Baddeley, A.D., & Hitch, G., 1974; Baddeley, A.D., 2000, 2007），ワーキングメモリ（作動記憶）に関する記述として最も妥当なのはどれか。** 【国家総合職・平成24年度】

1 ワーキングメモリの容量を測定するためによく用いられるのが，リーディング・スパン・テスト（reading span test）である。被検査者は，一文ずつ提示される文を読み上げ，意味を理解しながら，同時に文中の単語をすべて記憶していくことが求められる。

2 ワーキングメモリには，音韻ループと視空間スケッチパッドという情報を保持する機構がある。前者は，“da, da, da”という単純な構音により，情報保持が大きく妨害されるが，指でのタッピング（コツコツ叩く）では妨害されないことが知られている。

3 ワーキングメモリはそれまでの多重記憶モデルにおける短期記憶とほぼ同義であり，情報を意味のある形で保持していると考えられる。その中の情報に対し，ワーキングメモリの外から働きかけて，情報処理を行う機構を中央実行系という。

4 近年，ワーキングメモリに対する反証として，エピソード記憶との関係を重視し，文脈と結びついた出来事情報を保持する情報保持機構としてエピソードバッファという概念が新たに提唱されている。

5 ワーキングメモリの容量には個人差があるが，これは純粋な記憶の能力を測定したものと考えられている。このため，記憶成績については高い予測を示すが，読解やより一般的な学習の成績とは関係がないことが知られている。

実戦問題2の解説

No.4 の解説　日常記憶

→問題はP.251　正答1

1 ◎ E.F.ロフタスによる事後情報効果に関する実験。
妥当である。**E.F.ロフタス**による実験では，ある出来事に関する記憶が，質問の際の言葉の影響を受けて変形したり，**再構成**されたり，失われたりすることを示した。

2 × 幼児期健忘とはおおむね3歳以前の記憶が残りにくい現象をさす。
妥当でない。「おおむね7歳以前」という記述が誤りで，**幼児期健忘**の対象はおおむね**3歳**以前とされる。

3 × フラッシュバルブ記憶は重大な出来事における鮮明な記憶。
妥当ではない。**フラッシュバルブ記憶**は感情が強く喚起される状況における詳細な記憶をさす。また，「そのときの自分の状況は記憶に残っていない」という記述が誤りで，自分がどこにいて，何をしていたかについてその詳細を報告することができるとされる。

4 × ソースモニタリングとは，記憶の情報源に関する記憶・認識をさす。
妥当ではない。「加齢の影響を受けず」という記述が誤りである。一般に加齢に伴い，**ソースモニタリング**を含め，記憶能力は低下する傾向がみられる。また，記憶の情報源（ソース）は誤って判断される場合があり，これをソースモニタリングエラーと呼ぶ。

5 × 対応する事実のない偽りの記憶を虚偽記憶と呼ぶ。
妥当ではない。対応する事実がないにも関わらず，偽りの記憶を形成する，**虚偽記憶**に関する記述である。裁判等での目撃証言の信憑性に関連する事項として取り上げられる。誤りは，「75%」が偽りの記憶を報告したのではなく，「25%」が偽りの記憶を報告した点と，「幼児期の抑圧された記憶の存在」について注意は喚起したが，否定するものではないといった点である。

No.5 の解説　記憶と学習

→問題はP.251　正答2

1 × 「**精緻化**」が誤り。精緻化とは記銘材料に情報を付加して覚えやすくする記銘方法である。たとえば，単語のリストを記銘する際に，単語と単語を結びつける文を作ったり，イメージを思い浮かべたりする方略である。本肢の記述は符号化の工夫（リハーサルを容易にする工夫）と考えられる。

2 ◎ 妥当である。関連する情報をまとめる方略を体制化という。**タルビング**（Tulving, E）は実験によって単語のリストの記憶には**主観的体制化**が重要な役割を果たすことを報告している。この実験では実験群と統制群の2群が設けられる。両群の実験参加者とも同じ手続きで共通のリストを学習するのであるが（全体学習），その前に行う学習（部分学習）のリストが異なっていた。実験群は全体学習のリストの中の半分の単語を学習するのに対し，統制群はまったく別の単語のリストを学習するのである。このような条件の下でなされた両群の全体学習の学習成績を比較すると，あらかじめ半分の単語を学習している実験群のほうが最初は統制群よりも成績がよいが，最終的には統制群のほうが成績がよかった。タルビングは，このような負の部分・全体転移効果が得られたのは，部分学習での体制化方略によって全体学習での最適な体制化方略の発見が妨害されたことによるのではないか（実験群の場合）と解釈している。

3 × 「**プライミング**」が誤り。正しくは「**ワーキングメモリ**」である。ワーキングメモリは一時的な情報の保持と処理を支える機構であり，思考や学習などの高次認知機能を支える役割を担っている。対話や読解等の言語の情報処理についても言葉の意味を追いながら，すでに読んだ内容を心の中に保持するワーキングメモリの働きが必要である。ワーキングメモリはこのような課題の遂行に必要な情報を一時的に活性化状態で保持しながら並列して処理を行う機能を担っている。

4 × 「**系列位置効果**」が誤り。正しくは「**逆向抑制**」である。逆向抑制に対し，それ以前に経験した事柄の記憶によって干渉を受けることを**順向抑制**という。

5 × 「**フラッシュバルブ記憶**」が誤り。正しくは**エコイック・メモリ**である。入力された感覚記憶はごく短時間であれば「意味」に符号化されずに感覚情報のまま貯蔵することができ，これを感覚記憶という。感覚記憶のなかでも，視覚情報に関する記憶をアイコニック・メモリと呼び，聴覚情報に関する記憶をエコイック・メモリという。アイコニック・メモリの持続時間は約１秒以内であり，エコイック・メモリでは約５秒程度であるとされている。

No.6 の解説　ワーキングメモリ　→問題はP.252　正答２

1 × 「単語をすべて記憶」が誤り。正しくは「単語を一部記憶」である。**リーディング・スパン・テスト**では，まず２つの文を続けて音読し，その直後にそれらの文の文末の単語を２つまとめて思い出す。これを５回繰り返すと，今後は続けて読む文を３文に増やして同じことを繰り返す。このようにして読む文を増やしていき，単語の再生成績が基準に達した最大の文の数をもってワーキングメモリの容量とする。

2 ◎ 妥当である。**音韻ループ**は認知課題の遂行中に言語的情報を保持しておく内なる耳の働きや，言葉を話すために準備している言葉を保持しておく内なる声の働きをするものである。構音抑制課題などを用いた実験では，単純な構音（たとえば，“da, da, da” と繰り返し発声する）により情報保持が大きく妨害されることが示されており，構音によって音韻ループの容量を消費するためと考えられる。一方でタッピングなどでは音韻ループの容量を消費しないので，情報保持は妨害されにくい。

3 × 「ワーキングメモリの外から働きかけて」という記述が誤り。中央実行系もワーキングメモリの一部である。バドリーは**音韻ループ**と**視空間スケッチパッド**という２つの下位システムと，それらを制御する**中央実行系**からなる**作**

動記憶のモデルを提案した。音韻ループは言語理解や推論のための音韻情報を一時的に保存するシステムであり，視空間スケッチパッドは視空間的なイメージを保存したり操作したりするためのシステムである。中央制御系は，これら２つの下位システムを制御したり，長期記憶とのやりとりを行ったりする。

4 × 「反証」が誤り。正しくは「追加のコンポーネント」である。本肢の文を読めば，**エピソードバッファ**は長期記憶の一種であるエピソード記憶との関係を重視した概念であることがわかる。したがって，エピソードバッファについて知らなくても，エピソードバッファがワーキングメモリの反証となる概念ではないことは本選択肢の文を読むだけでもわかる。問われていることが基本的な知識でない場合でも他の選択肢を検討したり，選択肢の文章について論理的に考えることで明らかに正答あるいは誤答である選択肢を見分けることができる場合がある。さまつな知識にとらわれず基本的な知識を押さえ，問題文をよく読むことが大切であると思われる。

5 × 「純粋」，「成績には関係がない」が誤り。「純粋」は「常に」などと同じように心理学ではまず用いない言葉である。ワーキングメモリは一時的な情報の保持と処理を支える機構であり，思考や学習などの高次認知機能を支える役割を担っている。対話や読解などの言語の情報処理において，言葉の意味を追いながら，すでに読んだ内容を保持するためにはワーキングメモリの働きが必要である。

情報処理の諸特徴

必修問題

次は，ある一連の心理学実験についての記述であるが，これらの実験に関する説明として最も妥当なのはどれか。 【国家一般職・令和５年度】

E.C.チェリー（Cherry, E. C., 1953）は，実験参加者にステレオヘッドホンを装着させ，左右の耳に異なる音声刺激を同時に流して聞かせる「両耳分離聴」と呼ばれる実験を行った。実験参加者には，片方の耳から聞こえる音声だけに集中し，聞こえた音声を復唱することを求めた。復唱が終わった後，集中していなかった側の耳から聞こえた音声の内容について質問したところ，実験参加者たちはほとんど報告することができなかった。

これに対して，N.モレイ（Moray, N., 1959）は，E.C.チェリーが行った実験に変更を加え，集中していない側の耳に実験参加者の名前を挿入して聞かせる実験を行った。その結果，一定数の実験参加者が，集中していなかった側の耳から聞こえた音声であったにもかかわらず，自分の名前が提示されていたことに気付いた。

1 文脈効果に関する実験であり，同一の刺激に対する認知や反応が，それが提示される状況や環境などの要因によって異なるかどうかを検討したものである。

2 記憶範囲に関係する実験であり，短期記憶に一度に保持することのできる容量の限界を検討したものである。

3 エコーイック記憶に関する実験であり，音声刺激が言語情報としての処理を受ける前の段階で，音響情報として一時的に保持される仕組みを検討したものである。

4 閾下知覚に関する実験であり，閾下で提示された意識には上らない刺激が，認知や反応に影響を及ぼすかどうかを検討したものである。

5 選択的注意に関する実験であり，注意のフィルターが，情報処理のどの段階に位置付けられるのかを検討したものである。

難易度 ＊

必修問題の解説

注意という概念は，特定の情報に向けられる集中的注意と，ある情報に注意を向けていても，他の情報に注意が向けられるという選択的な注意の研究がなされてきた。本問に挙げられたように，左右耳に異なる情報を提示する実験手続きは両耳分

離聴と呼ばれ，集中的注意と，選択的注意の両者の検討に用いられてきた。

E.C.チェリーの行った実験は，片方の耳に提示される情報に集中すると，もう一方の耳に提示される情報はほとんど記憶されていないことが示され，ブロードベントは記憶のフィルターモデルを提唱した。

1 × 文脈効果は状況による認識への影響。

文脈効果は，状況や環境によって，提示された情報の意味などの認識が変わる現象をさし，認知心理学や社会心理などで広く使用されている。たとえば，教室においては，チョークの認識は容易であるが，食卓にチョークが置かれていた場合，認識が困難になることなどを挙げることができる。

2 × 記憶範囲はメモリー・スパン・タスクで測定される。

記憶範囲とは，一度見たり聞いたりしただけで覚えられる項目数のことをさす。ランダムに文字や数字を提示し，何個までが正確に思い出せるかで，測定される。

3 × エコーイック記憶は感覚記憶の一種。

短時間であれば，色や音などの刺激を，そのままの形式で保持しておくことができる。この記憶は**感覚記憶**と呼ばれている。**エコーイック記憶**は，聴覚における感覚記憶をさし，保持時間は5秒程度とされている。問題に示された実験は，片方の耳に提示される音声の復唱を求めるものであり，エコーイック記憶の研究ではない。

4 × 閾下知覚には認知できない刺激を用いる。

閾下知覚は**閾値**以下の強度または提示時間の刺激によって，人に対して生じる何らかの効果もしくは，知覚反応である。**サブリミナル効果**とも呼ばれ，**R.B.ザイアンス**の**単純接触効果**の研究が著名である。問題に示された実験は，**閾下刺激**を用いた実験ではない。

5 ◎ 両耳分離聴は左右耳に異なる情報を提示。

妥当である。問題に示された実験は，複数提示される情報がどの段階で注意が向けられるのかを検討した実験と位置付けられる。

正答 5

FOCUS

情報をどのように処理しているか，そのプロセスが認知心理学のテーマであるため，関連する現象は多い。プライミング効果，メタ認知，イメージ（メンタルローテーション），概念（カテゴリ），既知感と，喉まで出かかる（TOT）現象，などを理解してほしい。

POINT

重要ポイント 1 注意

注意研究は，大きく選択的注意と分割的注意の問題に分けることができる。選択的注意では，複数の情報があるにもかかわらずどのように特定の情報へ注意を向けているのか，といった問題を扱い，分割的注意では複数の情報に対してどのように注意を割り振っているのかという問題が中心となる。

フィルター仮説：選択的注意に関し，ブロードベント（Broadbent, D.E.）は，情報処理の初期段階に次の段階で処理されるべき情報を選択するフィルターを仮定するモデルを提起している。

カクテルパーティー効果：パーティー会場のように，多くの会話が飛び交う中でも，人は特定の会話に加わりその内容を理解することができる。このようにある1つの対象に注意を集中させることができるという現象をカクテルパーティー効果と呼ぶ。

両耳分離聴課題：チェリー（Cherry, E.C.）が行った両耳分離聴実験は，左右の耳に異なった刺激を与え，左右どちらかの情報に注意を集中させるために追唱を行うという手続きが用いられた。その後の実験により，注意を向けていないほうの耳に提示された情報でもある程度高次な処理が行われていることなどが示された。

N.モレイやA.M.トリースマンらは，片方の耳に提示される情報に集中していても，もう一方の耳にピー音や自分の名前が提示されると気が付くなど，注意の分割的な側面が報告された。

重要ポイント 2 プライミング効果と潜在的認知

プライミング効果とは，先行刺激（プライム）の受容が後続する刺激（ターゲット）の処理に促進効果を与えることをさす。想起の意識を伴わない潜在記憶の研究に用いられる。

プライミング効果は多くの研究領域で用いられ，プライムとターゲットの時間間隔に基づく分類（長期プライミングと短期プライミング）と直接プライミングか間接プライミングに分類される。**直接プライミング**は，プライムとターゲットが同じ刺激である場合をさし，**間接プライミング**は，プライムと意味などが関連したターゲットを用いる場合をさす。

（階層的）意味ネットワーク・モデル：コリンズ（Collins, A.M.）とキリアン（Quillian, M.R.）は，人の持つさまざまな情報をネットワーク構造で表現するモデルを提案した。人の記憶構造を**ノード（概念）**と**リンク**によって構成されるネットワークで表現するモデルである。その後，コリンズとロフタス（Loftus, E.F.）は，活性化拡散モデルへ展開している。活性化拡散モデルは，あるノードが活性化されると，近接するノードが自動的に活性化して行くことを仮定するモデルである。これらのモデルが，プライミング効果の説明として用いられることが多い。

重要ポイント3 情報処理の諸特徴

人の情報処理には，さまざまな側面がある。以下に代表的な特徴を挙げた。

並列分散処理：人の情報処理は，刺激の入力からどのように進むのかという視点から伝統的に検討されてきた。そして，同時並行的に複数の処理を行うという特徴がこれまで示されてきた。並列分散処理モデルは，情報処理や行動を神経回路網の構成と機能によって説明を行う立場である。

トップダウン処理：知識などによる高次なレベルの制御に基づく処理を**トップダウン（概念駆動）型処理**，刺激の入力といった低次な処理から高次な処理へと進む処理を**ボトムアップ（データ駆動）型処理**と呼ぶ。

メタ認知：自身の認知過程を認知し，行動を操作する心の働きをメタ認知という。代表的な例として，その言葉を知っていることが思い出せないといった既知感や，喉まで出かかる現象（TOT現象）が挙げられる。また，メタ認知は，大きく分けてメタ認知的知識とメタ認知的活動に区分される。メタ認知的知識は，認知活動に関するさまざまな知識をさし，人の認知的特性に関する知識や課題に関する知識などである。また，メタ認知的活動は，今自分が行っている認知活動へのモニタリングや制御をさす。

実戦問題

No.1* **顔の知覚や認知に関する記述として最も妥当なのはどれか。**

【国家総合職・平成23年度】

1 ファンツ（Fantz, R.L.）は，選好注視法と呼ばれる方法を用いて，生後0か月から6か月の乳児が，他の視対象に比べて顔図形を好んで見るかどうかを調べた。その結果，生後4か月までは顔図形が選好して注視されることはないが，5か月以降になると，顔の輪郭だけを描いた無地の図形や新聞紙を顔輪郭の中に貼りつけた図形に比べ，顔図形が長く注視されることを発見した。

2 ブルースとヤング（Bruce, V. & Young, A.）は，顔認知過程に関するモデルを提案した。その基本的特徴は，顔から個人を同定する過程と，表情など個人同定以外の情報を処理する過程が存在し，両者は知覚分析の初期段階から密接に情報交換を重ね，顔の認知を遂行するというものである。このモデルの提案は，顔認知研究を情報処理論的に進めることに大きく貢献した。

3 一般に，倒立した顔写真を見ると，その人物がだれなのか，どのような表情なのかを認知することが難しくなる。こうした顔の倒立効果を表すものに，サッチャー錯視がある。これは，顔写真の中で，目と口だけを正立させ，その他の顔全体を倒立させると極めて奇妙に見えるが，その写真全体をひっくり返し，髪側を上，あご側を下になるような方向で見ると，奇妙な印象は消失するというものである。

4 エクマン（Ekman, P.）は，比較文化的研究により，ニューギニア南西部の高地に住む原住民に3枚の写真を見せ，「これは母親が死んだときに撮ったある人の写真です」など，感情をさし示す話に適合すると思われる写真を選ばせた。その結果，幸福，悲しみ，怒りなど基本6感情のいずれにおいても，有意に高い正答率は得られなかった。このことからエクマンは，顔の感情表現には，文化圏をまたがる普遍性はないとした。

5 相貌失認とは，よく知っている人物の顔を見ても，それがだれかを識別・同定できない障害である。一般の視覚性失認とは異なり，日常物品は見ただけで同定できるにもかかわらず，顔が認知できないのである。また，自分の自動車やペットが分からないなど，よく似たものどうしを区別できないこともあり，識別したり同定したりできないものが顔だけに限らない場合もある。

No.2 ＊＊ **概念およびカテゴリーに関する記述として最も妥当なのはどれか。**

【国家総合職・平成24年度】

1 ロッシュ（Rosch, E.）は，カテゴリーは3つの水準からなる階層構造を持つと考えた。たとえば，動物，イヌ，チワワは，順に上位水準，下位水準，基本水準に相当する。このうち，概念獲得の基盤となり，最も情報量が多いのは基本水準であるとし，その特徴として，発達的に最も早期に学習されること，カテゴリー間の相互の区別が容易であること，日常の認知活動において頻繁に利用する水準であることなどを挙げている。

2 ロッシュとマーヴィス（Rosch, E., & Mervis, C.B.）は，家族的類似性の概念に基づくモデルを提唱した。これは，すべての事例が共有する定義的特徴ではなく，多くの事例が部分的に共有するような特性的特徴を通じて事例が相互に結びつき，概念としてのまとまりを作り出しているというモデルである。しかし，家族的類似度の高さと典型性の高さの間に関連が認められておらず，典型的な事例ほどカテゴリーに分類される速度が速いなどの典型性効果と矛盾するという問題点がある。

3 プロトタイプ・モデル（prototype model）では，カテゴリー内の事例の特徴情報を抽象化し，統合した典型的な表象（プロトタイプ）を用いて，それとの類似性の判断によって事例のカテゴリー化がなされるとする。このモデルは，典型性効果をうまく説明できる一方で，カテゴリーの特徴間の関係（たとえば，羽がある事例は，飛ぶという特徴を備えている可能性が高い）や特徴のばらつき（たとえば，イヌの大きさにばらつきがある）などについても人は判断できるということをうまく説明できない点が問題点として挙げられる。

4 事例モデル（exemplar model）では，カテゴリーの表象は単一のプロトタイプに集約されるのではなく，カテゴリーの個別事例がそのまま記憶されているとする。事例のカテゴリー化は，その事例と以前に学習された個々の事例の集合的な類似性に基づいて決定されるのである。このモデルは，アドホック・カテゴリー（「バザーで売る物」のように，特定の目的に応じて構成されるカテゴリー）の一見ばらばらに見える事例が，目的に応じてまとまった概念を構成する現象を説明する枠組みとして提唱された。

5 理論に基づくモデル（theory-based model）では，概念としてのまとまりを作り出しているのは類似性ではなく，なんらかの理論や知識，説明の枠組みであるとする。したがって，概念形成には，その概念を定義し，説明するのに必要十分な特徴が必要であり，その概念に属するすべての事例がその共通特徴を備えているとした。概念が獲得される過程を調べたブルーナー（Bruner, J.S.）らの実験は，このモデルに基づいたものである。

No.3 ＊＊ **注意や認知に関する次の記述のうち，妥当なのはどれか。**

【国家一般職・平成29年度】

1 私たちを取り巻く外界には膨大な刺激が存在しているが，注意を向けて見たり聞いたりすることができるのはその一部に限られるため，注意を向けなかった刺激の存在には気付かないことがある。突然，自動車のヘッドライトに照らされたときに，それまで見えていたものを見失ってしまうことはその一例である。このように，刺激が変化した際にその存在を見失う現象を変化の見落とし（change blindness）と呼ぶ。

2 カラーインクで書かれた文字のインクの色名を答える課題では，赤いインクで書かれた「青」という文字のように，インクの色名と文字の意味が異なるとき，色名を答えるのが遅くなったり，色名ではなく文字を読み上げたりすることがある。このような現象はストループ効果と呼ばれ，長年の経験を通じて高度に自動化された文字情報の処理が，インクの色名の処理を妨害することを示している。

3 多数の赤い円の中から，その中に一つだけ紛れている青い円を探したり，一つだけ紛れている赤い四角形を探したりすることは容易である。探す対象となっている目標刺激（ターゲット）が即座に目に飛び込んでくるように見えることから，このような現象はポップアップ効果と呼ばれ，色や形などの特徴の違いが焦点的（集中的）な注意の働きによって抽出されることを示している。

4 計算問題を解きながら，聴覚的に提示される文章を記憶するなど，同時に二つの異なる課題を行うことは一般に困難である。しかし，二つの課題の片方について繰り返し練習を行うことにより，二つの課題を同時に行うときの両方の成績が向上する。これは，練習を積んだ課題に対してより多くの注意が向けられるようになり，もう一方の課題に対して注意が向けられなくなったことを示している。

5 文字列の中から特定の文字を認識する課題において，単語の中に含まれている文字（例：「WORD」の中の「D」）を認識する方が，非単語（無意味つづり）の中に含まれている文字（例：「ORWD」の中の「D」）を認識するよりも容易に行うことができる。これは単語優位性効果と呼ばれ，単語に関する知識に基づいて入力された文字が処理されるボトムアップの情報処理の流れを示している。

No.4 ＊＊＊ **次は，意味記憶に関するネットワークモデルとその発展に関する記述である。A，B，Cに当てはまる語句の組合せとして最も妥当なのはどれか。**

【国家総合職・平成23年度】

意味記憶に関する初期の代表的なモデルに，コリンズとキリアン（Collins, A.M. & Quillian, M.R.）の［ A ］モデルがある。このモデルでは，個々の知識の概念はノードとして表され，各概念間の関係はリンクによってつながれている。また，各概念には，その概念の特性を示す述語が矢印で接続されている。概念間のつながりは，上位・中位・下位構造をなしている。たとえば，動物を上位概念とするネットワークでは，中位概念として鳥や魚，下位概念としてカナリヤやアヒルがネットワーク構造でつながっている。

このモデルを修正・発展させたものに，コリンズとロフタス（Collins, A.M. & Loftus, E.F.）の［　B　］モデルがある。これは，各概念間の意味的な関連性を強調したネットワークモデルである。各概念間のリンクの長さは，概念間の意味関係の強さを意味し，たとえば，鳥の典型である「カナリヤ」と「鳥」のリンクの長さは，鳥の非典型である「ダチョウ」と「鳥」のリンクより短くなっている。このモデルは，［　C　］効果と呼ばれる現象をうまく説明することができる。

	A	B	C
1	階層的ネットワーク	活性化拡散	プライミング
2	階層的ネットワーク	体制化	ポップアウト
3	階層的ネットワーク	活性化拡散	ポップアウト
4	直列型ネットワーク	体制化	プライミング
5	直列型ネットワーク	活性化拡散	ポップアウト

実戦問題の解説

No.1 の解説　顔の情報処理　→問題はP.260　正答5

1 × 乳児は顔を好む。

選好注視法の開発者として知られる**ファンツ（Fantz, R.L.）**の実験では，生後間もない乳児でも，人の顔への注視量が多く，また，その傾向は２～６か月の乳児においてより顕著になることを示した。テーマ10を参照。

2 × ブルースとヤングは顔の固定モデル。

ブルースとヤング（Bruce, V. & Young, A.）は，**顔の同定に関する情報処理モデル**を提起した。その特徴は，顔の同定用のユニットが存在し，表情などの認識ユニットと独立している点にある。そのため，両者が初期段階から密接に情報交換を行っているという記述が誤りとなる。

3 × 倒立顔は認識困難。

倒立顔の錯視は**サッチャー錯視**として知られる。刺激は，口と目のみを倒立させた顔写真を作成し，顔写真を正立させた条件と倒立させた条件と比較を行う。

4 × エクマンは感情の普遍性を主張。

エクマン（Ekman, P.）は，表情写真をさまざまな国や部族の人々に呈示し，他民族の人々の表情を理解できることから，６つの感情の普遍性を論じた。テーマ18を参照。

5 ◎ 相貌失認は個人を識別できない。

妥当である。**相貌失認**（そうぼうしつにん）は，顔や口・鼻などは識別できるが，だれであるかを識別できない症状をさす。顔といった刺激は，目・鼻・口など基本的な情報は共通であるにもかかわらず，微細な差異に基づき，われわれは特定の個人を容易に識別できているといった性質がある。

No.2 の解説　概念とカテゴリー

→問題はP.261　**正答3**

1 × **ロッシュ（Rosch，E.）**は，初期のカテゴリー研究の代表的研究者であり，3水準で構成される階層構造を提起した。階層は，**上位水準**，**基本水準**，**下位水準**の順に階層化されており，例に挙げられているイヌは，基本水準に当たる。基本水準の概念が日常的に最も用いられるとされる。

2 × **ロッシュとマーヴィス（Rosch, E. & Mervis, C.B.）**が提起した**自然的概念**の**家族的類似性概念**は，**特性的定義論**への反論として位置づけられる。**典型性効果**は家族的類似性との結びつきが深い。

3 ◎ 妥当である。**プロトタイプ・モデル**では，カテゴリー内の事例の共通特徴から構成される**プロトタイプ（典型）**とその**類似性**によって事例のカテゴリー化が行われる。プロトタイプ理論への批判として，さまざまな文脈によって同一事例に対するカテゴリーが異なることや，複数の特徴を研究対象から落としてしまうことなどが挙げられる。

4 × **事例モデル**は，「特定のカテゴリーは，複数の事例から構成されており，特定の事例がカテゴリーに属するかといった判断は，そのカテゴリーの成員である事例との類似性で規定される」といった理論である。**アドホック・カテゴリー**は，選択肢**5**に登場する理論ベースモデルによって説明がなされる。

5 × 特徴による定義や共通特徴，そして，**ブルーナー（Bruner, J.S.）**の行った研究は，**定義的特性理論**に関する記述である。理論に基づくモデルは，**理論ベースモデル**とも呼ばれ，人の持つ理論がカテゴリーの特性を決定するという理論である。そのため，状況に応じてカテゴリーの持つ特徴が定義されるといった柔軟性を有する。

No.3 の解説　注意・認知

→問題はP.262　**正答2**

1 × **変化の見落とし**（change blindness）と呼ばれる現象は，視覚的に認知可能な物理的変化を見落とす現象である。たとえば，２枚の同じ画像を用意し，１枚の画像の一部を加工し，２枚の写真を連続呈示した場合，実験参加者は２枚の写真の違いを検出することが困難となる。

2 ◎ 色付き文字の色呼称課題において，色と文字が異なった条件で，反応が遅延する（エラー率が高くなる）現象は，**ストループ効果**と呼ばれる。文字呼称条件においても，色と文字が異なると反応が遅延する現象（逆ストループ効果）も知られているが，逆ストループ効果の効果量のほうがストループ効果の効果量よりも小さい。

3 × ポップアップ効果ではなく，**ポップアウト効果**が正しい。目標刺激を，それとは異なる妨害刺激の中から探索する課題を視覚探索課題というが，問題にあるように多数の赤い丸の円の中に１個だけ青い円がある場合には，個々の刺激を順々に探索しなくとも目標刺激（青い円）を容易に探索できる。ポップアウト効果が生じている場合，探索の時間は妨害刺激の数に関係なく一定になる。

4 × ２つの課題を同時に行う実験法は，**二重課題法**と呼ばれる。２つの異なる課題を同時に行う場合，１つの課題を単独で行う場合よりも，成績は低下する。この現象は，一定の認知容量を２つの課題で分け合うために起こると説明される。問題文のように，片方の課題について多くの練習を積んだ場合，２つの課題の成績が上昇することが予想される。その理由は，練習を積んだ課題への注意資源の配分が減少し（練習を積んだため注意を必要とせず成績が上昇），練習を積んでいない課題へより多くの注意資源を配分できるようになったためと解釈できる。

5 × **単語優位性効果**は，ボトムアップではなく，トップダウンの情報処理による。刺激の入力から高次な処理へと進む処理をボトムアップ，知識などによる高次なレベルの制御に基づく処理をトップダウン処理と呼ぶ。単語の知識に基づき，文字の認識を行っているため，**トップダウン処理**が正しい。

No.4 の解説　意味記憶に関するネットワークモデルとその発展 →問題はP.262 正答 1

コリンズとキリアンは「カナリアは鳥である」などの文の真偽判断課題を使って，**階層ネットワークモデル**を検証した。彼らの予想によれば検索しなければならない概念や属性間のレベル差が増すほど，反応時間は長くなる。たとえば「カナリアは鳥である」よりも「カナリアは動物である」のほうが，反応時間が長くなると予想でき，実験結果はこれに一致した。しかし，このモデルは「ダチョウは鳥である」のような典型的でない事例に関する文では，階層レベルの差が同じでも，反応時間が遅くなること（典型性効果）を説明できない。

そこで，コリンズとロフタスは**活性化拡散**ネットワークを提唱した。このモデルは**典型性効果**や**意味プライミング効果**を説明することができる。プライミング効果とは，時間的に先行する刺激の処理が後続の刺激の処理に影響を及ぼす現象である。プライミング効果は直接プライミングと間接プライミングの2種類に分けることができる。直接プライミングとは，プライム刺激とターゲット刺激が同一である場合のことをいう。一方，間接プライミングとは，プライム刺激とターゲット刺激が異なる場合のことをいう。

間接プライミングの代表に位置づけられる意味プライミング効果は，意味ネットワーク・モデルの活性化拡散モデルによって説明される。実験により，プライム刺激とターゲット刺激の意味に関連があると反応が速くなることが報告されている。

したがって，正答は**1**である。

意思決定とヒューリスティクス・問題解決

必修問題

人が推論を行う際，ヒューリスティック（heuristic）の働きによってしばしば論理的でない判断をしてしまうことが知られている。A～Dは，(1)～(3) に挙げた種類のヒューリスティックのいずれかによって生じたと考えられる判断の誤りを示したものである。同じ種類のヒューリスティックによる錯誤の例の組合せとして最も妥当なのはどれか。

【法務省専門職員・平成23年度】

(1) **代表性ヒューリスティック**（representative heuristic）
ある事象が特定のカテゴリーに属している可能性を推定するとき，その事象がカテゴリーを代表するような特徴を有しているか否かに基づき判断するヒューリスティック

(2) **利用可能性ヒューリスティック**（availability heuristic）
ある事象の生起頻度を推定するとき，思い出しやすさやイメージしやすさを判断の手がかりとするヒューリスティック

(3) **係留と調整ヒューリスティック**（anchoring and adjustment heuristic）
数量の推定を行う際に，ある参照点を判断の初期値とし，それと比較しながら徐々に調整していくヒューリスティック

A：**トヴェルスキー**と**カーネマン**（Tversky, A. & Kahneman, D., 1973）は，「英語には，kで始まる単語と，kが3番目にくる単語のどちらが多いか」という問いに対し，実際には「kが3番目にくる単語」は「kで始まる単語」の約2倍もあるにもかかわらず，大多数の実験参加者が「kで始まる単語」のほうが多いと答えたことを示した。

B：**リヒテンシュタイン**ら（Lichtenstein, S., et al., 1978）は，全米での年間死亡者数を推定する際，「全米では自動車事故で年間約50,000人死亡している」という手がかりを与えられた場合のほうが，「全米では感電で年間約1,000人死亡している」という手がかりを与えられた場合よりも，全体に高く推定することを示した。

C：**トヴェルスキー**と**カーネマン**（Tversky, A. & Kahneman, D., 1983）は，「ある女性は31歳，独身で，意見を率直に言い，非常に聡明であり，哲学を専攻していた。学生時代，彼女は差別や社会正義の問題に深く関心を持ち，反核デモにも参加していた。彼女について，アとイのどちらの確率が高いか。」という問いに対し，確率論上はイの確率

がアの確率より高くなることはありえないにもかかわらず，実験参加者の約90%がイを選択したことを示した。

ア：彼女は銀行の出納係である。

イ：彼女は銀行の出納係であり，かつフェミニスト運動の活動家である。

D：**トヴェルスキー**と**カーネマン**（Tversky, A. & Kahneman, D., 1974）は，2集団に，系列1あるいは系列2のかけ算の結果を5秒以内で推定させると，系列1に対する推定を行った集団のほうが，系列2に対する推定を行った集団よりも，大きい数値を推定することを示した。

系列1：8 × 7 × 6 × 5 × 4 × 3 × 2 × 1

系列2：1 × 2 × 3 × 4 × 5 × 6 × 7 × 8

1 AとB　**2** AとC　**3** BとC　**4** BとD　**5** CとD

難易度 ＊

必修問題の解説

ヒューリスティクスは，人の用いる簡便な処理方略をさす。数多くのヒューリスティックが提起されているが，本問にある代表性ヒューリスティック，利用可能性ヒューリスティック，係留（投錨）と調整ヒューリスティックは，カーネマン（Kahneman, D.）とトヴェルスキー（Tversky, A.）が提起した最も著名なものである。

本問は，各ヒューリスティックの詳細を知らなくとも，A～Dの例を見ていくと，B，Dは，先に与えられた情報が後続の判断に影響を与えているといった共通性が浮かび上がってくる。

Aは，**利用可能性ヒューリスティック**の著名な事例である。Cは，**代表性ヒューリスティック**の著名な事例であり，リンダ問題と呼ばれている。

したがって，BとDは**係留と調整ヒューリスティック**の事例となるため，**4**が正答となる。

正答 4

FOCUS

カーネマンが2002年にノーベル賞を受賞して以降，出題が増加しているテーマである。キーワードを並列しやすいヒューリスティックの種類，プロスペクト理論と諸現象（リスク回避，リスク志向）について，学ぶ必要がある。

POINT

重要ポイント 1 ヒューリスティクスとバイアス

意思決定研究や社会心理学において，合理的な解との比較から，人の示す認知傾向への検討が試みられてきた。これらの研究はヒューリスティクスあるいはバイアス研究として報告されてきた。経験則のように直感的で簡便な処理法略をヒューリスティクスと呼び，人の示す認知（判断）の偏向を**バイアス**と呼ぶ。トヴェルスキー（Tversky, A.）とカーネマン（Kahneman, D.）によって提案された，代表性ヒューリスティック，利用可能性ヒューリスティック，係留（投錨）と調整ヒューリスティックが特に著名である。

(1) 代表性ヒューリスティック：ある対象が属するカテゴリの代表的とみなされる特徴を多く含んでいるかどうかや，典型的な事例との類似性の高さだけで確率判断がなされる傾向をさす。

(2) 利用可能性ヒューリスティック：イメージしやすい出来事や特定事例の記憶を検索しやすい事象を高確率で発生すると判断する傾向をさす。

(3) 係留（投錨）と調整ヒューリスティック：頻度や確率を判断するために一連の情報が利用できる場合，最初のほうに得られた情報を基準としてしまい，後続の情報によって調整がはかられない傾向をさす。

重要ポイント 2 プロスペクト理論

トヴェルスキーと**カーネマン**によって提起された**プロスペクト理論**は，意思決定の説明理論である。選択肢を採択した場合の結果と確率に対する人の認知傾向を，**価値関数**と**確率荷重関数**を用いて説明している点が大きな特徴となる。プロスペクト理論では，意思決定過程は，問題を認識し，意思決定の枠組みを決める編集段階と，その問題認識に従って代替案の評価を行う評価段階とに分けられる。編集段階は状況依存的であり，少しの言語的表現の相違などによっても変化するといった特徴を持ち，**フレーミング効果（アジアの病気問題）**と呼ばれる現象が特に著名である。

アジアの病気問題は，以下の質問文を呈示した後に，選択肢対を呈示し，回答を求めるといった課題である。選択肢対には，２つのパターンがあり，パターン１はポジティブ・フレーム条件，パターン２はネガティブ・フレーム条件と呼ばれる。ポジティブ・フレームは，「助かる」という表現が用いられ，ネガティブ・フレーム条件は，「死ぬ」という表現が用いられている。

質問文

「アメリカで600人の人々を死に追いやると予期される特殊なアジアの病気が突発的に発生したとします。この病気を治すための２種類の対策が提案されました。これらの対策の正確な科学的推定値は以下のとおりです。あなたなら，どちらの対策を採用しますか。」（Tversky & Kahneman（1981）より）

・パターン1（ポジティブ・フレーム）

対策A：もしこの対策を採用すれば，200人が助かる。

対策B：もしこの対策を採用すれば，600人が助かる確率は3分の1で，誰も助からない確率は3分の2である。

・パターン2（ネガティブ・フレーム）

対策C：もしこの対策を採用すれば，400人が死亡する。

対策D：もしこの対策を採用すれば，誰も死なない確率は3分の1で，600人が死亡する確率は3分の2である。

実験結果では，ポジティブ・フレーム条件では，リスク回避な意思決定（対策Aの選択が増加），ネガティブ・フレーム条件では，リスク選好意思決定（対策Dの選択が増加）が認められた。この結果から，選択肢の記述の仕方（e.g. ポジティブ・ネガティブ）によって人のフレーム（心的構成）が影響を受けることが示されたと解釈される。プロスペクト理論では，利得と損失の主観的な価値が非対称であることから，この現象の説明が試みられている。

フレーミング効果：選択肢の客観的特長がまったく同じでも，その問題の心理的構成の仕方によって，選択結果が異なる現象をさす。

重要ポイント3 推論

ある仮説に従い推論を行うことを**演繹的推論**，個々の事例から一般的知識を導き出すことを**帰納的推論**という。演繹的推論研究では，3段論法と「ウェイソンの4枚カード問題」が著名である。

確証バイアス：対象の評価に当たり，先験的に抱いている仮説や信念を肯定する情報を重視する傾向をさす。「ウェイソンの4枚カード問題」で示される誤りも，確証バイアスから説明されることが多い。

信念バイアス：3段論法の研究において見られる，意味処理が回答に影響を与える現象をさす。前提から導かれる結論が真であっても，結論だけをみた場合，その結論の意味内容のもっともらしさが，論理的な帰結に影響を与えてしまう現象。

実戦問題

＊
No.1 次は，トヴェルスキー（Tversky, A.）とカーネマン（Kahneman, D.）の研究に関する記述であるが，ア，イ，ウに当てはまるものの組合せとして最も妥当なのはどれか。 【法務省専門職員・平成25年度】

トヴェルスキーとカーネマン（1981）は，大学生のグループに次のような状況を想定させ，対策ＡとＢのいずれを支持するかについて回答を求めた（質問パターン１）。

＜状況＞

600人の死者が予想される伝染病の大流行への対策として，２つの対策が提案されており，それらの対策による効果は，科学的に以下のように予測されている。

＜対策＞

・対策Ａが実施された場合：200人が救済される。

・対策Ｂが実施された場合：$\frac{1}{3}$の確率で600人が救済されるが，$\frac{2}{3}$の確率で誰も救済されない。

その結果，152人のうちの約72％が対策Ａを，約28％が対策Ｂを選択した。

続いて，別の大学生のグループに対して先ほどと同じ状況を想定させ，対策ＣとＤのいずれを支持するかについて回答を求めた（質問パターン２）。

＜対策＞

・対策Ｃが実施された場合：400人が死亡する。

・対策Ｄが実施された場合：$\frac{1}{3}$の確率でだれも死亡しないが，$\frac{2}{3}$の確率で600人が死亡する。

その結果，155人のうちの約22％が対策Ｃを，約78％が対策Ｄを選択した。

「質問パターン１」と「質問パターン２」でそれぞれ示されている対策は，生存と死亡のどちらに注目するかという点において違いはあるものの，客観的には，対策Ａと対策Ｃ，対策Ｂと対策Ｄで示されている内容はそれぞれ等価である。したがって，与えられた状況において，もし人が合理的に判断を下すのであれば，２つの「質問パターン」で，等価の対策の選択率は等しくなるはずである。

しかし，実際には，「質問パターン１」では対策Ａが，「質問パターン２」では対策Ｄがより多数の学生に選択された。

この例で示されるように，人々は損失を被ると感じられる場面においては，リスクないしは不確実性を［　ア　］傾向が，利益を得ると感じられる場面においては，リスクないしは不確実性を［　イ　］傾向が認められる。カーネマンとトヴェルスキーは，このような行動傾向を説明するモデルとして［　ウ　］を提唱している。

	ア	イ	ウ
1	回避する	志向する	プロスペクト理論
2	回避する	志向する	期待効用仮説
3	回避する	志向する	認知的斉合性理論
4	志向する	回避する	プロスペクト理論
5	志向する	回避する	期待効用仮説

No.2 ＊＊ **学習や問題解決に関する記述A～Dのうち，妥当なもののみをすべて挙げているのはどれか。** 【国家一般職・平成28年度】

A：問題を解決する際，必ずしも成功するとは限らないが，経験則を用いることで，時間や労力を少なくすることができる方法をアルゴリズムという。暗号番号を忘れた例でいえば，すべての可能な番号を試す代わりに，自分の誕生日や電話番号を試してみるというのがこれに当たる。

B：我々は単語や事物を記憶する際に，多くの場合，記憶すべき単語や事物をさまざまな角度から分析することで，何らかの関連情報を付け加えて記憶する。このように，記銘時に関連情報を付加する符号化操作を精緻化と呼び，一般に，精緻化を行うことで記憶されやすくなると考えられている。

C：問題を解決する上で重要なことの一つにメタ認知がある。メタ認知とは，認知についての認知という意味で，自分は短期記憶でどのくらいの量を記憶できると思っているか，どのような方法で記憶すればよく記憶できると考えているか，どのような課題が難しいと考えているかなど，自己の認知過程についての認知や知識のことをいう。

D：一連の複雑な技能を習得する際，課題の全体を通して反復練習することを集中練習といい，課題をいくつかの部分に分割し，それぞれの部分を反復練習してから全体を通して練習することを分散練習という。一般に，まとまりのある学習材料の場合には集中練習の方が効率的であるとされている。

1 A，C
2 A，D
3 B，C
4 B，D
5 C，D

No.3 行動経済学やヒューリスティックに関する記述として最も妥当なのはどれか。 【法務省専門職員・平成30年度】

1 トヴェルスキーとカーネマン（Tversky, A. & Kahneman, D., 1981）は，劇場に着いたときに，10ドル札をなくしたことに気付いても10ドルのチケットを買おうとする人の割合と，10ドルのチケットをなくしたことに気付いても再び10ドルのチケットを買おうとする人の割合はほぼ等しいことを示した。金銭的な意思決定問題を心的に処理する様式は心的会計（mental accounting）と呼ばれ，対象や形態にかかわらず同一の心的会計が用いられる。

2 「ある40歳の女性が乳がんの検査を受けたところ陽性であった。40歳の女性が乳がんにかかる確率は１％である。この検査では，乳がんの人が陽性になる確率は90％であり，乳がんでない人が陽性になる確率は９％である。この女性が乳がんである確率は何％か。」という問いに対して，「40歳の女性が乳がんにかかる確率は１％である」という基準確率を無視し，当該女性が乳がんである確率を実際よりも低く見積もる傾向があるとされている。

3 トヴェルスキーとカーネマンのプロスペクト理論では，客観的に低い確率で生起する事象が起きる確率については過小評価し，客観的に高い確率で生起する事象が起きる確率については過大評価する傾向があると考える。たとえば，「20％の確率で当選する」くじの場合には自分の当選する確率を20％より低く評価し，「80％の確率で当選する」くじの場合には，80％より高く評価しやすいとされている。

4 不動産の仲介業者が提示する物件の販売価格の方が，その物件に入居しているオーナーが提示する販売価格よりも高い傾向がある。このように，ある財を保有している場合につけるその財の価格が，その財を保有していない場合につける価格よりも低くなる現象を保有効果又は賦存効果という。これは，一旦財を所有すると，所有したこと自体に満足し，その財に対して執着しなくなるために生じるとされている。

5 「今，１万円得る」か「明日，１万１千円得る」では前者を選択しても，「１年後に１万円得る」か「１年と１日後に１万１千円得る」では後者を選択するように，即時小報酬と遅延大報酬の選択場面で即時小報酬を選択しても，等しい遅延時間を加えると，遅延大報酬を選択する現象を選好逆転という。このように，長期的には忍耐強いが，短期的には近視眼的であるという時間非整合的な選好を有することを表すための割引関数モデルに双曲的割引モデルがある。

実戦問題の解説

No.1 の解説　フレーミング効果とプロスペクト理論　→問題はP.272　正答4

問題文では**フレーミング効果**に関する実験例が挙げられている。フレーミング効果は，意思決定研究において期待効用理論などの規範的理論の逸脱として著名な現象である。フレーミング効果とは客観的には同じ意思決定問題でも，意思決定者が主観的に構成する当該の問題についての心的構成，すなわちフレームが異なると，意思決定がまったく異なったものになる現象をさす。

本問題文では質問パターン１では「救済される」といった表現を用いることで，実験参加者に意思決定問題をポジティブにフレーミングさせており，一方で質問パターン２では「死亡する」という表現によって，ネガティブにフレーミングさせている。ここで，「救済される」と「死亡しない」，「救済されない」と「死亡する」はそれぞれ同義であるため，対策AとC，対策BとDは客観的に同じ事態を示している。しかし，質問パターン１ではAが多く選択され，質問パターン２ではDが多く選択された。このことは，数理的には同一の意思決定問題でも心理的には異質なものとなりうることを示しており，そのため意思決定結果に差違が生じたことを意味している。つまり，この現象は数理的な表現の一意性を仮定する期待効用理論の限界を示しているのである。

これに対し，**トヴェルスキー（Tversky, A.）**と**カーネマン（Kahneman, D.）**は**プロスペクト理論**を提案し，次のようにフレーミング効果を理論的に説明している。すなわち，選択肢を選択した結果に対する意思決定者の評価は，客観的に定められうる「原点」に基づくのではなく，主観的に構成されている「**参照点**」に基づいており，それゆえに，参照点が異なれば属性の主観的評価も異なる。そして，参照点を下回る属性を持つ選択肢に対してはリスク志向的な評価を下し，一方で参照点を上回る属性を持つ選択肢に対してはリスク回避的な評価を下すものと考える。

これらから，ポジティブ・フレームの場合ではリスク回避的な選択肢が選好されるが，その一方で，ネガティブ・フレームの場合にはリスク志向的な選択肢が選好されることを説明している。

したがって，正答は**4**である。

No.2 の解説　問題解決の諸側面　→問題はP.273　正答3

学習，問題解決，認知の融合問題である。問題解決というテーマは，学習や記憶など複数の処理が前提となる高次な認知過程であるため，このような融合した問題が出題される可能性がある。

A×　経験則はヒューリスティクス。

アルゴリズムではなく**ヒューリスティクス**に関する記述である。**経験則のような人の用いる簡便な認知処理をヒューリスティクス**と呼び，**すべての組み**

心理学　第3章　認知

合せを試すような論理的な認知処理をアルゴリズムと呼ぶ。

B○ 関連情報を付加するのは精緻化。

妥当である。短期記憶にとどめられている情報に，関連情報を付加して覚えやすくする記憶方略は**精緻化**と呼ばれている。他にも，関連する情報をまとめて整理して覚える記憶方略は**体制化**と呼ばれる。

C○ 自己の認知の認知はメタ認知。

妥当である。自身の認知過程を認知し，行動を操作する心の働きを**メタ認知**という。代表的な例として，その言葉を知っていることが思い出せないといった，**既知感**や，**喉まで出かかる現象（TOT現象）**が挙げられる。

D× 休憩をはさまないのが集中練習。

集中練習は，休憩をはさまずに課題を行うことをさし，**分散練習は休憩をはさみ課題を行うこと**をさす。一連の複雑な技能を学習する際，**課題の全体を通して反復練習を行うことは，全習**と呼び，**一連の複雑な技能を分割して反復練習を行うことを分習**と呼ぶ。

したがって，妥当なものはBとCであるから，正答は**3**である。

No.3 の解説　意思決定の諸現象

→問題はP.274 **正答5**

行動経済学に関する現象は同じような例を用いて説明されることが多い。設問で使用される例とともに覚えておけば解答を導きやすい。

1× 対象や形態などの状況によって異なる心的会計が用いられる。

トヴェルスキー（Tversky, A.）とカーネマン（Kahneman, D.）による心的会計の説明である。トヴェルスキーらは，現金紛失条件の方が，チケット紛失条件よりもチケットを買うと答えた被験者が多いことを示した。この結果は，現金紛失条件とチケット紛失条件で心的会計が異なるためと解釈される。つまり，チケット紛失条件では，チケット支出用の会計からもう一度チケット代を支払わなければならず，現金紛失条件では，現金とチケットの支出が別の会計と捉えられるので二重のチケット代支出とならないためと解釈される。

2× ベイズの定理は基準確率無視。

「低く見積もる傾向がある」という記述が誤り。この場合，乳がんである確率が高く見積もられる傾向がある。基準確率（ベースレート）無視と呼ばれる現象である。「検査結果が陽性」という情報に引っ張られ，はじめの乳がんにかかる確率が１％であるという情報が無視されている。この現象は，ベイズの定理によって説明される。

3× プロスペクト理論の確率荷重関数。

過小評価と過大評価の記述が逆である。「20％の確率で当選する」場合は20％より高く評価し，「80％の確率で当選する」場合は80％より低く評価される。プロスペクト理論の確率荷重関数は，小さな確率は過大評価され，大きな確率は過小評価されることを示している。

4 × 自分が所有している対象を高く評価する保有効果。
保有効果あるいは賦存効果と呼ばれる現象である。自分が所有している対象を一旦所有すると，高く評価する傾向がある。「低くなる」という記述およびその説明の部分が誤りである。

5 ◎ 遅延時間が長いと価値を割り引く。
遅延価値割引における選好逆転に関する説明である。遅延時間を横軸，報酬の主観的価値を縦軸にとった場合に双曲線型の関数を描き，遅延時間が長くなるに従って主観的な価値が減少していく。

試験別出題傾向と対策

頻出度	試験名	国家総合職					国家一般職					国家専門職(法務省専門職員)				
	年度	21-23	24-26	27-29	30-2	3-5	21-23	24-26	27-29	30-2	3-5	21-23	24-26	27-29	30-2	3-5
	テーマ / 出題数	14	10	11	9	7	4	2	2	2	1	3	15	14	11	11
A	9 発達の諸理論	8	4	4	1		2	1	1	1		1	7	7	5	3
A	10 乳幼児期・愛着・遊び	4	4	4	4	4	1	1		1	1	1	7	3	4	7
B	11 青年期以降・道徳・生涯発達	2	2	3	4	3	1		1			1	1	4	2	1

発達心理学は，すべての試験で必須の領域である。まずは，テーマ９に挙げたJ.ピアジェ・E.H.エリクソン・L.S.ヴィゴツキーといった著名な研究者の理論の理解からスタートしてほしい。また，発達心理学の基本的理論では，遺伝と経験という２側面が重要となる。B.F.スキナーのオペラント条件づけ，A.バンデューラの観察学習，K.ローレンツらのエソロジー研究，A.ポルトマンやA.ゲゼルらの業績も，関連づけてほしい。特に，著名な研究者名とその業績の組合せで，選択肢が構成されることが多いので，注意してほしい。

テーマ10，11の乳児期・幼児期・児童期・青年期といった発達段階ごとに，言語，認知，社会性，感情といった機能獲得の学習の整理を行う必要がある。乳幼児期では，愛着（アタッチメント）が最頻出テーマであり，測定方法のストレンジ・シチュエーション法，そして，共同注意（ジョイント・アテンション），幼児期から児童期にかけては心の理論，青年期では自己同一性（アイデンティティ）が挙げられる。また，言語獲得，道徳発達，遊びといったテーマも必須である。

発達心理学は伝統的に，乳幼児期～青年期がこれまでの出題の中心であったが，近年では生涯発達という視点が重視されている。そのため，壮年期以降，特に老年期に関する特徴について，生理機能や知能との結びつきも含めて，学習をしておく必要がある。

● 国家総合職（人間科学）

令和２年度以降，発達に関する問題は，２，３問は出題されてきている。出題範囲は，乳幼児期から青年期以降まで幅広く網羅されている。令和２年度以降の特徴として，中年期以降の出題が増加傾向にあり，今後も注意を要する。選択肢の多くは，テーマ９～11に紹介した基本的なトピックで構成されているが，一方，かなり専門的な理論（人名）が含まれることが多く，深い知識が要求される。また，教育，発達障害などと融合した出題もなされるため，領域横断的な整理を心がけてほしい。

裁判所（家庭裁判所調査官補）					
21-23	24-26	27-29	30-2	3-5	
6	3	3	2	3	
2		2	1	1	テーマ9
4	2	1	1		テーマ10
	1			2	テーマ11

● 国家一般職

令和４年に出題され，令和２年以前は毎年出題されてきており，今後も出題が予想される領域である。テーマ９～11に挙げた代表的なトピックが幅広く出題されている。これまでの特徴としては，令和２年度の出題にみられるように，アイデンティティの獲得など青年期以降の出題が目立っている。各テーマの基本的なトピックについて取りこぼしのないようにしっかりと学習してほしい。

● 国家専門職（法務省専門職員）

過去10年にわたり，毎年３題以上出題されており，必須の領域である。出題傾向に大きな変動はみられず，テーマ９～11が幅広く出題されている。J.ピアジェ，A.ポルトマン，K.ローレンツなどの発達の基礎理論，愛着やE.H.エリクソンの発達課題，アイデンティティの獲得といった基本的なトピックについて，しっかりと学習をしてほしい。今後は研究例をもとにした出題も予想されるため，基本的テーマを研究例も含めて学習してほしい。

● 裁判所（家庭裁判所調査官補）

ほぼ毎年出題されており，必須の領域である。論述式の試験に向けて，愛着，生涯発達など，テーマ９～11に挙げたトピックについて，代表的研究者とその理論について，整理を行う必要がある。また，令和３，４年には青年期以降の発達という，社会的問題と結びつきの深い出題もなされている。環境と遺伝といった人の発達全般，あるいは，各時期全般といった，大きな視点に立った論述が要求されるため，全体像に各トピックを位置づけることを忘れないようにしたい。虐待など社会的に問題となっているトピックに関連づけられた出題もみられる点は注意を要する。

発達の諸理論

必修問題

発達理論に関する記述として最も妥当なのはどれか。

【国家一般職・平成23年度】

1 **J.ピアジェ**は，外界の刺激に身体運動で反応することが中心である生後約2年間を**感覚運動期**と呼んだ。この時期の子どもは，たとえばひもをつかんだりひっぱったりする活動を通して，ひもが自己とは区別されたものであることを理解するが，対象が見えなくなっても存続し続けるという対象の永続性の概念は，この時期の終わりでも獲得されない。

2 **J.ピアジェ**は2歳から7歳ころまでの，言葉やものを象徴的に使うことができる段階を**前操作期**と呼んだ。この時期の子どもは，同数のおはじきをいくつか並行に2列に並べたとき，片方の列を伸ばしたり，縮めたりして見かけを変えても，おはじきの数は同じだということを理解することができる。

3 **J.ピアジェ**が使った**三つ山問題**では，自分と向き合って立つ他者から見た山の形がどのように見えるか尋ねられる。ピアジェのいう**具体的操作期**の段階の子どもでは，自分と異なる視点に立つことが困難であるという自己中心性のために，この時期の終わりになってもこの問題に正しく答えることができない。

4 **E.エリクソン**は，**S.フロイト**の発達段階説に基づきながら，社会的発達の要因を重視した**発達段階説**を展開した。彼は8つの段階を設定し，各段階で到達するであろう適応的解決と不適応的解決との両極によって，その発達段階の課題特徴を示した。フロイトのいう**口唇期**にあたる**乳児期**について，エリクソンが示した適応的解決と不適応的解決は，**基本的信頼と基本的不信**である。

5 **E.エリクソン**は**自我同一性の獲得**が青年期の重要な発達課題であるとしたが，**J.マーシャ**は4つの同一性地位を区別することを提案した。それらは，「**同一性拡散**」，「**早期完了**」，「**モラトリアム**」，「**同一性達成**」であり，「早期完了」はどう生きるかについて悩み探索してはいるものの，特定の傾倒すべきものを見いだしていない状態をいう。

難易度 ＊

必修問題の解説

ピアジェとエリクソンという発達心理学を代表する研究者の基本的な知見に関する問題である。ピアジェの発達課題を理解していれば，選択肢**1**～**3**が誤っていることが容易に理解できる。エリクソンの発達段階で，最頻出の乳児期の発達課題を理解していれば，選択肢**4**を選ぶことができる。

1 × 感覚運動期に対象の永続性は獲得される。
感覚運動期の課題である**対象の永続性**は，生後10か月頃から成立することが知られている。

2 × 前操作期に保存の課題は困難である。
前操作期の課題は**自己中心性**であり，この段階では視覚的印象に大きく左右されるため，**保存の概念**は成立しない。

3 × 具体的操作期は，脱自己中心化。
自己中心性は，**前操作期**の課題である。**具体的操作期**の課題は，**保存の概念の獲得**と**脱自己中心化**である。

4 ◎ エリクソンの乳幼児の課題は「基本的信頼と基本的不信」。
妥当である。**エリクソン（Erikson, E.H.）**の発達段階では，乳児期の発達課題は「**基本的信頼と基本的不信**」である。この発想は，**ピアジェ（Piaget, J.）**の**感覚運動期**の課題「**対象の永続性**」などとも通じる部分があるので，整理をしてほしい。

5 × 早期完了は，危機を経験せず。
マーシャ（Marsha, L.）による4分類では，「**早期完了**」は，危機も，傾倒する対象も存在しない状態になる。危機を経験し，傾倒する対象が存在しない場合は「同一性拡散」となる。

正答 4

FOCUS

ピアジェ，エリクソンに関する出題は，依然として頻出であり，取りこぼしのないようにしてほしい。また，遺伝と環境といった発達の基本を扱った諸理論（輻輳説，環境閾値説など），発達研究法（縦断的，横断的方法）についても，整理をする必要がある。

POINT

重要ポイント 1 ピアジェの認知発達

ピアジェ（Piaget, J.）は，人の認知過程の発達を生物学的な基盤から検討を行った。彼の研究の特徴は，子どもは系統的な間違いを行うこと，そして，子どもは独自の子どもなりの認知世界を持つ点である。

シェマ：主体はさまざまな経験を通し，シェマと呼ばれる認知構造を発達させていくと仮定する。新しく環境を理解するためにすでに獲得したシェマを当てはめる過程を**同化**，**調節**とは環境へ適応するためにシェマを調節することをさす。

●ピアジェの発達段階

①**感覚運動期**：０～２歳　見る・聞く・触るといった感覚と運動によって外界との相互交渉を行い，シェマを獲得していく。
獲得される思考：**対象の永続性**。

②**前操作期**：２～７歳　前段階の思考錯誤の中でシェマが形成され，自分の目の前にない物でもイメージとして浮かべることができるようになる。その結果，物を見立てる象徴遊び（ごっこ遊び）が現れる。また，自分の思考の区分が十分ではなく，主観的・直感的な思考による「見かけ」の判断が現れる。
獲得される思考：**自己中心性**，象徴機能，知的判断。

＊前操作期と具体的操作期の特徴は，**保存の実験**，**三つ山問題**などに認められる。

③**具体的操作期**：７歳～11歳　具体的な事柄であれば，操作によって思考することができる。
獲得される思考：**可逆性（保存の概念）**の獲得，**脱自己中心化**。

④**形式的操作期**：11～13，14歳　具体性を離れ，抽象的な事柄に関する思考の操作ができるようになり，仮説からの系統的な推論が可能となる。
獲得される思考：**仮説演繹的思考**。

重要ポイント 2 エリクソンの発達課題

エリクソン（Erikson, E.H）は，社会環境下での自我の発達過程について理論化を試みた。次ページの表のように，人生を８つの段階に区分し，おのおのの段階で迎える危機（発達課題）を健康に乗り越え，適切な方向に発達することが健全な発達にとって重要となると主張した。特に重要な点は，発達課題の乗り越え方であり，葛藤を経験した上で，乗り越えることによって徳が獲得されると主張している。

従来は乳児期と青年期の発達課題に出題が集中していたが，近年では全発達段階について問われており，**８段階**すべてを押さえてほしい。

発達段階	発達課題	徳
乳児期	基本的信頼　対　基本的不信	希望
幼児前期	自律　対　恥と疑惑	意志力
幼児後期	積極性　対　罪悪感	目標
児童期	生産性（勤勉性）　対　劣等感	適格性
青年期	自我アイデンティティ確立　対 自我アイデンティティの拡散	誠実
初期成人期	親密さと結束　対　孤立	愛
成人後期	生殖性　対　没我	世話
老年期（成熟期）	統合性　対　絶望	知恵

重要ポイント 3　発達の最近接領域

ヴィゴツキー（Vygotsky, L.S.）は，人の発達過程に関し，社会や文化といった視点を導入し，発達の最近接領域といった概念を提唱した。子どもの知的発達の水準を２つに分け，子どもが現時点で達成できる水準と，大人など他者の援助があれば達成できる水準といった２つの水準を仮定した。そして，２つの水準の間を発達の最近接領域と呼んだ。教育や援助は発達の最近接領域に適したものである必要があり，また，教育・援助には社会的な価値が反映されると主張した。

重要ポイント 4　発達の基礎過程

インプリンティング：ローレンツ（Lorenz, K.）は，鳥類の孵化後の特徴から，刻印づけ（インプリンティング）と呼ばれる概念を提唱した。カモやガンなどの一部の鳥類では，生後間もない時期に見た動く対象を追跡する行動が観察され，そして，その行動は生涯に渡り持続されるといった傾向を持つ。

実戦問題❶ 基本レベル

＊
No.1 次は，発達研究に関する記述であるが，A，B，Cに当てはまる語句として最も妥当なのはどれか。 【国家一般職・平成25年度】

M.D.S.エインズワースは，幼児の親に対する愛着行動を客観的に評価するために，ストレンジ・シチュエーション法を開発した。これは，幼児が母親と一緒にいた後，見知らぬ人が入ってくる，母親が出て行く，また母親が戻ってくるといった一連の場面から構成されるものである。これらの場面での幼児の行動から，エインズワースは愛着のタイプを3つに分類した。たとえば，母親と離れるのを嫌がり，母親がいなくなると悲嘆を示すが，母親が戻ってくると喜び，簡単になだめられるタイプがある一方，母親が離れても平気であり，再会しても喜びを示さないタイプもある。後者は［　A　］といわれる。

J.ピアジェは，乳児から大人に至る認知機能の発達について，さまざまな研究を行い，認知発達の過程を総合的に捉える発達段階説を提唱した。感覚運動期に続く，およそ幼児期に対応する時期は，前操作期と呼ばれる。彼は［　B　］を用いて，前操作期の子どもは，自分自身の現在の視点，見方にとらわれる傾向が強く，自分とは異なった他者の視点を取ることが困難であるとし，自己中心性をこの時期の特徴とした。

3，4，5歳児がどのように異なっているかを調べるためには，ある一時点で，3歳児，4歳児，5歳児の集団を互いに比較する方法と，同一の集団を3歳時点，4歳時点，5歳時点と，1年ごとに継続的に調査する方法とがある。前者の方法は，［　C　］といわれるが，ある特定の年齢集団は，それぞれの時代環境の影響を受けており，この方法による年齢集団の違いには，発達による変化だけではなく時代環境の違いによる影響が含まれていることになる。

	A	B	C
1	回避型	誤信念課題	横断的研究法
2	回避型	誤信念課題	縦断的研究法
3	回避型	三つ山問題	横断的研究法
4	安定型	誤信念課題	横断的研究法
5	安定型	三つ山問題	縦断的研究法

No.2 人間の発達，または発達研究に関する記述として最も妥当なのはどれか。

【法務省専門職員・平成25年度】

1 発達心理学においては，古くから，遺伝と環境（あるいは成熟と学習）のいずれが発達の規定因かをめぐる論争がなされており，いずれか一方が発達の規定因であるとするのが生得説，環境説といった単一要因論である。成育初期に与えられたある種の経験が，後年の生理的・心理的諸側面の発達に，かなり不可逆的な影響を及ぼすことがあるという初期経験や臨界期についての知見は，遺伝が発達の規定因であるという生得説の根拠とされた。

2 遺伝と環境のいずれかが発達の規定因であるとする単一要因論に代わって唱えられるようになった説に，遺伝と環境による影響を折衷し，加算的に考え，遺伝も環境も規定因であるとする相互作用説がある。さらに，経験の影響は個体の成熟の状態によって規定され，成熟による個体の変化も経験によって支持され，促進されなければならないとする，よりダイナミックな発達モデルが輻輳説である。

3 ある特性の類似性と遺伝子共有率との関係を見ることで，その特性の遺伝規定性を推定する方法として双生児法がある。一般的には，一卵性双生児の類似性と二卵性双生児の類似性を比較すれば，遺伝と環境の影響の程度が明らかになると考えられ，遺伝性係数（遺伝性係数$=\frac{r_1-r_2}{1-r_2}$：r_1は一卵性双生児間の相関係数，r_2は二卵性双生児間の相関係数）が考案されている。遺伝性係数が１に近づくほど相対的に環境の影響が強く，０に近づくほど遺伝の影響が強いと考えられる。

4 発達研究において，ある一時点で，複数の異なる年齢集団について，ある特性や機能を計測し，相互比較するのが横断的方法である。この方法には，比較的短時間で研究を完成しうるという利点がある。その一方で，横断面ごとに標本が異なるにもかかわらず，その差をあたかも同一個体群の表す継時的な変化であるかのように扱うという飛躍が生じやすいこと，年齢差にコーホート差（年代差）が交絡しているために年齢的変化を純粋に検出できないこと，などの欠点もある。

5 発達研究において，同一の個人または集団が時間の経過とともにどのような発達的変化を遂げていくかを追跡するのが縦断的方法である。この方法には，研究期間が長くなり，研究を完成させるのに時間がかかる，追跡期間中に対象者の脱落が起こる，などの欠点があるが，そこで示された発達的変化にはコーホート（年代）の影響が交絡していないため，コーホートの影響を検討せずに結果を一般化できるという利点がある。

No.3 ＊ **ピアジェ（Piaget, J.）による子どもの認知発達に関する記述A～Dのうち，妥当なもののみを挙げているのはどれか。** 【法務省専門職員・平成24年度】

A：感覚運動期においては，いわゆる対象の永続性の概念の獲得が認められるようになる。たとえば，ある対象物を目の前でハンカチなどによって完全に覆い隠した場合，この期に入ったばかりの子どもではその対象物への関心を失ってしまうが，この期の終盤にいる子どもでは，隠された対象物に対する探索行動（対象物を隠したハンカチを取り除こうとするなど）が示されるようになる。

B：前操作期においては，思考は知覚の影響を強く受けており，論理的には十分に体制化されていない。たとえば，背が低く底面積の大きいコップに入った水を，背が高く底面積の小さいコップに移し替えた場合，大人では液面の高さの変化にかかわらず水の量は一定と理解するが，この期の子どもでは水の量に変化が生じたと捉えているかのような行動が観察される。

C：具体的操作期においては，前操作期までに生じたさまざまな思考活動に加えて，可逆性や相補性の概念の獲得が加わる。たとえば，天秤ばかりの釣り合いをとる課題において，この期の子どもは，計量的な比例概念を用いた問題解決を行うなど，論理的操作，仮説演繹的思考を行えるようになる。

D：形式的操作期においては，具体的操作期において獲得された概念がより一般化された体系に統合される。一方で，この期の子どもは，いわゆる三つの山問題（three mountains task）においては，自身とは異なる場所にいる他者からの「見え」を理解できないなど，知覚的視点取得の点で，自己中心性からの離脱が認められないなどの混乱がある。

1 A，B
2 A，C
3 A，D
4 B，C
5 B，D

実戦問題 1 の解説

No.1 の解説　発達の研究法　→問題はP.284　正答3

3つの段落それぞれに，発達の研究法が紹介され，おのおのに空欄が設けられている。そのため，各段落に登場する研究法をよく理解しておく必要がある。

第1段落は，愛着の検査法である**ストレンジ・シチュエーション法**に関する記述である。ストレンジ・シチュエーション法の結果から，愛着は**安定型**，**回避型**，**葛藤型**の3つのタイプに分類される。空欄Aで問われる，親がいてもいなくても愛着行動を示さないタイプは**回避型**である。

第2段落は，ピアジェの用いた認知発達課題についての紹介である。そのため，空欄Bに該当するのは**三つ山問題**である。**三つ山問題**は，空間認知能力における視点の位置の影響を検討する課題である。誤りの選択肢となる**誤信念課題**は，**心の理論**を検討するために用いられる課題である。**誤信念課題**を用いたこれまでの研究によって，ピアジェの主張よりも早い4，5歳児では，他者視点を用いることが可能であることが示唆されている。

第3段落は，発達の代表的な研究法である**縦断的研究法**と**横断的研究法**に関する記述である。**横断的研究法**は，ある一時点において複数の年齢集団を検討する方法であり，**縦断的研究法**は，単一の集団について，経時的に追跡し検討を行う方法である。そのため，空欄Cは，**横断的研究法**になる。

以上から，**3**が正答となる。

No.2 の解説　遺伝と経験，そして発達研究法　→問題はP.285　正答4

1 × 生後間もない頃の経験がその後の発達に大きく影響するといった事実は，発達における初期経験や環境の大切さといった主張に結びついており，遺伝が発達の規定因であるという主張とは関連がない。**臨界期**は，特定の時期を過ぎると学習が困難になる時期であり，**ローレンツ（Lorenz, K.）**の鳥類の研究が著名である。

2 × **相互作用説**と**輻輳説**の記述が逆になっている。遺伝・環境問題を巡っては，遺伝と環境のいずれかが発達の規定因であるとする**単一要因論**を始まりとし，遺伝と環境の両要因が加算的に発達の規定因となるという**輻輳説**，両要因が相互作用のもとに発達の規定因になるとする**相互作用説**という変遷をたどっている。

3 × **遺伝性係数**が1に近づくほど遺伝の影響が強く，0に近づくほど環境の影響が強いといえる。異なる環境で生育された一卵性双生児間の類似性は遺伝の影響を直接表すため，r_1（一卵性双生児間の相関係数）が大きくなるほど，遺伝性係数の値が1に近づく。そのため，遺伝性係数が1に近づくほど遺伝の影響が強いことがわかる。

4 ◎ 妥当である。**横断的方法**は，複数の異なる年齢集団の特徴を明らかにすることで，各年齢間の発達的変化やその背後にある発達の仕組みを明らかにすることを目的とする。短時間で多くの資料を得ることができる反面，個人差や**コーホート差**が交絡しているため，純粋な年齢的変化を検出できないなどの問題がある。

5 × **横断的方法**と同様に，**縦断的方法**にも**コーホート**の影響が交絡している可能性があるため，その影響を検討した上で結果を一般化する必要がある。縦断的方法は，同一の個人または集団を追跡するため，個人差の影響を考慮できるという大きな利点がある。その反面，研究期間の長期化，大きな集団の追跡が困難といった問題がある。

No.3 の解説　ピアジェの発達段階

→問題はP.286　正答 1

A ○ 感覚運動期の課題は対象の永続性。

ピアジェ（Piaget, J.）は生後2年間を**感覚運動期**とし，反射行動の段階から表象能力の出現までの期間をさらに6段階に分けた。第4段階（生後8〜12か月）から**対象の永続性**の獲得が見られ，第6段階（生後18〜24か月）では，ふり遊びなどの表象を介して別の事象を表現する**表象**活動の出現がみられるとした。

B ○ 前操作期は保存ができない。

前操作期は2〜7歳頃までとされている。液量の**保存課題**を解決することができず，この段階では**可逆性**の獲得は見られない。**前操作期**の子どもは**表象能力**の獲得により内的思考が可能になるが，論理性に欠け，見かけや情動に左右されやすい**直感的思考**や**自己中心性**を持つ。自己中心性を検討する方法として，**三つ山問題**が有名である。

C × 具体的操作期は仮説演繹的操作ができない。

可逆性，**相補性**の概念の獲得は**具体的操作期**において見られるが，**論理的操作**や**仮説的演繹思考**が可能となるのは**形式的操作期**からである。**具体的操作期**は7〜11歳頃までとされている。また液量の**保存課題**が解決可能であることから，思考における**可逆性**，**相補性**の能力の獲得が認められる。

D × 形式的操作期は抽象的思考が可能。

形式的操作期の子どもは，**三つ山問題**を解決することができ，**自己中心性**からの脱却が認められる。形式的操作期は11歳以降とされており，「愛とは何か」といった**抽象的思考**や，言語や記号を使った**論理的思考**が可能となる。その後は**演繹的推理**，**帰納的推理**が可能となり，数学や物理学などの抽象的思考が求められる学問にも取り組めるようになる。

したがって，妥当なものはAとBであるから，正答は**1**である。

実戦問題❷　応用レベル

No.4（＊＊） **次は，発達と教育の関連について述べた記述であるが，ア～エに当てはまるものの組合せとして最も妥当なのはどれか。** 【法務省専門職員・平成24年度】

ゲゼルとトンプソン（Gesell, A., & Thompson, H., 1929）は，２人の一卵性双生児（ＴとＣ）に対して，時期を変えて階段登りの訓練を実施した。Ｔに早期から訓練（生後46週目から６週間）を行ったところ，何もしなかったＣに比べて階段登りが上達した。しかしその後，Ｃにも訓練（生後53週目から２週間）を行ったところ，Ｔよりも短期間の訓練でＴの水準を超えるまでに達した。ゲゼルのこの研究は，［ア］を考慮して教育活動を行うべきであるという［ア］重視の教育観として支持され，育児や教育の分野に影響を与えた。

これに対してヴィゴツキー（Vygotsky, L.S.）は，［イ］説を提唱した。［イ］とは，自力で問題解決できる現時点での発達水準と，他者からの援助や協同によって達成が可能になる水準の間の範囲のことをさす。この［イ］に働きかけることによって，他者の援助がなくても問題解決ができる水準が広がり，さらに［イ］が拡張すると考えられている。

両者の教育観を，教育と発達の関係で捉えると，ゲゼルの［ア］重視の教育観は，［ウ］よりも［エ］のほうを重視するものであり，ヴィゴツキーの［イ］説はむしろ，［ウ］のほうを重視しているといえる。

	ア	イ	ウ	エ
1	コンピテンス	移行領域	教　育	発　達
2	コンピテンス	移行領域	発　達	教　育
3	コンピテンス	発達の最近接領域	教　育	発　達
4	レディネス	発達の最近接領域	教　育	発　達
5	レディネス	発達の最近接領域	発　達	教　育

***
No.5 エリクソン（Erikson, E.H.）は８つの発達段階からなるライフサイクル論を提唱した。そのうちの５つの段階について説明したＡ～Ｅの記述を，発達段階の順番に並べたものとして最も妥当なのはどれか。

【国家総合職・平成23年度】

A：勤勉に努力することによって，能力の習得や周囲の承認が自分にもたらされることを学習し，自分なりにやっていけるという有能感を身につけていく時期であるが，この年代の発達課題の解決に失敗すると，自分が社会に対してなんら貢献しえないのではないかという劣等感を抱き，困難な問題にぶつかったとき，それを解決しようと努力せずに，自分を不適当なものとしてとらえてしまう。

B：自分自身のことだけでなく，次世代の育成に対して積極的に関与するようになる時期であるが，この年代の発達課題の解決に失敗すると，自分自身のことにしか関心がなく対人関係が貧困化したり，停滞感や人格的貧困に陥ったりすることになる。

C：環境に対して，旺盛な好奇心で積極的に探索し，他への働き掛けが活発になる時期であるが，この年代の発達課題の解決に失敗すると，自分が計画した目標や実行した行為に関して「失敗した」という感覚を持ち，何かに興味を持つことに罪悪感を抱くようになるため，環境に対してどのように対処していけばよいのかに関して，両親やその他の権威者に全面的に頼り切ってしまうようになる。

D：他者と精神的に支え合い，優しさに満ちた親密な対人関係を経験できる力を確立する時期であるが，この年代の発達課題の解決に失敗すると，自発性や温かさを持たない規格化された形式的な人間関係の中で生きるようになり，孤立を経験する。

E：外からの要求と自分の中からの要求とのバランスを取りながら，自分をコントロールする力を獲得する時期であるが，この年代の発達課題の解決に失敗すると，自分の遂行能力に自信を失って恥と自己疑惑感を抱き，失敗を回避するためにあらゆる種類の新しい活動から身をひいてしまう。

1 A→C→E→B→D
2 C→A→E→B→D
3 C→E→A→D→B
4 E→A→C→D→B
5 E→C→A→D→B

心理学 第4章 発達

実戦問題2の解説

No.4 の解説　発達と教育の関係

→問題はP.290　正答4

問題文第1段落は，**ゲゼルとトンプソン（Gesell,A.,& Thompson,H.）**による**双生児統制法**を用いた実験に関する記述である。一卵性双生児の一方（T）にのみ階段登りを練習させ，Tの階段登りがある程度上達した段階で，もう一方（C）に階段登りを練習させた。すると，CはTよりも短期間で，Tと同程度まで階段登りが上達した。この結果から，**ゲゼル**は，学習が効果的に獲得されるためには，**レディネス（ある特定の学習に対する身体的準備が整っている状態）**が不可欠であるとする，**成熟優位説**を唱えた。ゆえに，**ア**には「**レディネス**」が該当する。

コンピテンスとは，**環境に対する適応能力をさす概念**であり，①個人が持つ潜在能力の側面，②環境に自ら働きかけることで，おのれの有能さを発揮しようとする動機づけの側面，といった2つの側面を統合した概念である。

第2段落は，**ヴィゴツキー（Vygotsky, L.S.）**によって唱えられた**発達の最近接領域**に関する記述である。発達の最近接領域とは，自力で問題解決が可能な発達水準と，他者からの援助，共同により達成可能となる水準との間の領域を意味する。ヴィゴツキーは，教育はこの領域に働きかけることにより最大限の効果を発揮するとした。ゆえに，**イ**には「発達の最近接領域」が当てはまる。

移行領域とは，**ウィニコット（Winnicott, W.D.）**により提唱された概念であり，子どもの成長過程において，主観的な内面世界から現実世界へと生活の場を移行させる際の狭間の領域をさす。母親への絶対的な依存状態から，相対的な依存状態へと移行する時期に出現し，中間領域とも呼ばれている。

第3段落は，**ゲゼル**と**ヴィゴツキー**の教育観に関する記述である。学習が効果的に獲得されるためには，発達に伴い獲得されるレディネスが不可欠であると主張したゲゼルが，発達を重視した教育観を持つと考えるのは自然な流れであろう。同様に，発達の最近接領域への働きかけによって教育の効果が発揮されると主張したヴィゴツキーが，教育を重視した教育観を持つと考えるのも自然な流れである。ゆえに，**ウ**には「教育」が，**エ**には「発達」が当てはまる。

したがって，**4**が正答である。

No.5 の解説　エリクソンの発達段階

→問題はP.291　**正答5**

エリクソンの８つの発達段階のうち，５つの段階が記述され，その順序が問われている。最頻出の時期である，乳幼児期，青年期が外されている点に注意をする必要がある。

Ａ～Ｅに該当する発達段階と発達課題は以下のとおり。

A	**児童期**	**生産性** 対 **劣等感**
B	**成人後期**	**生殖性** 対 **没我**
C	**幼児後期**	**積極性** 対 **罪悪感**
D	**初期成人期**	**親密さと結束** 対 **孤立**
E	**幼児前期**	**自律** 対 **恥と疑惑**

したがって，発達順序はＥ→Ｃ→Ａ→Ｄ→Ｂであり，**5**が正答である。

乳幼児期・愛着・遊び

必修問題

次は，愛着に関する記述であるが，ア，イ，ウに当てはまるものの組合せとして最も妥当なのはどれか。 【法務省専門職員・平成25年度】

児童精神医学者［ア］は，特定の対象に対する特別な情緒的結びつきを**愛着（attachment）**と名づけた。愛着は，①無差別的な社会的応答の段階，②差別的な社会性の段階，③明確で持続性を持った愛着の段階，④目標修正的なパートナーシップの段階，の4段階を経て発達し，その間に他の対象へも広がっていく。

［ア］の愛着理論に基づき，［イ］らが乳児期の母子間の情緒的結びつきの質を観察し，測定するために開発した実験法が**ストレンジ・シチュエーション法**である。人見知りの激しい満1歳時の乳児が母親と実験室に入室し，見知らぬ人物（実験者）に会い，母親は実験者に乳児を託して退室し，しばらくしてまた戻ってくるというもので，全体で8つのエピソード場面からなる。このうち分離と再会の場面における乳児の反応を3つのタイプに分類し，それぞれ，**A群**，**B群**，**C群**と呼んだ。A群の乳児は，母親との分離場面で泣かず，再会時には母親を避けるなどの行動を示し，A群の乳児の母親は，子に対して拒否的，支配的に振る舞うことが多いとされている。また，B群の乳児は母親との分離場面で泣き，再会時には母親に身体接触を求め，安心すると活動を再開するといった母親への信頼感を内包する行動を示すとされている。C群の乳児は，母親との分離時に泣き，再会時には［ウ］，怒りの感情を示し，C群の乳児の母親は，子に対して一貫しない養育態度であることが多いとされている。

	ア	イ	ウ
1	ボウルビィ (Bowlby, J.)	ウィニコット (Winnicott, D.W.)	身体接触を求める一方
2	ボウルビィ (Bowlby, J.)	エインズワース (Ainsworth, M.D.S.)	身体接触を拒否すると同時に
3	ボウルビィ (Bowlby, J.)	エインズワース (Ainsworth, M.D.S.)	身体接触を求める一方
4	ピアジェ (Piaget, J.)	ウィニコット (Winnicott, D.W.)	身体接触を拒否すると同時に
5	ピアジェ (Piaget, J.)	エインズワース (Ainsworth, M.D.S.)	身体接触を求める一方

難易度 ＊

必修問題の解説

問題文1行目に登場する「愛着（attachment）」から，提唱者ボウルビィ，そして測定法のストレンジ・シチュエーション法が想起される。乳幼児期の最重要テーマである愛着に関する基本的な問題である。本問から，愛着理論に関する基本的な知見を学習することができる。

ア：**ボウルビィ**が入る。

イ：**ストレンジ・シチュエーション法**の開発者である**エインズワース（Ainsworth, M.D.S.）**が入る。ストレンジ・シチュエーション法の具体例と，結果の解釈について詳細に述べられているので，よく理解してほしい。

ウ：**C群**の子どもの示す再会場面での行動傾向である。**C群**は**アンビバレントな行動傾向**を示すことから，「身体接触を求める一方」，怒りを表出するといったことが見られる。

したがって，正答は**3**である。

正答 3

FOCUS

愛着理論に関する出題は，心理学全般を含めて最頻出である。ストレンジ・シチュエーション法とその結果についての出題では取りこぼしのないようにしてほしい。また，乳幼児期の研究では，ファンツの実験（選好注視法），視覚的断崖といった研究方法，共同注意，心の理論についての出題も多くなされている。

POINT

重要ポイント 1 愛着理論

愛着理論は，**ボウルビィ（Bowlby, J.）**によって提唱された，養育者と子どもとの間の関係を中心とする理論である。養育者と乳幼児との密接で継続的な結びつきを愛着と呼ぶ。多くの子どもは生後4，5か月になると，母親が部屋から出て行こうとすると泣き叫び，他の人があやしても泣きやまないといった愛着行動を示すようになる。

愛着理論の生まれた背景には，①ボウルビィが参加したWHOの依頼による施設や病院などで養育された子どもを対象にした調査（**母性剥奪〈マターナル・ディプリベーション〉**で知られる）や，②**ハーロウ**の**代理母実験**や，③**エリクソン**の**基本的信頼**といった乳児の発達課題の指摘などが影響を与えていると考えられる。また，どのように愛着が形成されるかといった愛着の個人差が，人格形成に影響を与える重要な要素であると主張されている。

ハーロウ（Harlow, H.F.）の代理母実験：生後間もない子ザルを被験体として，哺乳ビンが付いた針金でできたサルの模型と，布製のサルの模型を用い実験を行った。代理母実験として知られるこの実験では，布製のサルへ子ザルは接近し，柔らかくて温かい感触のものに接触しようとする生得的な傾向が示された。

ストレンジ・シチュエーション法（SSP）：愛着の発達を実験的に測定する方法として，**エインズワース（Ainsworth, M.D.S.）**によって開発された。実験室などで，20分ほどの間に親子が2回の分離と再会を繰り返す。愛着対象と別れることによって見られる乳幼児の不安を**分離不安**と呼ぶ。分離不安は，7，8か月頃から始まり，1歳半から2歳頃には低下し，愛着は内在化する。以下に，ストレンジ・シチュエーション法の結果に基づく，愛着の分類を示す。

①**A群（回避型）**：母親が実験室を出ても後追いや泣きが見られず，再開場面でも母親に近づかない。

②**B群（安定型）**：母親が退室すると泣いたり，抵抗し，再開場面では歓迎を示す。

③**C群（アンビバレント型）**：分離場面では激しく泣き，混乱を示す。再会後，身体的接触を求めるが，回復が遅く母親へ怒りの感情を示す。

④**D群（無秩序・無方向型）**：A～Cに当てはまらず，愛着行動に一貫性が見られない。

アダルトアタッチメントインタビュー（AAI）：成人愛着面接のこと。成人を対象に，幼児期の養育者について，また養育者との関係について問う半構造化された面接。語りの内容，語りの整合性，想起の拒絶性などから，成人のアタッチメントを4タイプに分ける。

重要ポイント2 言語獲得と発達

以下に，1語発話までの前言語期の発達を示す。

月齢	言語の獲得過程		
1か月	叫喚発声	：	泣き叫びの発声
2か月	クーイング	：	「あー」「うー」「くー」
3か月～7，8か月	喃語	：	「アブアブ」
8，9か月頃	原言語	：	「誰かに」，「何かを」さし示したり，伝えるような発声がみられる。自分－モノ－相手という三項の結びつきを示す。

重要ポイント3 遊び

パーテン（Parten, M.B.）は，社会的関係性の発達を遊びから検討し，以下の6つに分類した。

① **何も専念していない行動**：自分の身体にかかわる遊びだけをしている。
② **傍観**：他児の遊びを見ていて，時には声をかけたりする。
③ **一人遊び**：他児とは関わらず，自分の活動に専念。
④ **平行遊び**：他児のそばで類似した遊びを行う。基本的には他児には無関心。
⑤ **連合遊び**：子ども同士が1つの遊びをし，相互交流がある。
⑥ **協同遊び**：共通の目標があり，リーダーが存在し，役割分担が行われる。

⑤，⑥への移行は，4，5歳頃から行われる。

遊びには認知発達が反映されていると考えられる。たとえば，積み木を「ブーブー」と言いながら押すといった見立て遊び（象徴遊び）は，シンボル（表象）の使用が示されている。また，ままごとなどのごっこ遊びは，2，3歳頃から見られ，シンボルの使用とともに，役割（対人関係）の理解が反映されている。さまざまな遊びにより，子どもの社会化が検討されてきた。

実戦問題

No.1 ＊＊ **乳児の能力に関する記述Ａ～Ｄのうち，妥当なもののみをすべて挙げているのはどれか。** 【法務省専門職員・令和３年度】

Ａ：乳児の感覚能力を測定するために開発された方法には，選好注視法や神経画像法などが挙げられる。それらを用いた研究によって，乳児にも高度な知覚機能が備わり，さまざまな感覚能力を有することが明らかにされてきた。J.S.ブルーナーは，選好注視法を用いた実験において，乳児の視覚について調べ，生後6か月頃の乳児が奥行きを知覚できることを示した。

Ｂ：新生児の視力は選好注視法によって測定可能であることが知られている。また，R.L.ファンツは，新生児であっても人の顔に好んで視線を向けることを明らかにした。さらに，A.N.メルツォフとR.W.ボートンは，おしゃぶりを用いた実験において，新生児は，触覚，視覚それぞれからおしゃぶりの形の違いを区別できるだけでなく，触覚と視覚により得られた形の表象を関連付けられることを示した。

Ｃ：新生児には，さまざまな感覚を手掛かりにして母親を選好する力が備わっているとされ，これを新生児模倣と呼ぶ。たとえば，嗅覚においては，母親の匂いの付いた布とそうでない布を提示すると，母親の匂いの付いた方に反応することが確認されている。これは，母親とのアタッチメントが形成された結果であると考えられている。

Ｄ：自己意識の発達について，M.ルイスとJ.ブルックス=ガンは，乳児はいつ頃から鏡映像の自己認知が可能になるかを調べた。彼らは，気付かれないように乳児の鼻に口紅を付け，鏡の前に連れて行った。その結果，１歳半頃になると鏡に映った自分を見て，鏡の像ではなく，口紅が付いている自身の鼻を触る子どもが増え，２歳を過ぎる頃には多くの子供が鏡映像の自己認知をできるようになることが示された。

1　Ａ
2　Ｂ
3　Ａ，Ｃ
4　Ｂ，Ｄ
5　Ｃ，Ｄ

No.2 ＊ **子どもの定型的な発達に関する次の記述のうち，妥当なのはどれか。**

【国家一般職・令和元年度】

1 乳児が，生後3か月頃から親しい人と見知らぬ人とを区別し，見知らぬ人を避けようとすることを人見知りという。生後6か月頃に人見知りが消失した後に，社会的な関わりの対象が拡大し，家族等の見慣れた者に限らず，相手がほほ笑めば自分もほほ笑み返す社会的微笑が見られるようになる。

2 目の前にある物体がハンカチで覆われても，その物体は依然として存在し続けており，このとき，我々は自分の視野から消えた物体を消えてなくなったとは考えない。ピアジェ（Piaget, J.）は，このような対象の永続性の概念は，生まれながらに備わっているものではなく，感覚－運動期に獲得されると考えた。

3 他者にも心的状態があると想定し，それに基づいて他者の行動を予測したり，他者の行動の背後にある心的過程を説明したりするために必要な能力を「心の理論」という。バロン－コーエン（Baron-Cohen, S.）らは，「心の理論」の検査法の一つとされる誤信念課題を用い，定型発達児や自閉症児に比べて，ダウン症児は誤信念課題の通過率が低いことを示した。

4 人が特定の対象に対して抱く親密で情緒的な絆をアタッチメントという。アタッチメントの個人差を測定する方法の一つであるストレンジ・シチュエーション法において，養育者との分離時に泣いたり混乱を示したりせず，養育者との再会時に養育者から目をそらしたり，明らかに養育者を避けたりするような行動を一貫して示す乳児は，安定型に分類される。

5 毛布やぬいぐるみなど，乳幼児が愛着を示す特定の対象を移行対象という。ウィニコット（Winnicott, D.W.）は，移行対象が，主観的体験様式から客観的体験様式への，また，母子未分化な状態から分化した状態への「移行」を阻害するものであるとし，移行対象を持たない方が望ましいと考えた。

No.3 ＊＊ **乳幼児期のアタッチメント（愛着：attachment）に関する記述として最も妥当なのはどれか。**

【国家総合職・平成25年度】

1 乳児のアタッチメントを測定する手法として，ストレンジ・シチュエーション法（strange situation procedure）がある。これによって分類されるタイプの一つに，分離抵抗をあまり示さず，養育者を避けるような行動も見られる回避型（avoidant）がある。このタイプの子どもの養育者は，子どもの要求に対して応えるときとそうでないときが一貫しておらず，応答のタイミングもずれることが多いという特徴がある。

2 乳児期におけるアタッチメントの対象となるのは特定の養育者1人である。アタッチメントの対象である特定の養育者に対しては，抱かれると泣きやむなどのアタッチメント行動が見られる。それ以外の家族などは，言語的コミュニケーションが可能となる幼児期以降にアタッチメントの対象に加わる。

3 アタッチメント対象である養育者が，子どもにとって安全基地（secure base）として機能しているときには，子どもは養育者のもとから離れて，新奇な事物や人物，事象を探索することは少ない。また，恐れや不安の対象となる新奇な状況がなくなってもしばらくの間，安心感を得るために養育者との接触を求め続ける。

4 養育者が子どものそばを離れて姿を消すと，子どもは泣くなどして養育者と離れることに抵抗を示す。これは分離不安（separation anxiety）と呼ばれるものであり，子どもと養育者との間にアタッチメントが形成されていない時期に出現する反応である。生後7～8か月頃になり，アタッチメントが形成されると，それ以後はしばらく現れなくなるが，幼児期には再び現れるようになる。

5 ボウルビィ（Bowlby, J.）は，乳児期のアタッチメントの質が後の発達に影響を及ぼし続けることについて，内的作業モデル（internal working model）を用いて説明した。ボウルビィによれば，子どもは乳児期に経験したアタッチメントの質に応じて，アタッチメント対象のイメージを表象モデルとして内在化し，それを基に基本的な対人関係のパターンを形成するとされている。

＊＊
No.4 **次は，母親から寄せられた育児相談の事例および相談内容の解釈に関する記述であるが，A，B，Cに当てはまるものの組合せとして最も妥当なのはどれか。**

【法務省専門職員・平成26年度】

［母親からの育児相談］

「1歳2か月の女の子ですが，保育園に預けるときに泣いて後追いするのも，お迎えのときには抱きつきながら私をたたいたりするのも気になります。家でもしつこくまとわりついたり，反抗的だったりと困っています。このままでは，子どもが嫌いになってしまいそうです。」

［相談内容の解釈］

人間（動物）が特定の個体に対してもつ情愛的結び付きを［　A　］という。［　A　］が良好であれば，子どもは情緒的に安定して物事に取り組むことができることから，［　A　］は子どもの発達を支える重要な要因と考えられている。

エインズワース（Ainsworth, M. D. S.）によると，1歳児頃の［　A　］にはいくつかの類型がある。母親と別れるときに苦痛を示さない群は［　B　］で，母親が拒否的・強制的であるために再会時にも身体的接触を求めようとしないとされる。母親との分離に苦痛を示す群のうち，母親とスムーズな再会ができる群を安定型，できない群は［　C　］とされており，相談事例の場合はこの［　C　］と考えられる。

安定型では，母親が日常生活において子どもの発する信号に応答的であるため，呼べば母親がすぐに来てくれるという期待が子どもの方にできており，情緒的に安定している。これに対して［ C ］では，母親は［ B ］ほど拒否的ではないが，安定型ほど応答的でもない。子どもが母親に期待しても，母親の応答性が乏しかったり，タイミングが悪かったりして失望してしまうのでフラストレーションが蓄積する結果，相談事例のような行動が出現すると考えられる。

	A	B	C
1	インボルブメント	アンビバレント型	無秩序型
2	インボルブメント	回避型	アンビバレント型
3	アタッチメント	アンビバレント型	無秩序型
4	アタッチメント	無秩序型	回避型
5	アタッチメント	回避型	アンビバレント型

実戦問題の解説

No.1 の解説　乳児の能力

→問題はP.298　**正答4**

A ×　J.S.ブルーナーは，発見学習の重要性を説く教育の過程で有名。
妥当でない。**選好注視法**を開発したのは，**R.L.ファンツ**である。**J.S.ブルーナー**の研究は多岐にわたるが，コインの大きさの認知に関する**社会的知覚**研究，認知革命，発見学習の重要性を説いた「**教育の過程**」で知られる。

B ○　R.L.ファンツは，選好注視法を開発した。
妥当である。A.N.メルツォフとR.W.ボートンは，新生児を対象とした実験から，異なるモダリティにまたがる形状の不変性の検出は，人間の知覚・認知の基本的な特性であり，学習された相関関係を必要としないことを示した。

C ×　模倣は新生児期からみられ，生後数年をかけて模倣能力を発達させる。
妥当でない。新生児期からみられる新生児模倣とは，新生児が他者の顔の動きなどを模倣する現象のことである。**メルツォフとムーア（1977）の「舌出し」の模倣の実験が著名である。**

D ○　自己意識は，意識の対象者焦点が自分自身にあること。
妥当である。M.ルイスとJ.ブルックス=ガンは，「社会的認知と自己の獲得」において，当時まだ一般的ではなかった，自己に関する先駆的な実験的研究を行った。

したがって，妥当なものは**B**と**D**であり，正答は**4**である。

No.2 の解説　乳幼児期の発達

→問題はP.299　正答2

発達心理学に関しては，基本的な発達理論の他，愛着や心の理論など，主要なキーワードについても抑えておきたい。

1 × 社会的微笑の後に人見知り。

社会的微笑とは，乳児が生後3か月頃から誰に対してもほほ笑むようになることをいう。時期にちなみ，3か月微笑ともいう。生後6か月頃になると，親しい人と見知らぬ人を区別し，後者を避けようとする，人見知りが出てくる。

2 ◎ 対象の永続性は感覚―運動期に獲得される。

感覚ー運動期は，**ピアジェ（Piaget, J.）**が説く認知の発達段階の第一段階で，次第に**対象の永続性**について理解するようになり，目の前の対象が見えなくなっても存在し続けることがわかるようになる。

3 × 誤信念課題の通過率は自閉症児において低い。

誤信念課題とは，自分が思うことと，他者が思うことを分けて考えられるかを判断するテストである。バロン―コーエン（Baron-Cohen, S.）らの誤信念課題では，定型発達児やダウン症児に比べて，自閉症児の通過率が低いことが示された。

4 × ストレンジ・シチュエーション法はエインズワース。

安定型ではなく**回避型**である。安定型は養育者との分離時は不安を示すが，再会すると落ち着き安定する。分離時に不安を示し，再開時に身体的接触を求める一方で，攻撃型を示す葛藤型というタイプもある。**ストレンジ・シチュエーション法**は，**エインズワース（Ainsworth, M.D.S.）**が考案した。

5 × 移行対象は分離不安を軽減する。

ウィニコット（Winnicott, D.W.）は，**移行対象**は母親との**分離**に伴う**不安**を軽減する機能をもつとし，幼児の精神発達上重要な働きをすると考えた。

No.3 の解説　乳幼児期のアタッチメント

→問題はP.299　正答5

1 × 回避型の子どもの養育者の養育態度として，子どもへの拒否が想定されている。本肢にある，ムラのある養育態度はアンビバレント型の子どもの親の養育態度として想定される。

ストレンジ・シチュエーション法とは**エインズワース（Ainsworth, M.D.S.）**が考案したアタッチメントの個人差を測定するための実験的方法である。新奇な実験室での見知らぬ女性との出会い，母親との分離や再会場面が組み合わされる。エインズワースは子どものアタッチメントを，**回避型（Aタイプ）**，**安定型（Bタイプ）**，**アンビバレント型（Cタイプ）**の3タイプに分類した。さらにその後，無秩序／無方向型（Dタイプ）が見いだされている。

2 × 「養育者１人」などが誤りである。養育者との分離に抵抗する**分離不安**は１歳半頃まで強くなるが，それ以降次第に沈静化する。この時期には，接触の対象を親以外のものに切り替えることが見られる。肌触りがよく，いつでも思い通りに身体接触できるものを利用することが多い。

3 × 「探索することが少ない」などが誤り。子どもは養育者との間に安定した**アタッチメント**を形成することで，養育者を**安全基地**として利用し，不安を喚起する新奇な外界に向かって能動的な探索が可能になる。

4 × 「**アタッチメント**が形成されていない時期に出現する反応」が誤り。**分離不安**とは，**アタッチメント**を形成した養育者との分離時に子どもが示す苦痛反応である。

5 ◎ 妥当である。**ボウルビィ**は大型の鳥類で見られる**インプリンティング**に注目し，人間の乳児にも親との接近を維持し，危険から身を守るのに役立つ行動セットが生得的に存在することを主張した。それが人への注視や追視という定位行動であり，泣き，微笑，発声という信号行動である。乳幼児は生得的に人を志向しており，こうした志向的行動に対して適切に反応する養育者に**アタッチメント**を形成させるのである。

No.4 の解説　愛着行動の日常例

→問題はP.300　**正答5**

乳幼児期が示す**愛着行動**に対し，戸惑いを見せる母親に関する記述である。**安定型，回避型，アンビバレント型，無秩序型**という愛着タイプの分類に注意する必要がある。

空欄A：情緒的結び付きが記述されており，**アタッチメント**が入る。ハーシー（Hirsehi, T.）の社会的絆理論では，インボルブメントは活動を通じて社会的役割を自覚する外面的絆をさす。また，社会心理学では，インボルブメントは関与と訳されることが多く，対象への個人の関連性や関係性の深さをさす用語である。

空欄B：母親との分離場面においても，再会においても愛着行動を示さないタイプは，**回避型**である。

空欄C：母親との分離場面において苦痛を示し，再会時にも回復が遅いタイプは，**アンビバレント型**である。無秩序型は，別離場面，再会場面で一貫した傾向が認められないタイプをさす。

したがって，**5**が正答となる。

青年期以降・道徳・生涯発達

必修問題

次は，J. E. マーシャが提唱した「アイデンティティ・ステイタス（同一性地位）」に関する表であるが，A～Dに当てはまるものの組合せとして妥当なのはどれか。 【国家一般職・平成28年度】

アイデンティティ地位	危機	A	概略
アイデンティティ達成	経験した	している	幼少期からの在り方について確信がなくなり，いくつかの可能性について本気で考えた結果，自分自身の解決に達し，それに基づいて行動している。
B	その最中	しようとしている	いくつかの選択肢について迷っているところで，その不確かさを克服しようと一生懸命努力している。
早期完了	C	D	自分の目標と親の目標の間に不協和がない。どんな体験も，幼児期以来の信念を補強するだけになっている。硬さ（融通の利かなさ）が特徴的。
アイデンティティ拡散	経験していない	していない	危機前：今まで本当に何者かであった経験がないので，何者かである自分を想像することが不可能。
	経験した	していない	危機後：すべてのことが可能だし，可能なままにしておかなければならない。

	A	B	C	D
1	インボルブメント（包摂）	モラトリアム	その最中	している
2	インボルブメント（包摂）	モラトリアム	経験した	しようとしている

3	インボルブメント（包摂）	ピーターパン・シンドローム	経験していない	していない
4	コミットメント（傾倒）	モラトリアム	経験していない	している
5	コミットメント（傾倒）	ピーターパン・シンドローム	その最中	しようとしている

難易度 ＊

必修問題の解説

マーシャ（Marcia, J. E.）のアイデンティティ・ステイタスに関する記述である。アイデンティティの達成・拡散，モラトリアム，早期完了という用語を理解しておく必要がある。

アイデンティティの獲得とは，1）受動的に生きられてきた自分，2）生きていきたい自分，3）他者あるいは社会から期待される自分を統合することである。

マーシャはアイデンティティの達成状態について，**危機**を経験しているか，そして，職業やイデオロギーに**コミットメント**しているのか（傾倒），という基準から，①**アイデンティティ達成**，②**モラトリアム**，③**早期完了**（フォアクロージャー），④**アイデンティティ拡散**の4つに分類している。

A **コミットメント**：インボルブメントとは社会心理学においてよく用いられる用語であり，自我関与を意味する。

B **モラトリアム**：アイデンティティを獲得するために社会的な義務や責任を猶予されている準備期間をさす。ピーターパン・シンドロームは，子どものままでいたいといった人格傾向などをさす。

C 経験していない：**早期完了は危機を経験せずに，コミットメントを行っている状態**である。

D 記述Cの解説で説明したように，早期完了は，コミットメントを行っている状態である。

正答 4

FOCUS

アイデンティティの確立と青年期の特徴（モラトリアムなど）は，必須である。また，生涯発達の考え方が浸透してきており，老年期の機能低下（記憶や知能）についても整理をしてほしい。

POINT

重要ポイント1 アイデンティティの獲得

アイデンティティの獲得とは，①受動的に生きられてきた自分，②生きていきたい自分，③他者あるいは社会から期待される自分を統合することである。

マーシャ（Marcia, J.E.）は，アイデンティティの達成状態について，**危機**を経験しているか，そして，職業やイデオロギーに関与しているのか（傾倒），という基準から，①**アイデンティティ達成**，②**モラトリアム**，③**フォアクロージャー（早期完了）**，④**アイデンティティ拡散**の4つに分類している。

また，アイデンティティの確立という発達課題への批判として，社会文化的な影響が大きく，人一般の特徴とはいえないことや，自己同一性の男女差，また，危機を経験せずにアイデンティティ達成をする（青年期平穏説）者も多いといった問題点が指摘されている。

重要ポイント2 道徳発達

児童期以降の発達において，道徳の発達は重要なトピックである。以下に挙げたコールバーグとアイゼンバーグが代表的な研究者である。

コールバーグ（Kohlberg, L.）の道徳性の発達段階

1　習慣以前の水準
- 1：罰と服従への志向
- 2：道具主義的な相対主義

2　慣習的水準
- 3：対人的同調あるいはよい子志向
- 4：法と秩序志向

3　脱慣習的水準
- 5：社会契約的な法律志向
- 6：普遍的な倫理的原理志向

＊青年期は，コールバーグの**2**.慣習的水準から**3**.脱慣習的水準への移行期に位置づけられる。

アイゼンバーグ（Eisenberg, N.）：利他性や愛他性といった向社会的行動についての発達研究を行っている。

重要ポイント3 生涯発達

1950年代以降，発達心理学では，発生から死に至るまで一連の過程として，人をとらえるという生涯発達が，今日の発達心理学では中心的な発想になっている。先駆けとなる研究として，**エリクソン（Erikson, E.H.）**の発達理論，**ビューラー（Bühler, C.）**の個人史研究，**レヴィンソン（Levinson, D.J）**の「**人生の四季**」などが挙げられる。生涯発達の諸理論は，青年期までを重視してきた従来の発達理論と異なり，成人期以降の発達段階にスポットを当てている点，注意をしていただきたい。

レヴィンソン（Levinson, D.J.）の「人生の四季」：特徴は，4つの主要な時期「児童期・青年期」，「成人前期」，「中年期」，「老年期」とそれらの時期と交差する過渡期（**移行期**）によって人生が構成されるとする点である。また，各過渡期において，危機を迎える点である。

死の受容モデル：**キューブラー＝ロス（Kübler-Ross, E.）**の死の段階的受容モデルは，終末医療へ問題を投げかけた。

① **死の否定**「そんなはずは。何かの間違いだ」
② **怒り**「なぜ私がこうなるのだ。不当だ」
③ **取引**「神様，もし生かしてくれるのなら，あなたにすべてを捧げます」
④ **うつ状態**「自分は，あらゆるものを失っています。私の人生は，無意味なものだった」
⑤ **受容**「死は不可避である」

実戦問題

＊＊
No.1 **青年期の特徴に関する記述ア～エのうち，妥当なもののみを挙げているのはどれか。** 【国家総合職・令和５年度】

ア：R.J.ハヴィガーストは，人生のライフステージにおいて解決しておくべき心理社会的な課題を発達課題と呼んだ。彼は，青年期における発達課題として，社会的役割の獲得，体格の受容と有効な使用などがあるとした。

イ：高校生頃になると見られる仲間関係をピア・グループといい，主に同性，同年齢の者の間で生じる。同一の興味や関心における一体感を重視し，互いの類似性や共通性を言葉で確かめ合うような行為が見られるようになる点が特徴である。

ウ：E.H.エリクソンは，人が世界や物事をどのように知覚，学習，思考するのかという認知機能に着目してライフサイクル論を提唱した。彼は，ライフサイクル論において，青年期の心理社会的危機を「勤勉性対劣等感」であるとした。

エ：青年が大人の考えと自分の考えの違いに葛藤し，大人や社会に対して反抗的な態度を示す時期を第二次反抗期という。また，L.S.ホリングワースは，青年期に生じる親からの心理的自立の試みを心理的離乳と表現した。

1 ア，イ
2 ア，エ
3 イ，ウ
4 イ，エ
5 ウ，エ

＊＊
No.2 **加齢に伴う認知的変化に関する記述として最も妥当なのはどれか。**

【国家総合職・平成25年度】

1 一般に，加齢に伴って記憶の低下が自己報告されることが多い。実際，実験室実験や大規模縦断調査による検査結果などの客観的なデータにおいても，加齢による記憶成績の変化は記憶の種類を問わず緩やかな減衰曲線を示す。

2 一般に，加齢に伴って認知症の発症率は高くなり，80歳以上では20%を超える。「聞いた話の内容を忘れる」，あるいは「人の名前や固有名詞を思い出せなくなる」といった，通常の記憶の加齢変化は，認知症の前駆症状であると考えられている。

3 一般に，加齢に伴って知覚機能では，脳神経系の老化を反映して「細かい文字が読みにくくなる」，「高い音が聞こえにくくなる」などの機能低下が現れるが，認知的な加齢変化はこうした脳神経系の変化とは関係のない現象と考えられている。

4 一般に，文化・社会的な影響を受けやすい流動性知能は加齢に伴って上昇する，あるいは高レベルで保持されていくが，状況との適応的な相互作用として現れる結晶性知能は加齢に伴って低下していくことが知られている。

5 一般に，加齢に伴って，生理的・身体的な機能低下のほかに，退職や近親者との死別など，社会的関係性の変化なども発生するが，認知的な加齢変化にはそうした喪失や損失に対する補償や適応のプロセスが反映されていると考えられている。

＊＊＊
No.3 **道徳性の発達に関する記述Ａ～Ｄのうち，妥当なもののみを挙げているのはどれか。** 【法務省専門職員・平成27年度】

Ａ：ピアジェ（Piaget, J.）は，道徳性の発達を，大人からの拘束による他律的な道徳観から，仲間との協同による自律的な道徳観への変化として捉えた。つまり，一方的に大人の価値観を押し付けるだけでは他律的な道徳性しか育たず，子どもが仲間や社会に働き掛けることによって自律的な道徳性が育つと考えた。

Ｂ：コールバーグ（Kohlberg, L.）は，ピアジェの認知発達的な考え方を引き継ぎ，罰と服従への志向（罰や制裁を回避し，権威に対し服従していく）から，法と秩序志向（決められた義務を果たし，社会秩序を守る）までの６段階の道徳性の発達段階を提唱した。

Ｃ：ギリガン（Gilligan, C.）は，コールバーグの理論が西洋人中心の考え方であると批判し，道徳性の発達には文化による違いがあり，東洋人は，人間関係，気くばり，共感などを主要とする「配慮と責任」の道徳性を発達させるとし，５段階の発達段階を提唱した。

Ｄ：チュリエル（Turiel, E.）は，道徳的な判断や行動の基盤となる社会的認識には，「道徳（正義や福祉や権利といった価値概念）」，「慣習（社会システムに関する概念）」，「個人（個人の自由や意志に関する概念及び自己概念）」という３領域があり，これらの概念間の調整が道徳の発達において重要だとした。

1 Ａ，Ｂ
2 Ａ，Ｃ
3 Ａ，Ｄ
4 Ｂ，Ｃ
5 Ｂ，Ｄ

実戦問題の解説

No.1 の解説　青年期の特徴　→問題はP.310　正答2

ア○　社会的役割の受容はハヴィガースト。

妥当である。**R.J.ハヴィガースト**は人生を**6つの段階**に分けて，発達段階ごとの課題を挙げた。青年期の課題として「社会的役割の獲得。両親や他の大人からの情緒的自立。身体的変化の受容と身体の有効な使用」などが挙げられている。他著名なところでは，乳幼児期の発達課題として，「食べる，話す，排泄するなどの学習。善悪の区別，良心の学習」などがある。

イ×　ピア・グループは，異質性を認める。

妥当ではない。**ピア・グループ**は，青年期以降にみられる友人関係であり，この集団は異質性を認めることが特徴である。そのため，問題に記述にあるような同質性という特徴を有するのは，児童期から青年期にみられる**チャム・グループ**である。

ウ×　アイデンティティの確立と拡散は，エリクソン。

妥当ではない。**E.H.エリクソン**の発達段階では，青年期の課題として「**自我アイデンティティの確立対自我アイデンティティの拡散**」である。「**生産性（勤勉性）対劣等感**」は**児童期**の課題とされる。また，**認知機能の発達**に着目した発達研究者は**ピアジェ**が代表である。

エ○　心理的離乳はホリングワース。

妥当である。小学校高学年から中学生頃にかけて訪れる反抗期が「**第二次反抗期**」である。**L.S.ホリングワース**は，青年期に，両親からの依存から離脱し，自我を確立する動きを表すために**心理的離乳**という概念を提唱した。

したがって，妥当なものは**ア**と**エ**であり，正答は**2**である。

No.2 の解説　加齢に伴う認知的変化　→問題はP.310　正答5

1×　記憶の種類によっては加齢の影響が少ない。

「記憶の種類を問わず緩やかな減衰曲線を示す」が誤り。このことを示す例としてレミニセンス・バンプが挙げられる。**レミニセンス・バンプ**とは，70歳前後の高齢者に自伝的記憶（自己の人生の記憶）を想起させると，最近の出来事の想起は高く，より古い出来事になるにつれて想起率は低くなるのだが，10代から30代に経験した事柄の想起率だけが他と比べて高くなる現象である。

2×　加齢による記憶力の低下は認知症と異なる。

「通常の記憶の加齢変化は，**認知症**の前駆症状」が誤り。「通常」生じる変化ならば，疾患の「前駆症状」とはいえない。

3×　老眼は感覚器の機能低下。

「脳神経系の老化を反映して」が誤り。老眼や耳が遠くなるなどの老化現象は，眼や耳といった感覚器官の機能低下であり，脳神経系の老化を反映した現象ではない。

4 × **流動性知能は加齢の影響大。**
「**流動性知能**」と「**結晶性知能**」に関する説明が逆である。**キャッテル(Cattell, R.B.)**とその弟子ホーン（Horn, J.L.）は成人の知能の特徴を発達との関わりで理論化を行った。彼らは知能を，脳の成長とともに発達し，その成長のやむ青年期以降に低下が始まる**流動性知能**と，青年期以降も学習によって発達を続ける**結晶性知能**とに分類した。

5 ◎ **知識によって機能低下の補償は可能。**
妥当である。加齢に伴う生理的・身体的・認知的な変化は，機能の低下の側面が強調される傾向にあるが，高齢者においても獲得された知識（知恵）などによって失われた機能の補償が認められる。

No.3 の解説　道徳発達

→問題はP.311　**正答3**

A ○ 妥当である。ピアジェ（Piaget, J.）の道徳発達は，自他の区別ができない自己中心性の時期を経て，他律から**自律の段階**へという，段階説を主張した。

B × **コールバーグ（Kohlberg, L.）の道徳発達観**は，ピアジェの道徳発達観を引き継いだものである。**6段階**で構成されているが，最終段階は「社会的秩序を守る」ではなく，「**良心または普遍的・倫理的原則への志向**」である。

C × **ギリガン（Gilligan, C.）**は，コールバーグの道徳発達観が，男性社会の論理に基づいているとの批判を行ったことが著名であり，配慮と責任に特徴づけられる**ケアの倫理**という観点の重要性を主張した。ギリガンの主張は，性差に関するものであり，文化差によるものではない。

D ○ 妥当である。**チュリエル（Turiel, E.）**は，社会的に獲得される規範について，**道徳，慣習，個人の3領域**に区分している。道徳的領域は，正義や善悪の概念を土台としており，習慣的領域は社会の一員として生活していくために必要な領域，個人領域は個人の自由意志に関する領域であり，3領域の調整を学ぶことが道徳発達においての課題であると位置づけている。

したがって，妥当なものは**A**と**D**であるから，正答は**3**である。

試験別出題傾向と対策

試験名	国家総合職					国家一般職					国家専門職（法務省専門職員）				
年度	21-23	24-26	27-29	30-2	3-5	21-23	24-26	27-29	30-2	3-5	21-23	24-26	27-29	30-2	3-5
頻出度 テーマ 出題数	21	18	19	16	13	3	5	3	3	3	5	6	14	11	7
A 12 集団	9	7	7	3	5		1	2	1	1	2	2	5	4	3
A 13 社会的認知	12	11	12	13	8	3	4	1	2	2	3	4	9	7	4

社会心理学は，社会的状況にみられる人の行動や認知を扱っている領域である。そのため，国家公務員との結びつきは深い。社会心理学で扱われているトピックは幅広い。テーマ12「集団」では，社会的促進と抑制，同調と服従，協力・利他行動といったトピックが重要となる。また，ゲーム理論に関する問題が，国家総合職，法務省専門職員で出題されており，今後は，国家一般職での出題も可能性がある。テーマ13「社会的認知」には，社会的な状況下での人の認知特性を扱った理論・現象が扱われている。代表的なトピックとして，印象形成ではアッシュの実験，対人認知ではステレオタイプや暗黙の性格観，態度とコミュニケーションでは，認知的不協和理論など認知的斉合性に関する諸理論を挙げることができる。

また，社会心理学で扱われる現象は，日常場面との結びつきも深いため，すべての試験において重要なトピックとなる。他領域と同様に，研究者とその理論の特徴を整理する必要がある，一方，日常的な現象との結びつきが深いことから，事例や研究例とその解釈で構成される問題も多数みられる。理論と現象の理解を深めるために具体例を考える習慣をもってほしい。また，トピックごとに複数の研究者と理論が存在するので，研究者と彼らの行った実験を含めた研究内容，そして，理論を整理しておく必要がある。

● 国家総合職（人間科学）

平成27年度以降，毎年５題以上出題されており，必須の領域である。令和４年度には，潜在的連合テストが出題されるなど，大学院卒向けの出題が多く，難度は高い。また，これまでリーダーシップや社会的ジレンマ，そしてゲーム理論といった出題がなされており，社会心理学を専攻していた大学院卒レベルの出題が目立つ。一方，選択肢内には，テーマ12，13に挙げられた基本的な事項を含むことが多い。まずは基本的な事項をしっかりと押さえてほしい。また，その後，トピックごとに代表的な理論と実験例の整理を進めてほしい。

● 国家一般職

毎年１題以上の出題がみられており，社会心理学は一貫して重要な領域である。そのため，テーマ12，13で挙げた著名な理論と実験内容を押さえてほしい。また，

裁判所（家庭裁判所調査官補）					
	21-23	24-26	27-29	30-2	3-5
	6	4	3	3	3
テーマ12		1	2	3	1
テーマ13	6	3	1		2

令和３年にはP-O-X理論，令和４年には集団の特徴，令和５年には説得的コミュニケーションが出題されており，基礎固めをしてほしい。また，過去には実験例も出題されており，研究事例の理解も必須である。さらに，社会生活との結びつきについても，学習してほしい。

● 国家専門職（法務省専門職員）

令和５年度は１問のみの出題であったが，令和３，４年度は３問の出題がみられており，重要な領域ある。テーマ12，13ともに基本的な事項をしっかりと学習してほしい。また，研究例や英文の出題がある点も特徴であるが，基本的事項の理解が確実であれば，対応ができる問題が多い。そして，国家専門職の特色である犯罪関連の出題もほぼ毎年続いている点に注意を要する。

● 裁判所（家庭裁判所調査官補）

過去10年間，社会心理学から１問出題されており，最も重要な領域である。態度とその変容，認知的不協和理論，自己などテーマ13の出題が目立つが，テーマ12，13ともに基本的な項目をしっかりとマスターしてほしい。論述では，重要事項の説明とともに社会的な問題行動に対し，該当する理論からの説明が要求されている。対策のためにも，トピックで挙げられている重要な理論の日常例を考案する訓練をしてほしい。

集 団

必修問題

集団内の個体の行動に関する記述として最も妥当なのはどれか。

【法務省専門職員・平成28年度】

1 他の個体が近くに存在することにより課題遂行が促進される現象は，**オルポート（Allport, F. H.）**により**社会的促進**と名付けられた。この現象は，社会的動物といわれる人に特有の現象であり，社会的昆虫といわれるアリにはみられないことがわかっている。

2 人の場合には，**社会的促進**の現象は課題が単純な場合にはみられ，課題が複雑になるとむしろ課題遂行が抑制されることが知られているが，ゴキブリの場合には，課題が単純であるか複雑であるかにかかわらず，社会的促進の現象がみられる。

3 **社会的促進の機制**について，**ザイアンス（Zajonc, R. B.）**は，他の個体が近くに存在すると**覚醒水準（arousal level）**が高まり，そのため，習熟している課題では，その課題に対する正しい反応（支配的反応または**優勢反応**）の生起率が高まるという仮説を提唱した。

4 人の場合には，他者の存在により，単純な課題遂行であっても遂行量が抑制される現象も観察される。**ラタネ（Latané, B.）**らは，単純な作業を真面目にやることで他者から馬鹿にされるのではないかという**評価懸念**が高まるためだとして，これを社会的手抜きと呼んだ。

5 **コットレル（Cottrell, N. B.）**らは，他の個体が自分と同じ課題を行う場合は，注意の分散が生じることに伴う覚醒水準の高まりによって課題遂行量が上昇し，他の個体が自分の課題遂行を見ているだけの場合は，**評価懸念**により課題遂行量が低下することを見いだした。

難易度 ＊

必修問題の解説

社会的促進は，課題が単純なときに起こり，課題が困難なときは社会的抑制が起こることを理解していれば，選択肢**1**，**2**は除外できる。社会的促進と抑制の説明として用いられる代表的理論である覚醒水準理論を理解していれば，正答を導ける問題である。

1 × 社会的促進はアリでもみられる。
社会的促進は，アリやゴキブリなど，他の生物でも認められる。

2 × 人以外でも社会的抑制はみられる。
ゴキブリにおいても単純な迷路学習では社会的促進が認められ，複雑な迷路学習では抑制がみられたことをザイアンス（Zajonc, R. B.）が報告している。

3 ◎ 覚醒水準の上昇は優勢反応を促進する。
妥当である。**覚醒水準理論は，他者の存在によって覚醒水準が上昇し，優勢反応が出やすくなる**ことを骨子とする。

4 × 社会的手抜きは社会的インパクト理論で説明される。
社会的手抜きは，共同作業を行う際に，人数の増加に伴い1人当たりの課題遂行量が低下する現象をさす。**ラタネ（Latané, B.）**は，社会的手抜きを**社会的インパクト理論**によって説明した。ラタネが**評価懸念**によって説明を試みた現象は，**傍観者効果**である。

5 × コットレルの自己呈示説は評価的な他者を前提とする。
ザイアンスの覚醒水準理論では，他者が存在することにより覚醒水準が上昇することを仮定していた。**コットレル（Cottrell, N. B.）**は，**評価的な他者の存在**によって，自己呈示動機と評価懸念が高まり，そして，**覚醒水準が上昇**することによって，社会的促進と抑制が生起することを主張した。

正答 3

FOCUS

集団にみられる諸現象としては，アッシュの同調実験，ミルグラムの服従実験など，実験の具体的内容とともに，理解をしてほしい。また，他者が存在する際にみられる，社会的促進・抑制と，傍観者効果も頻出事項である。

POINT

重要ポイント 1 社会的促進と抑制

単独で課題を行う場合よりも，他者と一緒に課題を行う場合のほうが遂行成績が上昇する現象を社会的促進と呼び，成績が低下する現象を社会的抑制と呼ぶ。また，類似した概念として，社会的手抜き（他者と一緒に課題を行うとき，普段よりも遂行成績が低下する）もある。

社会的手抜きは，集団サイズが大きくなると1人当たりの努力量が減少する現象をさす。リンゲルマン（Ringelmann, M.）の綱引き実験やラタネ（Latané, B.）らの拍手実験が著名である。

ザイアンス（Zajonc, R.B.）の覚醒水準理論：覚醒水準を介することによって，社会的促進と抑制を説明することができる。他者の存在により覚醒水準の上昇が見られると，優勢反応（普段やりなれた行動）が出やすくなる。

重要ポイント 2 同調と服従

同調行動：他者の影響により態度や行動が他者に類似するように変化する現象をさす。

アッシュ（Asch, S.E.）の同調実験：線分の長さ判断課題を用いて，他者（サクラ）の反応へ一致する回答が増加することを示した著名な実験。また，サクラの全員の回答が一致している条件では被験者に同調行動がみられ，1人でも一致していない時はあまり同調が見られないという結果が報告されている。

同調の生起因：ドイッチュとジェラード（Deutsch & Gerard, 1955）は，以下の2つを挙げている。①**規範的影響**：集団の規範に基づく社会的影響。社会的承認や非難などの賞罰。②**情報的影響**：他者の行動の情報価に基づく社会的影響。

服従実験（アイヒマン実験）：ミルグラム（Milgram, S.）の行った実験では，権威者の指示への服従について実験的に検討を行った。実験は，実験者（権威者）の指示に従い，教師役の実験参加者が，どの程度まで生徒役の実験参加者に罰（電気ショック）を与えるかといった設定を用いた（実際には電気ショックは与えられず，サクラである生徒役の実験参加者は苦痛の演技を行っていた）。実験結果から，多くの教師役の実験参加者が，予想以上の電気ショックを与え，状況要因の影響力の強さが指摘された。一方，この実験は，実験参加者をだますといった側面があり，研究の倫理について議論を呼んだ。

重要ポイント 3 援助行動

傍観者効果：**ラタネ（Latané, B.）**と**ダーリー（Darley, J.M.）**の実験によれば，援助可能な他者が多数の場合には，個人が援助を控えてしまうことがある。この現象を**傍観者効果**と呼ぶ。傍観者効果は，責任の分散，多数の無知，評価懸念によって説明される。援助行動の研究は1964年に起こったキティ・ジェノヴィーズ事件が1つの契機を与えたとされる。

実戦問題

＊＊
No.1 集団内の同調行動の研究に関する記述として最も妥当なのはどれか。

【法務省専門職員・平成29年度】

1 シェリフ（Sherif, M., 1936）は，光点の自動運動現象を利用して，実験参加者に，光点が何インチ動いたと思うかを一定時間ごとに繰り返し尋ねる実験を行った。光点を一緒に見た実験参加者たちの回答は，最初は個々に異なる値であったものの，セッションを重ねるうちに一つの値に収斂（しゅうれん）していったが，時間が経過して個別に再度判断を求められると，それぞれの最初の値に戻った。

2 アッシュ（Asch, S.E., 1951）は，線分の長さの判断という課題を用いて，斉一性による同調圧力についての実験を行った。この実験では，実験参加者（1人）以外は明白な誤答をするサクラであった。そのサクラの数が3人，4人，8人，12人と増えるにつれて同調率は上昇し続けたが，サクラのうち1人でも正答を答えると，同調率は急激に下がった。

3 ドイッチュとジェラード（Deutsch, M. & Gerard, H.B.）は，社会的影響には，他者の判断や意見を判断事象についての参考資料として受け入れる情報的影響（informational social influence）と，他者や集団からの期待を考慮して同調する規範的影響（normative social influence）の二つがあるとした。

4 モスコビッチら（Moscovici, S. et al., 1969）は，「ブルー／グリーンパラダイム」と称される一連の実験を行って，少数者による社会的な影響について調べた。この実験では，行動の一貫性にかかわらず，少数者の存在そのものが周りの多数者の判断に大きな影響を及ぼすとされた。

5 チャルディーニ（Cialdini, R.B.）らは，社会的規範を命令的規範（injunctive norm）と記述的規範（descriptive norm）に分けた。例えば，お年寄りや体の不自由な人に席を譲るというのは記述的規範であるが，お年寄りや体の不自由な人がいても周りの誰もが素知らぬ顔で席に座っていれば，席を譲らないというのが命令的規範となる。

＊＊
No.2　次は，ダーリーとラタネ（J. M. Darley &B. Latané, 1968）が行った実験の概要とその結果である。この実験が示す現象の名称と，その具体的な事例の組合せとして最も妥当なのはどれか。　【国家一般職・平成25年度】

〈実験の概要と結果〉

実験参加者は，大学生活における個人的問題を話し合うディスカッションに参加するという名目で実験に参加した。各自の匿名性を守るために１人ずつ別の個室に入り，インターホンを使ってディスカッションを行うこととし，実験者はその内容を聞かないという教示を受けた。

実験の真の目的は，ディスカッションの最中に，１人の学生が発作を起こしてインターホンごしに助けを求めるという状況を設定し，実験参加者がこの緊急事態を実験者に報告するかどうか，またそれにどれぐらいの時間がかかるかを見ることであり，実際には，発作を起こす病人を含め，実験参加者以外の参加者の声はすべてテープ録音であった。インターホンは同時に１人しか話せない仕組みになっていたので，発作を起こしている人が助けを求めている間，実験参加者は他の人と話すことができず，発作を起こした人物に対する援助は，部屋を出て実験者に報告する方法しかないようになっていた。

主な実験条件は討論グループの人数であり，実験参加者は，２人条件（実験参加者と病人のみ），３人条件（実験参加者と病人と他に１人），６人条件（実験参加者と病人と他に４人）のいずれかの条件に割り当てられた。

実験の結果，約１分間の発作の間に事態を実験者に報告した者は，２人条件で85%，３人条件で62%，６人条件で31%であった。また，討論グループの大きさが小さいほど，発作が始まってからそれを実験者に知らせるまでの反応速度が速かった。

〈事例〉

ア：Ａさんは，自転車で走行中に前方から来る自動車を避けようとして壁に衝突し，大きな音を立てて自転車ごと倒れこんだ。ちょうど通勤時間帯で周囲には大勢の人がいたが，大怪我を負って動けずにいるＡさんを遠巻きにするばかりで，誰も助けようとはしなかった。

イ：Ｂさんは，サークルで災害支援のボランティア活動に参加するかどうかを話し合った。Ｂさんは本当は参加したくなかったが，他のメンバーがみんな参加に賛成するのを聞いて言い出せず，結局Ｂさんも参加に賛成する意見を述べた。

ウ：Ｃさんは，サークル活動でパズルの大会に出場することになった。同じパズルでも，自宅で１人で解いた時に比べて，サークルのメンバーたちが周りで見ている状況で解いた時のほうが，パズルの完成に時間が長くかかった。

	現　象	事例
1	社会的抑制	ア
2	社会的抑制	イ
3	社会的抑制	ウ
4	傍観者効果	ア
5	傍観者効果	イ

＊＊ No.3 社会的影響に関する記述として最も妥当なのはどれか。

【国家総合職・平成27年度】

1 シェリフ（Sherif, M.）は，実験参加者に暗室の中で静止した光点を観察させ，動いて見えた距離について推定させる実験を行った。その結果から，個々人の初期回答において優勢だった判断傾向が，集団による討議，他者意見への接触を通じて，より極端なものになることを明らかにし，この現象を集団極性化と呼んだ。

2 メーヨー（Mayo, G. E.）らは，ホーソン工場で行われた実験研究において，従業員の作業量を規定する要因を検討した。その結果，照明の明るさや休憩時間，労働日数などの要因のほか，従業員自身によって作られた非公式集団の規範よりも，会社によって作られた公式集団の規範に強く影響されることを明らかにし，論理的・経済的人間労働観に基づく科学的管理法を確立した。

3 ドイッチュとジェラード（Deutsch, M. & Gerard, H. B.）は，社会的影響について，他者から得た情報を物理的真実性についての証拠として受け入れる規範的影響と，他者からのポジティブな期待に沿うように意見や態度を同調させようとする情報的影響との二つに分けた。

4 ミルグラム（Milgram, S.）は，実験名目で他者に電気ショックを与えるように命令されたときに服従する人の特徴を調べる実験を行った。その結果，権威主義的パーソナリティ特性が弱い人は命令に従おうとしなかったのに対し，この特性が強い人は命令に従順で，生命に関わるほど強いショックを与え続けることが明らかになった。

5 モスコヴィッシ（Moscovici, S.）らは，集団場面において明るさの異なる青色のスライドを「青」か「緑」か判定するという課題を用いて実験を行った。その結果，少数の実験協力者（サクラ）が一貫して同じ判断を示し続けることにより，多数者の意見や態度を変容させうることに示した。

実戦問題の解説

No.1 の解説　同調行動

→問題はP.319　正答3

社会心理学における同調に関する設問である。身近なテーマであるために，実生活での経験と結びつけると覚えやすい。

1 ×　自動運動の実験はシェリフ。

「それぞれの最初の値に戻った」という記述が誤り。回数を重ねるごとに実験参加者の回答は1つの値に収斂していく傾向がみられるが，それぞれの最初の値に戻るという傾向はみられない。

2 ×　同調率はサクラの人数が増加しても変化しない。

アッシュ（Asch, S.E.）の有名な同調に関する実験である。サクラの数が増えるにつれて同調率が上昇するという記述が誤り。サクラが2人のときには同調は起きにくいとされるが，3人，4人以上になると同調率はほとんど変化しない。

3 ◎　同調が生じる要因は情報的影響と規範的影響。

ドイッチュ（Deutsch, M.）とジェラード（Gerard, H.B.）は同調行動が生じる要因として，情報的影響と規範的影響を挙げた。

4 ×　モスコビッチは小数派の影響。

「行動の一貫性にかかわらず」という記述が誤り。モスコビッチ（Moscovici, S.）らは少数派の行動が一貫している場合において，多数派に影響を与えることを示した。

5 ×　チャルディーニは社会的規範。

記述的規範と命令的規範に関する説明が入れ替わっている。社会的な望ましさによって「なすべき」と規定されるのが命令的規範であり，周囲の他者が実際にとる行動によって示されるのが記述的規範である。

No.2 の解説　傍観者効果

→問題はP.320　正答4

本問は，**ラタネ（Latané, B.）とダーリー（Darley, J.M.）**による，**傍観者効果**に関する有名な実験が扱われている。傍観者効果の研究は，**キティ・ジェノヴィーズ事件**が研究の契機となっており，自分以外にも人がいる状況では，率先した行動を起こさなくなるという傾向を示した。**責任の分散**，**多数の無知**，**評価懸念**という3つの要因によって生起するとされている。

実験の概要から，グループの大きさと**援助行動**の生起に関する研究であることは明らかである。また，結果からグループサイズによって，援助行動が起きにくくなることが示されている。これらから，「現象」に関する選択肢には，**傍観者効果**を導くことができる。誤りの選択肢として挙げられている**社会的抑制**は，観察者やともに課題を遂行する人間がいる場合，当該課題の成績が低下するという現象のことである。

「事例」について，**ア**は妥当である。**イ**は**同調行動**，**ウ**は**社会的抑制**の例となる。

したがって，正答は**4**である。

No.3 の解説 集団の影響

→問題はP.321 **正答5**

1 × シェリフの自動運動は同調の実験。

シェリフ（Sherif, M.）の**自動運動**に関する記述である。個人が示した初期判断で優勢であった反応に，次第に一致していくことを報告した。同調行動の実験として著名である。

2 × ホーソン工場実験では非公式集団の重要性を報告。

メーヨー（Mayo, G. E.）の**ホーソン工場**での実験では，**非公式集団（インフォーマル・グループ）**での**仲間意識や規範**が重要であることを示し，**人間関係の重要性**を主張した。

3 × 規範的影響は社会に受けいれられたという動機に基づく。

ドイッチェとジェラード（Deutsch, M. & Gerard, H. B.）の主張した同調行動の生起因と明らかに異なる記述である。**規範的影響**とは，社会的に受容されたいという動機づけに基づいて，多数派の行動や基準と一致する方向に自分の行動を変化させることである。**情報的影響**は，他の集団成員の意見や判断を参考にして，自分の判断や行動を変化させる過程をさす。物理的真実性（実在性）と社会的真実性（実在性）という用語は，**フェスティンガー（Festinger, L.）**が社会的影響過程の説明に用いた用語である。

4 × ミルグラムの服従実験では60%以上が電気ショックを与えた。

ミルグラム（Milgram, S.）の実験は，60%以上の被験者が最大電圧まで電気ショックを与え続けたことを報告したことが著名であり，個人の要因を検討していない。

5 ◎ モスコヴィッシは少数派の影響。

妥当である。**モスコヴィッシ（Moscovici, S.）**らは，**少数派の多数派への影響過程**について検討を行った。少数派であっても，**行動の一貫性**があれば，多数派へ影響しうることを主張した。

13 社会的認知

必修問題

社会的認知や社会的行動に関する記述として最も妥当なのはどれか。

【国家総合職・平成28年度】

1 教師は真面目だろう，ブラジル人はサッカーが上手だろうというように，あるカテゴリーに属する人のイメージが過度に単純化，一般化されることを**シェイピング**という。シェイピングによって形成されたイメージは固定化しにくく，時代や社会情勢によって変化しやすい。

2 人は，他社の行動の原因について解釈する際，本人の性格や態度，能力などの**内的属性要因**よりも，その行動の背景にある環境や状況などの**外的要因**による影響力を重視する傾向がある。これは一般的に，**基本的な帰属の誤り（fundamental attribution error）**と呼ばれる。

3 **説得とは，他者の態度や行動を特定の方向へ変化させる目的で行われるコミュニケーション活動**をいう。説得の効果は，**信憑性の高さ**などの**送り手の属性**，結論の明示の有無などの**メッセージの内容**，活字メディアか視聴覚メディアかといった**説得の媒体などの要因**によって変動する。

4 人がある課題を行う場合，一人のときと周囲に他者がいるときとで課題遂行に差が出ることがある。集団場面において，不慣れな課題や複雑な課題の遂行が促進されることを**社会的促進**，習熟した課題や単純な課題の遂行が阻害されることを**社会的抑圧**という。

5 一人で考え意思決定するより，集団で意思決定する方が優れた結果を導き出すことがある。**凝集性**の高い集団ほど，現在の望ましい関係を維持しようとして自分の意見を積極的に発言する傾向があり，集団全体としての意思決定の質が向上する。これを**集団思考**という。

難易度 ＊

必修問題の解説

説得や帰属など，社会場面での人の認知傾向に関する基本的知見を理解していれば，十分正答を導ける課題である。選択肢**1**，**2**，**4**，**5**は，キーワードと説明が明らかに異なっている。

1 × 過度に単純化されたイメージはステレオタイプ。

ステレオタイプに関する記述である。**ステレオタイプとは，ある集団の成員が共通にもつ特徴に関する信念をさす。シェイピング**は，オペラント条件づけで登場する用語である。

2 × 基本的帰属錯誤は他者の行動を内的要因に帰属。

基本的帰属錯誤は，**他者の問題行動原因について解釈する場合，過度の内的要因を用いやすく，自己の問題行動の原因については，外的要因を用いやすい傾向をさす。**

3 ◎ 説得は信頼のおける他者から。

妥当である。**説得は，送り手の要因，受け手の要因，メッセージの要因，メッセージの呈示法**の影響がこれまで検討されてきた。

4 × 社会的促進は習熟した課題でみられる。

社会的促進は，**習熟した課題や難度の低い課題**においてみられ，**社会的抑制**は，**不慣れな課題や難度の高い課題**でみられる。

5 × 集団思考は意思決定の質が低下。

集団思考は，**集団としての意思決定の質が低下する現象**をさす。**集団極化現象**がその典型となる。また，**凝集性**の高い集団では，自分の意見を積極的に発言せずに多数の意見に同調する傾向が高くなる。

正答 3

FOCUS

社会的状況下における認識を扱った領域を社会的認知という。葛藤理論に分類される，フェスティンガーの認知的不協和理論，社会的比較理論，ハイダーのP-O-X理論，帰属理論の出題がこれまで多くみられてきた。ほかにも，自己認知や説得のテクニックなども重要事項である。日常的な例を思い浮かべながら，学習を進めてほしい。

POINT

重要ポイント 1 認知的斉合性理論

態度形成や態度変容をめぐる諸理論の中で重要な位置を占める一連の理論として認知的斉合性理論がある。この理論では，人には一貫性を希求する基本的傾向があるとの前提に立ち，人は態度対象をめぐる種々の認知要素が相互に矛盾しないように自分の態度を決定するとした。

P-O-X理論（バランス理論）：**ハイダー（Heider, F.）**が提起した態度変容の代表的理論。ある人のある対象に対する態度は，本人（P）と対象（X）およびその対象に関連する他者（O）の三者の間の心情関係に依存し，それが均衡状態であれば安定するが，不均衡状態にあると，不均衡を解消するような方向の変化が生ずるとした。心情関係には好意的（＋）と非好意的（－）があり，本人と他者，本人と対象，対象と他者のそれぞれに心情関係が置かれる。この 3 つの心情関係の符号の積がプラスであれば均衡，マイナスであれば不均衡となり，いずれかの心情を変化させて均衡状態を回復しようとする。

認知的不協和理論：**フェスティンガー（Festinger, L.）**の認知的不協和理論は，言動や知識などの認知要素間の矛盾（不協和）が，認知や態度を変容させるメカニズムを説明する理論である。たとえば，認知要素 1「自分は喫煙者である」，認知要素 2「喫煙は体に悪い」といった認知要素間の不協和が生じた場合には，喫煙をやめる（行動の変化），喫煙をやめるとストレスがかかり，かえって体に悪い（認知要素の追加）など，を予測する。フェスティンガーとカールスミス（Festinger & Carlsmith）の「1 ドルの報酬実験」も著名である。

重要ポイント 2 態度と説得

態度は認知・感情・行動という 3 つの要素から構成される。認知的要素は態度に対する知識・信念などを含む。感情的要素は交感神経系の反応や「好き－嫌い」といった感情の言語表現である。行動的要素は，対象に示す「接近－回避」といった行動傾向である。

重要ポイント 3 説得に見られる諸現象

スリーパー効果：ホブランド（Hovland, C.I.）が提起したスリーパー効果とは，情報の送り手の信憑性が低いとき，情報が提示された直後より，一定期間後のほうが受け手への説得の効果が大きい現象をいう。

ブーメラン効果と心理的リアクタンス理論：説得を行う際，受け手の態度が説得しようとする方向と逆の方向に変化することがある。このような現象をブーメラン効果と呼ぶ。**ブレーム（Brehm, J.W.）**の**心理的リアクタンス理論**は，押しつけがましい説得は反発を招くといったように，態度や行動の自由を脅かされたときに，自由の回復をめざすように動機づけられると提唱した。

精緻化見込み（可能性）モデル：**ペティ（Petty, R.E.）**と**カシオッポ（Cacioppo, J.T.）**が提起した態度変容のモデルである。特徴は，メッセージに対する情報処理の能力と動機づけにより，中心ルートと周辺ルートという処理の経路が異なる点である。個人の関与（関心）が高い場合には中心ルートを，関与が低い場合には周辺ルートを用いて処理が行われる。

重要ポイント 4 説得的コミュニケーション

説得的コミュニケーションは，セールスなどの日常的な場面との接点が大きい。以下に代表的な技法を挙げた。

フット・イン・ザ・ドア技法（段階的要請法）：人はいったん依頼に応諾すると，その後も協力的な行動を一貫して取りやすい傾向を利用した技法である。

ドア・イン・ザ・フェイス技法（譲歩的要請法）：まず誰でも断るような大きな要請を提示して拒否をさせ，その後に提示される小さな要請を承諾させる方法である。「譲歩には譲歩で応えるべきだ」という互恵性の概念に訴えようとするものである。

ローボール技法：最初によい条件で承諾させ，その後理由をつけてよい条件を取り下げても，いったん行った了承を取り下げにくい傾向を利用した技法である。

重要ポイント 5 印象形成

対象者への知識がほとんどない場合でも，人はなんらかの人格的評価（印象形成）を行う。以下に印象形成の代表的現象を挙げておこう。

中心特性：アッシュ（Asch, S.E.）は，「冷たい」「温かい」といった性格形容語のリストを呈示する実験を行い，印象形成において重要な役割を果たす中心特性の存在を論じた。

期待効果：ケリー（Kelley, H.H.）は，大学の講義中に講師の印象を学生に評定させるという実験を行い，その結果，実際に対象人物が存在する場面でも，あらかじめ与えられた情報（例. 温かい，冷たい）によって，印象が左右されると報告した。先行する情報によって，期待が形成され，それに沿った認識が促進されると主張した。

ポジティビティ・バイアス：対人認知において，初めて会ったときにはポジティブな印象を抱く傾向をポジティビティ・バイアス（パーソン・ポジティビティ）という。また，ネガティブな情報を重視する傾向をネガティビティ・バイアスという。

重要ポイント 6 対人認知

他者（あるいは自己）への認識に関する特徴の検討は対人認知と呼ばれる領域で行われてきた。以下に代表的な現象と概念を紹介する。

フェスティンガー（Festinger, L.）の社会的比較理論：人には，自分の意見や能力を正しく評価しようという動因があり，直接的物理的な基準がない場合，人は他者と比較することによって，自分を評価しようとする。一般に，人は類似した他者と比較することを好むことが提起された。

確証バイアス：人は，他者の性格などに関する信念がいったん形成されてしまうと，多くの情報の中からその信念に合致する情報を選択的に利用する傾向を示す。このような傾向を確証バイアスという。

ハロー効果：他者の性格を判断する時，その他者に顕著に望ましい特徴があると，他の特徴についても不当に高く評価してしまう傾向をハロー効果という。

暗黙の性格観：ブルーナー（Bruner, J.S.）らは「内向的な人は神経質である」というように，人は性格に関する属性間の相互関係に関する信念を持つことを論じた。このような信念を暗黙の性格観という。ブルーナーには，他にも社会的知覚理論という著名な理論がある。

ステレオタイプ：あるカテゴリーに属する人が持つ可能性の高い特徴に関する信念をさす。ステレオタイプは，自動的に活性化すると考えられ，偏見や差別の生起因と考えられる。

重要ポイント 7 帰属過程

他者の行動や自分の行動，あるいは出来事などの原因を説明しようとする心的過程を**帰属過程**と呼ぶ。初期の研究者は，**ハイダー（Heider, F.）**であり，その後，**ジョーンズ（Jones, E.E.）**と**デービス（Davis, K.E.）**の対応推測理論，**ケリー（Kelley, H.H.）**のANOVAモデルと因果スキーマモデル，**ワイナー（Weiner, B.）**の成功と失敗の帰属モデルなどへ展開した。

基本的帰属錯誤：他者の行動の原因を当人の能力や性格といった内的な属性に求める傾向がある。このような傾向を基本的帰属錯誤と呼ぶ。

実戦問題1　基本レベル

＊＊
No.1 次は，F.ハイダーによるバランス理論に関する説明であるが，A，B，Cに当てはまるものの組合せとして妥当なのはどれか。

【国家一般職・令和３年度】

バランス理論は，均衡理論やP-O-X理論とも呼ばれ，「ある人（P）と他者（O）」などの二者関係，「ある人（P）と他者（O）と事物（X）」といった三者関係を人がどのように認知するかを扱うものである。

図は，認知者がとらえている自分（P），友人（O），ロック音楽（X）という三者の間の心情関係を示したものである。この図では，態度が好意的である場合を「＋」，非好意的である場合を「－」で表している。すなわち，図は，認知者が，「自分はロック音楽が嫌い」であり，「自分は友人が好き」であり，「友人はロック音楽が好き」であると認知していることを示している。

バランス理論では，図のような関係は［　A　］な状態であると考えられ，認知者は「［　B　］」といった方略をとることで，関係を［　C　］な状態に変化させようとするとされる。

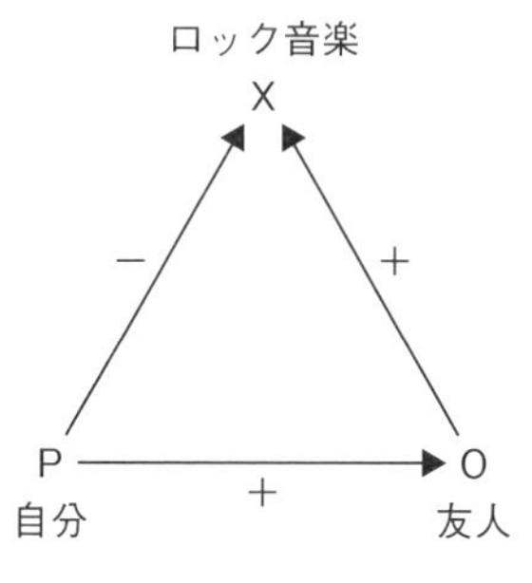

	A	B	C
1	不均衡	友人に自分を好きになってもらう	均衡
2	不均衡	自分もロック音楽を好きになる	均衡
3	不均衡	自分はクラシック音楽を好きであると友人に伝える	均衡
4	均衡	友人を嫌いになるようにする	不均衡
5	均衡	友人がロック音楽を好きな理由を考える	不均衡

No.2 ＊＊ **次のA，B，Cは，社会心理学の実験に関する記述であるが，これらの実験結果と解釈の記述として最も妥当なのはどれか。**

【法務省専門職員・平成25年度】

A：フェスティンガーとカールスミス（Festinger, L., & Carlsmith, J.M., 1959）の実験では，①実験参加者に退屈でつまらない作業を１時間行わせた後，②「作業は面白かった」と次に待っている別の実験参加者（実際にはサクラ）に伝えてほしいと依頼し，実行させた。その際，その報酬として，20ドルを約束された群と１ドルを約束された群とに分けられた。③その後，心理学実験の印象に関する調査と称して，先ほどの１時間の作業の面白さなどについて評定するよう求めた。

B：ディーンストビアとハンター（Dienstbier, R.A., & Hunter, P.O., 1971）の実験では，①実験参加者は「サプリメントが視覚に与える影響についての研究」であるとの偽の教示を受け，偽薬を飲むように求められた。この際，副作用として心拍数の増加，手の震えや発汗などがあるかもしれないと伝えられた群（「情動的」副作用条件群）と，あくびが頻繁に出る，まばたきが減る，目が疲労するなどがあるかもしれないと伝えられた群（「非情動的」副作用条件群）の２群に分けられた。②サプリメントの効果が出るまでの間として，別の「語彙力テスト」への研究協力を求めた。このテストは，実際にはかなり難しく，基準以上の正答が困難となるように仕組まれていたが，「とても簡単なテストです。一定の正答数を下回ると呼び出しを受けます。」などの嘘の情報を与えて実験参加者にプレッシャーを与えた。③サプリメントの効果を調べるとして視覚実験を実施し，自動運動を利用して薬効が出てきたと実験参加者に錯覚させた。④先ほどの「語彙力テスト」の正答を渡し，自分の解答をこっそり書きかえるという「不正行為」を行える機会を与えた。

C：ミルグラム（Milgram, S., 1965）の実験では，①くじ引きに細工をし，実際の実験参加者を教師役，サクラが生徒役になるように振り分けた。②隣室にいる生徒役が記憶再生の問題を間違えたら教師役が電気ショックを与え，さらに，誤答の都度電気ショックの強度を上げていくことが実験者から教師役に対して指示された。③生徒役（サクラ）は，電気ショックの強度が上がるにつれ，苦痛のうめき声や悲鳴を上げる，壁を叩く，解答拒否をするなどの抗議の演技をし，ついには何の反応もしなくなる。しかし，実験者は教師役に対して，無解答は誤答とみなして電気ショックを与えるように命令し，実験の続行を指示した。実験中，教師役が実験者に対して２度続けて実験の中止を申し入れた場合は，その時点で実験を終了した。

1　Aの実験結果では，20ドルの報酬を約束された群のほうが作業を「面白かった」と評定する人数が多かった。この結果は，認知的不協和理論で説明することができる。すなわち，自己をより好ましく捉えたいとする自己高揚動機と，報酬のために嘘をついたという認知との間の不協和を低減させるために，自分の行動を支持する方向に態度が変化したためであると考えられる。

2　Bの実験結果では，「情動的」副作用条件群のほうが，解答をこっそり正答に書きかえる「不正行為」を行う人の割合が高かった。この結果は，情動の二要因論で説明することができる。すなわち，「不正行為」によって生じる生理的喚起を，「情動的」副作用条件群では副作用に，「非情動的」副作用条件群では罪悪感に帰属したために，後者のほうでは「不正行為」が抑止されやすかったためであると考えられる。

3　Cの実験結果では，約6割の実験参加者が最後まで電気ショックを与え続けた。この結果は，傍観者効果で説明することができる。すなわち，自分より有能だと思われる実験者が存在したことで，電気ショックを与えないという援助行動が抑制されたために電気ショックを与え続けたものと考えられる。

4　Aの実験結果では，20ドルの報酬を約束された群のほうがより「面白かった」と評定し，Bの実験結果では「情動的」副作用条件群のほうが「不正行為」を行うことが多く，Cの実験結果では，約6割の実験参加者が最後まで電気ショックを与え続けた。これは，それぞれの実験において，多額の報酬や副作用としての生理反応，実験者からの肯定的な評価が生じることの予期が，行動の強化子として働いたためであると考えられる。

5　Aの実験結果では，1ドルの報酬を約束された群のほうがより「面白かった」と評定し，Bの実験結果では「非情動的」副作用条件群のほうが「不正行為」を行うことが多く，Cの実験結果では，約6割の実験参加者が最後まで電気ショックを与え続けた。これは，それぞれの実験において，いずれも自分自身が行動の主体であると認知しやすい状況下にあったために自己統制感が増したことが，動機づけとして作用したものと考えられる。

No.3 ＊＊ **自己についての心理学理論に関する記述として最も妥当なのはどれか。**

【国家一般職・平成24年度】

1 自己の否定的な評価を避けるために，自分自身で不利な状況を作り出すことがある。たとえば，試験の前日にあえて友人と酒を飲みに行く場合などであり，たとえ成績が悪くとも，前日酒を飲みに行ったからであって，自分の実力不足であるという判断は避けられる。こうした行為をセルフ・ハンディキャッピングという。

2 自分は特別な存在であり，周りの人から尊敬されるのが当然であり，特別な取り扱いをされるべきだという感情を自尊感情という。自尊感情の高い人は，自分より能力があり，成功している人と自己を比較することを避け，自分より劣った状態にある人と自己を比較することによって自分が特別な存在であることを確認しようとする。これを栄光浴という。

3 パズル好きの人に，パズルを解けたら報酬を支払うと約束して，いくつかのパズルを解いてもらい，報酬を支払った。内発的動機づけの考え方によれば，報酬をもらったことで自己決定感が高まり，パズルへの興味が増大するため，翌日に報酬を支払うという約束をしなかったとしても，以前にもまして熱心にパズルに取り組むと考えられる。

4 不安や緊張を感じるような高く不安定なつり橋の上で異性と会うよりも，緊張を感じない安定してしっかりした橋の上で会う場合のほうが，異性に対してより強い魅力を感じるということがいわれている。これは自己評価維持モデルから説明することができ，安定した橋の上にいるほうが自信が高まり，異性の魅力にも注意を向けられるためであると考えられる。

5 自己に注意を向け，自分を意識しやすい性格特性は自己意識特性と呼ばれる。特に，人前など緊張する公的な場ではなく，家族や友人といるときなど私的な場で自己に注意を向けやすい傾向を私的自己意識特性という。私的自己意識特性が高い人では，試験の失敗や失恋など否定的な出来事の後でも，自己の肯定的な側面を見いだしやすく，否定的な気分がすみやかに改善される。

＊＊
No.4 対人魅力に関する記述として最も妥当なのはどれか。

【国家総合職・平成25年度】

1 ウォルスターら（Walster, E.,et al.,1966）は，身体的魅力に関する実験を行った。その内容は，大学の新入生歓迎ダンスパーティーの場で，「コンピュータが適切な相手を選択した」と称して，実際にはランダムに初対面の異性をペアにし，パーティー中に相手の好意度を回答させるものだった。結果は，相手の身体的魅力が自分と同程度の場合に最も相手への好意度が高かった。

2 対人魅力を説明する理論は，「強化理論」と「認知的斉合性理論」の2つに大きく分けることができる。たとえば，自分が好きな詩について，友人がその詩のことを嫌いだと知ったときには，詩を嫌いになるか，あるいは友人を嫌いになるか，どちらかの変化が起きると考えられる。人や物に対するこのような好意の変化を予測しているのは「強化理論」である。

3 ダットンとアロン（Dutton, D.G.,&Aron, A.P.,1974）は，つり橋を渡っている男性と固定された橋を渡っている男性の実験参加者それぞれに，男性または女性の実験者が声をかけてTAT図版などに回答を求めた後，実験について詳しく説明するので電話をしてほしい旨を伝えて電話番号を渡すという実験を行った。結果は，つり橋条件のほうが固定された橋条件より実際に電話をかけてくる比率が高かった。また，その比率は，実験者が男性の場合も女性の場合も同じ程度であった。

4 対人魅力に影響する要因として，「単純接触効果」がある。ザイアンス（Zajonc, R.B.,1968）はこれを検証するために，大学生の卒業写真を，頻度を変えて実験参加者に呈示し，その後，それらの写真の人物に対する好意度を測定する実験を行った。この実験の結果から，呈示回数が一定水準を超えると，一度しか呈示していない場合よりも好意度が低下することが明らかになった。

5 ニューカム（Newcomb,T.M.,1961）は，学生寮における対人関係の形成過程を調査するため，学生の社会的態度を入寮前に測定した上で，追跡調査を実施した。この調査によって，初めは同室や隣室の学生どうしが親しくなるが，次第に類似した社会的態度を持つ学生どうしの間で友人関係が形成されていくことが明らかになった。

実戦問題1の解説

No.1 の解説　バランス理論　→問題はP.329　正答2

A：**バランス理論は三者の積を考える。**

「不均衡」が入る。**バランス理論**では，三者の**心情関係**におけるすべての符号の積がマイナスである場合，不均衡であると考える。図のような関係はプラスが2つ，マイナスが1つであり，3つの符号の積はマイナスとなるので，**不均衡状態**であると判断される。

B：**不均衡状態は均衡状態へと動機づけられる。**

「自分もロック音楽を好きになる」または「友人を嫌いになるようにする」が入る。バランス理論では，不均衡状態を**均衡状態**（3つの符号の総積がプラスである）にするには，自分の認知を変える方略をとると考える。自分の認知を変えて，「自分もロック音楽を好きになる」（PからXの－を＋に変える）か，「友人を嫌いになるようにする」（PからOの＋を－に変える）のどちらかである。

C：**バランス理論は態度変化を予測する。**

「均衡」が入る。「自分もロック音楽を好きになる」または「友人を嫌いになるようにする」ことで，3つの符号の総積がプラスとなり，均衡状態となる。

したがって，正答は**2**である。

No.2 の解説　態度などの実験例　→問題はP.330　正答2

1× 作業を「面白かった」と評定する人数が多かったのは，1ドルの報酬を約束された群である。この結果は，**認知的不協和理論**で説明することができる。すなわち，退屈でつまらない作業を行ったにも関わらず，その見返りが1ドルしか約束されなかったという不協和を解消するため，作業の面白さを過大評価することで心理的な均衡を得ようとしたのではないかと考えられる。

2◎ 妥当である。**情動の二要因論**は，情動経験が，①自律神経系の活性化に伴う生理的興奮状態の認知，②環境内の手がかりによる生理的興奮状態の解釈，といった二要因から成り立つとする理論であり，**シャクター**（Schachter, S.）によって提唱された。

3× 約6割の実験参加者が最後まで電気ショックを与え続けたという結果は，**服従**の心理によって説明される。実験者の**権威に対する服従**が生じる理由としては，権威者が自分の地位を示すシンボル（制服など）を身につけていること，権威者による命令が徐々に大きなものになっていくことなどが考えられる。

傍観者効果とは，援助が必要とされる事態に自分以外の**他者が存在することを認知することにより，援助行動が抑制される現象**のことである。**キティ・ジェノヴィーズ事件**，**ラタネとダーリー**（Latane, B. & Darley, J.M.）による実験が著名である。

4 × 作業を「面白かった」と評定する人数が多かったのは，１ドルの報酬を約束された群である。

5 × 回答をこっそり正答に書きかえる「不正行為」を行う人の割合が高かったのは「情動的」副作用条件群である。

No.3 の解説 自己認知

→問題はP.332 **正答 1**

1 ◎ 妥当である。ある課題を行う際に，課題結果から自己の否定的な評価を避けるために，課題の遂行上障害となるような行為を意図的に行うことがある。このような現象を**セルフ・ハンディキャッピング**と呼ぶ。

2 × **自尊感情**は，自己に対する，自身の肯定的な感情であり，他者からの評価や特別な扱いは必ずしも必要としない。また，栄光浴とは，成功した人物や集団と，自分とのつながりを強調することを通じ，自尊感情を高めようとすることである。

3 × 外発的な報酬を与えることによって，内発的な動機づけが低下することがある。これは，**アンダーマイニング効果**として知られている。

4 × 通俗的にもよく知られる，つり橋実験を前提とした記述である。**自己評価維持モデル**は，高い能力・評価を得ている人物に対し，その人物が自己の評価を脅かさないならば関係を持とうとし，脅かすようであれば回避すると仮定するものである。

5 × 自己意識は公的自己意識と私的自己意識に分類され，公的自己意識は外面から観察することができる自己に関する意識，私的自己意識は，自分の感情や態度など他者からは直接観察できない自己に関する意識のことをさす。

No.4 の解説 対人魅力

→問題はP.333 **正答 5**

1 × 「同程度の場合に」が誤り。ウォルスター（Walster, E.）が行ったコンピュータデート実験では，相手の身体魅力が高いときに相手への好意度も高いことが示された。

2 × 「好意の変化を予測しているのは『強化理論』である」が誤り。認知的斉合性が正しい。強化理論には公平理論や相互依存理論などが含まれ，報酬と結びついた他者は好かれ，罰と結びついた他者は嫌われるとされる。一方で，認知的斉合性にはバランス理論や認知的不協和理論などがあり，自己との認知的な関連のある他者に対して好意が生じると考える。

3 × 「男性または」，「実験者が男性の場合も女性の場合も同じ程度であった」が誤り。ダットン（Dutton, D.G.）とアロン（Aron, A.P.）による**つり橋実験**では，橋を渡ってきた男性に女性の実験者が絵を見て物語をつくる心理テスト（TAT図版）をやってほしいと依頼し，詳しい結果が聞きたければ後日電話するようにと電話番号を書いたメモを渡す。つり橋条件のほうが電話してきた人数も多く，物語に投影されている性的欲求も強いことが示された。

4 × 「好意度が低下する」が誤り。写真の呈示回数が多いほど好意度は増大する。

単純接触効果とは特定の中性刺激に繰り返し接触するだけで，その刺激に対して好意的な態度が形成される現象である。

5 ◎ 妥当である。ニューカム（Newcomb, T. M.）は**A-B-Xモデル**を提唱した。A-B-Xモデルは，P-O-X理論と同様に認知的斉合性理論に分類される。その特徴は，２人の人物A，Bと環境内の事物Xとからなるa-B-Xシステムを想定し，社会的相互作用，特にコミュニケーション行動の発現過程を理論化している。P-O-X理論との最大の違いは，ＡとＢという２者間に相互の関係性を組み込んでいる点である。このモデルによれば，ＡＢ間でXに対する態度に食い違いが存在した場合，緊張を解消するために，ＡＢ間でコミュニケーションをとることや，ＡまたはＢの態度変容などが予想される。

実戦問題2　応用レベル

＊＊
No.5　社会的認知や社会的行動に関する次の記述のうち，妥当なのはどれか。

【国家一般職・平成28年度】

1　最初に大きな要請をして相手にわざと拒絶させておいて，その後に最初より小さい要請を行う方法を，フット・イン・ザ・ドア・テクニックという。たとえば，交渉場面では，最初から妥協できる条件を出すのではなく，まず相手がとても受け入れられないような条件を出してから本当の交渉を始めると有利に交渉できる。

2　自分の能力が高く評価され過ぎるのを回避しようとして，自分に有利な条件があることを他者に主張したり，有利な条件を自ら作り出すことがある。こうすることによって，成功した場合に，その原因をあらかじめ主張しておいた有利な条件のせいにすることができる。こうした行為を，セルフ・ハンディキャッピングという。

3　自分に関する重要な次元については，過去経験から抽出した表象が高度に組織化された形で貯蔵され，認知構造として機能する。このような自己知識をセルフ・スキーマという。一方，自分以外のことについては，セルフ・スキーマに関連しない情報の方がアクセスされやすいため，他者についての判断の際には，セルフ・スキーマは準拠枠とはならない。

4　同じメッセージでも，一般に送り手の信憑性が高い方が説得の効果は大きい。一方，信憑性の低い送り手からのメッセージであっても，ある程度の時間が経過して送り手の印象が薄れると，内容次第で説得効果が効いてくることがある。後になってじわじわと現れてくるこうした効果を，スリーパー効果という。

5　人々は，自分がもっている特性，意見，行動はユニークでオリジナリティがあるが，自分のものとは異なる特性，意見，行動は，一般的でつまらないものだとみなす傾向をもっている。この傾向をフォルス・コンセンサス効果という。たとえば，「自分は楽観的だ」と思っている人は，「自分は悲観的だ」と思っている人の方がより一般的で，より多い比率で存在すると推測する。

***
No.6 社会的認知に関する記述として最も妥当なのはどれか。

【国家総合職・平成24年度】

1 ケリー（Kelley, H.H., 1967）は，行動の原因が，行為の対象・行為の主体・状況のうちどれに帰属されるかは，共変原理（covariation principle）を適用して決定されるとし，原因を特定する基準として，合意性（consensus），弁別性（distinctiveness），一貫性（consistency）を挙げた。合意性，弁別性が高く，一貫性が低い場合は，行為者内部の属性に原因があると判断され，合意性が低く，弁別性と一貫性が高い場合は，観察された反応の原因は刺激の側にあると判断される傾向があるとした。

2 自分の態度や行動を典型的なものと考え，同じ状況において他者も自分と同じ選択や行動をとるだろうと推測する傾向を合意性過大視バイアス（false consensus bias）という。たとえば，「友人は試験勉強を頑張っているか」を判断する際に，自分が1日に何時間勉強しているかを基準とし，自分が3時間やっていれば，4時間勉強している友人は「頑張っている」と判断する場合がこれに該当する。なお，これは，ある次元で対象を判断するとき，なんらかの初期値を設定し，それを係留点として判断を行おうとする調整と係留のヒューリスティックでも説明できる。

3 ジョーンズとデーヴィス（Jones, E.E., & Davis, K.E., 1965）は，行動の原因が，行為者の性格や態度といった内的属性に帰属されるかどうかは，行動と内的属性の対応性によって決定されるとする対応推論理論（correspondent inference theory）を提唱した。対応性の高低を規定する要因としては，外的圧力の有無，非共通効果の数，社会的望ましさを挙げている。他者の行為が役割期待に基づく場合やその行為を行うことによって得られる特別な効果が少ない場合，あるいは，その行為が社会的規範に合った望ましいものである場合は，対応性が低くなり，行為者の内的属性に帰属されにくいとした。

4 ハイダー（Heider, F., 1958）は，「ある人と他者」などの二者関係，「ある人と他者と事物」といった三者関係を人が認知する際，その中に含まれる要素の間の不均衡を避け，均衡に向かおうとする傾向があるとするバランス理論（balance theory）を提唱した。たとえば，新しく自動車を購入した人が，自分が購入した自動車の広告はよく見るが，購入を検討しても購入はしなかった自動車の広告は見なくなる場合や，自分が好意を抱くようになった他者も自分と同じようにサッカー観戦が好きに違いないと認知する場合などがこれに当たる。

5 ハミルトンとギフォード（Hamilton, D.L., & Gifford, R., 1976）は，小さい集団は大きい集団に比べ集団内の少数事例が集団全体の評価に及ぼす影響が強くなることを明らかにし，これは事象の目立ちやすさが誤った関連づけ（illusory correlation）を引き起こすためであると考えた。このことは，小さい集団の成員が生起頻度の低い反社会的な行動をとった場合，その集団と反社会的な行動が強く関連していると認知され，小さい集団に対する否定的なステレオタイプの形成に結びつく可能性を示唆している。

実戦問題②の解説

No.5 の解説　社会的認知の諸現象　→問題はP.337　正答4

1 × 誤りである。説得の技術の一つである**ドア・イン・ザ・フェイス技法（譲歩的要請法）**に関する記述である。**フット・イン・ザ・ドア技法**は，**段階的要請法**とも呼ばれ，小さな頼みごとを受けてもらってから，大きな頼みごとも受けてもらうという技法をさす。

2 × 誤りである。**セルフ・ハンディ・キャッピング**は，**自分に不利な条件を課したり自分に不利な状況を作り出す**ことによって，**失敗した時の自分への評価の低下を避ける**といった現象をさす。

3 × 誤りである。**自己に関する認知構造**を**セルフ・スキーマ**と呼ぶ。セルフ・スキーマに関連する情報は，セルフ・スキーマに関連しない情報よりも，**アクセスされやすい**ことが知られている。

4 ◎ 妥当である。説得に関する**スリーパー効果**に関する記述である。説得に関する効果としては，**心理的リアクタンス（自由意志を脅かされるときに，説得へ反抗を示す現象）**も著名である。

5 × 誤りである。**フォルス・ユニークネス効果**に関する記述である。**フォルス・コンセンサス効果**は，人々が**自分の意見に合意する人数を高く見積もる**という傾向をさす。

No.6 の解説　社会的認知　→問題はP.338　正答5

1 × 「行為者内部の属性」と「刺激の側」が逆である。**共変原理**とは事象の原因はその事象が生起したときに存在し，生起しなかったときには存在しないというものである。**ケリーの共変モデル**は3つの基準を判定するために必要な情報が存在することが前提となる。3つの基準として，**合意性**（ある人のある対象に対する反応は他の人々と一致しているか），**弁別性**（ある人のその反応は当該対象に限って起こるのか），**一貫性**（ある人のある対象に対する反応はどのような状況でも変わらないのか）が挙げられ，これら3つの基準の高低の組合せにより原因が特定されるとした。

2 × 挙げられている例が**合意性過大視バイアス**の例として適切とはいえない。挙げられている例は単に**係留（投錨）と調整ヒューリスティック**である。それぞれの定義が挙げられているので，問題文をきちんと読むことが重要である。

3 × 「その行為を行うことによって得られる特別な効果が少ない場合」が誤りである。正しくは「特別な効果が多く期待できる場合」である。**外的圧力**の例としては，警察官が道に迷っている人の道案内をしていたとしても，それは警察官の職務であり，その警察官は親切な性格であるとは帰属されにくい。**非共通効果**の数の例としては，多額の寄付をしたとしても寄付をしたことによって選挙の投票数が増えたり，あるいは節税につながるといった場合には寛大な性格には帰属されにくい。**社会的望ましさ**の例としては，お年寄りや妊婦に席を譲ったとしてもそれはその場の社会的規範に従っただけであり，思いやりのある性格には帰属されにくい。

4 × ここでの説明は**認知的不協和理論**についてである。**ハイダー**の提唱した**認知的均衡理論（バランス理論，P-O-X理論）**は三者関係の理論である。

5 ◎ 妥当である。**誤った関連づけ**とは，**錯誤相関**とも呼ばれ，２変数間の相関係数が０もしくはほぼ０のときに，実際以上に大きく相関を判断することである。

第6章 人格・臨床

試験別出題傾向と対策

試験名		国家総合職					国家一般職					国家専門職（法務省専門職員）				
頻出度	年度	21-23	24-26	27-29	30-2	3-5	21-23	24-26	27-29	30-2	3-5	21-23	24-26	27-29	30-2	3-5
	テーマ　出題数	26	24	18	22	19	2	4	5	3	4	17	39	36	39	35
A	14 人格・臨床の検査	9	6	6	6	6	1	1	1	2	1	6	19	12	15	10
A	15 心理療法	9	10	8	10	6	1	2	4		2	4	12	17	12	9
A	16 症例	8	8	4	6	7		1		1	1	7	8	7	12	16

人格と臨床に関わる出題は，必須の領域であり，各テーマの基本的事項をしっかりと学習することが基本となる。テーマ14「人格・臨床の検査」に関しては，質問紙法・投影法・作業検査法といった検査の特徴と，具体的な検査名，開発者，検査内容の組合せが典型的な問題形式となる。質問紙法に関しては，背後にある類型論と特性論といった人格の基本的な考え方をまずは理解してほしい。また，知能に関しては，知能のとらえ方，そして各種知能検査の特徴が頻出項目となる。

テーマ15の「心理療法」に関しては，さまざまなカウンセリング技法について，名称，技法（理論），創始者，そして，療法相互の関係性を理解してほしい。基本的な区分としては，精神分析派，ロジャーズ派，認知行動療法といった区分が役に立つ。森田療法，内観療法といった本邦由来の療法についても学習しておいてほしい。そして，本書では，ストレスをテーマ15に入れたが，ストレスという発想は，社会や教育においても重要な視点となる。そのため，複数の領域をまたいでの出題がなされているが，R.S.ラザルスの認知的評価モデルを中心に整理をしてほしい。

テーマ16「症例」では，精神障害の種類とその症状，そして治療に向けてのアプローチを整理しておく必要がある。症例についての出題は，診断基準であるDSM-5の改定が平成25年にみられ，その後，障害の名称変更や分類が大きく変更された。代表的な精神障害である統合失調症，うつ病に関する知見を基本に，各種気分障害，人格障害について理解を図ってほしい。また，社会的な要請も高いため，限局性学習症，注意欠如・多動症などの症例も頻出トピックとなっている。選択肢間で，症状と病名を入れ替えるといった構造の出題もよく見られる。そして，診断基準として，今後はDSM-5に即した病名，診断区分が問われることになる点に，注意してほしい。

● 国家総合職（人間科学）

27年度以降，毎年5題以上の出題がみられており，最重要の領域である。令和2年度までは，テーマ14，15の出題が多かったが，令和3年度以降はテーマ16の出題が増加している。DSM-S-TRの日本語版が令和5年に刊行されたため，精神

裁判所（家庭裁判所調査官補）					
21-23	24-26	27-29	30-2	3-5	
7	8	3	3	3	
1	1		2		テーマ14
2	3	2	1	1	テーマ15
4	4	1		2	テーマ16

疾患の名称には注意を要するが，３つのテーマすべてを押さえる必要がある。

● 国家一般職

テーマ14の「人格・臨床の検査」は，過去10年間において最頻出のテーマであるため，検査の種類，その目的と特徴については必ず押さえてほしい。最後に症例についての出題は，診断基準であるDSM-５への改訂が平成25年に行われ，障害の名称変更や分類が大きく変更されたため，平成27年度以降１度のみの出題と，減少傾向にあった。新たな分類が定着してきており，令和３年度には出題されている。代表的な精神疾患とその具体的内容について，整理をしておく必要がある。

● 国家専門職（法務省専門職員）

24年度以降も毎年10題程度の出題がみられ，最頻出領域である。特に人格検査，知能に関する問が目立つが，３つのテーマともに，まずは基本的なトピックをしっかり学習してほしい。選択肢内に基本的な項目が含まれることがほとんどであるが，令和５年度にはダーク・トライアドなど難度の高い問がみられている。また，令和５年には各種障害の出題が増加しており，症例についても理解しておく必要がある。難度は決して低くないので，基本的な事項を中心に知識にその具体的な内容も整理が必要である。

● 裁判所（家庭裁判所調査官補）

平成27年度以降，毎年出題されている必須の領域である。代表的な心理療法や，症例が述べられ，診断名，カウンセリングなどによる介入の仕方について，論述することが求められる出題が多い。出題傾向は明らかなので，発達障害や虐待など青年期以前に特徴が認められるトピックを中心に，その具体的な症状や行動傾向，そして，カウンセリング技法について理解を深めてほしい。また，心理療法に関しては，森田療法，内観療法など日本由来の療法も出題されることが予想される。

人格・臨床の検査

必修問題

次のA，B，Cは，パーソナリティ検査（性格検査）の具体例と，その長所及び短所に関する記述であるが，それぞれの検査法の分類名の組合せとして妥当なのはどれか。　　【国家一般職・令和２年度】

A：**主題統覚検査（TAT）**は，20枚程度の図版を提示し，そこに描かれた人物に関する物語を被検査者に自由に作らせ，その物語の内容から性格を知ろうとする検査である。被検査者が意図的に結果を操作することが難しいという長所があるが，結果の解釈には熟練を要する上に，検査者によって解釈が異なりやすいという短所がある。

B：**内田＝クレペリン精神検査**は，一列に並んだ一桁の数字の連続加算を，一行当たり１分で前半・後半の15分ずつ行わせ，各行の到達量，加算の誤り，飛び越しの有無などを総合的に評定することにより性格を知ろうとする検査である。被検査者が検査目的を察知できない長所があるが，限られた側面のパーソナリティしか測定できないという短所がある。

C：**矢田部＝ギルフォード（YG）性格検査**は，「抑うつ性」，「劣等感」，「神経質」などを含む12特性によって構成され，それらを評定することにより性格を知ろうとする検査である。手軽に実施でき多面的な診断が可能であるという長所があり，広く用いられている反面，被検査者の意図的な反応歪曲に弱いという短所がある。

	A	B	C
1	面接法	作業検査法	質問紙法
2	作業検査法	投影法（投映法）	質問紙法
3	作業検査法	投影法（投映法）	面接法
4	投影法（投映法）	質問紙法	面接法
5	投影法（投映法）	作業検査法	質問紙法

難易度　＊

必修問題の解説

心理検査法の分類と，各々の特徴に関する記述である。作業検査法・投影法（投映法）・質問紙法の特徴と代表的な検査について理解していれば容易に正答を導ける問題である。心理検査の分類と，各々の検査の特徴は最もよく出題される形式の１つであるため，学習を確かなものとしてほしい。

A：**あいまいな刺激をもちいる投影法。**

投影法（投映法）に関する記述である。投影法とは，曖昧な刺激や指示をあたえ，それらに対する反応から被検査者の人格を把握しようとする検査のカテゴリーである。主題統覚検査（TAT）は，投影法の代表的な検査である。投影法の利点として，被検査者の気がつかない無意識的な側面を測定できる点や，検査の意図が読み取られにくいため回答の歪曲が生じにくい点が挙げられる。欠点としては，投影法の実施・結果の解釈には熟練が必要である点や，集団での実施が困難である点などが挙げられる。投影法の代表例は，ロールシャッハテスト，主題統覚検査（TAT），バウムテスト，P-Fスタディなどが挙げられる。

B：**単純作業による心理検査は作業検査法。**

作業検査法に関する記述である。作業検査法とは，作業をさせてそれに対する反応から性格を推定する心理検査のカテゴリーである。内田クレペリン精神検査は作業検査法の代表例である。利点は，検査目的がわかりづらいため，被検査者の回答に歪曲がみられにくい点，1度に多くの被検査者に実施可能である点，被検査者の言語能力に依存しない点などが挙げられる。欠点としては，実施する作業によって得られるデータからでは多面的情報が得られない点，実施方法や分析・評価について検査者の熟練が要求される点などが挙げられる。作業検査法では，内田＝クレペリン検査，ベンダー・ゲシュタルト検査が著名である。

C：**質問紙法に関する記述である。**

「はい」「いいえ」「どちらでもない」といった回答選択式の質問項目を多数用意し，これに答えてもらう形式の**質問紙**を用いた心理検査カテゴリーである。**YG性格検査**は，出題頻度の高い検査である。質問紙法の利点は，一度に多くの被検査者を対象に標準化された質問ができる点と，多面的な測定が可能である点，回答の解釈に特別な訓練を必要としない点などが挙げられる。欠点は，質問項目のワーディングや被検査者の言語能力に回答が依存する点，質問の意図が分かりやすいため回答の歪曲が起こりやすい点などが挙げられる。質問紙方法は多数開発されているので，次ページのPointを参照してほしい。

したがって，正答は**5**である。

正答 5

FOCUS

人格検査は，質問紙法，投影法，作業検査法に大別される。おのおのの代表的検査名，開発者名，特徴の組合せで，選択肢が構成されることが多い。検査名，人名，特徴をセットで学習してほしい。また，知能検査は，ビネー式とウェクスラー式を中心に整理を進めるとわかりやすい。

心理学 第6章 人格・臨床

POINT

重要ポイント1 心理検査

心理測定法は作業検査法，投影法，質問紙法の３つに大別される。

(1) 作業検査法：被検者に一定の作業をさせてそれに対する反応から性格を推定。

①**内田クレペリン検査**：１ケタの足し算を連続で行わせ，作業量の変化からパーソナリティを判断するものである。

②**ベンダー・ゲシュタルト検査**：９個の幾何図形を被検査者に模写させて，視覚・運動機能の評価や障害の検査として用いられる。

(2) 投影法：抽象的な刺激に対して，被検査者に自由に反応してもらい，その結果を分析・解釈することでパーソナリティを測定する検査。

①**ロールシャッハ・テスト**：左右対称のインクのしみが描かれたカードを見せ，被検査者の想像から人格を判断するものである。

②**HTPテスト**：被検者に家・木・人を描かせ，その内容から人格を判断するものである。人について男女１人ずつを描かせる方法，３つを１枚の紙に描く方法などのバリエーションがある。

③**バウムテスト**：**コッホ（Koch, K.）**によって開発された。A４用紙に「実のなる木を１本」描かせ，描画の特徴から性格の評価を行う。

④**P-F スタディ**：**ローゼンツァイク（Rosenzweig, S.）**によって作成された。２人の人物が登場する図版を提示し，フラストレーション場面において被検査者が示す反応傾向をもとに性格が評価される。

⑤**TAT（主題統覚検査）**：**マレー（Murray, H.A.）**によって作成された。人物などが登場する日常生活場面などが描かれた図版を提示し，登場人物の現在の欲求・過去・未来などを含めた物語を語らせ，その内容から被検査者の性格の評価を行う。

(3) 質問紙法：「はい」「いいえ」などで回答してもらう複数の質問項目からなる検査。

①**NEO-PI-R**：コスタ（Costa, P.T.）とマックレー（McCrae, R.R.）が開発した。240項目の質問の結果から，被検査者の性格を**ビッグ・ファイブ**と呼ばれる５因子に沿って明らかにするものである。なお，ビッグ・ファイブという考え方は，特性論の１つで，パーソナリティを主要な５つの特性次元で，包括的に説明できるという考え方である。５つの因子は，外向性，神経症傾向，開放性，協調性，誠実性が挙げられる。ビッグ・ファイブの代表的な研究者として，上記２名のほかにゴールドバーグ（Goldberg, L.R.）が挙げられる。

②**MMPI**：ミネソタ多面人格目録のことであり，550項目から構成され，10の臨床尺度と，５つの妥当性尺度から構成されている。精神医学的な診断のために開発された。妥当性スケールが含まれることが特徴である。

③**YG性格検査**：性格を構成する12種類（抑うつ性，回帰性など）の尺度を測定し，回答者のプロフィールから総合的に回答者の人格を判断するものである。**ギルフォード（Guilford, J.P.）**が作成した性格検査をもとに，**矢田部達郎**らが日本版を作成した。

④**MPI（モーズレイ性格検査）：アイゼンク（Eysenck, H.J.）**が作成した性格検査であり，外向－内向，神経症的傾向の２つの因子から測定される。その後，EPI（Eysenck Personality Inventory）やEPQ（Eysenck Personality Questionnaire）に発展した。
⑤**STAI（State-Trait Anxiety Inventory）**：スピルバーガー（Spielberger, C.D.）らが作成した不安傾向を測定することを目的に開発された質問紙検査である。大きな特徴は特性不安と状態不安の両者を測定することが可能な点にある。不安尺度には，他にもテイラー（Taylor, J.A.）によって作成されたMAS（Manifest Anxiety Scale）などがある。
⑥**BDI（ベックうつ病尺度）**：認知行動療法家であるベック（Beck, A.T.）によって開発された，21項目から構成される抑うつ尺度である。抑うつ尺度には，他にもSDS（Self –rating Depression Scale）がある。

重要ポイント２ 知能検査

(1) ビネー式知能検査：1905年にフランスのビネー（Binet, A.）とシモン（Simon, T.）が作成したビネー=シモン式知能検査に始まる。これは精神発達遅滞児の鑑別を目的としており，1908年の改訂版では，結果の表示に精神年齢が用いられるようになった。その後，知能検査は各国へ急速に普及した。アメリカのターマン（Terman, L.M.）によるスタンフォード=ビネー式知能検査では，結果の表示に知能指数が導入された。

(2) ウェクスラー式知能検査：始まりは，1939年に作成されたウェクスラー=ベルヴュー知能検査である。これは改訂され，WAISという成人用知能検査となり，その後も改訂が重ねられ現在に至っている。その後，児童用にWISC，幼児用にWPPSIが開発された。ウェクスラー式の知能検査では，結果の表示に偏差知能指数が用いられる。偏差知能指数は平均を100，標準偏差を15に変換した値であり，同年齢集団における個人の得点の相対的位置を表す。ウェクスラー式知能検査では，３種類の知能指数（言語性IQ，動作性IQ，全体IQ）が算出される。またウェクスラー式知能検査は改定されており（WAIS-Ⅳ，WISC-Ⅳ，WPPSI-Ⅲ），言語理解，知覚推理，ワーキングメモリ，処理速度の４指標が用いられている。

(3) 集団式知能検査：第一次世界大戦の際にヤーキーズ（Yerkes, R.M.）らによって作成されたアメリカ陸軍式知能検査（アーミー・テスト）が最初。言語を用いるアルファ検査と言語を使用しないベータ検査がある。アーミー・テストの成功により，数々の集団式知能検査が作られるようになった

重要ポイント3 知能の理論，因子

以下に主要な知能のとらえ方を挙げた。

一般因子と特殊因子：スピアマン（Spearman, C.E.）は，さまざまな知能検査間の相関関係を分析した結果，知能は2種類の因子から構成されると考えた。すなわち，すべての知的活動で働く一般因子（g因子）と，個々の知的活動のみで働く特殊因子（s因子）である。また，スピアマンによって，心理学に因子分析が導入されたとされる。

多因子説：サーストン（Thurstone, L.L.）はすべての知的活動で共通に働く因子（g因子）の存在を否定し，知能は複数の基本的精神能力から構成されると主張した。彼は7種類の基本的精神能力（言語理解，語の流暢性，数，空間，記憶，知覚速度，推理）を挙げた。

流動性知能と結晶性知能：キャッテル（Cattell, R.B.）は，階層群因子モデルを提唱した。その特徴は，流動性知能と結晶性知能の2つの因子の下位に，複数の能力を位置づけた点にある。流動性知能は，新規な課題に対し適応する能力であり，結晶性知能は過去経験の集積による能力をさす。

加齢と知能との関連に関し，60歳以降流動性知能の低下は顕著であるが，結晶性知能はそれほど低下しないことが報告されている。

知能の鼎立（ていりつ）理論：スターンバーグ（Sternberg, R.J.）が提唱する知能の統合的理論である。コンポーネント理論，経験理論，文脈理論という3つの理論が特徴となる。キャッテルの流動性知能と結晶性知能は，コンポーネント理論を構成している。

多重知能理論：ガードナー（Gardner, H.）が提唱した知能のモデル。6つの因子（言語知能，論理－数学的知能，空間的知能，音楽的知能，身体－運動的知能，人格的知能）を挙げた。

実戦問題1 基本レベル

*
No.1 性格・パーソナリティの理論に関する次の記述のうち，妥当なのはどれか。

【国家一般職・平成30年度】

1 クレッチマー（Kretschmer, E.）は，人間の体型と性格をそれぞれ3類型に分類し，内臓の発達が良く，身体が柔らかく丸い内胚葉型の体型は頭脳緊張型の性格に，筋骨がたくましい中胚葉型の体型は内臓緊張型の性格に，神経系統が発達し，身体が痩せた外胚葉型の体型は身体緊張型の性格にそれぞれ対応するという類型論を提唱した。

2 精神分析学を創始したフロイト（Freud, S.）は，精神的活動のために用いられるエネルギーであるリビドーの向かう方向性に着目し，リビドーが自己の内面に向けられるタイプの人は，内気で思慮深いが実行力に欠ける内向型となり，リビドーが自己以外の外側に向けられるタイプの人は，感情が表れやすく社交的で決断力のある外向型になると考えた。

3 ロジャーズ（Rogers, C.R.）は，人間の欲求を階層として分類し，その最上位にある自己実現に向けて，人間はそれぞれのパーソナリティを自ら成長させていくと考えた。この考え方を臨床現場に応用したマズロー（Maslow, A.H.）は，クライエントに指示を与えることなく，クライエント自身の成長を促すことで問題の解決を目指すクライエント中心療法を創始した。

4 オルポート（Allport, G.W.）は，パーソナリティを表す用語を辞書から収集し，それらを多くの人々に共通する特性と個人に特徴的な特性に分類した。その後，因子分析の手法を用いて特性の分析を行ったキャッテル（Cattell, R.B.）は，パーソナリティの基本的特性としてビッグ・ファイブと呼ばれる5次元の性格特性を提案した。

5 アイゼンク（Eysenck, H.J.）は，パーソナリティを特殊反応，習慣的反応，特性，類型の4水準から成る階層構造として捉えた。また，彼は，このモデルを前提として，精神医学的診断，質問紙法，客観的動作テストなどから得られた諸変数を因子分析した結果に基づき，パーソナリティの基本的次元を「外向－内向」と「神経症的傾向」という二つの次元であるとした。

**
No.2 パーソナリティに関する記述として最も妥当なのはどれか。

【法務省専門職員・令和4年度】

1 特性論の代表的な研究者であるG.W.オルポートは，調和性と誠実性からパーソナリティを捉えた。この考え方を引き継いで，統計的な因子分析の手法を用いて，特性論をより客観的に精緻化したのがE.シュプランガーであり，特性を階層化してパーソナリティの構造を示し，16PFという性格検査を作成した。

2 神経症傾向は，H.J.アイゼンクによって抽出されたパーソナリティ次元の一つであり，P.T.コスタらが開発したNEO-PI-Rの因子の一つでもある。神経症傾向が高い者は，ストレッサーに遭遇すると，心身両面にわたる症状を経験しやすくなる。これに対し，低い者は，ストレスを経験しても大きく動揺することはなく，同様の症状は経験されにくい。

3　類型論は，個人の全体像を浮かび上がらせるのに有効であるほか，典型的なパターンだけでなく中間型や移行型を捉えるのに適しているという長所がある。類型論の代表的な理論を提唱したW.H.シェルドンは，患者の病前性格を調べ，一般の人の性格を躁うつ気質，分裂気質，てんかん気質に分類した。

4　C.G.ユングは，リビドーと呼ばれる心的エネルギーが向かう方向によって，主として自己の内界に関心がある内胚葉型と，自己よりも外部の世界に関心がある外胚葉型の2類型を区別した。この特性論は，内胚葉型－外胚葉型という次元上に個人を位置付けており，現在でも多くのパーソナリティモデルに取り入れられている。

5　モーズレイ人格目録（MPI）は，J.P.ギルフォードらの検査を基に，矢田部達郎らが独自に作成した投影法検査である。12の性格特性から作られるプロフィールと，五つの性格の型を統合して，性格特徴を判定する。また，ミネソタ多面人格目録（MMPI）は，E.クレペリンが考案したものを基に，内田勇三郎が発展させた性格検査であり，5因子モデルに基づいている。

＊No.3　パーソナリティ検査に関する記述として最も妥当なのはどれか。

【法務省専門職員・平成25年度】

1　質問紙法とは，用意された質問項目に被検査者が自発的に回答していく方法である。複数の被検査者に同時に実施でき，検査者の力量に左右されることなく比較的容易に実施することができる。また，被検査者の意識的あるいは無意識的な回答の歪みも生じにくいとされる。一方で，被検査者の質問文の理解度によって回答に違いが生じるなどの問題もある。

2　投影法とは，あいまいな刺激を呈示して，その刺激に対する被検査者の反応からパーソナリティを査定する方法である。幅広い年齢層に実施することができ，質問紙法に比べて無意識レベルの欲求や葛藤などを探ることができるという特徴がある。その反面，検査の実施や解釈には検査者の専門的な知識と豊富な臨床経験が必要とされることや，検査者と被検査者の関係性によって結果が変わってしまうことがあるなどの問題点も指摘されている。

3　作業検査法とは，被検査者に単純な作業（加算作業など）を一定時間行わせ，作業量やその推移過程に着目してパーソナリティや知的水準を測定する方法である。作業検査法の特徴としては，課題が容易で取り組みやすく，回答の歪みが生じにくい行動レベルのデータであるため客観的であることなどが挙げられる。一方で，作業検査法による検査は個別に行うことが原則とされており，集団での実施には適さないという制約もある。

4 質問紙法によるパーソナリティ検査には，ミネソタ多面人格目録（MMPI），矢田部=ギルフォード（YG）性格検査，文章完成法テスト（SCT）などがある。投影法の代表的なものとして，ロールシャッハテスト，P-Fスタディ，ベンダーゲシュタルトテストなどがある。内田=クレペリン精神作業検査やソンディテストは作業検査法に分類される。

5 それぞれのパーソナリティ検査には，開発した研究者のパーソナリティ理論が背景にある。それぞれの検査の特徴や限界を踏まえ，種類の異なる複数の検査を組み合わせて実施することが望ましい。ただし，被検査者に過度の負担とならないよう，いたずらに多くの検査を実施しないことや，被検査者の検査時の状況に合わせて柔軟に教示内容や実施手続を変更するなどの配慮が必要である。

＊No.4 パーソナリティ検査に関する記述として最も妥当なのはどれか。

【法務省専門職員・平成24年度】

1 内田クレペリン精神検査は，連続加算作業の成績から得られる曲線の型（作業曲線）と，全体の作業の水準・誤答の有無などから，被検査者のパーソナリティの特徴を捉える検査である。主として被検査者の知的資質のほか，思考様式や無意識の欲動，創造性，自我の統制力などが作業曲線にあらわれ，それが特定のパーソナリティの特徴や精神障害に対応すると想定される。検査そのものが簡便であり，集団場面において比較的短時間で実施できるという特徴がある。

2 P-Fスタディは，24個の刺激画から構成されている。どの刺激画にも簡略化された人物が描かれており，被検査者に「その情景が今どういう場面で，そこにいる人はどんな気持ちで，何をしているのか」について自由に物語を作ってもらうことで，その人の欲求のあり方や，環境への適応の仕方を分析するものである。反応のさせ方には投影法的な要素が強いが，24の反応が集計され，結果が数量的に扱われる点で，質問紙法検査の特徴も有している。

3 ロールシャッハ・テストは，被検査者に左右対称のインクのブロット（しみ）を見せて，何に見えるかを自由に答えてもらうというものである。被検査者の欲求不満場面における反応傾向を中心として，比較的意識されやすい反応傾向を知ることを想定している。結果の解釈の手法には，クロッパー法，片口法などがあるが，近年，手順通りの解釈によって一定の解釈に到達できるような包括システムと呼ばれる手法が徐々に普及してきている。

4 YG性格検査は，120項目からなる質問紙法の検査である。検査は，12個の下位尺度と6個の因子から構成され，因子ごとの得点プロフィールから，パーソナリティの類型的な判断ができるようになっている。類型には，A型からE型までの5類型があり，それぞれについて典型，準型，亜型（混合型）の3種類がある。この検査の特徴には，実施や採点が簡便であること，先行研究が多いことなどがある。

5 バウムテストは，被検査者に木の絵を描いてもらう描画法の検査である。自由度の高さに特徴があり，空白画面における位置の意味や，樹冠，幹，枝，葉などの意味を象徴的に解釈したり，描画力や想像力を測定したりすることが中心であって，木のサイズや筆圧についての分析は行わないのが通例である。対象年齢の広さや簡便さ，また言語表出が困難な者に対しても実施が可能であることなどから，わが国の臨床現場ではよく用いられている。

＊＊

No.5 **パーソナリティに関する記述A～Dのうち，妥当なもののみを挙げているのはどれか。** 【法務省専門職員・平成28年度】

A．パーソナリティの代表的な記述の仕方として類型論と特性論の二つがある。クレッチマー（Kretschmer, E.）は，体格を肥満型，細長型および筋骨型に，気質を躁うつ気質，統合失調症気質および粘着気質に分類した上で，これらの組合せにより精神病傾向の程度を尺度化した。このように，類型から特性を導くことはできるが，特性から類型を導くことはできない。

B．オルポート（Allport, G. W.）は，パーソナリティは個人の内部で，環境へのその人特有な適応を決定するような，精神物理学的体系の力動的機構である，とした。また，その基盤を成す心理・生物学的要因として身体・知能・気質を挙げた。

C．ミシェル（Mischel, W.）の主張をきっかけとした，パーソナリティの一貫性をめぐる論争を経て，パーソナリティ関連行動にはそれまで仮定されていたほどの通状況的一貫性はないが，人の行動が状況だけで決定されるわけでもなく，個人的な規則性や統一性つまりパーソナリティは確かに存在する，という折衷的な見方が一般的になった。

D．パーソナリティの基盤を成す個人の特性であると考えられている気質について，トマスとチェス（Thomas, A. & Chess, S.）は，子どもの気質として9つの次元と3つの類型を見いだすとともに，親の養育態度が子どもの気質を決定付けるとした。

1 A，B　**2** A，C　**3** A，D　**4** B，C　**5** C，D

実戦問題 1 の解説

No.1 の解説 性格・パーソナリティの理論 →問題はP.349 正答5

性格・パーソナリティに関してはさまざまな理論があり，人物名を問う設問も多い。混合しないようにしたい。

1 × 内胚葉型，中胚葉型，大胚葉型の体型分類はシェルドン。

クレッチマー（Kretschmer, E.）ではなく，シェルドン（Sheldon, W.H.）の類型論である。それぞれの体型に対応する性格の記述も誤り。内胚葉型の体型は内蔵緊張型，中胚葉型の体型は身体緊張型，外胚葉型の体型は頭脳緊張型の性格に対応するという。クレッチマーは精神病患者の観察をもとに，細長方の体型には分裂質，肥満型の体型には躁うつ質，闘士型の体型には粘着質の性格が対応すると説いた。

2 × 外向性，内向性の分類を行ったのはユング。

フロイト（Freud, S.）ではなく，ユング（Jung, C.G.）に関する記述である。フロイトはリビドーを性的なエネルギーと考えたが，ユングはもっと広い精神的エネルギーと考えた。フロイトは精神分析の創始者で，エス・自我・超自我からなる人格構造論や，性的発達段階説を提唱したことで知られる。

3 × 欲求の階層説はマズロー，クライエント中心療法はロジャーズ。

ロジャーズ（Rogers, C.）とマズロー（Maslow, A.H.）の記述が逆である。欲求の階層説を提唱したのはマズローであり，最低次な生理的欲求から，安全欲求，所属と愛の欲求，尊厳欲求，自己実現欲求へと高次なものとなるピラミッド構造をなす。クライエント中心療法を創始したのはロジャーズである。カウンセラーの基本的態度としての3要素として，自己一致，共感的理解，無条件の肯定的配慮を挙げたことでも知られる。

4 × ビッグ・ファイブを提唱したのはゴールドバーグ。

オールポート（Allport, G.W.）についての記述は正しい。特性を共通特性と個別特性に分類した。ビッグ・ファイブを提唱したのは，キャッテル（Cattell, R.B.）ではなくゴールドバーグ（Goldberg, L.R.）である。人間の性格は，神経症傾向，外向性，開放性，協調性，誠実性という5つの要素の組み合わせからなるという。キャッテルは，知能を流動性知能と結晶性知能に分類した人物である。

5 ◎ アイゼンクは性格特性を４つの階層で捉えた。

「外向－内向」と「神経症的傾向」の2次元からなるモーズレイ人格目録（MPI）は有名である。アイゼンクはMPIを発展させアイゼンク人格目録（EPI）を作成した。EPIはMPIの2次元に衝動のコントロール（精神病質傾向）を加えた3次元で構成される。

No.2 の解説 特性論と類型論 →問題はP.349 正答2

1 × 特性は，パーソナリティを表す一貫して観察される行動傾向のこと。

妥当でない。G.W.オルポートは，共通特性と個人特性の二つでパーソナリティを捉えた。E.シュプランガーは，パーソナリティを理論型，経済型，権力型，審美型，宗教型，社会型の六つの類型に分類する類型論によって捉えた。16PFは，R.B.キャッテルによって開発された。

2◎ 神経症傾向は，特性論的研究において，基本的なパーソナリティ次元。

妥当である。神経症傾向は，H.J.アイゼンクによって開発されたモーズレイ人格目録に含まれる尺度の一つである。

3× 類型論は，典型例との類似性に基づき性格を記述。

妥当でない。類型論は，人をある典型例との類似性に基づいて，なんらかの型に分類してパーソナリティを記述するものである。中間型や移行型を捉えるのに適しているのは，特性論である。W.H.シェルドンは，男子の体型の調査から，外胚葉型，内胚葉型，中胚葉型に分類した。

4× C.G.ユングによる類型論は，内向型，外向型。

妥当でない。内胚葉型，外胚葉型によって，パーソナリティを分類したのは，W.H.シェルドンである。またこの分類の形式は，類型論である。

5× 性格検査法は，性格という構成概念の推測に用いられる。

妥当でない。MPIは，H.J.アイゼンクによって開発された性格検査である。矢田部達郎らが作成したのは，矢田部・ギルフォード性格検査（YG性格検査）である。YG性格検査では，12の性格特性と，五つの性格の型（類型）を統合して，性格特徴を判定する。MMPIは，S.R.ハサウェイとJ.C.マッキンリーによって開発された質問紙検査で，精神病理を測定するために用いられる。

No.3 の解説　心理検査法　→問題はP.350　正答2

1× **質問紙法**は，一度に多数の被検査者を対象に標準化された質問を行える点に大きな利点がある。しかし，回答が被検査者の自己報告であるため，意識的あるいは無意識的な回答の歪みが生じやすい点が欠点である。

2◎ 妥当である。**投影法**は，無意識レベルの特性を測定することが可能であること，被検査者が意図的に結果を操作することが難しいといった利点がある。一方，テストを施行し集計する手間が複雑である，検査者によって解釈の仕方が異なりやすいといった問題点がある。

3× **作業検査法**は，行動レベルのデータを扱うため被検査者の意図的な回答操作が困難である点，そして一度に多人数での実施が可能な点などが利点として挙げられる。一方，人格の限られた側面しか診断できない点と，解釈にかなりの熟練を要する点などが問題である。

4× **文章完成法テスト（SCT）**と**ソンディテスト**は**投影法**の一種である。SCTは未完成の文章が提示され，被検査者が想像したことを記入することで文章を完成させる方法である。ソンディテストは，呈示された顔写真の好き嫌いの判断から，被検査者の衝動性などを測定する。

5× 教示内容や実施手続きを変更してしまうと，検査ごとに回答の歪みを誘発させてしまう可能性があるため，検査実施時には定められた教示内容，実施手続きを変更してはならない。

No.4 の解説 心理検査法 →問題はP.351 正答4

1 × 内田クレペリンは検査可変性。

内田クレペリン検査における作業曲線から読み取れる人格特性は，可変性，発動性，亢進性といった側面であり，思考様式，無意識の欲動，創造性，自我の統制力ではない。

2 × P-Fスタディは投影法。

P-Fスタディは**ローゼンツァイク（Rosenzweig, S.）**が開発した**投影法**の検査であり，24個のフラストレーション場面に対する言語反応に基づいて検査を行う。集計に関しては，マニュアル化が進んでいるが，一方，言語反応の解釈が入るため，質問紙法検査の特徴を有しているとはいえない。

3 × 欲求不満場面はP-Fスタディ。

ロールシャッハ・テストは，被検査者の性格傾向や自己認知などを無意識下の側面からとらえることを想定している。誤りのポイントは，欲求不満場面と関連のある投影法検査はP-Fスタディであること，また，比較的意識されづらい反応傾向を知ることを投影法検査は目的としている点である。

4 ◎ YG性格検査は５類型。

妥当である。**YG性格検査**は，**ギルフォード（Guilford, J.P.）**の性格理論に基づき，**矢田部達郎**によって作成された質問紙法の検査である。実施や採点が比較的簡便であるといった利点がある。一方，質問紙法全般の問題点として，被検査者の意図的な回答操作が可能などの問題点がある。

5 × バウムテストは絵の形式も分析。

バウムテストの結果を解釈する際は，木のサイズ，筆圧についての分析も行われる。他の投影法と同様に，多様な年齢層に対して，また言語表出が困難な者にも実施可能などの利点がある。一方，結果の解釈に熟練度を要するなどの問題点がある。

No.5 の解説 パーソナリティの諸理論 →問題はP.352 正答4

A × クレッチマー（Kretschmer, E.）は，精神疾患患者と体格との関連を見出し，**細長型－統合失調症気質，肥満型－躁うつ気質，闘士型－粘着気質**という，性格の３つの類型を提起した。彼は「精神病傾向の尺度化」を行っていない。また，特性から類型を導くことはできても，類型から特性を導くことはできない。

B ○ 妥当である。**オルポート（Allport, G. W.）**の「パーソナリティとは，個人の内部で，環境への彼特有な適応を決定するような，精神物理学的体型の力動的機構」というパーソナリティの定義は著名である。また，オルポートは**特性論**の代表的研究者に位置づけられる。

C ○ 妥当である。**ミシェル（Mischel, W）**は，パーソナリティと**状況**との関連を注目し，パーソナリティの**一貫性**についての議論を巻き起こした。

D × **トマスとチェス（Thomas, A. & Chess, S.）**は，縦断的研究を行い，**9つの気質**を示し，各々の得点の組合せから**4つの類型**を示した。

したがって，妥当なものは**B**と**C**であるから，正答は**4**である。

実戦問題2　応用レベル

＊＊
No.6　知能の構造理論に関する記述として最も妥当なのはどれか。

【法務省専門職員・平成25年度】

1　スピアマン（Spearman, C.E.）は，知能の2因子説を唱え，心理学研究に初めて因子分析を用いた。この説によると，知能は，あらゆる知的活動に共通して作用する一般知能因子（g）と，それぞれの知的活動に固有な特殊因子（s）の2種の因子で構成されている。その後，サーストン（Thurstone, L.L.）は，この一般知能因子（g）の存在を支持する一方で，特殊因子（s）が，記憶能力や言語理解能力などの7種の下位因子で構成されていることを示し，階層群因子説を唱えた。

2　キャッテル（Cattell, R.B.）は，知能を，流動性知能と結晶性知能の2つに大別した。そのうち，流動性知能は，学習・経験によって積み重ねられた知識を背景に，これを応用して新奇な環境に適応する際に発揮される能力とされ，一方，結晶性知能は，生来個々に備えている推理力や想像力が結晶化されて高次に発揮される能力であり，環境や文化の影響を受けにくいとされている。

3　ギルフォード（Guilford, J.P.）は，知能をコンピュータのような情報処理機能とみなして，「情報の内容」，「情報の操作」，「情報処理の所産」の三次元からなる多層構造理論を提唱した。これは，一連の因子分析研究をもとに120の知能因子を想定し，それぞれ，「内容」の4種の情報，「操作」の5種の思考，「所産」の6種の概念の組合せで性格づけ，立方体モデルに統合したものである。その後，120個すべての因子の存在が実証的に確認されている。

4　ガードナー（Gardner, H.）は，複数の専門領域に対応する知能を仮定し，①言語的知能，②論理・数学的知能，③空間的知能，④音楽的知能，⑤身体的・運動的知能，⑥内省的知能などからなる多重知能理論を提唱した。ウェクスラー（Wechsler, D.）は，この理論に基づいて，言語性知能や動作性知能などの個々の知能指数を測定するウェクスラー式知能検査を作成し，各領域における成績をプロフィールとして示すことを創案した。

5　スターンバーグ（Sternberg, R.J.）が提唱した，知能の鼎立理論は，流動性知能と結晶性知能からなるコンポーネント理論，新奇な刺激の処理と情報処理の自動化からなる経験理論，社会的知能と実用的知能からなる文脈理論の3つの下位理論で構成されている。この理論は，知能を多元的にとらえた階層的理論体系であり，伝統的な知能理論と情報処理心理学の成果を統合しようと試みたものである。

No.7 ＊＊ **知能に関する記述A～Dのうち，妥当なもののみを挙げているのはどれか。**

【国家総合職・平成25年度】

A：ギルフォード（Guilford, J.P.）は，因子分析の手法を用いて，知能因子の抽出と構造の解明を行い，内容，操作，所産の三次元からなる知性の構造モデルを提唱した。操作には，評価，収束的思考，拡散的思考，記憶，認知の5種類の要素が含まれており，このうち，収束的思考が創造的思考の中心をなすものと考えられている。

B：スピアマン（Spearman, C.E.）は，すべての検査項目に共通する一般因子（g因子）と，それぞれの検査項目に固有の特殊因子（s因子）があるとする2因子説を提唱した。それに対して，サーストン（Thurstone, L.L.）は，すべての知的機能に共通に働く一般因子の存在を否定し，知能は，数，記憶，語の流暢さなどの因子からなるという多因子説を提唱した。

C：ビネー（Binet, A.）は，発達の遅れのある子どもに対する診断用の30項目からなる知能尺度を発表し，これが世界で初めての知能検査とされている。後に，ターマン（Terman, L.M.）によるスタンフォード・ビネー式知能検査において知能指数（IQ）という概念が導入されたが，生活年齢と知能検査の結果から求められた精神年齢が同一であれば，IQは100となる。

D：ウェクスラー（Wechsler, D.）は，知能を，「目的的に活動し，合理的に思考し，能率的に環境を処理する，個人の総合的・全体的能力」と定義した。WAISやWISCといったウェクスラー式の個別知能検査で用いられる知能指数は，精神年齢と生活年齢を用いて算出されるものではなく，同年齢集団の平均を100，標準偏差が10になるように変換した偏差知能指数である。

1　A，B
2　A，C
3　A，D
4　B，C
5　B，D

＊＊
No.8 パーソナリティ理論に関する記述として最も妥当なのはどれか。

【国家総合職・平成24年度】

1 ユング（Jung, C.G.）は人間には相反する基本的態度が存在すると考え，それぞれを外向型と内向型と名づけた。またこの向性に加えて，思考，論理という合理的機能と，感覚，直感という非合理的機能の2つの軸からなる4つの心的機能があると考えた。ユングによれば人間は心的機能のいずれかが分化・発達し，優越機能となる。ユングは基本的態度としての2つの向性と優越機能の組合せによって人間を8つのタイプに分類した。

2 オールポート（Allport, G.W.）は，因子分析法や実験的研究などを通して，向性（外向性－内向性），神経症性（情緒安定－不安定）の2因子類型と，後に追加した精神病性を含めて因子論的類型論を展開した。一方，アイゼンク（Eysenck, H.J.）はパーソナリティを「個人を特徴づけている行動と思考とを決定するところの精神・身体的システムであり，その個人の内部に存在する力動的な組織」と定義し，アイゼンク人格目録を作成した。

3 1980年代以降に盛んになった「ビッグ・ファイブ（Big Five）」は特性論の一つで，主要な5つの特性でパーソナリティを包括的に説明できるという考え方である。一般的にそれらの特性は，①外向性（Extraversion），②神経症的傾向（Neuroticism），③経験への開放性（Openness to Experience），④協調性（Agreeableness），⑤誠実性（Conscientiousness）とされている。ビッグ・ファイブの代表的な研究者に，シェルドン（Sheldon, W.H.）がいる。

4 クロニンジャー（Cloninger, C.R.）は生物学的気質理論を提起し，パーソナリティを新奇性追求（novelty seeking），損害回避（harm avoidance），報酬依存（reward dependence），固執（persistence）という4つの気質の次元で捉え，これらを生物学的，進化論的なものと考えた。また気質や性格を測るTCI（Temperament and Character Inventory）を作成した。彼はこれら気質の側面と，ドーパミンなどの神経伝達物質との関連を仮定し，パーソナリティ研究の新しいパラダイムを提案した。

5 ケリー（Kelly, G.A.）は実存主義の立場から，人がどのように自分や世界に関する情報を処理するかの違いがパーソナリティであると考えた。彼はパーソナリティ心理学の目的は質問紙検査によってパーソナリティ特性を明らかにすることではなく，むしろ各人が自分や他者を解釈するのに用いている次元を明らかにすることだと主張した。彼の理論はパーソナル・コンストラクト（構成体）理論と呼ばれている。

実戦問題❷の解説

No.6 の解説　知能の構造　→問題はP.357　正答5

1 × サーストン（Thurstone, L.L.）は，スピアマン（Spearman, C.E.）が提唱した**知能の２因子説**に登場する**一般知能因子（g因子）**の存在を否定し，知能を，①言語理解，②語の流暢性，③数，④空間，⑤記憶，⑥知覚速度，⑦推理の７因子で構成する**知能の多因子説**を唱えた。

2 × **流動性知能**と**結晶性知能**の特徴が逆に記述されている。**キャッテル（Cattell, R.B.）**は，記憶力・推理力など生来個々が備えている能力を流動性知能とし，単語理解力，一般知識量など学習，経験によって積み重ねられた能力を**結晶性知能**とした。**流動性知能**は環境や文化の影響を受けにくく，老化に伴う能力の衰退が顕著である。一方，**結晶性知能**は環境や文化の影響を受けやすく，老化による衰退があまりみられない。

3 × ギルフォード（Guilford, J.P.）は，**多層構造理論**の中で，一連の因子分析研究によって想定された120個すべての知能因子の存在が将来確認されるとしたが，現在そのすべてが確認されているわけではない。

4 × **ウェクスラー式知能検査**は，**多重知能理論**に基づいたものではない。ウェクスラー式知能検査は，診断を目的とした知能検査であり，**言語性知能検査**と**動作性知能検査**で構成される。今日のウェクスラー式知能検査では，言語理解，知覚推理，ワーキングメモリ，処理速度の４つの指標を求められる。

5 ◎ 妥当である。**スターンバーグ（Sternberg, R.J.）**は，コンポーネント理論，経験理論，文脈理論の三本柱からなる**知能の鼎立（ていりつ）理論**を提唱した。鼎立とは，「３つの理論が支えて立っている」という意味がある。

No.7 の解説　知能の諸理論　→問題はP.358　正答4

A × 「収束的思考が創造的思考の中心をなす」という説明が誤り。**創造的思考**とは思考が一定の目的に沿って新たなものを生み出していくことである。拡散的思考と収束的思考のいずれにも創造的思考は関与する。**収束的（集中的）思考**とは，論理的に唯一の適切な解答や解決に収束させる思考をさす。また，**拡散的思考**は創造的な問題解決の場面で，１つに限られずさまざまな解決の可能性を広げて探るものをさす。

B ○ 妥当である。**スピアマン**は**知能の２因子説**を提唱した。知能の２因子説では，すべての検査間で見られる相関を規定する要因を仮定し，これを**一般知能因子**と呼び，課題固有に要求される要因を**特殊因子**とした。一方で，**サーストン**は**知能の多因子説**を提唱した。知能の多因子説では，10個の比較的独立した群因子を**因子分析**から抽出し，主要な７つの因子を基本的精神能力として命名した。

C ○ 妥当である。**ビネー（Binet, A.）**は，特定の年代の児童が行えるさまざまな課題を用いて「知能の年齢水準」を測定する最初の知能検査を開発した。また，ビネー式知能検査を大きく発展させたのは，**ターマン（Terman,**

L.M.）であった。

D × ウェクスラー式の個別知能検査で用いられる知能指数に関して，同年齢集団の標準偏差を10としているのが誤り。同年齢集団の標準偏差は10ではなく，15である。

以上より，妥当なものは**B**と**C**であるから，正答は**4**である。

No.8 の解説 パーソナリティ理論 →問題はP.359 正答4

1 × ユング（Jung, C.G）は，人間の関心の基本的な方向性として，**外向型**と**内向型**に分けられるとした。またユングはこの外向，内向に加えて，「思考」「感情」「感覚」「直観」という4つの心的機能があると考えた。さらにこの4つの機能に関して，「補償機能」を軸にしてそれぞれを関係づけており，「思考」と「感情」，「感覚」と「直観」との間に補償関係が成り立つとしている。

2 × アイゼンク（Eysenck, H.J.）は**向性（外向性—内向性）**，**神経症性（情緒安定—不安定）**の2因子を構成次元とし，**モーズレー性格検査（MPI）**を開発し，その後に精神病性を加えて**アイゼンク性格検査（EPQ）**を開発した。一方，パーソナリティを「個人を特徴づけている行動と思考とを決定するところの精神・身体的システムであり，その個人の内部に存在する力動的な組織」と定義したのは，**オールポート（Allport, G.W.）**である。

3 × シェルドン（Sheldon, W.H.）は，**身体的類型論**の代表的な研究者であり，人間の特質を頭脳緊張型，内臓緊張型，身体緊張型の3類型に分類し，体質心理学を展開した。**ビッグ・ファイブ**は，**外向性**，**神経症傾向**，**協調性**，**誠実性**，**開放性**の**5つの特性**でパーソナリティを説明できるとするモデルである。また，これらの因子には，文化的多様性があると考えられている。

4 ◎ 妥当である。**クロニンジャー（Cloninger, C.R.）**は，新奇探求性，損害回避性，報酬依存性，固執性の4つの軸で性格が表現されるとする**生物学的気質理論**を提案した。また，気質や性格を測るために，**TCI（Temperament and Character Inventory：気質・性格質問紙）**を作成した。

5 × ケリー（Kelly, G.A）は，実存主義ではなく，認知主義の立場と位置づけられる。ケリーの提唱した**パーソナル・コンストラクト理論**は，各人が自分や他者を理解するために用いている次元（構造）を明らかにすることをめざした。

15 心理療法

必修問題

次は，S.フロイトに関する記述であるが，A～Eに当てはまるものの組合せとして妥当なのはどれか。 【国家総合職・平成28年度】

精神分析療法および精神分析学を創始した**フロイト**は，人間行動の根源的な衝動として**快楽原則**に従う本能的な性の動機づけを重視して，そのエネルギーとして**リビドー**を想定した。リビドーは通常の社会生活において意識下に抑圧されて無意識なものとなっているが，絶えず意識化されようとする。フロイトによれば，パーソナリティは**自我**，**超自我**，**エス（イド）**の三つの機能から成る力学的構造であり，その中では，リビドーは［ A ］の中に位置している。一方，［ B ］は，発達途上の幼児期に形成される部分で，両親との同一化の産物であり，両親の道徳的影響が内在化したものとして自己の行動を監視する良心の役割をもち，しかも，理想的な自己像を提供して理想像（自我理想）に沿うように要求していく役割を担っている。［ C ］は，人格の意識的で合理的な部分で，現実外界への適応のために［ A ］の原始的な欲望や感情をコントロールして現実世界の諸条件に従わせる役割を担っている。

また，フロイトは，未分化な**リビドー**が分化していくことによって精神発達・人格発達がもたらされるとする理論を提唱した。しかし，この過程は必ずしも全面的な発達をするとは限らない。発達の失敗も起こる。この発達の失敗について，フロイトは**神経症者**の治療体験から示唆を得て，乳幼児期の発達段階のどこかでリビドーの欲求不満が引き起こされ，［ D ］が生じ，その段階特有の未成熟な傾向や病的な症状が形成されるという結論を得た。さらに，［ D ］があっても多くの人はその先の発達段階へ進むが，その後に欲求挫折を生じると［ E ］が生じるとされる。たとえば，**エディプス期**の葛藤に耐えられない子どもが口唇期にみられる指しゃぶりをするなどである。

	A	B	C	D	E
1	自我	超自我	エス	抑圧	退行
2	超自我	自我	エス	固着	反動形成
3	超自我	エス	自我	抑圧	反動形成
4	エス	超自我	自我	固着	退行
5	エス	自我	超自我	抑圧	退行

難易度 ＊

必修問題の解説

フロイトのパーソナリティ理論に関する記述である。エス（イド）・自我・超自我の構造さえ理解していれば容易に正答を導ける問題である。

フロイト（Freud, S.）のパーソナリティ理論は，機械論的であるという特徴があり，**自我，超自我，エス**の3つの機能と，エネルギー体である**リビドー**によって構成される。

空欄A　**エス**が入る：**リビドーはエス（イド）に貯蔵**される。
空欄B　**超自我**が入る：**超自我は内在化された道徳や良心**を担っている。
空欄C　**自我**が入る：**自我は，超自我とエスの持つ欲求との調整役**である。
空欄D　**固着**が入る：フロイトの人格発達（自我発達）理論によれば，発達のどこかの段階で**リビドーの欲求が適度に満たされないと**，特定の段階に**固着が生じる**。
空欄E　**退行**が入る：**退行は，不愉快な現実から逃避し，精神発達の低い段階に逆戻りすることで満足を得ようとする防衛機制**のことをさす。**反動形成は，抑圧された欲求とは反対の方向の行動をとるといった防衛機制**をさす。嫌いな相手に対して懇切丁寧な態度をとるといった行動がその例となる。

したがって，正答は**4**である。

正答 4

FOCUS

心理療法は数多く開発されているが，開発者と療法の特徴との組合せを中心に整理を進めてほしい。精神分析系の心理療法（交流分析，ロゴテラピーなど）と，クライエント中心療法，認知行動療法，集団療法，マイクロ・カウンセリングは，必須である。

POINT

重要ポイント 1 心理療法

精神分析：フロイト（Freud, S.）によって創設された精神分析療法の特徴は，無意識の層に抑圧された情動や記憶などを意識化することによって治療を行う点である。精神分析の技法として，自由連想法や夢分析などが挙げられる。また，精神分析は歴史も古く多くの後継者がいる。自由連想法，転移，退行といった療法に関する用語と，アドラー（Adler, A.）の個人心理学，ユング（Jung, C.G.）の分析心理学，フランクル（Frankl, V.E.）のロゴテラピーなどといった精神分析の流れをくむ療法との関連を整理する必要がある。

交流分析：交流分析は，精神分析を背景に**バーン（Berne, E.）**によって創設された心理療法である。記号や図式を用いて心の構造や機能を説明するところに特徴がある。個人の心的構造には，親（P：Parent），子（C：Child），大人（A：Adult）という3つの自我状態があり，状況に応じて各人の自我状態が異なると考える。

認知行動療法：心理的な問題が認知過程における歪みによって媒介されて生じるとし，不合理で否定的なスキーマを，合理的で肯定的なスキーマに変更させようとする。行動的技法と認知的技法を組み合わせた療法の総称として認知行動療法は用いられる。代表的な療法として，エリス（Ellis, A.）の合理情動療法，ベック（Beck, A.T.）の認知療法などが挙げられる。

行動療法：原因の分析を行うことを目的とせず，主に学習理論によって行動の変容をめざす点が特徴である。クライエントの行動の変容を促す技法である。レスポンデント，オペラント技法がその中心をなしている。ウォルピ（Wolpe, J.）の提案した**系統的脱感作法**は，行動療法において用いられる逆制止と脱感作を組み合わせた手法である。

クライエント中心療法：ロジャーズ（Rogers, C. R.）によって創設されたクライエント中心療法は，人には自己実現に向かおうとする欲求があるとし，クライエント自身が自己の体験や感情を探ることを促し，解決に到達することを援助する。技法としては，**傾聴**が重視され，**非指示的カウンセリング**とも呼ばれる。この療法は，カウンセラーに自己一致，無条件の肯定的配慮，共感的理解が求められる点も大きな特徴である。

ゲシュタルト療法：パールズ（Perls, F.S.）によって創始され，クライエントが現在と過去あるいは未来に横たわる問題にとらわれていると仮定し，今どうすべきかという問題へ注意を向けさせようとする。

＊心理療法は数多く，ここに挙げた以外でも，箱庭療法，心理劇，ロールプレイ，自律訓練法，集団療法などについてもその治療の内容を理解しておく必要がある。

重要ポイント2 ストレス

セリエ（Selye, H.）は有害物質によって生じる防衛反応を**ストレス**と呼び，ストレスを生じさせる有害刺激を**ストレッサー**と呼んだ。また，セリエはストレッサーによって生じる多様なストレス反応を汎適応症候群として体系立てた。ストレスに対する反応は，警告期，抵抗期，疲はい期の3つの時期に分けられる。

ラザルス（Lazarus, R.S.）のストレス・モデル：ストレッサーの有害さや重大さの評価と，自分がストレスに対しどのように対処できるかといった評価という，認知プロセスを重視した点にある。ラザルス（Lazarus, R.S.）は，ストレスにおける認知的評価の重視やコーピングに関する多くの研究で著名である。

ストレス・コーピング：ストレスへの対処法をストレス・コーピングと呼ぶ。原因自体を変化させることを目的とする問題焦点型と，ストレッサーによって生じた不快な情動のコントロールを目的とする情動焦点型に分類される。

実戦問題❶　基本レベル

＊
No.1 **次は，心理学における防衛機制の具体例に関する記述であるが，A，B，Cに該当する防衛機制の名称の組合せとして最も妥当なのはどれか。**

【国家一般職・平成27年度】

A．担任の先生を嫌っているのに，「先生が自分を嫌っている」と考える。

B．職場の上司に腹が立ったので，家で家族に当たり散らした。

C．恋人に依存したいが，その恋人に対して過剰に拒絶的で冷淡な態度を取る。

	A	B	C
1	投　影	置き換え	反動形成
2	投　影	退　行	否　認
3	投　影	退　行	反動形成
4	同一視	置き換え	反動形成
5	同一視	退　行	否　認

＊＊
No.2 **古典的条件づけまたはオペラント条件づけのいずれかに基づく行動療法A～Eのうち，古典的条件づけに基づくもののみをすべて挙げているのはどれか。**

【国家一般職・平成27年度】

A：刺激統制法

望ましくない行動が起こりやすい刺激を除去し，あるいは，望ましい行動が起こりやすい刺激を提示することで，行動の生起確率をコントロールする技法。

B：トークンエコノミー

望ましい反応が起こるたびにシールや代用貨幣などのトークンを与え，トークンが一定量に達したら，特定の物品と交換したり，特定の活動を許可したりするといった技法。これにより，望ましい反応の生起確率を高めることができる。

C：アラームシーツ

夜尿症の治療に用いる装置で，睡眠中に排尿してシーツが濡れるとアラーム音がして，子どもが覚醒するよう促す。このシーツを繰り返し使用することにより，膀胱圧が高まると目覚めることができるようになる。

D：系統的脱感作法

不安や恐怖反応を引き起こしている状態に対して，それらと両立しない反応（弛緩反応）を同時に引き起こす（脱感作）ことを繰り返し，不安や恐怖反応を段階的に消去する技法。不安や恐怖を引き起こす刺激をその程度によって並べたリストを作成した後，程度の低いものから順にイメージし，それに対して脱感作を行っていく。

E：バイオフィードバック

脳波や心拍などの生理学的指標を視覚・聴覚などの情報を変換してフィードバックすることで，生理活動の随意的コントロールを可能にする技法。多くの場合，生理学的指標は工学的な方法の助けを借りて視聴覚化され，フィードバックされる。

1　A，B
2　A，E
3　B，D
4　C，D
5　C，E

＊＊
No.3 **心理療法に関する記述として最も妥当なのはどれか。**

【国家一般職・平成26年度】

1　自律訓練法とは，心身安定のための心理生理学的訓練法の一つである。行動療法が基盤となっており，「標準練習」，「黙想練習」，「特殊練習」などから成り立っている。全般に手続が明確で簡便であり，乳幼児を除いて幅広い年齢層に適用できるほか，陽性症状の見られる統合失調症の患者や重度の抑うつ病患者の治療にも効果的とされている。

2　内観療法は，過去の対人関係における自己の態度や行動を多面的・客観的に調べることにより，真実の自己を発見するための技法である。内観は1か月間集中的に実施するものとされ，「絶対臥褥期」，「軽作業期」など五つの段階を通して，親など身近な存在との関わりを「世話になったこと」，「迷惑を掛けたこと」などのテーマに沿って繰り返し思い出していく。

3　ゲシュタルト療法では，治療プロセスは問題指向的で構造化されており，状況を認識する過程を表層と深層の二つのレベルに分けて分析する。全体としてまとまりある人格への統合を図ることが治療の目標であり，セラピストは治療初期に問題リストを作成した後，「ホット・シート」や「ロール・プレイング」などの技法を用いて介入していく。

4　交流分析では，基本的に「構造分析」，「ゲーム分析」など四つの分析を行う。例えば構造分析では，人は誰でも心の中に「親・大人・子」という三つの自我状態があり，各個人により，また状況によって，優位となる自我状態が異なると考え分析していく。交流分析の基本的な立場としては，無意識の存在を仮定せず，「今，ここで」を重視する。

5　サイコドラマとは，対人行動の障害やつまづきを学習性の行動の欠如として捉え，ドラマを演じさせることを通して，効果的な対人行動の獲得を援助していく認知行動療法である。治療はあらかじめ定められた手順に沿って進められる。参加者には一定以上の自発性や表現力が必要とされるため，精神障害患者への適用は不向きとされている。

実戦問題1の解説

No.1 の解説　防衛機制

→問題はP.366　**正答 1**

防衛機制とは，アンナ・フロイト（Freud, A.）によると，「本能欲求に対する**自我**の防衛」をさす。つまり，不安や葛藤，フラストレーションなどによって自我が脅かされたときに，**自我**を守るための無意識の心の働きをさす。この**防衛機制**には，選択肢にみられる**投影，同一視，置き換え，退行，反動形成，否認**のほかにも，**抑圧，補償，取り入れ，合理化，分離，昇華，打ち消し**，などさまざまな種類がある。

選択肢A：**投影**とは，自分が持っていると認めたくない衝動や感情を他の人やものに転換するという防衛機制の一種である。つまり，自分が認めたくない考えや感情，欲求を他の人が持っていると思い込んでしまう心の働きである。**同一視**とは，自分のあこがれの対象などと自分を重ね合わせることをさす。したがって，Aに該当するのは，**投影**である。

選択肢B：**置き換え**とは，充足できない欲求を，本来の対象とは別の対象に持つという防衛機制のことである。**退行**は，不愉快な現実から逃避し，精神発達の低い段階に逆戻りすることで満足を得ようとする防衛機制のことである。したがって，Bに該当するのは，置き換えである。

選択肢C：**反動形成**は，抑圧された欲求とは反対の方向の行動をとるといった防衛機制であり，嫌いな相手に対して慇切丁寧な態度をとるといった行動がその例となる。**否認**は，満たされない欲求そのものが，あたかも存在しないようにふるまうことをさす。したがって，Cに該当するのは，**反動形成**である。

したがって，正答は**1**である。

No.2 の解説　行動療法

→問題はP.366　**正答 4**

行動療法は，**ウォルピ（Wolpe, J.）**らによって体系化された療法であり，クライエントの行動の変容を促す技法である。**レスポンデント技法，オペラント技法**がその中心をなしている。本問で問われているレスポンデント条件づけは，元来中性的な刺激であった**条件刺激**を**無条件刺激**と対呈示することにより，条件反応を誘発するようになる現象をさす。一方，**オペラント条件づけ**は，生体にとって良い結果をともなう行動の自発頻度が上昇するといった現象をさす。そのため，本問では，各々の選択肢が，生得的な行動を主題としているのか，あるいは自発的な行動を主題としているのかといった点から検討をすることによって正答を導くことができる。

A× 刺激統制法は，条件刺激の統制によって自発的な行動の生起をコントロールすることを意図しているので，**オペラント条件づけ**に関わる技法である。

B× **トークンエコノミー**は，自発的行動に対する良い結果を提示するといった図式を用いており，**オペラント条件づけ**に関わる技法である。

C○ 妥当である。**アラームシーツ**は，排尿とアラーム音（無条件反応としての覚醒）のマッチングを用いており，**古典的条件づけ**を利用した技法である。

D○ 妥当である。**系統的脱感作法**は，古典的条件づけの**逆抑止**（問題となる反応と反対の方向の反応を対呈示する）を用いた技法である。

E× **バイオフィードバック**は，生理反応のセルフコントロールを意図しており，オペラント条件づけに関わる技法である。

したがって，妥当なものは**C**と**D**であるから，正答は**4**である。

No.3 の解説　さまざまな心理療法

→問題はP.367 **正答4**

1× **自律訓練法を統合失調症患者には行わない。**

自律訓練法は，**リラクゼーション・テクニック**として，最もよく用いられる技法の一つである。心理的な側面と生理的な側面の両者を重視している点が大きな特徴である。一方，統合失調症の患者などに用いることは禁忌とされている。

2× **絶対臥褥（がじょく）や軽作業は森田療法。**

森田療法と**内観療法**，両者の特徴を混合して作成された選択肢である。**絶対臥褥期，軽作業期は，森田療法**に関する記述であり，また，**身近な存在とのかかわり**について繰り返し思い出すのは，**内観療法**に関する記述である。

3× **ゲシュタルト療法はクライエントに気づかせる。**

ゲシュタルト療法と**認知（行動）療法**の特徴を混交した記述となっている。**ゲシュタルト療法**は，クライエント自身の気づきが重視される療法であり，**ホット・シート**などの技法を用いて本人の気づきをサポートする。そのため，選択肢中にあるような，治療プロセスの構造化や認識の過程を表層と深層に分けるといった技法は用いられない。

4◎ **交流分析は構造分析・ゲーム分析。**

妥当である。**交流分析**は，**バーン（Berne, E.）**によって提唱された療法であり，**構造分析，ゲーム分析，交流パターン分析，脚本分析**という4つのプログラムが用いられる。また，**エゴグラム**と呼ばれる，自我状態を測定する質問紙も著名である。

5× **サイコドラマは集団精神療法。**

サイコドラマは，**モレノ（Moreno, J. L.）**によって開発された集団精神療法であり，即興劇を行うことが大きな特徴である。選択肢に記述された認知行動療法ではない。

実戦問題2 応用レベル

＊＊
No.4 集団精神療法（group psychotherapy）に関する記述として最も妥当なのはどれか。 【法務省専門職員・平成25年度】

1 集団精神療法には，メンバーの成長，訓練，治療のいずれをめざすかといった目的，大集団か小集団かといった集団の規模，定期的・継続的に行うか，集中的・限定的に行うかといった場面設定，話し合い中心か活動や作業中心かといった形態等によって，さまざまな種類がある。ただし，集団の対象年齢や抱える疾病などの属性については同質の者に限定することや，固定メンバーで実施することが望ましいとされる点は，共通している。

2 サイコドラマ（psychodrama）とは，モレノ（Moreno, J.L.）によって創始された，劇を用いた技法であり，ウォーミングアップ，ドラマ，シェアリングという一連の流れを通してメンバーが個々の問題に対する直面化，内面の洞察，カタルシス，他者との共感などを体験する。あらかじめ決まったテーマに沿って，「監督」の指示のもと「演者」はドラマに参加し，「補助自我」は主に主役を支えドラマの進行を助ける役目を担う。「観客」はドラマが終了するまで観察者としての立場を維持し，ドラマには参加しない。

3 エンカウンター・グループ（encounter group）とは，1960年代から70年代前半にかけて，米国で急速に展開した自己成長をめざすグループの総称や，その動向自体をさして用いられている。一般に合宿形態をとり，ファシリテーターと呼ばれるリーダーが，他人のアイディアについて評価・批判しない，自由奔放なアイディアを尊重するなどの原則を確認し，たくさんのアイディアを生み出すことで，メンバーに自由な自己表現を促すことを目的とする。

4 社会的スキル訓練（social skills training：SST）とは，対人行動の障害やつまずきの原因を社会的スキルという客観的に観察可能な学習性の行動の欠如としてとらえ，不適切な行動を修正し，必要な社会的スキルを積極的に学習させながら，対人行動の障害やつまずきを改善しようとする治療技法である。当初，異性への対人不安を示す大学生，統合失調症やうつ病の患者の対人行動を改善する目的で始まったが，現在では発達障害など障害を抱える人々の対人関係の改善にも適用されている。

5 セルフヘルプ・グループ（self help group）とは，同じ悩みや問題を抱えた人々が集まり，相互に援助し合うことを通じて自己の回復を図る治療グループのことである。伝統的な治療関係における治療者と患者間の支配-依存関係を否定し，グループには治療者や指導者を置かず，あくまでセルフヘルプ（自助）することを原則とするため，各グループは特に回復のためのプログラムを持たない。また，相互に信頼関係を築くため，参加者の名前や素性を明らかにすることを重視している。

No.5 心理療法に関する記述として最も妥当なのはどれか。

【国家総合職・平成25年度】

1 フォーカシングは，人が現実と信じているものは，実は心理的に構成され，社会的に構築されたものだとする構成主義の発想が理論的基盤となっており，問題のあるストーリー，すなわちドミナント・ストーリーとは異なった，それに取って代わるオルタナティヴ・ストーリーを構築することに主眼が置かれている。

2 内観療法は，成瀬悟策が開発した日本独自の自己探求法であり，自分にとって重要な人物との関係を，①お世話になったこと，②（お世話を）して返したこと，③迷惑をかけたこと，の３点に絞って，具体的に調べていくものである。

3 ゲシュタルト・セラピーは，家族成員間の相互作用や結びつきのありようを含めて，家族を１つのまとまりをもったシステムととらえ，家族システムが抱える心理的問題を臨床実践の対象とするものである。すなわち，家族は個人の寄せ集めではなく，家族成員それぞれに対する個人面接の結果を足し合わせても，その家族全体としての関係や心理状態は把握できないととらえている。

4 自律訓練法はシュルツ（Schultz，J.H.）が創始者であり，その標準練習は，「気持ちが落ち着いている」，「両腕両足が重たい」など自己暗示的要素を含んだ７段階を段階的に訓練していき，心身のリラックスした状態を得ることを目的としている。

5 多世代家族療法は，個人や夫婦・家族の問題や症状を，何世代かにわたる家族関係の歴史という文脈の中で理解して，世代間境界が曖昧である家族や過度にばらばらな家族を問題のある家族とみなし，家族の再構造化を図ろうとするものである。

No.6 ＊＊ **次は，ある面接事例の一場面の記録である。アイビィ（Ivey, A.E.）が提唱したマイクロカウンセリングにおける技法の組合せとして最も妥当なのはどれか。** 【法務省専門職員・平成24年度】

＜事例＞　Cl：中学生　Co：スクールカウンセラー

Co：今日はどうしたの？

Cl：教室に居づらい。

Co：教室に居づらいって，どういうことがあるの？

Cl：みんなが私を見ながらひそひそ話をしたり。それから，私が近づくと知らんふりしたり，どっか行っちゃったり，あと話しかけても返事してくれない。

Co：うーん，そんなことがあるの。そういうことをどんな風に感じているのかな？

Cl：何でそんなことされるんだろうって。悲しいし，話す人が誰もいなくて，教室にいたくなくなっちゃう。

Co：ひとりぼっちで寂しい。

Cl：うん，そう，そうなの。私小学校の時にいじめられたことがあって，その時は担任の先生が助けてくれて，いじめはなくなったの。でも…。

Co：<u>でも…？（発言A）</u>

Cl：先生が助けてくれていじめはなくなったけど，思い出すと怖いの。怖くてちょっとしたことでもどきどきしちゃうし，みんなが私のこと何か言っているんじゃないかって，不安になっちゃう。

Co：不安になっちゃう時って，どんな風になっちゃうの？

Cl：怖くて顔が上げられなくなっちゃう。またいじめられるんじゃないかってすごく怖い。だから話しかけられても返事できなくなっちゃうの。

Co：小学校の頃にいじめられた経験があって，そのことを思い出すと怖くなってしまうのね。みんなが自分のことを何か言っているんじゃないかとか，またいじめられるんじゃないかと不安になってしまう。それで，友達に話しかけられても返事ができなかったりするのね。

Cl：そうなんです。

Co：話しかけられても返事ができなかった時，話しかけた人はどんな顔をしていたのかな。

Cl：すごく嫌そうな顔をして，「無視してんじゃねえよ」とか言ってどっかに行っちゃう。

Co：そういう時，あなたはどんな風に感じた？

Cl：すごく悲しかった。本当は話したかったのに。

Co：<u>あなたは，本当は話したかったのよね。でも，相手の人は嫌そうな顔をした</u>

ということは，あなたのそういう思いには気づかずに無視されたと思ってしまったのかもしれないわね。（発言B）
あなた自身は，その時どんな顔をしていたと思う？

Cl：さあ…。でも緊張していたから，きっとこわばった表情をしていたんじゃないかな。

Co：じゃあ，仲のいい友達と話している時はどんな感じかな？（発言C）

Cl：うーん，たぶんリラックスしているから，表情もきっと笑顔で，聞かれたことにもちゃんと返事できていると思う。

Co：きっとそうね。今もそうよ。先生の質問にちゃんと笑顔で答えてくれているもの。話したいって気持ちが伝わってくるわ。（発言D）だから，先生もあなたと話していてリラックスできるし，とても楽しいわ。

Cl：本当？

Co：ええ本当よ。あなたの笑顔はとても素敵だわ。人と話す時，言葉よりも言葉でない部分，たとえば表情ってとても重要なのよ。仲のいいお友達と話している時，あなたも笑顔だし，きっとお友達も笑顔なんじゃない？

Cl：うん笑顔。だから，安心できるし楽しい。

Co：そうでしょう。他の人も同じじゃないかな。誰かから話しかけられた時，こわばった表情ではなくて笑顔で応えることができたら，きっとその人も安心するし，楽しく話ができるんじゃないかしら。

Cl：そうかぁ。そんなこと考えたことがなかった。今まで気づかなかったけど，確かに，私，みんなに誤解されるような表情をしていたかもしれない。だからきっとみんな嫌そうな顔をしたんだね。

	発言A	発言B	発言C	発言D
1	最小限度のはげまし	解　釈	開かれた質問	フィードバック
2	最小限度のはげまし	いいかえ	閉ざされた質問	フィードバック
3	最小限度のはげまし	解　釈	閉ざされた質問	フィードバック
4	感情の反映	解　釈	開かれた質問	最小限度のはげまし
5	感情の反映	いいかえ	閉ざされた質問	最小限度のはげまし

実戦問題2の解説

No.4 の解説　さまざまな集団精神療法　→問題はP.371　正答4

1 × **集団精神療法**は集団を対象とした精神療法全般をさしている。集団精神療法は，大別すると言語的なアプローチと，アクションに依存する非言語的アプローチが存在する。また，グループメンバーの構成員に関し，同質にするか異質にするか，また固定メンバーにするかといった問題は，セラピーの目的や，環境に依存する。

2 × **サイコドラマ**上の役割は固定されておらず，「演者」や「観客」といった参加者の役割は随時入れ替わる。**モレノ（Moreno, J.L.）**は，人生の価値は創造性にあるとし，サイコドラマを通じて個人の自発性を刺激し，各自の創造性を引き出すことが当人の癒しに繋がると考えた。

3 × 「ファシリテーターが原則を確認する」といった記述が誤りである。**エンカウンター・グループ**は，**ロジャーズ（Rogers, C.）**が1960年代にクライエント中心療法を発展させ，創始した集団療法をさす。そのため，自由に人々が感じたことを話し合うといったことが中心になり，ファシリテーターはグループの潜在的治癒力を促進する役割をになう。

4 ◎ 妥当である。**社会的スキル訓練（SST）**は，集団精神療法の一種であり，社会的スキルの学習を通じた対人行動の改善を目的にした治療技法である。行動療法の諸理論（オペラント条件づけ理論，社会的学習理論など）を背景に，1970年代以降飛躍的に発展を遂げ，現在では，知的能力障害，限定性学習症，自閉スペクトラム症などの障害を抱える人たちの対人関係の改善にも適用範囲を拡げている。また，社会的スキル訓練において用いられる社会的スキルは，主張性スキル，社会的問題解決スキル，友情形成スキルの３つのスキルに大別される。

5 × **セルフヘルプ・グループ**では，回復のためのプログラムが用意されている場合が多い。また，参加者の名前や素性を明かさない無名性（匿名性）が重視されている。代表的なセルフヘルプ・グループとしては，1930年代にアルコール依存者によって結成されたグループAA（Alcoholic Anonymous）などが挙げられる。

No.5 の解説　さまざまな心理療法　→問題はP.372　正答4

1 × **ナラティヴ・セラピー**に関する説明である。ナラティヴ・セラピーは，自己について語ることが自己を構成するという，社会構成主義的な自己論を基盤とし，新たな語りが，新たな自己を構成すると主張する心理療法である。アンダーソン（Anderson, H.）は，セラピストは理論をクライエントにあてはめようとするのではなく，クライエントに合わせて理論を参照しようとする態度，つまり，理論を相対化する態度を推奨している。この態度を「無知の姿勢」と呼ぶ。**フォーカシング**は，ジェンドリン（Gendlin, E.T.）によって開発された技法であり，問題に対する自分の感覚，つまり「フェルトセンス」を確かめる技法である。

2 × **内観療法**は，吉本威信が開発した心理療法である。身の回りの人々に対して，①していただいたこと，②して返したこと，③迷惑をかけたこと，の3点に関して具体的な事実を調べていくという特徴を持ち，クライエントに省察を促す。なお，成瀬悟策が開発したのは**動作療法**であり，心理療法を行う際，ことばではなく，クライエントの動作を媒体として用いる心理療法である。

3 × **家族療法**に関する説明である。家族自体に問題がある場合，個人療法によって回復しても症状を再発してしまうことが多く，家族全体を変容させる必要性があることを背景にして生まれた。家族療法は，家族全体を1つのシステムとしてとらえるシステム理論に基づいている。なお，ゲシュタルト・セラピーはパールズ（Perls, F.S.）が創始者である。

4 ◎ 妥当である。**自律訓練法**は**シュルツ（Schultz, J.H.）**によって創始され，背景公式（安静練習）「気持ちが落ち着いている」，第1公式（重感練習）「両腕両脚が重たい」，第2公式（温感練習）「両腕両脚が温かい」，第3公式（心臓調整）「心臓が静かに規則正しく打っている」，第4公式（呼吸調整）「楽に呼吸をしている」，第5公式（腹部温感練習）「おなかが温かい」，第6公式（額部涼感練習）「額が涼しい」という7段階の標準練習を段階的に訓練していく。

5 × **多世代派家族療法**は，ボーエン（Bowen, M.）に代表される心理療法である。多世代にわたる情緒的連鎖によってもたらされる文脈という概念を重視することに加え，個人内において，理性的機能と情緒的機能とが分化しているか，個人が家族から分化しているかという視点を重視している。一方で，選択肢の記述は，構造がキーワードとなっており，構造派家族療法に関する記述である。**構造派家族療法**は，ミニューチン（Minuchin, S.）が代表的であり，家族内のサブシステムの内部にある不可視の輪郭をさす境界，家族の構成員同士の結びつきの概念をさす連合，家族内の力関係をさす権力という3つの視点で家族をとらえている。

No.6 の解説　マイクロカウンセリング

→問題はP.373　**正答1**

アイビィ（Ivey, A. E.）が開発した**マイクロカウンセリング**は，初心者に向けたカウンセラー訓練プログラムの一つである。基本的な技法を一つ一つ積み上げていくといった訓練法が特徴となる。基本的な（マイクロ）技法には，「**かかわり行動**」，「**開かれた質問**」，「**閉ざされた質問**」，「**最小限のはげまし**」，「**いいかえ**」，「**要約**」，「**感情の反映**」などが含まれる。面接などにも，これらの基本的な技法は有効であるため，よく理解をしてほしい。

また，基本的な技法を習得した後に，積極技法の習得に向かう。積極技法には，「対決」「自己開示」「解釈」「フィードバック」などがある。

発言A：「最小限度のはげまし」に該当する。マイクロカウンセリングにおけるはげましの技法は，クライエントの話に相槌を打つことやうなずき，そして，発言Aに見られるようなキーワードの繰り返しをさす。「感情の反映」は，話し手の感情を本人に客観的に理解してもらえることを目的としており，「…と感じたのですね」といった表現を用いることが多い。

発言B：スクールカウンセラーの発話には，「あなたのそういう思いに気づかず」といった内容が含まれており，「解釈」の例に該当する。「いいかえ」は，話し手の話の事実内容の明確化を目的としている。発言Bは，「いいかえ」以上の内容が含まれている。

発言C：「開かれた質問」に該当する。質問に対する回答が「はい」「いいえ」のように限定される質問を「閉ざされた質問」と呼び，回答が限定されない質問を「開かれた質問」と呼ぶ。

発言D：クライエントの発話に対する，カウンセラー自身の意見が反映されており，「フィードバック」に該当する。また，選択肢にある「最小限のはげまし」は，発言Aで紹介したように，うなずきやキーワードの繰り返しであるため，明らかな誤りである。

したがって，正答は**1**である。

症 例

必修問題

DSM-5（精神疾患の診断・統計マニュアル）における，自閉スペクトラム症／自閉症スペクトラム障害（Autism Spectrum Disorder）に関する記述として最も妥当なのはどれか。 【法務省専門職員・平成27年度】

1 **言語的コミュニケーション行動**および**非言語的コミュニケーション行動**を表出することに**欠陥**があり，たとえば，それらを用いて他者と意思疎通を図ることが難しい。一方，相手が発するコミュニケーション行動については，どちらもおおむね適切に理解することができる。

2 **感覚刺激全般に関して過敏**であり，触られることを嫌う，ほんの少しぶつかっただけでひどく痛がる，自分の体温変化に強くこだわる，物の匂いを嗅ぐこと，光や動くものを見ることに熱中するなどの特徴は，彼らに共通して認められるものである。

3 症状が発達早期には認められず，思春期に至って初めて表れることがある。他の精神疾患同様，思春期における生理的バランスおよび社会的要求の変化が症状の発現を促しており，これにより，**自閉スペクトラム症**が変性疾患であることがわかる。

4 **DSM-5**では，DSM-Ⅳにおいて自閉性障害，アスペルガー障害または特定不能の広汎性発達障害の診断が十分に確立しているもののうち，前二者に関しては**自閉スペクトラム症**と診断し，後一者に関しては社会的（語用論的）コミュニケーション症と診断する。

5 **DSM-5**における「**スペクトラム**」という表現は，機能的な障害が明らかになる局面が個々の特性や環境によって異なること，障害の徴候が，症状の重症度，発達段階，暦年齢などによって非常に多様であることなどを示している。

難易度 ＊

必修問題の解説

DSM-5における，代表的な改定事項である自閉スペクトラム症／自閉症スペクトラム障害に関する出題である。それまで独立した障害名であったアスペルガー障害，特定不能の広汎性発達障害が廃止された。

1 × 自閉スペクトラム症は，コミュニケーションが困難。

自閉スペクトラム症／自閉症スペクトラム障害の診断基準の一つは，社会的コミュニケーションおよび相互関係における持続的障害である。そのため，相手の発するコミュニケーションについても理解が困難である。

2 × スペクトラムは連続体。

共通してみられるという部分が誤り。**スペクトラムは連続体**を意味し，程度の差があることが前提となっている。

3 × 自閉スペクトラム症には年齢の規定はない。

選択肢の記述のように，**自閉症**は，従来**3歳以前**の発症という診断基準が用いられていたが，**DSM-5**では，年齢の規定が緩められ成人の発症も認められるようになった。一方，先天的な**遺伝要因による脳機能障害**と位置づけられており，生理的バランスと社会的要求が主たる要因とはいえない。また，**変性疾患**はアルツハイマー病のように，特定の神経細胞群が徐々に脱落していく疾患をさすため，自閉スペクトラム症には該当しない。

4 × 特定不能の広汎性発達障害も自閉スペクトラム症に含まれる。

DSM-5の診断基準では，**自閉性障害**，**アスペルガー障害**，**特定不能の広汎性発達障害**は自閉スペクトラム症に含める。

5 ◎ スペクトラム診断は症状の多様性に対応。

妥当である。**DSM-5**の大きな特徴は，**多軸診断が廃止**され**ディメンション診断**（多元的診断）が取り入れられた点にある。

正答 5

FOCUS

診断基準（DSM-5とICD-10）に基づく分類と診断基準，そして，各疾患の特徴が出題の中心になる。統合失調症，うつ病，気分障害，人格障害といった基礎的な事項から，学習をスタートしてほしい。また，教育との結びつきが大きいことから，発達障害，自閉スペクトラム症が頻出となっている点にも注意をしてほしい。

POINT

重要ポイント 1 DSMとICD

DSMとは，アメリカ精神医学会の発行する「精神疾患の診断・統計マニュアル」(Diagnostic and Statistical Manual of Mental Disorders）であり，精神障害に関する代表的なガイドラインである。1994年に「DSM-IV」，2000年に「DSM-IV-TR」，2013年５月に「DSM-５」が発表された。DSM-IV-TRからさまざまな変更点が認められる。DSM-５は22の障害群（あるいは症群）の大分類がなされている。なお，DSM-５-TRが2022年３月に出版され，日本語版（2023年６月）では一部の診断名（障害ではなく症を用いる）などの改訂がなされた。

また，世界保健機関（WHO）によるICD(International Classification of Diseases)による精神疾患の分類も存在する点，注意を要する。ICDの現在のバージョンは，ICD-11である。そのため，出題によっては障害や神経症といった表現が一貫しないことがありえるため，包括的な理解が大切である。以下にDSM-５の特徴をまとめた。

(1) ディメンション診断：ディメンション診断（多元的診断）とは，**自閉スペクトラム症**に代表される各疾患単位や各パーソナリティ障害の**スペクトラム（連続体）**を想定し，各精神疾患の重症度（レベル）をパーセント（%）表示で表現しようとするものである。

(2) 広汎性発達障害の自閉症スペクトラム障害への変更：DSM-Ⅳ-TRでは，広汎性発達障害の中に，①自閉性障害，②アスペルガー障害，③**レット障害**，④小児期崩壊性障害，⑤特定不能の広汎性発達障害という５つの下位分類が存在したが，DSM-５では，下位分類がなくなり，**自閉スペクトラム症／自閉症スペクトラム障害**という名称の中に**レット障害**以外のものが含まれることになった。

(3) 気分障害の廃止：DSM-IV-TRでは，気分障害の下位に分類されていた双極性障害と抑うつ障害が，「**双極性障害および関連障害群**」，「**抑うつ障害群**」としてそれぞれ独立した。

(4) 統合失調症スペクトラム障害および他の精神病性障害群：**統合失調型（パーソナリティ）障害**は，統合失調スペクトラム障害の一部であると考えられ，統合された。

重要ポイント 2 精神障害

ここでは，公務員試験でよく問われる精神障害を示す。

(1) 限定性恐怖症：DSM-５では，**不安症群／不安障害群**に分類された。特定の対象（例：飛行すること，高所，動物，刺されること，血をみること）への顕著な恐怖と不安を示す。恐怖や不安を引き起こす対象や状況対し，慢性的に強い恐怖を感じ日常生活に支障をきたすものをさす。また，**不安症群／不安障害群**には，他に，**分離不安症／分離不安障害**，**選択性緘黙**，**社交不安症／社交不安障害（社交恐怖）**，**パニック症／パニック障害**，**広場恐怖症**などが含まれる。

(2) 強迫性障害：DSM-５では「**強迫症および関連症候群／強迫性障害および関連**

障害群」に分類される。一定のテーマの考え・イメージ・衝動が一定のパターンで繰り返し起こしたり，手洗い・確認などの儀式的な行為を繰り返したりすることを特徴とする。強迫症状のために時間を浪費したり，症状が起こる状況を回避したりする結果，生活が困難になる。

(3) 心的外傷後ストレス障害（PTSD）：DSM-5では，「**心的外傷およびストレス因関連障害群**」に分類される。通常，衝撃的な出来事，事故，災害などの体験や目撃などによる極度のストレスが引き金となって突発的に発症する。フラッシュバックや，意識や記憶などが途切れたり失われたりすることが主な症状である。

(4) パーソナリティ障害（DSM-5では「パーソナリティ障害群」）

その人の属する文化から著しく偏った内的体験および行動の様式を示し，その様式は持続的であり，柔軟性が無く，社会生活などに支障をきたす障害を指す。DSM-5では，A群（奇妙で風変わり），B群（演技的，感情的で移り気），C群（不安で内向的）の3つに分類されるが，以下に代表的はパーソナリティ障害を挙げる。

①**猜疑性パーソナリティ障害／妄想性パーソナリティ障害**：DSM-5ではA群パーソナリティ障害に分類される。明確な根拠なく攻撃や利用されるといった，不信感や猜疑心が特徴である。

②**反社会性パーソナリティ障害**：DSM-5ではB群パーソナリティ障害に分類される。集団秩序や社会的規範を無視し，犯罪や非行の分野で取り上げられることが多いパーソナリティ障害。15歳以前に行為障害（素行症）が認められることが診断基準の一つとなっている。

③**境界性パーソナリティ障害**：DSM-5ではB群パーソナリティ障害に分類される。激しい怒りや抑うつ，焦燥などの著しい気分の変動がみられる。対人場面では，孤独に耐えられず，周囲の人々を感情的に強く巻き込むといった傾向がみられる。境界性人格障害では，激しい動揺によりしばしば自傷行為や浪費などの衝動的行動や薬物常用傾向がみられる。

重要ポイント 3 発達障害

発達障害者支援法において「通常低年齢において発現する」「脳機能の障害」として定義されている各種の障害をさす。DSM-5では，主に**神経発達症群／神経発達障害群**含まれる各障害が該当する。また，発達障害者支援法は，DSM-5の改訂前に公布されておりDSM-5に対応した名称変更は現時点（令和5年10月）ではみられていない。

(1) 精神遅滞：知的障害とも呼ばれる。従来，知能指数が70を下回る場合をさし，ICD-10では知能指数の範囲によって軽度（IQ69～50）・中等度（IQ49～35）・重度（IQ34～20）・最重度（IQ20未満）の4段階に分類している。DSM-5では，**知的能力障害**が対応する。知的能力障害の診断基準では，生活適応能力が重視され，知能指数による分類を廃止した。

(2) 広汎性発達障害：小児自閉症，およびそれに類した障害の総称である。自閉症は3歳くらいまでに発現し，1）他者との社会的関係形成の障害，2）言語や身振りを用いたコミュニケーションの障害，3）興味や関心の限定の3つによって特徴づけられる。中枢神経系の機能不全に起因すると考えられている。

また，自閉症の特徴がみられるものの，知的障害や言語発達の遅れがみられない場合，高機能自閉症，もしくは**アスペルガー症候群**と呼称する場合があり，これらも広汎性発達障害に含まれる。

上記区分は，ICD-10並びに，DSMⅣ-TRにみられる診断名であり，DSM-5では自閉スペクトラム症／自閉症スペクトラム障害に変更され，高機能自閉症，アスペルガー症候群の名称は廃止された。

(3) 学習障害（LD）：ある特定の学習領域における能力が，他の発達領域から類推されるよりも著しく低く，不適応を生じている場合をさす。ここでいう特定の学習領域とは，文字や文章を読む，文字や文章を書く，計算を行う，といったことである。それぞれの領域における障害を，ICD-10では「特異的読字障害」「特異的書字障害」「算数能力の特異的障害」と呼んでいる。また，運動機能において，こうした特異的な障害がみられることもある。学習障害は，その原因として，中枢神経系に何らかの機能障害があると推定されるが，視覚障害，聴覚障害，知的障害，情緒障害などの障害や環境的な要因が直接の原因となるものではない。DSM-5では，**限局性学習症／限局性学習障害**が対応する。

(4) 注意欠如・多動性障害（ADHD）：年齢に不釣り合いな不注意さ，および衝動性・多動性を特徴とする行動の障害で，7歳以前に現れ，その状態が継続する場合をさす。不注意さと衝動・多動性，どちらが優位かによって不注意優勢型と多動性・衝動性優勢型に大別されるが，両者がみられる混合型も存在する。DSM-5では，**注意欠如・多動症／注意欠如・多動性障害**が対応する。

重要ポイント 4 児童虐待

児童虐待防止法が施行されてから，児童相談所に対する相談件数は大幅に増加している。児童虐待は，1）**身体的虐待**，2）**ネグレクト（育児放棄）**，3）**性的虐待**，4）**心理的虐待**の4種類に大別される。

虐待の結果，愛着の形成が阻害され，**反応性愛着障害**が発症すると考えられている。ICD-10では，反応性愛着障害は抑制型と脱抑制型があり，前者は過度に抑制された社交性，後者は拡散した社交性という形で発現する。DSM-5では，**心的外傷およびストレス因関連障害群の中の反応性アタッチメント障害**と**脱抑制型対人交流障害**に対応する。

実戦問題 1 基本レベル

＊＊
No.1 DSM-5（精神疾患の診断・統計マニュアル）における，統合失調症スペクトラム障害および他の精神病性障害群（Schizophrenia Spectrum and Other Psychotic Disorders）に関する記述として最も妥当なのはどれか。

【法務省専門職員・平成27年度】

1 統合失調症スペクトラム障害および他の精神病性障害群は，妄想，幻覚，まとまりのない思考（発語），衝動的な行動，陽性症状の5領域のうち一つかそれ以上の異常として定義される。この群には，妄想性パーソナリティ障害，妄想性障害，短期精神病性障害，統合失調症様障害，統合失調症などが含まれる。

2 妄想性障害の特徴は，一つまたはそれ以上の妄想が少なくとも1か月間持続しており，妄想の直接的な影響を除けば，心理社会的機能の障害は他の精神病性障害よりも限局しており，行動は目立って奇異であったり奇妙であったりはしない。この障害には，誇大型，被害型などの下位分類が設けられている。

3 統合失調症の診断には，妄想，幻覚，まとまりのない思考（発語）の症状のうち少なくとも二つ以上が明らかに存在することが必要である。そのうち，妄想については理解不能で奇異な内容であること，幻覚については逐一説明する声や会話する声であること，発語については解体し，支離滅裂であることが診断の要件となっている。

4 統合失調症の精神病性病像は，通常は10代～30代半ばの間に出現し，それ以前に現れることはまれである。罹患率には性差があり男性の方が女性より3倍以上高く，また，男性の方がより衝動性が強く，より多くの精神病症状があり，晩年になって悪化する傾向が強いとされている。

5 短期精神病性障害の基本的症状は統合失調症とほぼ同じだが，急激に発症し，障害エピソードの持続期間は少なくとも1日以上1か月未満で，最終的には病前の機能レベルにまで回復するところを特徴とする。この障害は，一過性で機能の低下も小さいため，統合失調症スペクトラム障害の中では最も軽症とされている。

＊＊
No.2 DSM-5（精神疾患の診断・統計マニュアル）における統合失調症（Schizophrenia）に関する記述として妥当なのはどれか。

【国家一般職・平成30年度】

1 自己の重要性を過度に大きく捉え，成功，才気，美しさに捕らわれており，過剰な賞賛を求めたり，他者に嫉妬したりするといった特徴を有する。共感性に乏しく，時に他者を不当に利用することもあるとされている。

2 自己像が不安定で，慢性的な虚無感があり，見捨てられることを避けようとしてなりふりかまわぬ努力をするなど，不安定で激しい対人関係様式を示すといった特徴を有する。浪費や性行為を含む衝動的な行動を示したり，自傷行為を繰り返したりすることもあるとされている。

3　一人の人間の中に複数の分離した人格が存在する状態であり，それらの人格は，環境や自己について独自の感じ方や考え方を持ち，明確に分離することができる。小児期早期の被虐待体験等と強く結び付いているとされている。

4　妄想，幻覚，奇妙な行動といった陽性症状，感情の平板化，思考の貧困，意欲の欠如といった陰性症状，職業的な役割や自己管理能力等の機能面の障害を主症状とする。思春期から30歳頃までの間に発症することが多いとされている。

5　暴力的な事故や犯罪，戦争，性的暴力，誘拐，自然災害等を体験したり目撃したりした後に，侵入症状，回避，過覚醒症状等が１か月以上持続するものである。この疾患の生涯有病率は，女性の方が男性よりも高いとされている。

No.3 ＊＊ **児童期から青年期にかけての精神医学的な問題に関する記述として最も妥当なのはどれか。** 【法務省専門職員・平成28年度】

1 神経性無食欲症（Anorexia Nervosa）は，体重を減少させようとする意思的な行動，体重増加に対する著しい恐怖，身体像の障害などを特徴とする。病気であることをなかなか認めようとしない場合も多いことから，病気の現実について説明し，治療への動機づけを高めることが必要である。有効な治療法には，認知行動療法や家族療法があり，体重低下が著しく，身体的危機が切迫しているときには入院治療が考慮される。

2 チック障害（Tic Disorder）は，突発的，急速，反復性，非律動性の運動又は発声を特徴とし，４つの診断的カテゴリーから構成されている。各チック障害群には軽度から重度まで階層的順序があり，一度ある階層レベルのチック障害と診断されると，それより下位の階層の診断がなされることはない。トゥレット障害は，最も下位の階層であり，運動チックまたは音声チックのいずれかがあるものをさす。

3 注意欠如・多動性障害（Attention-Deficit/Hyperactivity Disorder）は，機能または発達を妨げるほどの不注意と多動性・衝動性，またはそのいずれかの持続的な様式があることを特徴とする。特定の状況で不注意・多動の特徴が目立つ場合でも診断できることになっているため，不注意等の症状が学校場面に限定されることがある。

4 反応性愛着障害（Reactive Attachment Disorder）は，社会的相互作用が抑制され，過度に警戒的であることや，養育者に対し，近接と回避を繰り返すという極めて両価的な態度を示すことなどを特徴とする。そのため，自閉症スペクトラム障害と重なるような行動様式を示すことがあり，両方の診断名が付されることが多い。

5 素行障害（Conduct Disorder）は，他者の基本的人権または年齢相応の主要な社会的規範・規則を侵害することが反復し持続する行動様式を特徴とする。これが深刻化すると反抗挑戦性障害や反社会性パーソナリティ障害につながるとされており，それぞれの診断基準には，15歳以前に発症した素行障害の証拠があることが含まれている。

実戦問題1の解説

No.1 の解説　DSM-5の統合失調症スペクトラム障害　→問題はP.383　正答2

1 × **統合失調症**の診断に用いられる**5領域**の内，陽性症状が明らかに誤り。診断基準は，①**妄想**，②**幻覚**，③**まとまりのない発語**，④**ひどくまとまりのない，または緊張病性の行動**，⑤**陰性症状**である。⑤陰性症状とは，情動表出の減少や意欲の欠如をさす。

2 ◎ 妥当である。**統合失調症スペクトラム障害および他の精神病性障害群**に位置づけられる主な障害は，**統合失調症，妄想性障害，短期精神病性障害，物質・医薬品誘発性精神病性障害など**が挙げられる。

3 × 統合失調症スペクトラム障害の診断には，選択肢**1**に挙げた5つの領域の内，2つ（またはそれ以上），おのおのが1か月間（または治療が成功した際はより短い期間）ほとんどいつも存在すること，そして少なくとも1つは，①妄想，②幻覚，③まとまりのない発話，であることが挙げられている。そのため，選択肢にあるように①～③が2つ以上あることが診断の要件とはいえない。

4 × **統合失調症**の罹患率には，性差は認められない。国や地域，民族などによる差もほとんど認められず，**有病率は1％**程度である。好発年代は，**思春期から30歳くらい**である。

5 × スペクトラム診断は，おのおのの障害の程度に用いられるものであり，統合失調症周スペクトラム障害に区分される各障害を位置づけるために用いられるものではない。

No.2 の解説　DSM-5と統合失調症　→問題はP.383　正答4

DSM-5における精神疾患の名称と症状に関する正誤問題である。主要な精神疾患の名称と特徴について理解しておきたい。

1 × **自尊心の調節に困難を有する自己愛性パーソナリティ障害。**
自己愛性パーソナリティ障害（Narcissistic Personality Disorder）に関する記述である。誇大性，賛美されたい欲求，共感性の欠如がみられる。「自分が重要であるという誇大な感覚」「特権意識」「尊大で傲慢な行動・態度」など，9つの診断基準のうち5つ以上によって示される。

2 × **孤独に対する耐え難さを有する境界性パーソナリティ障害。**
境界性パーソナリティ障害（Borderline Personality Disorder）に関する記述である。対人関係，自己像，感情などの不安定および著しい衝動性の広範な様式とされる。不安定で激しい対人関係様式とは，理想化とこき下ろしの両極端を揺れ動くことによって特徴づけられる。境界性という名称は，神経症と統合失調症の境界（中間）の症状であることに由来する。

3 × **一人の人間の中にまったく別の人格が複数存在する解離性障害。**
解離性同一性障害（Dissociative Identity Disorder）に関する記述である。虐待被害のようなつらい体験から自分を切り離そうとする，ないしはそのダメージから逃れるため精神機能の一部を停止させる，一種の防衛反応と考えられている。解離性健忘，解離性とん走，離人感といった症状が伴うこともある。

4 ◎ **幻覚や妄想，まとまりのない思考や行動，意欲の欠如を示す統合失調症。**
精神のまとまりがとれなくなる病気で，幻覚・妄想のように平常時にはなかったことが起きる陽性症状と，平常時にあった意欲・思考などが低下する陰性症状に分かれる。生涯で発症する人は100人に１人弱といわれる。

5 × **強烈なショック体験によって精神的な苦痛が続く心的外傷後ストレス障害。**
心的外傷後ストレス障害（Post Traumatic Stress Disorder）に関する記述である。PTSDと略されることが多い。侵入症状とは，当人の意に反して外傷的出来事が再体験（フラッシュバック）されることである。

No.3 の解説　児童期から青年期の精神障害

→問題はP.385 **正答 1**

1 ◎ 妥当である。**DSM-5**では神経性やせ症／神経性無食欲症が採用された。

2 × **トゥレット障害**が**チック障害**において最も下位の層であるという記述が誤り。スペクトラム診断は，当該の障害に対する程度を記述する際に用いられており，トゥレット障害が下位であるということを意味していない。

3 × 特定の状況のみで診断はされない。たとえば，注意の項目に関しては，いろいろな状況を踏まえた９つの項目が判断基準に挙げられ，６つ以上（17歳以上では５つ以上）を満たすと，「不注意」の項目を満たすことになる。

4 × **DSM-5**では，**反応性愛着障害**は**心的外傷およびストレス因関連障害群**に分類された。反応性愛着障害の診断基準に，自閉症スペクトラム症の診断基準を満たさないことが挙げられている。したがって，「両者の診断名が付されることが多い」という記述が誤り。

5 × 「これが深刻化すると**反抗挑戦性障害**や**反社会性パーソナリティ障害**につながる」という記述が誤り。反抗挑戦性障害は児童期の障害であるため，**素行障害**が深刻化して反抗挑戦性障害とはならない。なお，「診断基準には15歳以前に発症した素行障害の証拠が…」は，反社会性パーナリティ障害のみに該当する記述である。

実戦問題❷　応用レベル

＊＊
No.4　DSM-5（精神疾患の診断・統計マニュアル）における食行動障害および摂食障害群（Feeding and Eating Disorders）のうち，神経性やせ症／神経性無食欲症（Anorexia　Nervosa）に関する記述として最も妥当なのはどれか。
【法務省専門職員・平成29年度】

1　摂食制限型と過食・排出型の下位分類があるが，後者は前者と異なり，るい痩(そう)を超えてもなお痩せようとする痩身願望はなく，自分のスタイルを自分の理想とするものに近付け，これを維持しようとする特徴がある。

2　患者が，①持続性のカロリー摂取制限，②体重の増加または肥満になることの強い恐怖または体重増加を阻害する行動の持続，③体重および体型に関する自己意識の障害のうち，二つに該当することをもって診断できる。

3　体重の減少が見られ始めても，初めのうちは身体的活動性が上昇することが多く，それによりカロリー消費は増え，「痩せ」が一層進行することになり，患者はこれを肯定的に受け止める。しかし，BMIが25以下になると，身体的活動性は徐々に低下し，本症と診断される。

4　身体的不調を自覚して，健康の回復のために痩せたいまたは痩せなければならないと思い食事制限を開始した結果，必要以上に食事の量や種類が少なくなり，本症発症に至った場合は，重症に至ることはまれである。

5　身体面での著しい所見は，るい痩である。体重の減少に伴い，有意の低血圧，低体温，脈拍の低下，産毛（柔らかい体毛）の発生などのほか，飢餓状態に伴う様々な身体症状が発現することが多い。

No.5 ＊＊ **DSM-5（精神疾患の診断・統計マニュアル）における神経発達症群／神経発達障害群（Neurodevelopmental Disorders）に関する記述として最も妥当なのはどれか。** 【国家総合職・平成27年度】

1 知的能力障害（精神遅滞）は，社会的・実用的な領域における，知的機能の欠陥あるいは適応機能の欠陥のいずれかを含む障害である。診断に当たっては，IQは補助的な情報とされ，自立や社会的責任などの側面において発達的な水準を満たすことができない，という適応機能の欠陥が明らかであれば，知能検査の結果や実施の有無にかかわらず診断名を付すことができる。

2 注意欠如・多動症（注意欠陥／多動性障害）は，発達の水準に不相応で，社会的，学業的，職業的活動に直接悪影響を及ぼすほどの不注意と多動性・衝動性，またそのいずれかの持続的な様式を特徴とする。不注意または多動性・衝動性の症状のうちいくつかが12歳になる前から存在していたことが，診断の要件の一つとなっている。

3 自閉スペクトラム症／自閉症スペクトラム障害は，持続する相互的な社会的コミュニケーションや対人的相互反応の障害，または限定された反復的な興味や活動等の様式を特徴とする。ここでスペクトラムという用語は，通常，発症時には広範囲に症状を呈するが，年齢や発達段階が上がるにつれて症状が緩和し収束していく，という特徴を表している。

4 小児期発症流暢症（吃音症）は，言語の習得・使用における持続的な困難さを特徴とする。具体的には，少ない語彙，限定された構文，話法（一つの話題や一連の出来事を表現したり，会話をしたりするために，語彙を使用し文章をつなげる能力）といった，言語理解や言語産出の欠陥を示す。

5 限局性学習症（学習障害）は，全般的な知能に遅れはなく，数的処理や空間把握には問題がないにもかかわらず，単語を正確かつ流暢に読むこと，読解力，書字表出などの言語領域における基本的な技能の学習に困難を呈する障害である。知的能力障害とは異なり，限局性学習症の症状は可変的で，加齢に伴い適切な介入や援助を行うことにより減退または消失する。

実戦問題2の解説

No.4 の解説　発達障害と指導　→問題はP.388　正答5

DSM-5の**食行動障害および摂食障害群**の中の，**神経性やせ症／神経性無食欲症**に関する出題である。摂食障害は，従来拒食症や過食症と呼ばれていた。食行動障害および摂食障害群には，他に**異食症**，**反芻症／反芻性障害**，**回避・制限性食物摂取症／回避・制限性食物摂取障害**，**神経性過食症／神経性大食症**，**過食性障害**が含まれる。

1 ×　神経性やせ症／神経性無食欲症は，**摂食制限型**と**過食・排出型**に分類される。過食・排出型は，過去３か月間，過食または排出行動（自己誘発性嘔吐，または緩下剤・利尿薬・浣腸の乱用）の反復的なエピソードがあることが，分類基準となる。そのため，過食・排出型においても，るい痩（いわゆる痩せの状態で，極端に体重が減少している状態）を超えて痩せようとすることはみられる。

2 ×　本肢にあげられた，①持続性のカロリー摂取制限，②体重の増加または肥満になることの強い恐怖または体重増加を阻害する行動の持続，③体重および体型に関する自己認識（自己評価）の障害という，3点が診断基準であり，すべてを満たしている必要がある。

3 ×　BMIが18.5～25未満は，普通体重に分類される。そのため，「BMIが25以下になると，身体的活動性は徐々に低下し」という記述は誤りである。

4 ×　健康や美容のために行う，食事制限（ダイエット）を行った結果として，神経性やせ症／神経性無食欲症を発症した場合は，摂食制限型に分類される。摂食制限型においても，極端な体重減少に至ることは少なくないため，「重症に至ることはまれである」という記述が誤りである。

5 ◎　**神経性やせ症／神経性無食欲症**の代表的な症状に関する記述である。るい痩にとどまらず，低血圧，徐脈，低体温，無月経などの発生がみられる。

No.5 の解説　神経発達障害

→問題はP.389 **正答2**

1 × **知的機能の欠陥，社会的な適応機能の欠陥，発達期の発症**という３点を満たすことが診断の要件となっている。そのため，「知的機能の欠陥あるいは適応能力の欠陥のいずれかを含む…」という記述が誤り。DSM-5では，**知的障害**の診断に関し，従来基準として用いられてきた知能検査にあまりこだわらない基準に変更されている。

2 ◎ **注意欠如・多動症（注意欠陥/多動性障害）**の診断基準は，不注意に関する９項目と，多動性/衝動性に関する９項目のうち，各々で６つ以上の項目が該当することが要件として挙げられている。

3 × **自閉スペクトラム症/自閉症スペクトラム障害**で用いられている，スペクトラムという用語は連続体を意味しており，「年齢や発達段階が上がるにつれ症状が緩和し収束していくと」いう意味はもたない。

4 × **言語症／言語障害**に関する記述である。**小児期発症流暢症**の特徴は，**年齢に不適切な，会話の正常な流暢性と時間的構成の障害**であり，言語理解や言語産出の欠陥を示す障害ではない。

5 × DSM-5では，**学習障害**に関し，読字障害，算数障害などの区分を廃止した。従来の学習障害は**限局性学習障害**にまとめられ，診断基準に用いられる症状の中に，**言語領域や数理領域が含まれる**ことになった。選択の記述は，従来の読字障害と書字表出障害に関する記述である。

試験別出題傾向と対策

試験名	国家総合職					国家一般職					国家専門職（法務省専門職員）				
年度	21-23	24-26	27-29	30-2	3-5	21-23	24-26	27-29	30-2	3-5	21-23	24-26	27-29	30-2	3-5
頻出度 テーマ 出題数	6	4	4	5	1	1	1	0	0	1	1	5	0	4	4
A 17 動機づけ	6	4	4	5	1	1	1			1	1	5		4	4

教育に関するテーマとして，本章は最頻出のテーマである動機づけを取り上げた。動機づけは，発達，社会，学習，感情そして臨床との結びつきが深く，すべての公務員試験で，これまで出題されている。内発的動機づけと達成動機，自己効力感，学習性無力感，そしてアンダーマイニング効果は最頻出トピックである。欲求や動因，誘因など，動機づけに類似した概念が多いため，概念名，研究者名，特徴との組合せで選択肢が構成された問題が基本型であり，きちんと整理をしておけば取りこぼしが少ない領域となる。

また，教育関連のトピックには，本章で挙げた動機づけ以外にも，学習指導法，教育評価，障害児の理解と指導，教育相談（不登校，スクール・カウンセラー，児童相談所，教育相談所など）が挙げられる。国家総合職，裁判所の受験者は，スキナーのプログラム学習，ブルームの完全習得学習，ブルーナーの発見学習を押さえる。

● 国家総合職（人間科学）

令和３年以降出題数は減少しているが，教育は頻出テーマであるため，まずは基本的なトピックから学習をスタートしてほしい。令和３年度には，達成動機づけに関する出題がなされているが，知能との関連も含まれる問であり，難度は高い。近年の教育心理学のトピックも学習する必要がある。

● 国家一般職

社会生活との結びつきが深いため，動機づけは，３年に１回程度の頻度で出題されているテーマである。令和３年度には，アンダーマイニング効果とハルやマズローの古典との融合問題が出題されている。社会や学習，そして，感情との融合問題を作成しやすいテーマであるため，今後も出題が見込まれる。達成動機，自己効力感，学習性無力感といった基本的なトピックを押さえてほしい。

● 国家専門職（法務省専門職員）

令和２年度以降毎回出題される領域であり，必ずおさえておく必要がある。国家専門職においても，動機づけなど社会と生活と結びつきの強いテーマは今後出題されることが予想される。また，第５章「社会」，第８章「感情」との融合問題も予想されるため，本章の実践問題などを通し，基本的な事項について確固とした

裁判所（家庭裁判所調査官補）				
21-23	24-26	27-29	30-2	3-5
2	3	0	1	0
2	3		1	

テーマ17

知識を身につけてほしい。

● 裁判所（家庭裁判所調査官補）

教育心理は，近年出題が減少しているが，重要領域であることは変わらないので，必ず学んでほしい。まずは基本的なトピックをしっかり理解をしてほしい。学習性無力感や自己効力感といった基本的なトピックについて，学習指導などを含めた実践的な出題がなされることも予想される。基本的なトピックを学習する際には，教育場面への応用を意識してほしい。

動機づけ

必修問題

動機づけの理論や現象に関する次の記述のうち，妥当なのはどれか。

【国家一般職・令和３年度】

1 C.L.ハルの**動因低減説**によれば，動物の行動は生理的欲求を動因として生じ，動因が大きいほどその低減のための行動も強く生じる関係にある。これを含めて，動機づけが大きくなるほど行動が促進されるという関係は，**ヤーキーズ・ドッドソンの法則**と呼ばれている。

2 A.H.マズローは，自らが開発した**主題統覚検査**や面接，観察などを通して，５種類の社会的動機のリストを作成した。その中には，困難な課題を克服して目標の達成をめざす**達成動機**や，他者との友好関係を成立させ，維持したいという**親和動機**が含まれる。

3 M.R.レッパーらの実験では，ご褒美を与えると伝えられて絵を描いた幼児は，その後，自主的に絵を描こうとする時間が短くなる傾向が見いだされた。これを含めて，報酬を与えられることで内発的動機づけが低下する現象は，**アンダーマイニング効果**と呼ばれている。

4 H.A.マレーが提唱した**欲求階層説**によれば，人間の欲求は，最下層に位置する**生理的欲求**から最高層の**自己実現欲求**に至るまで20段階の階層を成しており，下位の欲求が充足されなければそれより上位の欲求は生じないとされる。

5 J.W.アトキンソンは，成功可能性がないことを学習した場合に**達成動機づけ**が消失する**学習性無力感**を見いだし，このことから，課題達成の欲求，主観的な成功可能性，成功時の満足度の３要因によって達成動機づけの強さが決まるとする期待価値理論を唱えた。

難易度 ＊

必修問題の解説

動機づけに関する出題は，教育，学習などのテーマで必須である。本問に挙げられている理論はいずれも基本的な項目なので，必ず押さえてほしい。人名と理論の内容が対応付けられれば，容易な問題となる。

1 × ヤーキーズ・ドッドソンの法則は適切な覚醒レベルを示す。
妥当でない。**ヤーキーズ・ドッドソンの法則**とは，覚醒と学習の関係が**逆U字型**の関係であることを示している。一定の水準までは覚醒が上がるにしたがって，学習の成績が上がるが，ある**覚醒水準**（最適水準）を過ぎると，成績が低下する。

2 × 欲求-圧力理論はH.A.マレーによって開発された。
妥当でない。**A.H.マズロー**ではなく，**H.A.マレー**に関しての記述である。H.A.マレーは，欲求-圧力理論に基づく**主題統覚検査**（**TAT**）の開発で知られる。マレーによる社会的動機のリストは，28種類からなっている。達成動機，親和動機などがこのリストに含まれている。

3 ◎ 内発的動機付けの低下はアンダーマイニング効果と呼ばれる。
妥当である。**過剰正当化効果**とも呼ばれる。金銭のような報酬は，人間の自己決定感やコンピテンスを低下させ，もともと有していた**内発的動機づけ**を阻害することがある。**認知的評価理論**によって説明が試みられている。

4 × 欲求の階層説はA.H.マズローによって提唱された。
妥当でない。**欲求階層説**を提唱したのは，**A.H.マズロー**である。欲求階層説では，**5段階**の欲求に区分される。低次の欲求から，**生理的欲求**，**安全欲求**，**愛と所属の欲求**，**承認欲求**，**自己実現の欲求**へ至るとされる。

5 × 達成動機はJ.W.アトキンソンによって提唱された。
妥当でない。**学習性無力感**の代表的研究者は，**M.E.P.セリグマン**であり，J.W.アトキンソンではない。**J.W.アトキンソン**の**達成動機**の**期待-価値理論**では，達成傾向は，**成功動機**，**成功の主観的確率**，**成功の誘因価**の3つの関数で説明できるとする。学習性無力感とは，回避が不可能な嫌悪事象を反復して経験することにより，その後の解決が可能な課題に関する学習が阻害される現象のことである。

正答 3

FOCUS

人を行動に駆り立てる内部的な力を動機，動因，欲求などと呼ぶ。動機関連の研究は，学習と教育，産業組織などリンクするものが多く，注意を要する。主要な理論である，バンデューラの自己効力感，アトキンソンの達成動機，ワイナーの成功・失敗の原因帰属理論を中心に，整理をしてほしい。

POINT

重要ポイント 1 動機づけ

動機づけは，人の行動を説明する際に用いられる概念であり，欲求，誘因など関連する概念が多い点に注意を要する。ここでは，概念の整理を行う。テーマ3のハルの動因論も参照のこと。

外発的動機づけと内発的動機づけ：マレー（Murray, E.J.）による区分。報酬の獲得などなんらかの目標の達成に向けられた行動は，外発的動機づけによる行動と位置づけられる。一方，行動そのものが目的となる場合，内発的動機づけによって行動が導かれたと位置づけられる。**ディシ（Deci, E.L.）**の認知的評価理論においても，内発的動機づけは中核をなす概念である。

アンダーマイニング効果と認知的評価理論：もともと意欲的に行っていた課題に対し，外的な報酬を与えたことによって，内発的動機づけが低下するといった現象。認知的評価理論を提唱した**ディシ（Deci, E.L.）**は，この現象に関し，人の持つ自己決定と有能さへの欲求が，報酬によって阻害されると説明した。

達成動機：アトキンソン（Atkinson, J.W.）の**達成動機理論**は，行為者のパーソナリティと課題達成に関する成功期待が，達成行動の生起を規定するとした。この理論では，人が課題に直面したとき，その課題を行い，成功したいとする傾向（T_S）は，パーソナリティ要因である課題達成への動機（成功動機：M_S）と個人により評価された課題遂行の成功確率（P_S）および課題成功の魅力（成功の誘因価：I_S）との積によって表現される。すなわち，$T_S=M_S\times P_S\times I_S$と定式化される。また，課題への失敗回避傾向（$T_F$）は，失敗回避動機（$M_{AF}$），失敗に対する主観的確率（$P_F$），失敗に対する不快感（負の誘因価：$I_F$）の積によって表現される。すなわち，$T_F=M_{AF}\times P_F\times I_F$と定式化される。達成動機は成功接近傾向（$T_S$）－失敗回避傾向（$T_F$）で表される。アトキンソンのモデルによると，成功接近傾向が高い者は中程度の成功確率の課題を好み，失敗回避傾向が高い者は成功確率が極端に高い，または低い課題を好む。彼は，達成行動への傾向は，成功達成要求と失敗回避要求，課題の成功確率，課題成功の魅力により決まると考えた。

マクレランド（McClelland, D.C.）の欲求理論：人のもつ主な欲求（動機）は，親和欲求，達成欲求，支配欲求であるとする理論。また，達成動機は学習によって高められると主張した。

自己効力感：バンデューラ（Bandura, A.）が提唱した概念。自分が行為の主体であると確信していること，自分の行為について自分がきちんと統制しているという信念をさす。**自己効力感**の高さと動機づけの高さの対応関係が仮定されている。また，行動に伴う結果に関し，**結果期待**と**効力期待**という2つの期待を区別した。

学習性無力感：セリグマン（Seligman, M.E.P.）の行った，統制不能な条件下で，イヌを対象に電気ショックを用いた逃避・回避実験が著名。何を行っても逃避できない不快経験の繰り返しにより，解決への試みが放棄された状態と解釈される。

ヤーキーズ・ドットソンの法則：学習活動に対する動機づけは適切なレベルにあることが必要であるとする理論である。適切な刺激強度より，低すぎても高すぎても感受性が減じることから，感覚・知覚の諸現象に関しても，成立すると位置づけられる。

重要ポイント2 マズローの欲求水準理論

マズロー（Maslow, A.H.）の欲求階層説は欲求を５つに分類するとともに，それらが階層構造であることを示した。下位の欲求がある程度満たされないと，より上位の欲求は出現しない。最下層は生理的欲求で生命維持に関する欲求を意味する。次いで安全の欲求，所属と愛の欲求，尊厳欲求，自己実現の欲求の段階へ進む。安全の欲求は，安全性，経済的安定性などを意味する。所属と愛の欲求は，社会で必要とされることや，社会的な役割があるという感覚を意味する。尊厳欲求は，集団・社会から価値ある存在と認められ，尊敬されることを意味する。最上位にある**自己実現の欲求**は，自己が持つ潜在的な可能性を最大限に現実化させることで，自己を成長させたいとする動機が出現するとした。

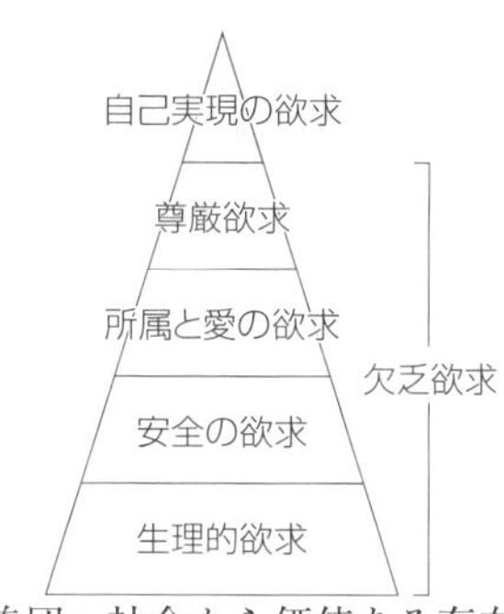

実戦問題❶　基本レベル

＊
No.1　アトキンソン（Atkinson, J.W.）の達成動機理論において，ある課題遂行に対する達成動機は次のような式で表現される。この理論に基づく記述として最も妥当なのはどれか。　【法務省専門職員・平成25年度】

> 成功接近傾向＝成功動機×成功の期待度×成功の価値
> 失敗回避傾向＝失敗回避動機×失敗の期待度×失敗の価値
> 達成動機＝成功接近傾向－失敗回避傾向
> ただし，①期待度とは，課題が成功あるいは失敗する主観的な確率である。簡単な課題ほど，成功の期待度は高くなり，失敗の期待度は低くなる。
> ②価値とは，成功したときの喜び，あるいは失敗したときの恥ずかしさなどをさす。
> ③価値＝1－期待度
> ④成功の期待度＋失敗の期待度＝1

1　失敗回避動機より成功動機が強い場合は，困難な課題であるほど，成功接近傾向が高くなる。

2　失敗回避動機より成功動機が強い場合は，成功するか失敗するかが五分五分の課題のとき，最も達成動機が高くなる。

3　失敗回避動機より成功動機が強い場合は，簡単な課題であるほど，成功接近傾向が高くなる。

4　成功動機より失敗回避動機が強い場合は，困難な課題であるほど，失敗回避傾向が高くなる。

5　成功動機より失敗回避動機が強い場合は，成功するか失敗するかが五分五分の課題のとき，最も達成動機が高くなる。

＊
No.2 ピグマリオン効果に関する記述として最も妥当なのはどれか。

【法務省専門職員・平成24年度】

1 ある調査において，学業成績で教師から望ましい評価を受けた生徒は，望ましくない評価を受けた生徒より，学業成績とは関連のない性格的特徴や生活行動の面においても，教師から望ましい評価を受ける傾向がみられた。

2 ある実験において，もともと図工に関して意欲の高い生徒に対して，優れた図工作品を作った場合に教師がご褒美を与えるという期間を設けたところ，期間経過後に教師からご褒美が与えられなくなると，生徒の図工に関する意欲は実験開始前よりも低下した。

3 ある実験において，教師が生徒に英語を教えるとき，言語に関わる能力が高い生徒には文法に沿って読解させていく方法が効果的であったのに対し，言語に関わる能力が低い生徒にはコミュニケーションを中心とした方法が効果的であった。

4 ある調査において，教師が「マンガは読まないほうがいい」という説得的メッセージを生徒に送ったところ，メッセージを送ったのが生徒から見て魅力ある教師である場合は，魅力がない教師の場合に比べて，説得内容が肯定的に受け止められ，生徒に否定的な感情が生じにくかった。

5 ある実験において，小学校のクラスから児童を無作為に選び，これらの児童について「今後，学習成績が顕著に向上するはずである」というメッセージを担任の教師に与えたところ，教師が成績の伸びを期待したこれらの児童は，他の児童よりも，1年後の学習成績が大きく向上した。

＊＊
No.3 **動機に関する記述ア～エのうち，妥当なもののみを挙げているのはどれか。**

【法務省専門職員・令和３年度】

ア：食物を一定期間摂取しないと空腹になり，食物を摂取する行動が動機づけられる。これは，社会的動機づけと呼ばれ，空腹のような社会的欲求という誘因に基づく動機づけである。この動機づけは，体内環境のバランスが崩れたときに生じる。

イ：J.W.アトキンソンは，動機づけの高さには，成功接近傾向と失敗回避傾向が関係していると考えた。失敗回避傾向の大きさは，失敗したくない気持ちの程度，失敗する確率，失敗したときの落胆の程度の和であるという。たとえば，失敗する確率が50％に近いほど，失敗回避傾向は小さくなり，動機づけが高くなるという。

ウ：達成動機とは，目標を設定し，その目標達成のために困難を乗り越えてやり遂げようとする行動の動機のことである。達成動機の低い人は，成功を運や課題の容易さに帰属し，失敗を能力不足に帰属する傾向があるのに対して，達成動機の高い人は，成功を能力の高さに帰属し，失敗を努力不足に帰属する傾向がある。

エ：親和動機とは，他者に近づいて好意的な関係を結び，それを維持しようとする動機のことである。親和動機の高い人の特徴として，よく電話を掛けたり手紙を書いたりする，他者にしばしば承認を求める，アイコンタクトが多いなどが挙げられる。

1　ア，イ
2　ア，ウ
3　イ，ウ
4　イ，エ
5　ウ，エ

実戦問題1の解説

No.1 の解説　達成動機
→問題はP.398　正答2

本問は**アトキンソン（Atkinson, J.W.）**の**達成動機理論**の記述である。記述から，達成動機は，**成功接近傾向**と**失敗回避傾向**の差であり，接近傾向・回避傾向は，おのおのの動機・期待度・価値の３つの要素で規定される。また，アトキンソンの達成動機理論の大きな特徴は，記述③に示されているように，成功（失敗）の期待度が高いと成功（失敗）の価値が低下するという点にある。そのため，成功動機が失敗回避動機よりも高い場合には，成功の期待度が高すぎる（簡単な課題）ときと，期待度の低すぎる（困難な課題）とき，達成動機が低下する。換言すると，**成功動機が失敗回避動機よりも高い場合には，失敗と成功が５分５分の課題のとき，最も達成動機が高くなるということである。**

1× 困難な課題であるということは，成功の期待度が低くなり，同時に成功の価値が高くなる条件である。成功接近傾向に関して問われているので，成功動機が一定であると仮定すると，成功の期待度が低くなればなるほど，成功接近傾向は低くなる。たとえば，成功の期待度が0.4と0.2のときを比較すると，成功の期待度(0.4)×成功の価値(0.6)＝0.24，成功の期待度(0.2)×成功の価値(0.8)＝0.16となるためである。

2◎ 妥当である。本肢で示されている条件は，失敗回避動機より成功動機が強い場合には，成功の期待度と失敗の期待度の積が最大のとき，達成動機が最大になる。成功するか失敗するかが５分５分のときが，成功の期待度と失敗の期待度の積が最大になる条件であるため，正しい記述である。

3× 簡単な課題ということは，成功の期待度が高く，また，成功の価値が低い条件になる（選択肢**1**の逆の条件）。成功の期待度が高くなるほどに，成功の期待度と成功の価値の積は小さくなるため，接近傾向は低くなる。

4× 失敗回避動機が成功動機よりも強い場合には，失敗の期待度が高い（課題が困難な）ほど，失敗回避傾向は低くなる。成功接近傾向と同様に，失敗回避動機が一定であれば，成功するか失敗するかが５分５分のときが，失敗回避傾向も最も高くなる。

5× 失敗回避動機が成功動機よりも強い場合，成功の期待度と失敗の期待度の積が最小のとき，達成動機が最大になる。達成動機は，成功接近傾向から失敗回避傾向を減じたものである点に，注意をしてほしい。

No.2 の解説　ピグマリオン効果

→問題はP.399　**正答5**

ピグマリオン効果とは，教師の学習者に対する期待によって，学習者の成績が向上する傾向のことをさす。**ローゼンソール（Rosenthal, R.）**によって提唱された理論であり，**教師期待効果**とも呼ばれている。

1 × **顕著な特性が影響を与えるのはハロー効果。**

ハロー効果（**光背効果**，**後光効果**ともいう）に関する記述である。ある人物の評価を行う場合に，特に顕著な特性があると，その人物の他の特性についても，高く（あるいは低く）評価してしまう傾向をさす。

2 × **外的報酬によって内発的動機づけが低下するのはアンダーマイニング効果。**

アンダーマイニング効果に関する記述である。このように，外的な報酬により内発的動機づけが低下することがある。外的報酬による内発的動機づけの低下を過剰正当化効果（アンダーマイニング効果）という。逆に外的報酬により内発的動機づけが高まることもあり，**エンハンシング効果**という。

3 × **クロンバックの適切処遇交互作用。**

学習者の能力や性格特徴に合わせて教授法を変更することが示されており，**適切処遇交互作用（ATI）**に関する記述と考えられる。**クロンバック（Cronbach, L.J.）**により提唱された概念であり，教育心理学では，個人特性に応じた学習法の重要性を示した提案と位置づけられている。

4 × **信頼できる発信者のメッセージは説得力をもつ。**

説得の効果に関する記述であり，メッセージの発信者の魅力によって影響を受けるといった内容を示している。発信者の要因としては，他にも，信頼，発信者と受信者の距離，発信者の数といった要因が知られている。

5 ◎ **教師の期待はピグマリオン効果。**

妥当である。ピグマリオン効果の事例として適切である。

No.3 の解説　動機づけと関連する諸理論

→問題はP.400　正答5

ア× **動機づけは，行動を一定の方向に向けて生起させ，持続させる過程や機能。**
妥当でない。**H.A.マレー**によると，動機づけは，**一次的動機づけ**，**二次的動機**づけに分類される。一次的動機づけは，飢え，渇き，睡眠といった生理的欲求を実現しようとする行動を引き起こす動機づけである。二次的動機づけは，人間の認知発達，社会発達の過程で獲得された動機づけとされる。社会的動機づけは，二次的動機づけに含まれる。

イ× **J.W.アトキンソンは，達成行動の期待と価値の側面から達成動機を理論化。**
妥当でない。**J.W.アトキンソン**の**達成動機**の**期待-価値理論**では，**失敗回避傾向**は，**失敗回避動機**，**失敗の主観的確率**，**失敗の誘因価**の三つの積で表されるとする。このモデルでは，失敗確率が50%のときに，失敗回避傾向が最大になり，失敗確率が小さい（簡単な課題）か失敗確率が大きい（困難な課題）ときに，失敗回避傾向が小さくなると予測する。

ウ○ **達成動機は，目標を卓越した水準で成し遂げようとする動機のこと。**
妥当である。**B.ワイナー**は，**成功・失敗の原因帰属**は，自尊感情および次の課題への期待を規定し，結果的に持続性やパフォーマンス，課題選択などの達成行動に影響するというモデルを提唱した。

エ○ **親和動機は，親和動因とも呼ばれる。**
妥当である。他者と友好的な関係を成立させ，友好的な関係を維持したいという社会的欲求の一つであるとされる。

したがって，妥当なものは**ウ**と**エ**であり，正答は**5**である。

実戦問題2　応用レベル

＊＊
No.4 自己評価に関するL.フェスティンガーの考え方についての記述として最も妥当なのはどれか。 【国家一般職・平成26年度】

1 人間には，環境を理解し環境に対し有効な働き掛けを行うために必要な基本的動因として自己評価への動因があり，自己評価のための客観的，物理的な手段が利用できない場合には，他者と自己とを比較すると主張した。さらに，正確で安定した自己評価を得るために，比較他者となりうる者のうち，自分の能力や意見と近い他者との比較がなされるとした。

2 社会的比較における自己評価欲求と自己高揚欲求のうち，自尊感情に対する脅威があるときは前者がより強く働き，自分より下位の者との比較によって主観的幸福感を増大させようとするという下方比較の理論を提唱した。さらに，深刻な病といった自己の脅威を経験した人や自尊感情の高い人ほど，頻繁に下方比較を行う傾向があることを実験により明らかにした。

3 自己評価維持モデルを提唱し，人は，自己評価を維持するために認知や行動を変化させると主張した。たとえば，自己との関連性が高い課題において心理的に近い他者の遂行レベルが自分のものよりも優れていた場合，「その課題における自己の遂行レベルを低下させる」，「その他者との心理的距離を更に近づける」などの認知的，行動的な変化の予測が可能になるとした。

4 ある課題で高く評価されている個人・集団と自己との結び付きを強調することで自己の評価を高めようとする現象を，栄光浴と名付けた。これは，課題と自己との関連性が高い場合に起こりやすいとされ，自分が所属している集団の評価を高め，反対に対立集団の評価を下げるという方略が使われることも明らかにされている。

5 理想自己（本当はどうなりたいか）や当為自己（どうあるべきか）は，自己指針あるいは自己基準として現実自己を評価する際の枠組みになると考えた。そして，それら諸自己間のずれをセルフ・ディスクレパンシーと呼び，現実自己と理想自己のずれが大きい場合は不安や緊張を，現実自己と当為自己のずれが大きい場合は落胆や失望を経験しやすいと主張した。

＊＊
No.5 仕事の動機や動機づけに関する記述として最も妥当なのはどれか。

【国家総合職・平成23年度】

1 アトキンソン（Atkinson, J.W., 1957）は，達成動機は課題を達成しようとして行動を起こす接近傾向と，失敗を避けようとして行動を控える回避傾向との合成として生じると考えた。接近傾向は，成功動機，成功の見込み，課題達成の魅力の和で導かれるとし，成功の見込みが高いほど，また課題達成の魅力が高いほど，接近傾向が強くなることを明らかにした。

2 マクレランド（McClelland, D.C., 1961）は，達成動機，親和動機，支配動機を検討し，このうち達成動機が最も仕事の成果に直接的に影響するとした。この動機が高い人は，非常に難易度の高い課題を好み，自らの行動の結果に関するフィードバックを求めるが，失敗時の個人的責任を免れるために自ら目標を設定することを避ける傾向が強いことを明らかにした。

3 ハーズバーグ（Herzberg, F., 1966）は職務に関する満足要因（動機づけ要因）と不満足要因（衛生要因）を特定し，これらが独立した要因であること，つまり不満足要因を解消しても積極的な動機づけにはつながらず，満足要因が充足されなくても不満が大きくなるわけではないことを示した。そして，仕事への動機づけを高めるには，職務拡大ではなく職務充実が必要であることを示唆した。

4 アルダーファー（Alderfer, C.P., 1972）は，生存，関係，成長の３つの欲求に集約した理論を提唱している。生存から関係へ，さらに成長へと低次から高次の欲求が出現し，低次の欲求が充足されて初めて高次の欲求が顕在化することを認めている。これは，欠乏動機と成長動機について記述したマズロー（Maslow, A.H., 1954）の欲求階層理論と共通する。

5 ロックとラザム（Locke, E.A., & Latham, G.P., 1990）は，目標の設定と自己効力が動機づけに与える影響について論じた。すなわち，目標がたやすいほど自己効力感が高まり，目標が曖昧なほど創造力が喚起されて課題遂行における効果的な方略の考案が促されることを示し，こうした目標設定によって動機づけが高まり，高い成果につながるとした。

＊＊
No.6 次のコントロールに関連する概念の記述のうち，セリグマン（Seligman, M.E.P.）の唱えた理論に関する記述として最も妥当なのはどれか。

【法務省専門職員・平成24年度】

1 自分が行動の主体であり，行動をコントロールし効果的に遂行できるという確信を自己効力感（self-efficacy）と呼んだ。これが認知的側面，動機づけ的側面などから人間の行動の仕方をコントロールするとともに，自己効力感を低下させるような失敗を回避させるために強迫的に努力する傾向を生じさせると考えた。

2 自分の行動に対する結果が，自己内部の力でコントロールできるか，それとも自分では及ばない外的な力によってコントロールされているかという認知様式が個人によって安定的に異なることから，それを１つの人格特性としてローカス・オブ・コントロール（locus of control）と名づけ，内部要因として運や課題の困難さ，外部要因として能力や努力を挙げた。

3 回避できないコントロール不能な電撃を経験し続けたイヌが，その後，回避できる状況になっても回避行動を起こそうとしないことを発見した。これについて，イヌが行動と結果の非随伴性を経験・学習したことにより，解決への試みが放棄されあきらめが支配する結果を生んだと考え，学習性無力感（learned helplessness）の仮説を提唱した。

4 人は実際にはコントロールできる出来事をコントロールできないと知覚する傾向があることを指摘し，これをコントロールの錯覚（illusion of control）と呼んだ。たとえば，大学なんてどうせ行けないと思って受験勉強をしないように，コントロールできる事象に対してコントロールできる程度を過小評価しがちであると考えた。

5 人が自分の自己呈示や表出行動等をモニターしコントロールする程度を自己モニタリング（self-monitoring）として定義した。これが高い人は，状況にかかわらず内的に一貫した行動をとることを重視するのに対し，これが低い人は，状況における自己呈示の仕方に敏感で，自己の様子をモニターしながら行動するとした。

実戦問題2の解説

No.4 の解説　フェスティンガーの社会的比較理論　→問題はP.404　正答1

フェスティンガー（Festinger, L.）の**社会的比較**過程の理論は，自己評価に関する理論に位置づけられる。本理論には，**人には自己の意見や能力などに対する評価を行う動因がある**といった前提が存在する。また，**自己評価を行う際には，客観的な指標などが存在しない場合には，他者との比較を行われる**ことが仮定されている。

1 ◎　妥当である。自己評価への動因に関する記述である。

2 ×　**自尊感情**に脅威があるときには，**自己高揚欲求**（後者）との結びつきが高くなる。

3 ×　**自己評価維持モデル**の提唱者は，**テッサー（Tesser, A.）**である。また，自己評価をポジティブな状態に維持させるためには，個人との関連（関与）が高い課題の場合，心理的に近い他者の成績が低く，関連が低い場合には心理的に近い他者の成績が高いことが，望ましい。そのため，例に表現されている記述も誤りである。

4 ×　**チャルディーニ（Cialdini, R. B.）**の提起した**栄光浴**に関する記述である。自尊心が低下しているときにこの現象は起こりやすい。

5 ×　**理想自己**は，**ロジャーズ（Rogers, C. R.）**の提唱した概念である。本選択肢は**セルフ・ディスクレパンシー理論**に関する記述であり，同理論は**ヒギンス（Higgins, E. T.）**が提唱している。また，説明の記述自体も入れ替えられており，現実自己－理想自己間のずれは落胆や失望，現実自己－当為自己間のずれは，不安や緊張を呼ぶと仮定されている。

No.5 の解説　仕事の動機や動機づけ　→問題はP.405　正答３

1 ×　「成功動機，成功の見込み，課題達成の魅力の和」が誤り。**アトキンソン（Atkinson, J.W.）**の**達成動機のモデル**は，達成動機の基本的な事項であり，多くの問題に登場する。成功動機や失敗回避動機は，行為者のパーソナリティととらえることもできる。

2 ×　「非常に難易度の高い課題を好み」，「自ら目標を設定することを避ける」が誤り。**マクレランド（McClelland, D.C.）**によれば，達成への関心とは，物事をよりよくやりとげることを考えて時間を費やすことであり，達成動機の高い者は，①問題解決の発見に対して自ら進んで責任をとり，②適度の達成目標を定め，「計算されたリスク」を試みるが，やさしすぎる目標を立てたり，「いちかばちか」といった危険なかけはおかさない。③また，自分の仕事ぶりや成績について具体的なフィードバックが得られることを欲するという。

3 ◎　妥当である。**ハーズバーグ（Herzberg, F.）**は，**二要因理論（動機づけ－衛生理論）**を提唱した。ハーズバーグは，技術関係，経理関係の従業員200名に対し面接による調査を行った。面接では，会社生活において特によかった，あるいは悪かったと感じたことを挙げさせ，それが業績や仕事ぶりにどのように影響したか，またその影響がどの程度続いたかを質問した。調査結果では，達成，昇進，給与や福利厚生にかかわる内容が２つの要因（動機づけ・衛生）に分類され，動機づけ要因は，充足されない場合でもあまり意欲の低下をもたらさないのに対し，衛生要因は，充足されない場合には意欲の低下をもたらすが，充足された場合にもある程度までしか意欲を向上させないことを示した。

4 ×　「低次の欲求が充足されて初めて高次の欲求が顕在化する」が誤り。**アルダーファー（Alderfer, C.P.）**の**ERG理論**は，**マズロー（Maslow, A.H.）**の欲求水準理論と同様の水準理論である。ERG理論とマズローの欲求水準理論との違いは，マズローでは欲求は段階的である一方，**ERG理論**では低次な欲求と高次な欲求が同時に生じることがある，といった点である。

5 ×　「目標がたやすいほど」，「目標が曖昧なほど」が誤り。**ロック（Locke, E.A.）**と**レイサム（Latham, G.P.）**は，**目標設定理論**を提唱した。この理論では，目標設定による動機づけは，内発的な自己動機づけであるとされている。まず自分の現状よりも高い目標を立てると，現状が目標よりも低いことで自尊心が低下する。この状態を解消しようと，目標に向けた努力が行われることになる。また，目標が困難で，具体的で，本人に受容され，進歩や成果の水準についてフィードバックがあるほど，動機づけが高まり，成功を生み出すといわれている。

No.6 の解説　動機づけと関連する諸現象

→問題はP.406　正答3

1 × **自己効力感**（self-efficacy）を唱えたのは，**バンデューラ（Bandura, A.）**である。また，自己効力感は脅迫的な動機づけを生じさせるのではなく，成功体験，暗示などの社会的説得を源として発生した自己効力感が，内発的動機づけを高めるといわれている。

2 × **ローカス・オブ・コントロール**（locus of control）を唱えたのは，**ロッター（Rotter, J.B.）**である。また，内部要因と外部要因の記述が逆になっている。ロッターは，物事の結果が，自身の行動や努力（**内的要因**）によって決まると考える場合を**内的コントロール所在**と呼び，他人や運，課題の困難さなど，自身の行動や努力以外（**外部要因**）によって決まる場合を**外的コントロール所在**と呼んだ。

3 ◎ 妥当である。**セリグマン（Seligman, M.E.P.）**は，シャトル箱を用い，イヌを対象とした実験を通じ，**学習性無力感**の概念を唱えた。学習性無力感は，抑鬱や学業不振の形成と深く関与していると考えられ，臨床的にも幅広く応用研究が行われている。

4 × **ランガー（Langer, E.）**が提唱した**コントロールの錯覚**（illusion of control）に関する記述である。実際にはコントロールできない出来事を，コントロール可能と知覚する傾向をさす。たとえば，宝くじのような，結果が偶然に左右される事象に対して，自身の能力，行動によって結果を操作できると知覚してしまう傾向である。

5 × **自己モニタリング**（self-monitoring）を唱えたのは，**スナイダー（Snyder, M.）**である。また，自己モニタリングの程度が高い人と低い人の傾向が逆に記述されている。自己モニタリングの程度が高い人は，状況における自身の自己提示や表出行動に対して敏感であり，常に自己の行動を省察，管理する傾向がある。一方，自己モニタリングの程度が低い人は，状況にかかわらず，内的に一貫した行動をとる傾向がある。

第8章 感 情

試験別出題傾向と対策

試験名	国家総合職					国家一般職					国家専門職（法務省専門職員）				
年度	21-23	24-26	27-29	30-2	3-5	21-23	24-26	27-29	30-2	3-5	21-23	24-26	27-29	30-2	3-5
頻出度 テーマ 出題数	3	3	3	1	3	0	2	0	1	0	1	1	3	1	2
A 18 感情諸説	3	3	3	1	3		2		1		1	1	3	1	2

感情や情動といった概念は，人の非合理的な行動を説明するために用いられる。また，それらは，生理，学習，認知，発達，教育，社会といった広範なテーマにおいて用いられており，感情という概念を出題することによりさまざまな領域をリンクする問題を作成することができる。まず，感情に関しては，ジェームズ=ランゲ説やキャノン=バード説に示されるように，伝統的に生理的反応を重視されていたことを理解してほしい。また，近年では認知心理学，社会心理学，認知神経科学において感情が大きなトピックとなっている。そして，感情は，テーマ17に挙げた欲求，動因，動機づけといった概念と結びつけられて出題されることも多い。研究者名と概念の内容を中心に整理を試みてほしい。また，近年の傾向として，脳部位との関連の出題が，記憶などでみられ始めており，感情に関しても，扁桃体など感情との結びつきの深い脳部位に関する出題が今後は予想される。

また，本テーマには，怒りといった感情と結びつきの深い，攻撃に関する出題も含めてある。攻撃は，社会心理学や臨床ともリンクされるテーマである点に，注意をしてほしい。

● 国家総合職（人間科学）

ほぼ毎年し出題される領域である。令和４年度では，感情の諸説と感情の制御について，令和５年度にはコア・アフェクトについての出題がされている。これからも，感情は，発達，動機づけ，社会などとの領域との融合問題の出題が予想される。また，基本的なトピックの出題もみられるので，まずは基本的な知識を蓄えたうえで，学習を広げていってほしい。

● 国家一般職

３年に一度程度の頻度で出題がみられる重要な領域である。令和元年度はエクマンやジェームズ・ランゲ説といった代表的な感情に関するトピックが出題され，また，過去には実験例を用いた情動に関する出題がみられている。テーマ17の基本的なトピックが中心であるため，確固とした知識を身につけてほしい。

裁判所（家庭裁判所調査官補）					
21–23	24–26	27–29	30–2	3–5	
1	2	0	0	0	
1	2				テーマ18

● 国家専門職（法務省専門職員）

令和３，５年度に出題がみられており，感情は重要な領域である。出題傾向は，ジェームズ=ランゲ説やキャノン=バード説といった古典から，ダマシオのソマティック・マーカー仮説などの新しい知見も含まれている。一方，著名な研究者と内容の組み合せが多いため研究者と研究内容を整理してほしい。また，実戦問題などで紹介した感情の諸理論については，基本的知見であるが，これからも出題が見込まれるため，確固とした知識を築いてほしい。

● 裁判所（家庭裁判所調査官補）

平成27年度以降は出題がみられていないが，26年度以前では２年に１度の出題がみられているテーマである。今後も３年に１度程度，出題される可能性があるため，取りこぼしのないように備えてほしい領域である。基本的な事項の出題される傾向にあるので，まずは，重要なトピックについてしっかりと学習してほしい。また，教育場面との結びつきの深い，攻撃に関する問題も予想されるため，理解を深めてほしい。

感情諸説

必修問題

感情（情動）に関する記述として最も妥当なのはどれか。

【国家一般職・平成25年度】

1 C.R.ダーウィンは，たとえば，歯をむき出すことは，闘争に役立ったために怒りの表情になったのであり，表情と感情には普遍的な関連があるとした。これに対してP.エクマンは，幸福，驚き，怒り，嫌悪，悲しみ，恐れという6つの**基本的な感情**について，表情との関連を検討したが，同一の感情であっても表情は民族によって異なり，文化による影響が大きいとした。

2 われわれは通常，「悲しい」から「泣く」と考えている。これに対して，W.B.キャノンとP.バードは，涙を流すという身体的反応を知覚することによって，悲しいという感情を体験するのだと主張した。これは，身体的反応とその知覚の両者が関係していることから，**感情の２要因説**といわれる。

3 R.S.ラザラスは，実験参加者に自律神経系を活性化させる注射をしたうえで，その薬理作用を知らせる群と知らせない群を設定し，実験参加者の前でサクラが怒ったり，陽気に振る舞ったりする実験を行った。その結果，薬理作用を知っている場合のほうが，サクラの行動によって感情が左右されることを示した。このことから，感情は生理的喚起状態を周囲の文脈に従ってどのように評価するかに依存しているという，**認知評価説**を主張した。

4 M.E.P.セリグマンは，失敗や成功の原因をどう考えるのかという原因帰属によって異なった感情が生起するとした。たとえば，他者のネガティブな結果がその本人にとって統制不可能な要因によって引き起こされたのを観察したとき，怒りという感情が喚起される。逆に，他者が本人にとって統制可能な要因によってネガティブな状態が引き起こされたのを観察したとき，哀れみ・同情という感情が喚起される。

5 R.プルチックは，さまざまな基本的感情について，対極的なものを対立した位置におき，類似したものを隣におくことによって，感情が円環状に位置づけられるとした。たとえば，喜びの対極は悲しみである。さらに，日常場面で生じる感情を基本的感情の混合として説明しようとした。たとえば，驚きと悲しみの混合したものが落胆である。

難易度 ＊

必修問題の解説

感情の基本的な理論の組合せによって誤りの選択肢が構成されている。人名と説明の記述の組合せから，誤りの選択肢を導ける。

1 × エクマンの基本感情説。

エクマン（Ekman, P.）は，**基本的な感情**を示す表情は異民族の間でも共通の普遍性を持つことを見いだした。ダーウィン（Darwin, C.）は，表情研究者としても著名である。

2 × 泣くから悲しいのはジェームズ=ランゲ説。

「泣く」から「悲しい」という，身体的反応が情動に先行するという理論を提唱したのは**ジェームス**（James, W.）と**ランゲ**（Lange, C.）であり，**ジェームス=ランゲ説**と呼ばれる。

3 × エピネフリン実験はシャクターとシンガー。

シャクター（Schachter, S.）と**シンガー**（Singer, J.）の**エピネフリン実験**（1962）に関する記述である。シャクターらの実験結果においては，薬効を知らされている群では，サクラの影響を受けず，また薬理作用を知らされていない群は，サクラの影響を受けることが示されている。また，**ラザルス（ラザラス）**（Lazarus, R.S.）の**認知評価説**は，心理社会的ストレスに関するモデル（テーマ15重要ポイント2参照）である。

4 × 成功・失敗の帰属理論はワイナー。

成功と失敗に関する帰属理論は**ワイナー**（Weiner, B.）によって提唱されたものである。当該理論に従えば，失敗が統制可能な要因による場合に怒りが，統制不可能な要因による場合は哀れみの感情が生起すると考えられる。**セリグマン**（Seligman, M.E.P.）は，**ストレス**や**学習性無力感**の代表的な研究者である。

5 ◎ 感情の立体モデルはプルチック。

妥当である。**プルチック**（Plutchik, R.）の**感情の立体モデル（感情環）**に関する記述である。色相環になぞらえて感情をモデル化したことが特徴であり，**8つの基本感情**とその混合によってさまざまな感情を表現する。

正答 5

FOCUS

初期の研究であるジェームズ=ランゲ説に示されるように，認知と感情との関連が古典的なテーマとなる。感情の諸分類，攻撃に関する理論も学習してほしい。今日では，感情は，社会心理，動機づけ，認知心理学においても扱われるテーマである点，注意を要する。

POINT

重要ポイント 1 基本感情

文化の影響を問わず，基本感情が存在するといった考え方は，数多く提起されている。最も著名なものは，**エクマン（Ekman, P.）**の６つの基本感情である。「恐れ」・「驚き」・「怒り」・「嫌悪（軽蔑）」・「悲しみ」・「喜び」に対応する固有の表情や姿勢の変化が広範に見られることから，感情は生得的にプログラムされたものであると主張した。他にも，イザード（Izard, C.）の10個の基本感情，プルチック（Plutchik, R.）の８つの基本感情などが著名である。

重要ポイント 2 感情諸説

感情の初期の研究は，認知が先か，感情が先かといった問題に位置づけると整理がしやすい。以下に，感情と結びつきの深い理論とトピックを挙げる。

(1) ジェームズ=ランゲ説：「泣くから悲しい」といったように，環境に対する身体的反応が感情を引き起こす原因であると主張した。末梢器官からのフィードバックを大脳新皮質が感知することにより，情動が体験されるとした。

(2) キャノン=バード説：「悲しいから泣く」といったように，情動は脳の中枢（視床）によって生起し，抹消へ伝えられると主張した。

(3) シャクターとシンガーの実験：**シャクター（Schachter, S.）**とシンガー（Singer, J.）は，「エピネフリン注射の実験」により，身体反応とその身体反応に対する認知的評価によって感情の解釈がなされることを示した。

(4) 感情の認知的評価：**アーノルド（Arnold, M.D.）**によれば，情動には両極あり，対象が有害か有益か，対象を入力するのが容易か困難か，征服すべきか回避すべきかなどのように，状況をどのように判断したかによって情動が異なるというのである。この考え方を発展させたのが**ラザルス（Lazarus, R.S.）**である。

(5) 単純接触効果：**ザイアンス（Zajonc, R.B.）**は，無意味図形などを刺激に用い，**単純接触効果**に関する一連の実験を行い，感情と認知は独立したシステムであると主張した。単純接触効果とは，対象にくり返し接触することによって，対象への好意度が高まる効果である。ザイアンスの研究は感情が認知に先行するという主張につながり，一方，ラザルスは感情生起に認知が先行することを主張したため，両者の議論は著名な論争につながった（**ラザルス-ザイアンス論争**）。今日では，この論争は，両者の認知に対する定義の違いによると解釈されている。

(6) 感情情報機能説：**シュワルツ（Schwarz, N.）**は，対象の評価や判断といった認知処理が感情によって左右されるのは，認知者が自己の感情状態を判断の情報源の一つとして利用するためであると主張した。

(7) 興奮の転移：**ジルマン（Zillmann, D.）**は，生理的興奮が生じた場合，最初の状況とは直接関係のない後続する状況においても情動反応を高める方向に影響を与えるという理論を提案した。

重要ポイント3 気分と記憶

気分（感情）の認知処理への影響は，今日でも重要なテーマの１つである。代表的な現象である気分一致効果を以下に挙げておく。

気分一致効果：気分一致効果とは，楽しい気分のときに楽しかった出来事を思い出すといったように，特定の気分と一致する性質の記憶や判断が促進される現象をいう。気分状態依存効果とは，記銘時と想起時の気分状態が一致していれば想起の成績が促進されるという現象をさす。気分一致効果の説明モデルの代表として，バウアー（Bower, G.H.）の感情ネットワーク・モデルが挙げられる。

重要ポイント4 攻撃

攻撃は社会心理学で扱われることも多いテーマである。ここでは，代表的な攻撃に関する理論を紹介する。

フラストレーション-攻撃仮説：フラストレーションは，満たされなかった欲求が，切実であるほど強くなると考えられる。代表的なフラストレーション反応としてダラード（Dollard, J.）らは，攻撃行動を挙げた。後続するバーコヴィッツ（Berkowitz, L.）らは，フラストレーションに導かれた不快感情と攻撃との結びつきを強調した。

実戦問題

＊＊
No.1 **次は，情動に関するある実験についての記述であるが，この実験によって検討された心理学理論として最も妥当なのはどれか。**

【国家一般職・平成26年度】

〈実験概要〉

実験参加者は男子大学生であった。約半数の実験参加者は自転車漕ぎを，残りの参加者は縫製作業を行うよう指示された。この課題遂行の直後，実験者が依頼した実験協力者（サクラ）が，実験参加者に対して不快な挑発的行為を行った。その後，実験参加者にサクラに報復する機会を与えると，自転車漕ぎを行った実験参加者は，縫製作業をしただけで自転車漕ぎ（激しい運動）を行っていない実験参加者と比較して，サクラに対してより攻撃的に振る舞うことが見いだされた。

1 D.J.ベムの自己知覚理論（self-perception theory）
2 D.ジルマンの興奮転移理論（excitation transfer theory）
3 F.ハイダーの認知的均衡理論（cognitive balance theory）
4 H.S.ベッカーのラベリング理論（labeling theory）
5 J.W.ブレームの心理的リアクタンス理論（psychological reactance theory）

＊
No.2 **情動や感情に関する次の記述のうち，妥当なのはどれか。**

【国家一般職・令和元年度】

1 ジェームズ（James, W.）とランゲ（Lange, C.G.）は，刺激によって惹起（じゃっき）された身体反応が脳に伝達されることによって情動体験が生じるとするキャノン（Cannon, W.B.）とバード（Bard, P.）の中枢起源説を批判し，知覚された情報が脳に伝達され，身体反応と情動体験が同時に生じるとする末梢起源説を主張した。

2 シャクター（Schachter, S.）らは，薬剤によって引き起こされた生理的喚起の状態を実験参加者がどのように解釈・評価するかによって，情動体験の質は異なることを示した。彼らは，このような結果から，情動体験の質は生理的喚起と認知的評価の双方に基づいて決まるという情動の二要因説を主張した。

3 トムキンス（Tomkins, S.S.）は，情動を喚起する刺激を知覚すると，その情動に固有の各種表情筋が反応し，それらが脳に伝達されることによって情動体験が生まれるとする仮説を提唱した。この仮説は，顔面フィードバック仮説または表情フィードバック仮説と呼ばれており，中枢起源説を発展させたものであるといえる。

4 どのような刺激であっても，繰り返し接することでその刺激に対する好感情が増していく現象を単純接触効果という。単純接触効果は，提示時間が極めて短く，再認が困難な刺激の場合にも生起することから，ラザラス（Lazarus, R.S.）

は，感情は認知の関与がなくとも生起し得ると主張した。

5 認知と感情の関わりを示す一つの例として，気分一致効果と呼ばれる現象がある。これは，過去の楽しかったことを思い出したり考えたりしていると楽しい気分になり，逆に，過去の悲しかったことを思い出したり考えたりしていると悲しい気分になるというように，その時に認知していることの感情価と一致するように気分が変動する現象である。

No.3 ＊＊ **感情に関する記述ア～エのうち，妥当なもののみをすべて挙げているのはどれか。** 【法務省専門職員・令和５年度】

ア：P.バードは，刺激によって生理的覚醒が生じると，環境内の手掛かりを利用し，その生理的覚醒の原因を解釈することで，多様な感情体験が生じるとする中枢起源説を主張した。これに対し，W.ジェームズは，単純接触効果の実験から，感情の生起に認知的な評価は不要であるとする末梢起源説を主張し，両者間の論争が起きた。

イ：R.B.ザイアンスは，緊急事態では，潜在記憶の働きによって，状況がさまざまでも同じような身体反応が生じることや，動物の脳の特定の部位を破壊すると感情反応が消失することから，脳が刺激を知覚することで，感情体験と身体反応が同時に惹起（じゃっき）されると主張した。また，この理論を拡張し，P.I.ヤコブレフは，海馬を起点とした回路で感情が生じるとする情動回路を主張した。

ウ：A.R.ダマシオは，腹内側前頭前皮質が，過去の記憶から刺激状況と情動を関連付け，「良い」か「悪い」かの価値を帯びた身体反応を生じさせるシグナルを出力し，行動選択を導くとするソマティック・マーカー仮説を主張した。彼は，身体ループ（body loop）に加えて，疑似的身体ループ（as-if body loop）を想定し，過去に経験した状況を想起するだけで，疑似的な身体変化が再現されるとした。

エ：R.S.ラザラスは，「温かい－冷たい」と「満足－不満足」の二次元で表現される状態をコア・アフェクトと呼び，これが感情現象の核心をなすと主張した。コア・アフェクトは，外界からもたらされる感覚情報と，内受容感覚としてもたらされる体内の情報により形成される。P.エクマンは，この感覚が意識化されたときに，幸福，怒り，驚き，恐怖の四つの基本感情が経験されると主張した。

1 ア　**2** ウ　**3** ア，イ　**4** イ，エ　**5** ウ，エ

心理学 第8章 感情

＊＊ No.4 攻撃行動に関する記述として最も妥当なのはどれか。

【国家総合職・平成24年度】

1 フロイト（Freud, S., 1933）は，人の攻撃行動を，人が生得的に持っている死の本能エネルギーを他者に向けて発散することであると考え，ローレンツ（Lorenz, K.Z., 1963）は，攻撃性を種の維持に重要な機能であると考えた。両者は，攻撃を不可避なものであると考えた点では共通しているが，前者は攻撃を引き起こす源泉が個体内にあるとする内的衝動説に位置づけられるのに対して，後者は，攻撃行動を誘発する外界の刺激を重視していることから，社会的機能説に位置づけられる。

2 バーコウィッツ（Berkowitz, L., 1989）は，欲求不満によって攻撃行動の準備状態が生じ，これに加えて攻撃的意味を帯びた手がかりが存在すると攻撃行動が生じると考え，攻撃手がかり論（aggressive cue theory）を提唱した。怒りなどの攻撃的動機づけが高まっている人が攻撃と連合した刺激に接すると，オペラント条件づけのメカニズムによって攻撃反応が促進されると説明され，近年は社会的認知のネットワークモデルを用い，ノード間の活性化拡散によって説明が試みられている。

3 バンデューラ（Bandura, A., 1971）は，他者の攻撃行動を観察することにより，攻撃行動のパターンが学習されるとしたが，攻撃行動の習得とその遂行は区別されるとした。彼は，観察により習得した行動が遂行されるのは，その必要が生じた時であり，遂行に際しては，動機づけが影響すると考えた。この動機づけの過程において，強化は，環境から与えられる外的強化ばかりではなく，モデルが受ける代理強化や，自分の行動に対して自ら強化を与える自己強化などについても考える必要があるとした。

4 ダラードとミラー（Dollard, J., & Miller, N.E., 1939）は，攻撃性を環境要因によって誘発された動因に基づくものととらえ，たとえば，目標達成が妨害されることによって欲求不満が生じ，それを低減するために主として欲求の充足を妨害した他者に対する攻撃行動が生じるとして欲求不満－攻撃仮説を提唱した。この仮説では，攻撃行動の発現には，欲求の充足を妨害した他者の行動の意図や動機に関する認知が大きく影響し，妨害した他者の行動が偶然であって敵意に基づいたものではないと推測される場合には，攻撃行動が抑制されるとしている。

5 激しい運動後など生理的喚起水準が高まっている状態にある人が他者から挑発的なことをされると，攻撃行動が促進されることがある。ジルマン（Zillmann, D., 1978）は，これを生理的喚起水準の高まりを他者からの挑発的な行為に誤って帰属したためであると考えた。ある状況で生じた生理的喚起が，後続の状況における情動反応に影響を及ぼすという考え方は，生理的反応が生じ，次いで情動反応が生じるとしたジェームズ=ランゲ説に引き継がれている。

実戦問題の解説

No.1 の解説　興奮と情動

→問題はP.416　正答2

本実験の中心は，運動によって喚起された興奮が後続する他の事象への情動に転移している点にある。

1 × ベム（Bem, D.J.）の**自己知覚理論**は，他者知覚同様の過程を通じ自己についても知覚を行うといった理論である。

2 ◎ 妥当である。**ジルマン**（Zillmann, D.）の**興奮転移理論**は，先行する興奮が，後続する事態の興奮に転移するといった理論であり，実験概要にふさわしい。

3 × ハイダー（Heider, F.）の**認知的均衡（バランス）理論**は，**P-O-X理論**とも呼ばれ，個人・他者・対象といった枠組みでの態度変容のモデルである。

4 × ベッカー（Becker, H.S.）の**ラベリング理論**は，社会的逸脱行動の説明に用いられる理論である。逸脱行動はその特徴によって定義されるのではなく，ある行動へ「違反者である」とラベルが貼られること，つまり，他者の反応によって規定されるとした理論である。

5 × ブレーム（Brehm, J.W.）の**心理的リアクタンス理論**は，説得場面において，唱導方向と異なる結果を生む場合に用いられる。自己の自由が脅かされるとき，人は唱導方向の逆に態度が変化するといった内容である。

No.2 の解説　情動・感情の諸説

→問題はP.416　正答2

情動・感情に関する基本理論である。類似した理論が多いため，人物名と理論の内容をしっかりと理解しておきたい。

1 × **「笑うから楽しい」末梢起源説と「楽しいから笑う」中枢起源説。**

刺激によって喚起された身体反応が脳に伝達されることによって情動体験が生じるとするのは**末梢起源説**であり，**ジェームズ**（James, W.）と**ランゲ**（Lange, C.G.）が提唱した。これに反論する形で**キャノン**（Cannon, W. B.）と**バード**（Bard.P.）は，知覚された情報が脳に伝達され，身体反応と情動体験が同時に生じるとする**中枢起源説**を主張した。前者は「笑うから楽しい」と考え，後者は「楽しいから笑う」と考える。

2 ◎ **シャクターは，生理的喚起と認知的評価の二要因説。**

たとえば，高所のつり橋を異性と渡るとき，高い所を渡ることで生じる身体反応（心拍数の増加等）を異性への恋愛感情と解釈すると，まったく違った情動が生じる。同じ身体反応でも，それをどう解釈・評価するかによって情動の質は異なってくる。

3 × **顔面フィードバック仮説は末梢起源説。**

トムキンス（Tomkins, S.S.）の顔面フィードバック仮説は，中枢起源説ではなく末梢起源説と類似している。末梢（顔面筋）の反応が中枢にフィードバックされることで情動が生まれると考えている。

4 × **単純接触効果はザイアンス。**

感情は認知の関与がなくとも生起しうると主張したのは，**ザイアンス**（Zajonc, R.B.）である。これに対し，**ラザラス**（Lazarus, R.S.）は，情動の発現には認知的評価がなければならないと考えた。

5 × **気分一致効果は気分に一致する情報が認知されやすい。**

気分一致効果とは，そのときの気分に一致した感情価の情報や事物が認知されやすいことである。文中の例でいうと，楽しい気分のときには過去の楽しかったこと，悲しい気分のときには過去の悲しかったことが想起されやすくなる。認知していることの感情価が気分を規定するのではない。

No.3 の解説　感情の起源

→問題はP.417　**正答2**

ア ×　**キャノン=バードは感情の中枢説。**

妥当でない。**ア**の記述は，**R.B.ザイアンス**と**R.ラザルス**との**感情論争**に関する説明を，人名などを入れ替えて作成されている。**P.バード**は，**キャノン=バード説**で知られるように，**感情の中枢起源説**を提起した。**ア**の中での中枢起源説として挙げられている内容は，認知的評価によって感情が生起するという説であり，R.ラザルスの提唱した認知評価説である。また，**W.ジェームズ**は，**ジェームズ=ランゲ説**として知られる**感情の抹消起源説**を提起したが，その内容は，刺激や状況によって喚起された身体反応が，感情を引き起こすという内容である。**ア**に示された**単純接触効果**の説明は**R.B.ザイアンス**の感情の評価が認知に優先されるという説の内容になっている。

イ ×　**R. B. ザイアンスは感情優先説。**

妥当でない。これまで，キャノン=バード説，**パペッツ（Papetz）回路**などから，**大脳辺縁系**，特に**扁桃体**が情動の座として知られており，**イ**の「脳が刺激を知覚することで，感情が惹起されると主張した」という記述から，情動の中枢起源説について説明がなされていることがわかる。P.I.ヤコブレフの回路も，扁桃体を中心とした回路で，健忘症との関連が指摘されている。一方，R.B.ザイアンスは，感情と認知の機構は互いにほとんど独立していて，情動が優先されるという感情優先説の提唱者であり，**イ**の情動の中枢起源説とは異なる立場である。

ウ ○　**A.R.ダマシオはソマティック・マーカー仮説。**

妥当である。**A.R.ダマシオ**の**ソマティック・マーカー仮説**は，意思決定に対し情動的な身体反応が重要な信号を提供するという仮説である。**腹内側前頭前野**の損傷患者を対象とした，アイオワ・ギャンブリング課題を用いた実験が著名である。

エ ×　**コア・アフェクトは快－不快，覚醒－鎮静。**

妥当でない。心理学的構成主義では，コア・アフェクトは，内受容感覚をもとにした，快－不快，および覚醒－鎮静という2次元で表現され，主観的に経験される感覚である。コア・アフェクトの提唱者は，J.A.ラッセルやL.F.バレットであり，R.S.ラザラスではない。**P.エクマン**は，**基本感情理論**の提唱者であり，心理学的構成主義者ではない。

　したがって，妥当なものは**ウ**であり，正答は**2**である。

No.4 の解説　攻撃行動

→問題はP.418　**正答3**

1 × 「外界の刺激を重視」「社会的機能説」が誤り。攻撃行動の動機づけとして本能を重視する考え方は，精神分析学の**フロイト（Freud, S.）**や動物行動学の**ローレンツ（Lorenz, K. Z.）**が提唱した。**ローレンツ**は，本能行動を内的な興奮過程に依存する中枢神経系の自動的な機能であるとした。そのため，社会的機能を重視していない。

2 × 「オペラント条件づけのメカニズムによって」が誤り。**バーコウィッツ（Berkowitz, L.）**は，**攻撃手がかり論**を提起した。ストレスなどによって不快情動が強まると，攻撃動因が高まる。こうした状態のもとで武器などの手がかりが提示されると，攻撃行動が促進される。

3 ◎ 妥当である。**バンデューラ（Bandura, A.）**は，**社会的学習理論（モデリング理論）**を提唱した（⇒テーマ3参照）。バンデューラの行った実験では，子どもに，短い映画やモデルの実際の行動を見せた後，子どもを遊び部屋に誘導すると，多くの攻撃行動を見せた。

4 × 「攻撃行動が抑制される」が誤り。**ダラード（Dollard, J.）**は，フラストレーション－攻撃仮説を提案した。**フラストレーション－攻撃仮説**では，攻撃行動の背景にはフラストレーションが仮定される。

5 × 「ジェームズ=ランゲ説に引き継がれている」が誤り。ジェームズ=ランゲ説のほうが先行する。**ジルマン（Zillmann, D.）**の**興奮転移理論**は，先行する興奮が，後続する事態の興奮に転移するといった理論である。運動を行ってしばらく時間が経過した後，攻撃性が強まることなどがその例となる。

第9章 心理測定法

試験別出題傾向と対策

試験名	国家総合職					国家一般職					国家専門職（法務省専門職員）				
年度	21-23	24-26	27-29	30-2	3-5	21-23	24-26	27-29	30-2	3-5	21-23	24-26	27-29	30-2	3-5
頻出度 テーマ 出題数	14	14	18	14	15	0	0	0	0	0	3	8	10	8	9
A 19 代表値・尺度	14	14	18	14	15						3	8	10	8	9

本章のテーマである「心理測定法」は，過去の出題を分析すると，試験ごとの出題傾向に明らかな偏りが認められる。たとえば，これまで，国家一般職では一度も出題されておらず，裁判所においては，平成21年から26年の６年間出題が見られない。

一方，国家総合職と法務省専門職員においては，毎年複数題が出題されているので，注意してほしい。

心理測定法で，これまでの頻出事項は，本テーマに挙げた代表値・尺度や，統計的検定の基礎などの統計に関する出題と，他に妥当性と信頼性，各種測定法に関するトピックである。まずは，テーマに挙げた基本的事項からスタートし，測定の信頼性と妥当性の考え方などへ，学習を広げていってほしい。

これまで出題のなかった公務員試験においても，研究例の出題が増加しており，結果の解釈とともに使用している統計について，問われる可能性のあるテーマと言える。本章で挙げられたトピックに関しては，どの公務員試験を受験する場合でも，理解をしておくことが望ましい。

● 国家総合職（人間科学）

平成30年度以降も，毎年４題以上の出題がみられ，必須の領域である。ピアソンの相関係数，実験計画法，分散分析，χ^2検定，などが出題されている。検定についての問と，実験計画法や，測定の基本的な理論枠組みに関する出題がバランスよく出題されている。卒業論文や修士論文などで，分析を実際に体験していないと，理解することが難しいといった側面もある。

● 国家一般職

試験制度が改変された24年度以前も含め，これまで出題がみられない領域である。一方，実験例などを読むうえでは，統計の基本的な考え方は必要になるので，参考の意味も含めて，基本的なテーマに関しては，目を通しておいてほしい。

● 国家専門職（法務省専門職員）

令和２年度以降毎年３題程度の出題がみられ，必須の領域である。相関係数，t 検定，多変量解析の種類，効果量，尺度水準に関する出題がなされた。統計と測定の基礎について，具体例も含めて学習する必要がある。基本的な出題が中心

裁判所（家庭裁判所調査官補）					
21–23	24–26	27–29	30–2	3–5	
0	0	3	0	0	
		3			テーマ19

となるが，分析の具体例も学習しておく必要がある。

● 裁判所（家庭裁判所調査官補）

　問題文では教育と表記されているが，統計に関する出題がみられている。過去には測定の信頼性と妥当性や，平均や標準偏差などの代表値，そして，令和４年度には統計的仮説検定が出題されている。記述式の試験であるため，基本的な知見に関する出題に集中すると予想される。実験計画法や効果量などの基本的な事項について整理を図ってほしい。

代表値・尺度

必修問題

散布度に関する記述Ａ～Ｄのうち，妥当なもののみを挙げているのはどれか。

【法務省専門職員・平成25年度】

Ａ：**標準偏差（SD）**とは，測定値の，平均値（$\bar{x}$）からの隔たりに関係する測度であり，各測定値（x）の平均値からの偏差の2乗和を測定値の数（n）で除し，その正の平方根をとったものである。

標準偏差は，$SD=\sqrt{\dfrac{\sum_{i=1}^{n}(x_i-\bar{x})^2}{n}}$ の式で表される。

Ｂ：**四分位偏差**（semi-interquartile deviation；Q_D）とは，第3四分位数（Q_3）から第1四分位数（Q_1）を引いた値を2で除したものである。標準偏差と比較して，外れ値による影響を受けにくい性質を持つ。

四分位偏差は，$Q_D=\dfrac{Q_3-Q_1}{2}$ の式で表される。

Ｃ：**変動係数（CV）**とは，平均値（$\bar{x}$）を標準偏差で除したものであり，平均値に対する相対的散布度の一つである。単位のない数値となるため，規模の異なる測定値であっても単位の影響を受けずに散布度を比較検討することができる。

変動係数は，$CV=\dfrac{\bar{x}}{SD}$ の式で表される。

Ｄ：**分散（s^2）**とは，測定値の，平均値（$\bar{x}$）からの隔たりに関係する測度であり，各測定値の平均値からの偏差の総和を2乗し，測定値の数（n）で除したものとして表される。

分散は，$s^2=\dfrac{\left\{\sum_{i=1}^{n}(x_i-\bar{x})\right\}^2}{n}$ の式で表される。

1　Ａ，Ｂ
2　Ａ，Ｃ
3　Ｂ，Ｃ
4　Ｂ，Ｄ
5　Ｃ，Ｄ

難易度　＊

必修問題の解説

データを記述するために，要約統計量を求めることは，データ解析の基本である。本問は，データの散らばり（分布）に関する指標で構成されている。選択肢Cの変動係数の知識があやふやでも，標準偏差と分散，そして四分位の知識さえしっかりしていれば，正答は導ける。

A○ 妥当である。標準偏差は，データの散らばりを示す統計量であり，重要な項目である。式も含めて理解してほしい。

B○ 妥当である。中央値と四分位の関係を下に示した。

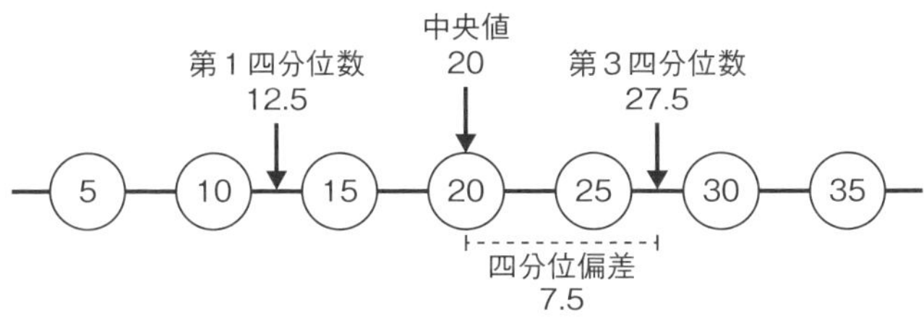

C× 「平均値を標準偏差で除した」が誤り。**変動係数**とは，標準偏差を平均値で除した値である。すなわち，変動係数は $CV=\frac{SD}{\bar{x}}$ で表される。

D× 「各測定値の平均値からの偏差の総和を２乗」は誤り。**分散**とは，各測定値の平均値からの偏差の２乗を総和し，測定値の数で除した値である。すなわち，分散は $s^2=\frac{\sum_{i=1}^{n}(x_i-\bar{x})^2}{n}$ で表される。**標準偏差**は分散の平方根をとった値である。

以上より，妥当なものはＡとＢであるから，正答は**1**である。

正答 1

FOCUS

心理測定では，まず尺度水準の理解に始まり，各種代表値（平均，標準偏差など）の具体的算出方法とその意味を理解する必要がある。その後，群間の平均値の差の検定（t検定，分散分析），２変数間の相関係数など，各種統計手法について学習を進めてほしい。また，精神物理学的測定（テーマ１）とも関連する点，注意を要する。

POINT

重要ポイント 1 尺度水準

あるモノサシ（尺度）に基づいて集められた情報をデータと呼び，尺度の分類は，スティーブンス（Stevens, S.S.）の 4 水準が著名である。名義尺度，順序尺度によって取られたデータは質的データ，間隔尺度と比率尺度によって得られたデータは量的データと呼ばれる。尺度によって行える統計・検定が異なる点に注意を要する。また，名義，順序，間隔，比率尺度の順に「尺度水準は低い」と表現される。

尺度		定義	許容される演算	施される統計処理	例
低い	名義	事象の分類のために各カテゴリーに与えられた数値による尺度。	$x'=f(x)$ $f(x)$ は一対一対応を表す	最頻値	郵便番号 背番号 性別
↕	順序	相対的な順序関係を表す数値による尺度。	$x'=f(x)$ $f(x)$ は単調増大関数を表す	中央値 四分位点	鉱物の硬度 授業の成績
↕	間隔	数値の差（間隔）に意味を持っている尺度。任意の原点と等間隔な単位を持つ尺度。	$x'=ax+b$	平均 標準偏差	摂氏 華氏
高い	比率	絶対的な原点と等間隔な単位を持った尺度。	$x'=ax$	変動係数	長さ 重さ

重要ポイント 2 要約統計量

データから計算される分布の形状を要約的に表す値を要約統計量という。

代表値　（算術）平均値：　間隔尺度以上
　中央値・最小値と最大値：　順序尺度以上
　最頻値（モード）：　名義尺度以上

散布度　範囲（レンジ）：　最も大きい値と最も小さい値の差
（ちらばりの指標）
　四分位偏差：　データを 4 分割　順序尺度以上
　分散と標準偏差：　間隔尺度以上

平均　$\overline{X}=\sum_{i=1}^{n}X_i/n$　　分散　$\sigma^2=\frac{1}{n}\sum_{i=1}^{n}(x_i-\overline{x})^2$

重要ポイント 3 統計的検定

標本統計量をもとに，仮説について調べることを仮説検定と呼ぶ。

母集団の特性を規定する母数についてある仮説を設けるもので，平均値の差の検定（t 検定）や分散分析（ANOVA）などがこれに該当する。

一方で，ノンパラメトリック検定は，母集団の分布型（母数）について一切の仮定を設けない。このため，分布によらない手法と呼ばれることもある。χ^2（カイ二乗）検定が代表となる。

重要ポイント4 多変量解析

多変量解析は，複数の変数を対象に行う統計的手法をさし，主成分分析，因子分析，共分散構造分析，クラスター分析などがその代表である。多くの多変量解析を理解するためには，ピアソンの積率相関係数の理解が必須である。

相関係数：2変数の規則的関係を表す。間隔尺度以上の場合，以下のピアソンの積率相関係数を用いる。

$$r=\frac{\sum_{i=1}^{n}(x_i-\bar{x})(y_i-\bar{y})}{\sqrt{\sum_{i=1}^{n}(x_i-\bar{x})^2}\sqrt{\sum_{i=1}^{n}(y_i-\bar{y})^2}}$$

重要ポイント5 発達研究法

縦断研究と横断研究：特定の個人または集団を継続的に追跡して，ある心理現象についてデータを取る方法を**縦断的研究**，ある時点で異なる多くの年齢集団を対象として，ある心理的現象についてのデータを取る方法を**横断的研究**と呼ぶ。発達を研究対象とした調査を行う場合，発達の効果以外に，時代効果やコーホート（同時期出生集団）効果が見られる点に，注意をする必要がある。

重要ポイント6 テストの信頼性と妥当性

妥当性：テストが測定すべきことを測定しているかの程度。古典テスト理論では，内容的妥当性，基準関連妥当性，構成概念妥当性に分けられる。

信頼性：テストの結果が，正確さ，安定性，一貫性を示しているかの程度。再検査法，平行検査法，内部一貫法といった方法で検討される。

重要ポイント7 実験計画

実験とは，変数間の因果関係を調べるために，剰余変数を統制し，独立変数の操作による従属変数の変化をみる方法である。実験を行う場合，被験者をどのように配置するかなどが問題となる。

被験者内要因（Within-subject factor）：独立変数のうち，複数の条件を同一の被験者に割りあてる計画。このデータを**「対応のあるデータ」**という。

被験者間要因（Between-subject factor）：独立変数のうち，複数の条件を別々の被験者に割りあてる計画。このデータを**「対応のないデータ」**という。

実戦問題

No.1 ＊＊ **次は，推測統計に関する記述であるが，A～Eに当てはまるものの組合せとして最も妥当なのはどれか。** 【法務省専門職員・令和４年】

母数を標本から計算された一つの値によって推定することを［ A ］推定という。標本サイズをどんなに大きくしても，標本平均は確率的に変動するため，母平均と完全に一致することはほとんどありえない。一方，［ B ］によって母数を推定する方法を［ B ］推定という。［ B ］推定を使っても母数が確実にこの範囲に入ることを主張することはできない。なぜなら，確率は低いものの，標本統計量は母数からかけ離れたどんなに極端な値であっても取りうるからである。そのため，［ B ］推定では信頼度（degree of confidence）を定める。信頼度とは，［ B ］推定をする際に，その範囲に母数が含まれる確率を意味する。そして，ある信頼度の下で示される母数が含まれる［ B ］のことを，［ C ］という。

［ C ］は「母数の推定値!誤差範囲」で表される。この誤差範囲には［ D ］が用いられることが多い。［ D ］とは標本分布の標準偏差であり，標本統計量が母数の真値から平均的にどのくらい変動するかを表す指標である。平均値の場合，データが近似的に正規分布に従うならば，［ E ］を用い，誤差範囲を算出する。

	A	B	C	D	E
1	点	区間	信頼区間	標準誤差	t分布
2	点	区間	信頼区間	標本誤差	二項分布
3	点	区間	信頼係数	標本誤差	t分布
4	区間	点	信頼係数	標準誤差	t分布
5	区間	点	信頼係数	標本誤差	二項分布

No.2 ＊ **統計処理の方法とその解釈に関する記述A～Dのうち，妥当なもののみを挙げているのはどれか。** 【法務省専門職員・平成24年度】

A：ある小学校で，生徒に対して，肉と魚について，好きか嫌いかというアンケート調査を実施し，その結果を基に，肉も魚も好きではない生徒を１，魚は好きだが肉は好きではない生徒を２，肉は好きだが魚は好きではない生徒を３，肉も魚も好きな生徒を４とコーディングしたところ，１～４には同じ数の生徒が割り振られた。次に，生徒に割り振られた１～４のコード番号と身長との間でピアソンの積率相関係数を算出したところ，有意な正の相関が見られた。このことから，肉や魚が好きな生徒は身長が高い傾向があると判断した。

B：ある小学校で，生徒に対して，電車内で携帯電話により通話することをどの程度悪いことだと思うかに関して，「まったく悪くないと思う」を０点，「どちらかといえば悪いと思う」を１点，「やや悪いと思う」を２点，「かなり悪いと思う」を3点，「非常に悪いと思う」を4点とする5件法でアンケート調査を実施した。その結果，男子の平均が2.4点で，女子の平均が3.6点であった。このことから，電車内の携帯電話による通話に関して，女子は男子の1.5倍悪いと認識していると判断した。

C：ある小学校で，生徒に対して，国語，算数，理科，社会，体育，音楽の6教科について，好きな順に並べてもらうアンケート調査を実施し，最も好きな教科を1点，最も好きでない教科を6点として点数をつけた。また，各生徒の各教科の成績について，成績のよい順に1位～6位の順位をつけた。そのうえで，この2変数間でスピアマンの順位相関係数を算出したところ，有意な値となった。このことから，教科の好き嫌いと成績の良し悪しの間には相関関係があると判断した。

D：ある小学校で，教授法Aにより授業をする群（A群）と教授法Bにより授業をする群（B群）とを設定し，両群に事前のテスト成績，年齢分布が等しくなるように同数ずつの生徒を割り振った。そのうえで，一定期間授業をした後に，再度テストを実施した。再テストの得点は両群とも正規分布していたので，A群とB群のテスト得点の平均値をt検定により比較したところ，A群のほうが有意に高かった。このことから，教授法Aは教授法Bよりも効果的な教授法であると判断した。

1　A，B
2　A，C
3　B，C
4　B，D
5　C，D

No.3 ＊＊ **次は，異なる教授法と教材が学力に及ぼす影響について検討した研究の記述である。A，Bに当てはまる語句の組合せとして最も妥当なのはどれか。**

なお，統計処理に当たり，実験計画上の問題はないものとする。また，［　　］の箇所は設問の都合により伏せてある。　　【法務省専門職員・平成24年度】

＜研究概要＞

高等学校において，2つの教授法（教授法1と教授法2）と2つの教材（教材1と教材2）が生徒の学力に及ぼす効果を調べることを意図した研究が行われた。

研究に参加した生徒は，事前テストにより学力の等質な4群（1群60名，計240名）に群分けされた。第1群の生徒は「教授法1と教材1」，第2群の生徒は「教授法1と教材2」，第3群の生徒は「教授法2と教材1」，第4群の生徒は「教授法

2と教材2」を利用した一連の授業に参加した。計画された授業スケジュールが終了した後に，生徒は，評価対象である学力を調べるための事後テストを受験した。

<分散分析の結果>

表1は，各群の事後テストの成績（100点を満点とする）を要約したもの，表2および表3は，事後テストの成績の分散分析の結果を要約したものである。

教材1を用いた場合，事後テストの成績に対する2つの教授法の［A］。教材2を用いた場合，教授法2は教授法1よりも有意に事後テストの成績を向上させた。また，教授法1においては，事後テストの成績に対する2つの教材の［A］。教授法2においては，［　］。したがって，本研究においては，［B］が，評価対象とする学力の向上に対して効果的であったといえる。

表1 事後テストの成績の要約

要因A	要因B	サンプル数	平均点	標準偏差
教授法1	教材1	60	60.54	7.11
教授法1	教材2	60	62.15	8.97
教授法2	教材1	60	63.08	9.18
教授法2	教材2	60	74.74	9.20

表2 分散分析表

要因	自由度	平方和	平均平方	F値
教授法	1	3434.37	3434.37	45.03**
教材	1	2638.06	2638.06	34.59**
教授法×教材	1	1513.89	1513.89	19.85**
誤差	236	18000.00	76.27	
全体	239	25586.33		

**：p<.01

表3 交互作用の分析表

要因	自由度	平方和	平均平方	F値
教材1における教授法	1	193.94	193.94	2.54 *n.s.*
教材2における教授法	1	4754.32	4754.32	62.33**
教授法1における教材	1	77.54	77.54	1.02 *n.s.*
教授法2における教材	1	4074.42	4074.42	53.42**
誤差	236	18000.00	76.27	

n.s.：not significant　　**：p<.01

	A	B
1	効果は統計学的に等しかった	教材の種類に関係なく，教授法 2
2	効果は統計学的に等しかった	教材 2 と教授法 2 の併用
3	効果に傾向差が認められた	教材の種類に関係なく，教授法 2
4	効果に有意差は認められなかった	教材 2 と教授法 2 の併用
5	効果に有意差は認められなかった	教材の種類に関係なく，教授法 2

＊＊ No.4 ノンパラメトリック検定法に関する記述として最も妥当なのはどれか。

【国家総合職・平成25年度】

1 ノンパラメトリック検定法は，個々の測定値が相互に独立であることを必要としない検定法なので，母集団から標本を抽出する際に無作為抽出を行わなくてもよい。

2 ノンパラメトリック検定法には，測定値が名義尺度である場合にも適用できるものがあり，その一例が χ^2検定である。

3 ノンパラメトリック検定法は，帰無仮説を設けずに検定を行うことができるので，検定力はパラメトリック検定に比べて一般に高い。

4 マン・ホイットニーのU検定は，2 群の母集団における分布に違いがあるかどうかを検定するノンパラメトリック検定法の一つであり，2 標本が対応のある場合（関連標本）に用いる。

5 ノンパラメトリック検定法は，母集団について特定の分布を仮定できる場合にのみ用いることができ，母集団のパラメータである平均や分散についての推定を含まない検定法である。

実戦問題の解説

No.1 の解説　信頼区間
→問題はP.430　正答 1

A：**母数の値を一点で推定するのが点推定。**

「点」が入る。一つの値を推定しているので，「**点推定**」といわれる。標本平均が確率的に変動するという問題の他に，連続量がある一つの値である確率は0であるという問題もある。

B：**母数の値を区間で推定するのが区間推定。**

「区間」が入る。ある値の区間で母数を推定するので，「**区間推定**」といわれる。

C：**母数を含む区間が信頼区間。**

「信頼区間」が入る。「**信頼区間**」は，母数の区間推定をするために，ある確率でその母数を含む区間として定められる。信頼係数は，所与の確率のことをさす。信頼性係数として，95%，99%といった値が用いられることが多い。信頼区間は，同じ測定を繰り返した場合，信頼性係数の確率で，母数がその区間に入るという結果を得られる，と解釈する。

D：**標準語差は母数の推定精度。**

「標準誤差」が入る。標本統計量による母数の推定精度の指標に用いられる。確率変数が平均μ，分散σ^2の正規分布に従うとき，サンプルサイズnの標本平均の標準偏差は$\frac{\sigma}{\sqrt{n}}$が，母平均の標準誤差である。「**標本誤差**」は，母数と，母数の推定値との差異である。

E：**t分布は正規分布よりも分布の裾が重い。**

「t分布」が入る。「**t分布**」は，連続型確率変数の分布である。左右対称で単峰であるが，正規分布よりも分布の裾が重い。「**二項分布**」は，離散型確率変数の分布である。成功確率pであるベルヌーイ試行をn回繰り返したときの成功回数が二項分布に従う。

したがって，正答は**1**である。

No.2 の解説　推測統計（検定）
→問題はP.430　正答 5

A×　**ピアソンの積率相関係数は間隔尺度以上。**

「**ピアソンの積率相関係数**」を用いたのが誤り。肉と魚の好き嫌いで対象者を分類して付けた1～4の値は，名義尺度であるため，積率相関係数を求めることはできない。2つの変数の間にみられる関連の強さを表す指標として，**共分散**という統計量がある。共分散の値は測定の単位に依存して変化してしまう。これに対して，共分散をそれぞれの標準偏差の積で割った値を**相関係数**という。ここでの相関係数を，特にピアソンの積率相関係数という。また，相関係数には，他にもスピアマンの順位相関係数，ケンドールの順位相関係数がある。

B×　**平均値は間隔尺度以上。**

「女子は男子の1.5倍悪い」が誤り。正しくは，「女子は男子よりも1.2点悪い」である。**平均値**は**間隔尺度**以上で用いられる要約統計量である。アンケート結果は順序尺度なので，「何倍」といった比尺度による解釈は適切ではない。各尺度に関する説明は**重要ポイント１**の表に示した。

C○ ピアソンの積率相関係数は２変数間の関連性の指標。

ピアソンの**積率相関係数**では２つのデータがともに量的変数であるときに用いられる。一方で，**スピアマン**の**順位相関係数**とは，２つの順位のつけたデータ（順序尺度）の間に有意な相関があるかを検討するのに用いられる。またケンドールの順位相関係数においても，２つのデータ間に有意な相関があるかを検討するのに用いられる。なお，**ケンドール**の**順位相関係数**では順位を決めずにデータを扱うことができる。対となっているデータ（x_i，y_i），（x_j，y_j）において，x_i-x_j，y_i-y_jの符号が同じであれば＋１，異なれば－１の値を与える。＋１を与えた対の数と－１を与えた対の数の差をみる。＋１を与えた数が－１を与えた数より大きい場合，ケンドールの順位相関係数は正の値，－１を与えた数が＋１を与えた数より大きい場合，ケンドールの順位相関係数は負の値をとる。また，スピアマンの順位相関係数，ケンドールの順位相関係数のいずれも，順位が完全に一致した場合＋１，完全に逆の場合－１の値をとる。

D○ *t*検定は２群の平均値の差の検定。

***t* 検定**は，２つのグループ間の平均値の差の検定として用いられる。**帰無仮説**は，「２つのグループの母平均は等しい」とする。一方で，**対立仮説**は両側であれば「２つの母平均は異なる」とし，片側ならば，「一方の母平均がもう片方の母平均よりも大きい（あるいは，小さい）」とする。対立仮説が両側か片側かは，研究の目的から決定される。

以上より，妥当なものはＣとＤであるから，**5**が正答である。

No.3 の解説　検定・信頼性・妥当性　→問題はP.431　正答4

空欄Ａには「効果に有意差は認められなかった」が入る。これは，まず**表３**の要因「教材１における教授法」の行を見ると，「*n.s.*」とあり，２つの教授法の効果の差は有意でなかったことがわかる。次に，**表３**の要因「教授法１における教材」の行を見ると，「*n.s.*」とあり，教授法１のもとでの教材間における成績の結果の差は有意でなかったことがわかる。また，設問の都合上伏せられている箇所には，**表３**の「教授法２における教材」の行より，「教材間において成績結果の差が有意であった」といった語彙が入る。したがって，空欄Ｂは「教材２と教授法２の併用」となる。**分散分析**では，「すべての母集団の平均が等しい」という**帰無仮説**を検討する。**説明変数**は要因と呼ばれ，各要因は２つ以上の水準を持つ。本問は，要因は教授法と教材であり，水準はそれぞれ教授法１，教授法２と教材１，教材２である。**交互作用**とは，ある要因の水準ごとに他の要因の水準間の平均値のパターンが異なることをいう。また，**表2**は**主効果**を示している。ある要因に主効果があるということは，他の要因の水準に関わりなく，その要因の水準間の平均値には一定のパターンがあるということである。

したがって，**4**が正答である。

No.4 の解説　ノンパラメトリック検定

→問題はP.433　**正答2**

1 ×　「**独立**であることを必要としない」，「**無作為抽出**を行わなくてもよい」が誤り。**ノンパラメトリック**検定の手続きは，**帰無仮説**のもとで分布に依存しない。一方，事象同士が独立であるか，あるいは無作為抽出を行わなくてよいということではない。

2 ◎　妥当である。**χ^2検定**とは，２つの質的変数が独立であるかどうかを確かめるために行う検定である。２つの質的変数が**独立**であるというのは，２つの質的変数に連関がないということである。**連関**とは質的変数同士の関係のことをさす。

3 ×　「帰無仮説を設けずに」が誤り。統計的検定力とは，対立仮説が真である場合に正しく帰無仮説を棄却できる確率のことをいう。したがって，検定力は帰無仮説を設けていることが前提となっている。また，検定力はパラメトリック検定に比べ一般に低い。

4 ×　「２標本が対応のある場合」が誤り。**マン・ホイットニーの*U*検定**とは，特定の母集団がもう一方よりも大きな値を持つ傾向にあるときに，「２つの母集団が同じである」とする帰無仮説に基づいて検定する。

5 ×　「母集団について特定の分布を仮定できる」が誤り。ノンパラメトリック検定では母集団の分布について仮定を設けない。このため，分布によらない手法と呼ばれることもある。

裁判所総合職（家庭裁判所調査官補）出題例

【2次】専門試験（記述式）

解答時間：2時間

令和2年度試験から，それまで1次試験で行われていた記述式試験が2次試験で実施されることになった。心理学に関する領域（3題），教育学に関する領域（3題），福祉に関する領域（3題），社会学に関する領域（3題），法律学に関する領域（民法2題，刑法2題）の5領域（15題）から2題を選択する。本書では令和5年度の教育学と心理学の出題例を掲載する。

【教育学に関する領域①】

現代の日本における初等・中等教育段階の学習評価に関して，次の1から3までの小問に答えよ（問いの順に解答すること）。

1　「学習評価」の意義や役割について，学習指導要領（平成29・30年告示）と関連づけながら説明せよ。

2　「観点別学習状況」とは，各教科および科目の目標や内容に照らして児童・生徒の学習状況を評価するための枠組みである。「観点別学習状況」の一つの観点である「主体的に学習に取り組む態度」とはどのようなものか，その特徴と評価の際の留意点について説明せよ。

3　小問2を踏まえて，「主体的に学習に取り組む態度」の評価をするうえで，教師または教育行政機関が取り組むべき方策にはどのようなものが考えられるか，教師または教育行政機関のいずれかの立場を決めたうえで論ぜよ。

【教育学に関する領域②】

行動主義的な学習理論に関する次の1から3までの小問に答えよ（問いの順に解答すること）。

1　古典的（レスポンデント）条件づけについて，具体的な例を挙げて説明せよ。

2　道具的（オペラント）条件づけについて，具体的な例を挙げて説明せよ。

3　道具的（オペラント）条件づけを教育場面に応用した学習法について，具体的な特徴を挙げて説明せよ。

【教育学に関する領域③】

日本は，現在，メリトクラシー社会と呼ばれる状況にあると考えられている。次の1から3までの小問に答えよ（問いの順に解答すること）。

なお，1から3の小問を通して，以下の語句を必ず1回は使用し（順不同），その語句の初出時には下線を付すこと。

選抜・配分　出自（生まれ）　学歴志向　AO入試
主体的・対話的で深い学び　社会情動的スキル

1　メリトクラシー社会とはどのような特徴のある社会か説明せよ。ただし，必ずメリットとは何かについて定義すること。

2　近年，大学入試において選抜方法の多様化が見られるが，どのような変化が起きているか説明せよ。

3　近年，教育分野などにおいて非認知能力が注目されているが，その特徴や重要性について論ぜよ。

【心理学に関する領域①】

防衛機制について，次の**1**から**3**までの小問に答えよ（問いの順に解答すること）。

1　防衛機制とはどのような心のメカニズムか説明せよ。

2　「合理化」，「分割（スプリッティング）」，「投影同一化」，「反動形成」のそれぞれの防衛機制について，原始的防衛機制に分類される場合はA，高次の防衛機制に分類される場合はBと記し，具体例を用いて説明せよ。

3　小学校３年生の女児Aは，休み時間も他児と遊ばず一人でぼーっと過ごし，ここ１年ほど，身体の成長の状況もよくない。元気がない様子を心配した担任教諭と養護教諭が，Aと話をしたところ，表情も乏しく，「特に困っていることはない」と取り付く島がない。保護者に連絡することを伝えると，Aは父親や母親がどれだけ完璧な親か，Aを大切にしてくれているかを饒舌に話し出す。その様子に不自然さを感じた担任教諭と養護教諭は，Aにスクールカウンセラーと話すことをすすめ，スクールカウンセラーが面接を実施した。

Aが作用させていると考えられる防衛機制を根拠とともに挙げ，スクールカウンセラーがAと初回面接を実施する際に留意すべきことについて論ぜよ。

【心理学に関する領域②】

下図は，Bronfenbrennerの生態学的システム理論のモデル図である。この図をもとに次の1から3までの小問に答えよ（問いの順に解答すること）。

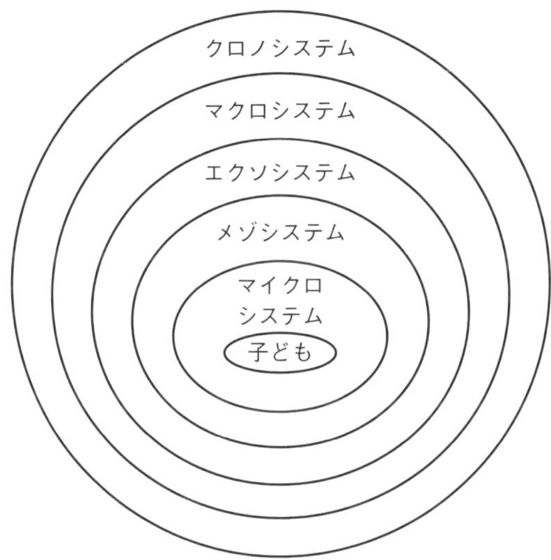

1　図の中に示される各システムについて説明せよ。

2　Bronfenbrennerの生態学的システム理論の特徴を読明したうえで，この理論的枠組みが発達研究に及ぼした影響や課題について論ぜよ。

3　小問1と2を踏まえて，異文化環境で育つ子どもの発達に対する理解や支援に際し，どのように活用できるか，具体的に論ぜよ。

【心理学に関する領域③】

G. H. Meadの自己論について，次の1から3までの小問に答えよ（問いの順に解答すること）。

1　G. H. Meadの自己論における自己概念の形成過程について，簡潔に説明せよ。

2　「一般化された他者（generalized other）」という概念を用いて，自己概念が人の所属集団や社会的環境にいかなる影響を受けるか，小問1を踏まえて説明せよ。

3　人は誰もが，家族や他の所属集団によって反社会性を獲得する可能性を有している。反社会性を内面化し，犯罪などの逸脱行動が発現されるに至るまでのプロセスについて具体的な例を挙げ，小問2と関連づけて分析して論ぜよ。

索　引

教育学

心理学

索引

●本書の内容に関するお問合せについて

『新スーパー過去問ゼミ』シリーズに関するお知らせ，また追補・訂正情報がある場合は，小社ブックスサイト（jitsumu. hondana. jp）に掲載します。サイト中の本書ページに正誤表・訂正表がない場合や訂正表に該当箇所が掲載されていない場合は，書名，発行年月日，お客様の名前・連絡先，該当箇所のページ番号と具体的な誤りの内容・理由等をご記入のうえ，郵便，FAX，メールにてお問合せください。

〒163-8671　東京都新宿区新宿 1-1-12　実務教育出版　第二編集部問合せ窓口

FAX：03-5369-2237　　E-mail：jitsumu_2hen@jitsumu.co.jp

【ご注意】

※電話でのお問合せは，一切受け付けておりません。

※内容の正誤以外のお問合せ（詳しい解説・受験指導のご要望等）には対応できません。

公務員試験

新スーパー過去問ゼミ 7　**教育学・心理学**

2023年12月10日　初版第 1 刷発行　〈検印省略〉

編　者　資格試験研究会

発行者　小山隆之

発行所　株式会社 実務教育出版

〒163-8671　東京都新宿区新宿1-1-12

☎編集　03-3355-1812　　販売　03-3355-1951

振替　00160-0-78270

組　版　明昌堂

印　刷　精興社

製　本　ブックアート

ISBN 978-4-7889-3762-8 C0030　Printed in Japan